62267
C)u/662

W0073873

Buch

Vieles von dem, was die moderne Naturwissenschaft herausgefunden hat, ist längst im Bewußtsein der Allgemeinheit verankert. Wem müßte heute noch erklärt werden, daß Atome teilbar sind, daß sich *hinter* der Welt der Atome weitere, geheimnisvolle Welten verbergen? Und doch geht das, was die Naturwissenschaften, insbesondere die Physik, mittlerweile herausgefunden haben über die letzten Bausteine der Materie, das Wesen von Seele und Geist, den Beginn von Raum und Zeit, kurz, die Urgründe des Universums und unseres Seins, weit über das hinaus, was man landläufig für die Konstanten unseres Daseins hält.

Paul Davies trägt diese Erkenntnisse zusammen. Ohne in eine komplizierte und unverständliche Formelsprache abzurutschen, eröffnet er auch für den interessierten Laien Einblicke in bisher ungedachte, phantastische Wirklichkeiten. Er stellt die Frage: Wo oder was ist Gott? Ist es vielleicht so, daß die moderne Naturwissenschaft eines Tages die Religion ersetzen wird, daß sie einen Wirklichkeitsbereich nach dem anderen entmythologisiert, indem sie ihn *ent-deckt*, und damit jeder Theologie nach und nach die Grundlagen entzieht? Schließen sich Naturwissenschaft und Theologie auf Dauer gegenseitig aus, oder bietet die eine Disziplin der anderen das nötige Fundament, ohne das sie grundsätzlich in Frage gestellt werden müßte?

Davies' Buch ist zugleich eine umfassende Wissensquelle in bezug auf den aktuellen Problem- und Kenntnisstand der modernen Physik und Kosmologie und ein wichtiger Diskussions-Beitrag zur Versachlichung der Diskussion um die ewig aktuelle Frage nach dem *Woher* unseres Seins.

Autor

Paul Davies ist Professor für Theoretische Physik in Newcastle und einer der renommiertesten Sachbuchautoren in Großbritannien. Darüber hinaus schreibt er regelmäßig für den *Guardian* und den *Economist* sowie für Radio und Fernsehen. Auf deutsch liegt von ihm außerdem vor: „Prinzip Chaos".

PAUL DAVIES

GOTT

UND DIE
MODERNE
PHYSIK

VORWORT VON HOIMAR VON DITFURTH

GOLDMANN VERLAG

Originaltitel: God and the New Physics
Originalverlag: J. M. Dent & Sons, London
Aus dem Englischen von Karl A. Klewer

Der Goldmann Verlag
ist ein Unternehmen der Verlagsgruppe Bertelsmann

Made in Germany 9/89 · 1. Auflage
Genehmigte Taschenbuchausgabe
© Text und Abbildungen: Paul Davies
© der deutschsprachigen Rechte 1986 by
C. Bertelsmann Verlag GmbH, München
Umschlaggestaltung: Design Team München
Druck: Presse-Druck Augsburg
Verlagsnummer: 11476
JJ · Herstellung: Heidrun Nawrot
ISBN 3-442-11476-4

Inhalt

Hoimar v. Ditfurth

Naturwissenschaft als Fortsetzung der Metaphysik mit anderen Mitteln

Dies ist ein großartiges Buch – nicht nur eine exzellente Wissensquelle hinsichtlich aktueller Probleme der physikalischen Forschung, sondern auch ein hinreißend geschriebenes Leseabenteuer. Der Autor schildert eine unglaublich phantastische Welt, und das Faszinierende daran ist die Tatsache, daß es sich dabei um unsere eigene Welt handelt: um das Universum, in dem wir uns vorfinden, und die Materie, aus der alles in diesem Universum besteht, von der fernsten Galaxie bis zu unserem eigenen Körper.

Wenn die Dinge das wären, was man ihnen sofort ansieht, so hat Peter Sloterdijk in seiner »Kritik der zynischen Vernunft« die Rolle der Wissenschaft treffend erläutert, dann wäre Naturforschung überflüssig. Sie ist es nicht. Hinter der Fassade des alltäglichen Augenscheins wird eine Stufenleiter von Wirklichkeitsebenen sichtbar, die sich in der wissenschaftlichen Analyse immer weiter nach unten verfolgen läßt und die sich von dem, was wir den Dingen unmittelbar ansehen können, immer weiter entfernt.

Hinter dem Gedanken, den ein Mensch hegt, steckt ein Gehirn, das die Realisierung dieses Gedankens ermöglicht. Hinter dem makroskopisch sichtbaren Anblick dieses Gehirns wiederum verbergen sich komplizierte elektrische Muster, hervorgebracht von unzähligen unsichtbar kleinen Nervenzellen, die sich in Sekundenbruchteilen zu immer neuen, spezifisch geordneten Verbänden zusammenschließen. Die ständig wechselnden Erregungszustände aller dieser Zellen beruhen auf der Aktivität submikroskopischer Moleküle und der zwischen ihnen auf ihren Oberflächen ausgetauschten Ladungen. Diese Moleküle wiederum verdanken ihre individuellen Eigenschaften und Fähigkeiten den Besonderheiten ihrer Zusammensetzung aus Atomen unterschiedlichen Aufbaus.

Auch damit aber sind wir, wie die moderne Physik uns hat entdecken lassen, bei weitem noch nicht etwa auf der untersten Wirklichkeitsebene angekommen. Auch Atome sind, wie heute jedes Schulkind weiß, ihrerseits teilbar. Auch ihre Eigenschaften sind wiederum erklärbar begründet, und zwar durch die Elementarteilchen, aus denen sie zusammengesetzt sind. Obschon wir damit auf einer Wirklichkeitsebene angelangt sind, auf der sich uns gewohnte Begriffe wie ›Ursache‹ oder ›Realität‹ bereits aufzulösen beginnen, geht es auch von hier aus noch weiter in die Tiefe: in die geheimnisvolle Welt der Quarks, die aber auch ganz sicher noch immer nicht das Ende der Stufenleiter markieren, auf der unsere Realität beruht.

Jede dieser Ebenen hat ihre eigenen Gesetze. Insofern ist jede von ihnen eine Welt für sich. Es ist offenkundig, daß die Regeln, nach denen Menschen ihre Gedanken verknüpfen, grundsätzlich andere sind als die, denen die neurophysiologischen Prozesse gehorchen, welche die körperliche Grundlage dieser Gedanken bilden. Und diese Prozesse ihrerseits haben wiederum keinerlei Ähnlichkeit mit den molekularen Elektronen-Austauschvorgängen, auf denen sie beruhen. Andererseits existiert dennoch keine dieser Wirklichkeitsebenen isoliert für sich allein. Sie alle tragen und ermöglichen sich gegenseitig wie ein gewaltiger Bau, der zusammenbrechen würde, wenn auch nur ein einziges seiner zahlreichen Stockwerke entfiele.

Dieser existentielle Zusammenhang läßt jede der Ebenen den auf ihr ruhenden ›höheren‹ Schichten Rahmenbedingungen setzen, allgemeine Charakteristika aufprägen, die das Verständnis der jeweils betrachteten Ebene durch die Kenntnis der unter ihr gelegenen, sie ermöglichenden und begründenden ›Wirklichkeiten‹ zu vertiefen gestattet. Dies zu tun ist eine der wichtigsten Aufgaben aller Naturwissenschaft.

Davies beschreibt in seinem Buch als Physiker in erster Linie den Weg, den die Naturwissenschaft von der Wirklichkeitsebene des Atoms aus in die Tiefe gegangen ist. Hier, weitab von allem Augenschein, lassen sich die Befunde und Entdeckungen endgültig nur noch in der Sprache der Mathematik ausdrücken. Unsere menschliche Sprache hat sich an den Gegenständen unserer alltäglichen Erfahrung entwickelt – sie ist eine ›Küchenerfindung‹, wie ein moderner Linguist es formulierte – und hält daher für die Befunde der subatomaren Realität keine Begriffe mehr bereit.

Gerade angesichts dieses Problems aber erweist sich nun die ungewöhnliche didaktische und schriftstellerische Begabung des Autors, der im englischen Sprachraum aus diesem Grund längst eine gewisse Berühmtheit erreicht hat. Er versteht es wie kaum ein anderer zeitgenössischer Wissenschaftler, die entscheidenden, grundlegenden Einsichten der ›neuen Physik‹ sprachlich in Vergleiche, Modelle und Formulierungen zu übersetzen, die nicht nur fesselnd zu lesen sind, sondern die das, worauf es ankommt, auch ohne die den meisten Menschen unzugängliche mathematische Formelsprache verständlich machen, ohne ihre ›Wahrheit‹ zu beschädigen.

Aus diesem Grund verschafft dieses Buch dem Laien die seltene Möglichkeit, den Weg der modernen Physik in die noch immer unausgeloteten Tiefen der subatomaren Wirklichkeiten zu verfolgen. Dabei überträgt sich auch auf ihn, von Kapitel zu Kapitel zunehmend, die Faszination, welche die modernen Kernphysiker ergriffen hat, seit ihnen aufging, daß die Strukturen unserer Welt zwar immer unanschaulicher, immer abstrakter werden, je tiefer sie in sie eindringen, zugleich aber auch auf eine überwältigende Weise immer einfacher und schöner. Ihr letzter Antrieb ist die stillschweigend von den meisten geteilte Überzeugung, daß es am Ende dieses Wegs eine unterste, alles andere begründende Ebene geben müsse, die – wenn für uns letztlich wohl auch auf immer unerreichbar – identisch ist mit der Antwort auf die Frage nach dem Grund alles Seienden.

Der existentielle Zusammenhang zwischen allen diesen Ebenen bringt es mit sich, daß die Darstellung nicht etwa auf eine Schilderung der Entdeckungen im kernphysikalischen Bereich beschränkt ist. Jeder der dort erhobenen Befunde berührt sofort auch den Charakter des Ganzen. Deshalb ist hier eingehend auch vom Anfang und vom Ende des Universums die Rede, vom Geheimnis der Zeit, von Schwarzen Lochern und von Einsteins revolutionierender Deutung der Zusammenhänge von Raum, Zeit und Materie. Es mag bei einem Umfang von rund 300 Seiten kaum glaublich erscheinen, aber neben all dem enthält das Buch auch noch die beste allgemeinverständliche Darstellung des Wesens der Quantenphysik, die ich kenne.

Nun hat einer seiner englischen Rezensenten dem Autor empfohlen, sich eine kugelsichere Weste anzuschaffen. Dies gewiß nicht wegen der physikalischen oder kosmologischen Abschnitte. Im Gegenteil: Von seinen Fachkollegen hat Davies, was bei einer populärwissenschaftlichen Behandlung des eigenen Forschungsgebiets nicht eben die Regel zu sein pflegt, überwiegend hohes Lob zu hören bekommen. Aber, wie der Titel es bereits andeutet, auf der obersten Ebene, der des Menschen und der von ihm geschaffenen geistigen Wirklichkeiten, berühren seine Überlegungen auch die Welt der Religionen.

An diesen Stellen, die sich wie ein roter Faden durch das ganze Buch ziehen, wird deutlich, daß es ein materialistisches Mißverständnis wäre (von einem »klotzmaterialistischen« Mißverständnis hätte Ernst Bloch gesprochen) zu glauben, die Konsequenzen physikalischer Entdeckungen beschränkten sich auf das Verhalten materieller Systeme. Wo immer im Universum man einen Befund erhebt, stets hat man, wenn es denn ein wesentlicher und zutreffender Befund ist, einen Teil des Ganzen in der Hand. So ist es, wie Davies ebenso überzeugend wie originell erläutert, weder für die Diskussion über die Willensfreiheit noch für die theologische Behauptung von der Möglichkeit der Weiterexistenz eines vom Körper abgelösten Bewußtseins ohne Bedeutung, wie etwa die Quantentheorie das Wesen der materiellen Realität deutet.

Auch die Frage nach der Existenz des Gottes, der nach religiöser Überzeugung das Universum geschaffen hat, bleibt nicht unberührt, wenn Physiker sich Gedanken machen über die Strukturen dieses Universums, die Geschichte seiner Entstehung sowie die Art und Weise seines vorhersagbaren Endes in einer freilich unausdenkbar fernen Zukunft. Insbesondere die um diesen Zusammenhang zwischen Gott und der Welt kreisenden Überlegungen und Schlußfolgerungen des Autors dürften es gewesen sein, die den erwähnten Rezensenten zu seiner warnenden Empfehlung veranlaßt haben. Mit wahrhaft herzerfrischender Unbekümmertheit rückt Davies hier so mancher antiquierten theologischen Aussage auf den Leib – unter anderem etwa der Forderung nach einer Anerkennung ›übernatürlicher‹, die Naturgesetze außer Kraft setzender göttlicher Eingriffe in den Weltlauf.

Dennoch dürfte Davies kaum ein nennenswertes Risiko auf sich nehmen, wenn er auf die Investition für die schutzspendende Spezialkleidung verzichtete. Auch bei der Diskussion der sich aus physikalischen Einsichten für die Gottesvorstellung ergebenden Implikationen bleibt er stets im Rahmen naturwissenschaftlicher Argumentation. Deshalb beschränken sich seine Folgerungen auch ausschließlich auf die Plausibilität der Existenz eines rein *deistisch* verstandenen Gottes, also eines nicht notwendig übernatürlich-jenseitigen, sondern alle Natur, das ganze Universum umfassenden und tragenden geistigen Prinzips, das mit dem – von ihm als Physiker begründet vorausgesetzten – Untergang des Universums ebenfalls verschwinden würde. So burschikos manche Attacken im ersten Augenblick auch wirken mögen, die in diesem Buch gegen bestimmte Formen der Gottesvorstellung vorgetragen werden, ein Theologe braucht sich von ihnen nicht provoziert zu fühlen, denn der transzendente, persönliche Gott, von dem die Kirchen reden, kommt in dem ganzen Buch nicht zur Sprache.

Trotzdem hat das, was Davies in diesem Zusammenhang vorträgt, Bedeutung auch für die Theologie und für jeden gläubigen Menschen. Auch die Physik kann Gott nicht beweisen. Aber eine naturwissenschaftliche Betrachtung vermag das Geheimnis der Existenz alles Existierenden eindringlicher vor Augen zu führen als jede rein philosophische Argumentation – das Buch von Davies ist dafür der beste Beweis. Und wenn eine naturwissenschaftliche Darstellung angesichts des von den Weltreligionen verkündeten Gottes auch schon aus systematisch-logischen Gründen prinzipiell zu kurz greift, ist sie dennoch auch theologisch fruchtbar.

Davies sagt am Anfang seines Buchs, daß für ihn die Wissenschaft einen verläßlicheren Weg zu Gott darstelle als die Religion. Auf einer der letzten Seiten heißt es dann gleichwohl, daß es töricht sei, damit zu rechnen, daß die Fragen nach Gott und nach dem Sinn menschlicher Existenz im Verlaufe physikalischer Forschung eine Antwort finden könnten.

Zwischen den beiden Aussagen muß nicht notwendig ein Widerspruch bestehen. Auch die Naturwissenschaften haben auf die Frage, ob Gott existiert, keinen Beweis anzubieten. Sie können den Weg zu einer Antwort auf diese Frage aber freizulegen helfen. Etwa dadurch, daß sie die Unhaltbarkeit bestimmter, durch Gewohnheit sanktionierter Formen der Gottesvorstellung nachweisen. Oder, positiv, indem sie, wie Davies das in seinem Buch ebenfalls tut, der Diskussion über Willensfreiheit und persönliche Verantwortung, über die Möglichkeit der Existenz eines körperlosen Bewußtseins oder den Charakter des Universums als göttlicher Schöpfung neue Freiräume erschließen und sie so vor dem noch immer verbreiteten Vorurteil der Widervernünftigkeit in Schutz nehmen.

Davies' großartiges Buch erinnert in verdienstvoller Weise eindringlich und überzeugend daran, daß naturwissenschaftliche Forschung weit mehr ist als die einseitige Beschäftigung mit dem materiellen Aspekt der Welt. Die Ansicht, daß es so sei, ist auch heute noch weit verbreitet. Sie ist aber nur ein Vorurteil. Die Naturwissenschaften sind nichts Geringeres als die Fortsetzung der Metaphysik mit anderen Mitteln.

März 1984

Vorwort

Vor mehr als fünfzig Jahren geschah in der Physik etwas Seltsames: Mit einem Mal tauchten in Wissenschaftskreisen merkwürdige und verblüffend neue Gedanken über Raum und Zeit sowie Geist und Materie auf. Erst jetzt treten diese Vorstellungen ins Bewußtsein der Öffentlichkeit. Begriffe, die Physiker seit zwei Generationen beschäftigen und beflügeln, erregen endlich die Aufmerksamkeit auch jener Menschen, die sonst nie auf den Gedanken gekommen wären, daß eine bedeutende Umwälzung im menschlichen Denken stattgefunden hat. Die neue Physik ist ins Erwachsenenalter eingetreten.

Im ersten Viertel des 20. Jahrhunderts wurden zwei bedeutsame Theorien aufgestellt: die Relativitätstheorie und die Quantentheorie. Ihnen hat die Physik des 20. Jahrhunderts am meisten zu verdanken. Bald aber zeigte sich, daß die neue Physik mehr zu liefern vermochte als lediglich ein besseres Modell der physischen Welt. Physiker begannen zu erkennen, daß ihre Entdeckungen nach einer grundlegenden Neuformulierung der fundamentalsten Aspekte der Wirklichkeit verlangten. Sie lernten, sich ihrem Gegenstand auf bis dahin unbekannten und ungewöhnlichen Wegen zu nähern, die dem gesunden Menschenverstand Hohn zu sprechen und eher zum Mystizismus als zum Materialismus in Beziehung zu stehen schienen.

Erst jetzt ernten Philosophen und Theologen allmählich die Früchte dieser Revolution. Auch zahlreiche einfache Menschen, die auf der Suche nach einem tieferen Sinn ihres Lebens sind, können die neue Physik durchaus mit ihren Anschauungen in Einklang bringen. Die Sichtweise der Physik stößt sogar bei Psychologen und Soziologen auf Zustimmung, vor allem bei solchen, die ihr Fachgebiet ganzheitlich betrachten.

Bei meinen Vorlesungen und Vorträgen über die moderne Physik hat sich mein Gefühl dafür verstärkt, daß die Grundlagen der Physik den Weg zu einer neuen Einschätzung des Menschen und seiner Stellung im Universum weisen. Tiefgreifende existentielle Fragen – Wie entstand das Universum und wie wird es enden? Was ist Materie? Was ist Leben? Was ist Geist? – sind nicht neu. Neu ist, daß wir möglicherweise nahe daran sind, sie zu beantworten. Diese verblüffenden Aussichten sind das Ergebnis einiger spektakulärer Erkenntnisse der modernen Physik – nicht nur der Physik, sondern auch ihres nahen Verwandten, der neuen Kosmologie.

Erstmals scheint eine von einem einzigen Standpunkt ausgehende Beschreibung der gesamten Schöpfung denkbar. Kein Problem der Naturwissenschaft ist grundlegender oder schwerer zu beantworten als das Rätsel von der Entstehung des Alls. War sie ohne übernatürlichen Eingriff überhaupt möglich? Die Quantenphysik scheint eine Lücke in der altüberkommenen Annahme ›von nichts kommt nichts‹ entdeckt zu haben. Physiker sprechen inzwischen vom ›sich selbst erschaffenden All‹: einem Kosmos, der spontan entsteht, ähnlich wie bei bestimmten Experimenten in der Hochenergiephysik gelegentlich ein Teilchen von subatomarer Größe ›aus dem Nichts‹ auftaucht. Die Frage, ob die Einzelheiten dieser Theorie stimmen oder nicht, ist dabei weniger bedeutend als die damit gegebene Möglichkeit einer wissenschaftlichen Erklärung für die gesamte Schöpfung. Hat die moderne Physik Gott ganz und gar abgeschafft?

In diesem Buch geht es nicht um Religion, sondern eher um die Auswirkungen der neuen Physik auf Fragen, mit denen sich früher die Religion befaßte. Ich will hier keineswegs religiöse Erlebnisse oder Moralfragen behandeln. Andererseits ist es auch nicht einfach ein naturwissenschaftliches Buch. Es ist ein Buch über die Naturwissenschaft und die mit ihr verbundenen weitergehenden Fragen. Zwangsläufig müssen hier und da Einzelheiten ausführlich erläutert werden, aber ich erhebe nicht den Anspruch, daß die wissenschaftlichen Erörterungen systematisch oder vollständig sind. Der Leser soll nicht durch die Vorstellung abgeschreckt werden, er müsse sich durch schwierige mathematische Formeln oder lange Reihen von Fachbegriffen hindurcharbeiten. Ich habe versucht, diese Fachterminologie soweit wie möglich zu vermeiden.

In erster Linie wendet sich das Buch an den Laien, den Leser ohne naturwissenschaftliche Vorkenntnisse, ob er nun gläubig ist oder nicht. Allerdings hoffe ich, daß es auch einige Aussagen von wissenschaftlichem Wert enthält. Insbesondere glaube ich nicht, daß die jüngsten Erkenntnisse auf dem Gebiet der Kosmologie bereits unter Philosophen und Theologen bekannt geworden sind.

Das zentrale Thema des Buchs bilden die von mir so genannten vier großen Existenzfragen:

- Warum sehen die Naturgesetze so aus, wie wir sie kennen?
- Warum besteht das Universum gerade aus dem ›Rohmaterial‹, aus dem es besteht?
- Auf welche Weise ist dieses ›Rohmaterial‹ entstanden?
- Auf welche Weise erhielt das All seine Ordnung?

Am Ende des Buches stehen erste tastende Antworten auf diese Fragen – Antworten, die auf der Vorstellung des Physikers von der Natur gründen. Möglicherweise sind sie völlig falsch, aber ich meine, daß einzig die Physik in der Lage ist, sie zu liefern. Es mag seltsam erscheinen, aber meiner Auffassung nach bietet die Naturwissenschaft einen sichereren Weg zu Gott als die Religion. Ob unsere Antworten richtig oder falsch sind, die Naturwissenschaft hat mittlerweile den Punkt erreicht, von dem aus ehedem religiöse Fragen auf wissenschaftlich haltbare Weise untersucht werden können. Das deutet an, wie weitreichend die Folgen der modernen Physik sind.

Obwohl ich mich bemüht habe, meine eigene religiöse Ansicht aus dem Buch herauszuhalten, entspringt meine Darstellung der Physik unvermeidlich meinen persönlichen Vorstellungen. Zweifellos wären zahlreiche meiner Kollegen mit den Folgerungen, die ich zu ziehen versuche, ganz und gar nicht einverstanden. Ich achte ihren Standpunkt. In diesem Buch zeige ich lediglich, wie ein Einzelner das All wahrnimmt – es gibt zahlreiche andere Sichtweisen. Der Grund dafür, daß ich es geschrieben habe, liegt in meiner Überzeugung, daß es auf der Welt mehr gibt, als der Augenschein vermuten läßt.

Besonders danken möchte ich Herrn Dr. John Barrow von der Universität Sussex. Seine ausführlichen Anmerkungen haben viel zu diesem Buch beigetragen, dessen Thematik auch Anlaß zu zahlreichen Kaffeepausengesprächen in meinem Institut bot. Auch Unterhaltungen mit den Herren Dr. Stephen Bedding, Kerry Hinton, Dr. J. Pfautsch, Dr. Stephen Unwin sowie William Walker haben sich als sehr anregend erwiesen.

1. Naturwissenschaft und Religion in einer sich ändernden Welt

»Der Weise richtet sein Verhalten sowohl nach den Theorien der Religion als auch der Naturwissenschaft aus.«

J. B. S. Haldane

»... Es war mir von diesem Heiligen Offizium von Rechts wegen die Vorschrift auferlegt worden, daß ich völlig die falsche Meinung aufgeben müsse, daß die Sonne der Mittelpunkt der Welt ist, und daß sie sich nicht bewegt, und daß die Erde nicht der Mittelpunkt der Welt ist, und daß sie sich bewegt. Es war mir weiter befohlen worden, daß ich diese falsche Lehre nicht vertreten dürfe, sie nicht verteidigen dürfe und daß ich sie in keiner Weise lehren dürfe... Daher schwöre ich... ab, verwünsche und verfluche jene Irrtümer und Ketzereien und darüber hinaus ganz allgemein jeden irgendwie gearteten Irrtum, Ketzerei und Sektiererei, die der Heiligen Kirche entgegen ist...«

Galileo Galilei

Naturwissenschaft und Religion stellen zwei bedeutende Systeme menschlichen Denkens dar. Die Mehrheit der Menschen auf unserem Planeten wird in ihrem Verhalten im Alltag überwiegend von der Religion beeinflußt. Die Naturwissenschaft tritt nicht auf intellektueller, sondern auf praktischer Ebene in ihr Leben, über die Technik.

Trotz des Einflusses religiösen Denkens auf die Menschen ist die Mehrzahl unserer Institutionen nach pragmatischen Gesichtspunkten aufgebaut. Dabei wird der Religion, sofern überhaupt, eine symbolische

Rolle zugebilligt. Das gilt beispielsweise für die Position der Anglikanischen Kirche in der – nicht schriftlich fixierten – britischen Verfassung. Doch es gibt Ausnahmen: Die Republik Irland und der Staat Israel sind religiös orientierte Staatswesen, und die Wiederbelebung des militanten Islam steigert womöglich den Einfluß der Religion auf politische und gesellschaftliche Entscheidungen noch.

In der industrialisierten Welt, wo sich Auswirkungen und Erfolg der Naturwissenschaft am deutlichsten zeigen, läßt sich eine stark verminderte Bindung an die traditionellen religiösen Institutionen beobachten. Beispielsweise besucht hierzulande nur ein geringer Bruchteil der Bevölkerung regelmäßig den Gottesdienst; und doch wäre es falsch, eine unmittelbare Beziehung zwischen dem verminderten Kirchenbesuch und dem gestiegenen Stellenwert von Wissenschaft und Technik herzustellen. Zahlreiche Menschen haben Glaubensvorstellungen, die man religiös nennen könnte, auch wenn sie vielleicht die herkömmlichen Lehren des Christentums ablehnen oder sie zumindest nicht zur Kenntnis nehmen. Jeder Wissenschaftler wird bestätigen, daß Religiosität nicht zwangsläufig durch rationales naturwissenschaftliches Denken ersetzt wird; denn trotz der starken Einflüsse, die die Naturwissenschaft auf unser Alltagsleben ausübt, ist sie dem durchschnittlichen Menschen ebenso unzugänglich und unbegreiflich wie eine ausgefallene religiöse Lehre.

Die Naturwissenschaften haben durch die fortschreitende Technologie unser Leben derart verändert, daß die traditionellen Religionen anscheinend nicht mehr in der Lage sind, Hilfe bei der Bewältigung aktueller, persönlicher und sozialer Probleme zu leisten. An der Kirche lebt man heute nicht deshalb vorbei, weil die Naturwissenschaft schließlich ihren Jahrhunderte alten Kampf mit der Religion gewonnen hätte, sondern weil sie unsere Gesellschaft so grundlegend verändert hat, daß die biblische Weltsicht keinen rechten Bezug zu unserer Welt mehr zu haben scheint. Wie kürzlich ein Zyniker im englischen Fernsehen sagte, besitzen nur wenige unserer Nächsten einen Ochsen oder einen Esel, den wir begehren könnten.

Die Hauptreligionen der Welt, die sich auf überlieferte Weisheit und Dogmen gründen, sind in der Vergangenheit verwurzelt und tun sich nicht leicht mit den zeitlichen Veränderungen. Zwar hat ein etwas kurzatmiges Anpassungsstreben es dem Christentum ermöglicht, einige Vorstellungen modernen Denkens zu übernehmen, so daß heutige führende Kirchenmänner ihren Vorgängern aus der Mitte des 19. Jahrhunderts ohne weiteres als Ketzer erscheinen könnten. Die Anpassung an das Zeitalter der Raumfahrt bedeutet jedoch für jede auf antiken Vorstellungen gründende umfassende Denklehre eine schwere Aufgabe. So kommt es, daß sich zahlreiche enttäuschte Gläubige religiösen Randgruppen zugewandt haben, die besser auf den *Krieg der Sterne* und auf Mikrochips eingerichtet zu sein scheinen. Die stark wachsende Beliebtheit von Gruppen, die sich mit fliegenden Untertassen, außersinnlicher Wahrnehmung, Stimmen aus dem Jenseits, Scientology, transzendentaler Meditation und anderen Glaubensrichtungen dieser Art beschäftigen, weist auf die Kraft hin, die Glaube und Dogma nach wie vor in einer auf den ersten Blick rationalen und naturwissenschaftlich ausgerichteten Gesellschaft besitzen. Trotz des wissenschaftlichen Anstrichs, den sich diese exzentrischen Glaubensrichtungen geben, sind sie ganz und gar irrational – *Cults of Unreason* (›Kulte des Irrationalen‹), wie sie Christopher Evans in seinem Buch mit selbem Titel nennt.[1] Nicht um der intellektuellen Aufklärung willen wenden sich die Menschen ihnen zu, sondern weil sie sich in einer kalten und ungewissen Welt von ihnen Seelentrost erhoffen.

Die Naturwissenschaft hat unser Leben, unsere Sprache und unsere Religion durchdrungen, jedoch nicht auf der Verstandesebene. Die große Mehrheit der Menschen versteht naturwissenschaftliche Prinzipien nicht, ist nicht einmal an ihnen interessiert. Für sie bleibt die Naturwissenschaft eine Art Hexerei, Naturwissenschaftler werden mit einer Mischung aus Ehrfurcht und Mißtrauen betrachtet. In vielen Buchhandlungen stehen naturwissenschaftliche Werke neben solchen über Okkultismus, findet man Bücher über neuzeitliche Astronomie in enger Nachbarschaft von *Das Bermuda-Dreieck* oder *Der Tag, an dem die Götter kamen*. Zwar hört man Lippenbekenntnisse über die Bedeutung von Naturwissenschaft und rationalem Denken für die Gesellschaftsordnung, doch insgeheim fühlen sich die meisten Menschen einer religiösen Lehre näher als naturwissenschaftlichen Argumenten.

Wir leben in einer, allen äußeren Anzeichen zum Trotz, nach wie vor grundlegend religiös ausgerichteten Welt. Sowohl in Ländern wie dem Iran und Saudi Arabien, in denen der Islam wie eh und je die vorherrschende gesellschaftliche Kraft ist, wie auch dem industrialisierten Westen, wo sich die Religion aufgesplittert und verzweigt hat, bisweilen in einen vagen pseudowissenschaftlichen Aberglauben verkommen ist, dauert die Suche nach einem tieferen Sinn des Lebens an. Sie sollte kein Anlaß zum Spott sein. Auch Naturwissenschaftler suchen nach einem

Sinn: Indem sie mehr über die Natur des Lebens und des Bewußtseins zu erfahren trachten sowie über die Zusammensetzung und das Funktionieren des Alls, vermögen sie den Rohstoff zu liefern, auf dem religiöse Anschauungen aufbauen können. Der Streit darüber, ob die Schöpfung im Jahr 4004 oder 10 000 v. Chr. stattfand, ist müßig, wenn wissenschaftlich ermittelt worden ist, daß die Erde viereinhalb Milliarden Jahre alt ist. Keine Religion kann erwarten, daß sie lange Bestand hat, wenn sie ihre Glaubensgrundsätze auf nachweislich falsche Annahmen stützt.

Wir werden uns in diesem Buch mit einigen der letzten Entdeckungen der Grundlagenforschung beschäftigen und ihre Auswirkungen auf die Religion untersuchen. Häufig werden die überkommenen religiösen Vorstellungen durch die moderne Naturwissenschaft weniger widerlegt als vielmehr von ihr transzendiert. Der Naturwissenschaftler kann, indem er die Welt aus einem anderen Blickwinkel betrachtet, zu neuen Einblicken und Sichtweisen vom Menschen und seiner Stellung im All gelangen.

Wissenschaft wie auch Religion sind janusköpfig: sie haben ein intellektuelles und ein gesellschaftlich-soziales Gesicht. Beide lassen in bezug auf ihre gesellschaftlichen Auswirkungen viel zu wünschen übrig. Wohl hat die Wissenschaft der Geißel vieler Krankheiten die Schärfe genommen, schwere körperliche Arbeit abgeschafft und zu unserer Unterhaltung und Bequemlichkeit eine ganze Anzahl von Geräten erfunden, doch hat sie gleichzeitig entsetzliche Massenvernichtungsmittel entwickelt und die Qualität unseres Lebens erheblich vermindert. Die von der Industrie als Folge naturwissenschaftlichen Tuns hervorgebrachten Erzeugnisse tragen Segen und Fluch zugleich in sich.

Andererseits schneiden die kirchlichen Religionen eher noch schlechter ab. Niemand kann die zahlreichen Einzelfälle selbstloser Aufopferung durch religiös geprägte, dem Wohl der Allgemeinheit verschriebene Menschen auf der ganzen Welt leugnen, doch wurden die Religionen schon vor langer Zeit zu Institutionen, die sich häufig mehr mit Fragen der Macht und der Politik beschäftigen als mit Gut und Böse. Religiöser Eifer hat nur allzuoft heftig ausgetragene Konflikte zur Folge gehabt, die Toleranz des Menschen in ihr Gegenteil verkehrt und barbarische Grausamkeit entfesselt. Eines der abscheulichsten Beispiele dafür ist der Völkermord an den Eingeborenen Südamerikas, den die Europäer im 16. Jahrhundert im Namen der Christenheit auf ihr Gewissen luden, doch finden sich auch in der Geschichte Europas zahlreiche Beispiele dafür, daß Menschen wegen geringfügiger Abweichungen von der offiziellen Lehrmeinung der Kirche umgebracht wurden. Noch in unserem sogenannten aufgeklärten Zeitalter brechen religiöser Haß und Streit wie Eiterbeulen auf der ganzen Welt auf. Es ist paradox, daß zwar die meisten Religionen die Tugenden der Liebe, des Friedens und der Demut preisen, die Geschichte der großen Weltreligionen aber häufig von Haß, Krieg und Überheblichkeit geprägt ist.

Zahlreiche Naturwissenschaftler stehen der organisierten Religiosität kritisch gegenüber, nicht wegen ihrer eigenen seelischen Grundhaltung, sondern wegen des verderblichen Einflusses der Kirchen auf ein ansonsten anständiges menschliches Verhalten, vor allem dann, wenn sich diese Organisationen machtpolitisch engagieren. Der Physiker Hermann Bondi übt scharfe Kritik an den Religionen und nennt sie ein »schlimmes und abhängig machendes Übel«. Als Beispiel führt er die Auswüchse der Hexenjagd in Europa an:

> »In vielen Teilen des christlichen Europa pflegten die Gottesfürchtigen der Hexerei beschuldigte alte Frauen zu verbrennen. Man hielt das für eine den Gläubigen ganz offensichtlich durch die Bibel auferlegte Aufgabe. Die Tatsachen im Zusammenhang mit der Hexenverbrennung sprechen eine deutliche Sprache: Erstens brachte ihr Glaube ansonsten anständige Menschen dazu, unaussprechliche Greueltaten zu vollbringen. Das zeigt, wie religiöser Glaube alltäglich geübte menschliche Güte sowie Abscheu vor grausamem Tun in ihr Gegenteil verkehren kann und auch verkehrt hat. Zweitens erkennt man darin die Nichtigkeit des Anspruchs, mit dem die Religion absolute und unveränderliche Maßstäbe für die Moral setzt.« [2]

Bondi behauptet, die Kirche und andere religiöse Einrichtungen seien als Ergebnis der von ihnen jahrhundertelang rücksichtslos ausgeübten Macht moralisch bankrott.

Kaum jemand würde bestreiten, daß die Religionen trotz aller von ihnen erhobenen Ansprüche zu den am stärksten zur gesellschaftlichen Trennung beitragenden Faktoren gehören. Wie auch immer die guten Absichten der Gläubigen ausgesehen haben, die blutbefleckte Geschichte religiöser Konflikte liefert nur wenige Beispiele für allgemeingültige moralische Maßstäbe, die durch die größeren organisierten Religionen gesetzt wurden. Es gibt auch keinen Grund anzunehmen, Liebe und Rücksichtnahme ermangelten jenen, die diesen Organisationen nicht angehören oder gar erklärte Atheisten sind.

Selbstverständlich sind nun nicht alle religiösen Menschen fanatische

Eiferer. Die große Mehrheit der heutigen Christen verabscheut religiöse Konflikte und beklagt, daß die Kirche sich früher mit Folter, Mord und Unterdrückung befleckt hat. Aber spektakuläre Ausbrüche von Gewalt und Brutalität im Namen Gottes, die auch heute noch die Gesellschaft heimsuchen, sind nicht die einzigen gesellschaftsfeindlichen und unmenschlichen Züge der Religion. In angeblich zivilisierten Ländern wie Nordirland und Zypern trifft man nach wie vor auf eine konfessionell begründete Trennung des Erziehungswesens und sogar der Wohnbezirke. Selbst in ihren eigenen Reihen dulden religiöse Organisationen häufig Vorurteile gegen Frauen, rassische Minderheiten, Homosexuelle, oder wen auch immer ihre Führer als minderwertig anzusehen gebieten. Besonders anstößig erscheint mir die Stellung der Frau im Katholizismus und im Islam oder die der Schwarzen in der südafrikanischen Kirche. So entsetzt zahlreiche Menschen wären, wollte man ihre eigene Religion als intolerant oder gar brutal bezeichnen, so bereitwillig würden sie sich der Meinung anschließen, daß die *anderen* Religionen der Welt eine Menge auf dem Gewissen haben.

Diese bigotte Selbstgerechtigkeit scheint unvermeidlich, sobald sich religiöse Gruppen institutionalisieren oder in den Verfassungsrahmen eingebunden werden. Gerade das hat in der westlichen Welt zu einer weitgehenden Abwendung von der etablierten Religion geführt. Stattdessen wenden sich viele Menschen sogenannten religiösen Randgruppen zu, weil sie einen stilleren und sanfteren Weg zur seelischen Erfüllung suchen. Selbstverständlich gibt es eine große Anzahl neuer Bewegungen, von denen einige noch intoleranter und rücksichtsloser sind als die überkommenen Religionen. Viele aber legen das Hauptgewicht auf mystische Versenkung und den stillen ›Weg nach Innen‹ statt auf missionarischen Eifer und gewinnen damit jene für sich, die dem Engagement der etablierten Religionen in Gesellschaft und Politik kritisch gegenüberstehen.

Soviel über die gesellschaftliche Dimension der Religion. Wie aber steht es mit ihrem geistigen Gehalt?

Den größten Teil der Menschheitsgeschichte hindurch haben sich Männer und Frauen nicht nur der Religion zugewandt, um Rat in Fragen der Moral zu bekommen, sondern auch, um Antworten auf die Grundfragen des Daseins zu erhalten. Wie wurde das Universum geschaffen und wie wird es enden? Wo liegt der Ursprung des Lebens und des Menschen? Erst in den letzten Jahrhunderten hat die Naturwissenschaft nach und nach eigene Beiträge zu diesen Fragen geleistet. Die Kontroversen, die sich daraus ergaben, sind hinreichend belegt. Seit ihren Anfängen, also von Kopernikus, Galilei und Newton über Darwin und Einstein bis hin zum Zeitalter des Computers und der hochentwickelten Technik, hat die moderne Naturwissenschaft ein kaltes und bisweilen bedrohliches Licht auf zahlreiche tiefverwurzelte religiöse Glaubenssätze geworfen. Daraus ist der Eindruck erwachsen, Naturwissenschaft und Religion seien ihrem Wesen nach unvereinbar und stünden einander feindlich gegenüber – eine Ansicht, die vom Verlauf der Geschichte gestützt wird. Die frühen Versuche der Kirche, den wissenschaftlichen Fortschritt aufzuhalten, haben in der Wissenschaft tiefes Mißtrauen hervorgerufen. Und Naturwissenschaftler haben ihrerseits eine ganze Anzahl hehrer religiöser Vorstellungen zerschlagen, was sie für viele Menschen zu Glaubenszerstörern gemacht hat.

Es gibt jedoch keinen Zweifel am Erfolg der naturwissenschaftlichen Methodik. Die Physik, die Königin der Naturwissenschaften, hat dem menschlichen Verstehen Einblicke eröffnet, an die noch vor wenigen Jahrhunderten niemand gedacht hätte. Sie hat es uns ermöglicht, vom inneren Zusammenhalt des Atoms bis hin zum merkwürdig-unwirklichen Schwarzen Loch einige der verborgensten Geheimnisse der Natur zu erfassen und die Kontrolle über viele physikalische Vorgänge in unserer Umwelt zu erlangen. Welchen Einfluß das auf Vernunft gründende Vorgehen der Naturwissenschaften hat, zeigt sich täglich an den zahlreichen Wundern der modernen Technik. Mithin erscheint es vernünftig, auch ein gewisses Vertrauen in die Weltsicht der Naturwissenschaftler zu setzen.

Der Naturwissenschaftler und der Theologe nähern sich der tiefreichenden Frage der Existenz von grundlegend unterschiedlichen Ausgangspositionen. Naturwissenschaft gründet sich auf sorgfältige Beobachtung und auf Experimente, sie ermöglicht es, Theorien zu formulieren, die verschiedenartige Erfahrungen miteinander verknüpfen. Man sucht nach Regelmäßigkeiten im Wirken der Natur und hofft, auf diese Weise die Grundgesetze zu enthüllen, die das Verhalten von Materie und Kräften bestimmen. Im Mittelpunkt dieser Vorgehensweise steht die Bereitschaft des Naturwissenschaftlers, eine Theorie aufzugeben, wenn ihre Unrichtigkeit erkennbar wird. Auch wenn einzelne Wissenschaftler beharrlich an einer Lieblingsidee festhalten mögen, ist die Gemeinschaft der Naturwissenschaftler als Gruppe stets bereit, ein Problem auf andere Weise als bisher anzugehen. Die naturwissenschaftlichen Prinzipien selbst stehen nicht im Zentrum der Auseinandersetzungen.

Die Religion hingegen gründet sich auf Enthüllung und überlieferte Weisheit. Ihr Dogma beansprucht eine unveränderliche Wahrheit und läßt sich daher kaum einem Wandel der Vorstellungswelt anpassen. Der wahrhaft Gläubige muß zu seinem Glauben stehen, was auch immer gegen diesen zu sprechen scheint. Dessen ›Wahrheit‹, so heißt es, erfahre der Gläubige angeblich unmittelbar und nicht durch einen aussondernden und verfeinernden Prozeß gemeinsamen Untersuchens. Die Schwierigkeit einer offenbarten ›Wahrheit‹ liegt darin, daß sie ohne weiteres falsch sein kann, und selbst wenn sie stimmt, brauchen andere Menschen einen guten Grund dafür, den Glauben derer zu übernehmen, denen eine solche Offenbarung zuteil wurde.

Zahlreiche Wissenschaftler spötteln über offenbarte Wahrheiten. Einige halten sie geradezu für ein Übel:

»Gewöhnlich ist der Geisteszustand eines Menschen, der an eine Offenbarung glaubt, die schreckliche Überheblichkeit dessen, der sagt: ›Ich *weiß*, und wer meinen Glauben nicht teilt, hat unrecht.‹ Auf keinem anderen Gebiet findet sich eine so weit verbreitete Überheblichkeit, und auf keinem anderen Gebiet sind sich die Menschen ihres ›Wissens‹ so unglaublich sicher. Ich finde es widerwärtig, daß sich jemand gegenüber allen anderen, die etwas anderes glauben oder nicht glauben, so überlegen, so berufen und so auserwählt fühlt. Das wäre schlimm genug, aber darüber hinaus tun viele Gläubige, was sie können, um ihren Glauben zu verbreiten, indem sie ihn zumindest an ihre Kinder weitergeben, häufig aber auch an andere (und in der Geschichte wimmelt es von Beispielen, wie das mit Gewalt und rücksichtsloser Brutalität geschehen ist). Dabei ist es offensichtlich, daß Menschen größter Aufrichtigkeit und aller Intelligenzstufen voneinander abweichende religiöse Ansichten haben und stets hatten. Aus der Tatsache, daß nicht mehr als ein Glaube wahr sein kann, folgt, daß die Menschen stark dazu neigen, auf dem Gebiet geoffenbarter Religion aufrichtig und fest an etwas Unwahres zu glauben. Man sollte meinen, daß diese offenkundige Tatsache eine gewisse Bescheidenheit bewirkt und zu dem Gedanken geführt hätte, daß man, wie tief auch der eigene Glaube empfunden werden mag, möglicherweise irrt. Nichts liegt dem Gläubigen, allen Gläubigen, ferner als diese grundlegende Bescheidenheit. Alle, über die sie Macht haben (heutzutage in entwickelten Ländern nur die eigenen Kinder), müssen diesen Glauben eingehämmert bekommen. In zahlreichen Fällen wird Kindern tatsächlich die Vorstellung eingeimpft, daß sie zu der einen Gruppe mit überlegenem Wissen gehören, die allein einen direkten Draht ins Büro des Allmächtigen hat, während alle anderen schlechter dastehen als sie.«[3]

Dennoch halten immer wieder Menschen, die religiöse Erlebnisse hatten, ihre eigene persönliche Offenbarung für eine tragfähigere Glaubensgrundlage als noch so viele naturwissenschaftliche Experimente. Eine ganze Anzahl von Menschen, die sich beruflich mit den Naturwissenschaften beschäftigen, sind tiefreligiös, und offensichtlich fällt es ihnen nicht schwer, beide Seiten ihrer Lebensanschauung friedlich koexistieren zu lassen. Die Schwierigkeit ist: Wie kann man aus zahlreichen voneinander unabhängigen religiösen Erlebnissen eine zusammenhängende religiöse Weltanschauung machen? Beispielsweise weicht die christliche Lehre von der Entstehung des Kosmos grundlegend von der asiatischer Völker ab. Mindestens eine muß aber falsch sein.

Doch wäre es ein großer Fehler, aus dem Mißtrauen, mit dem Naturwissenschaftler geoffenbarter Wahrheit entgegentreten, zu schließen, sie seien gefühlskalte, berechnende und seelenlose Menschen, denen es um nichts anderes als Fakten und Zahlen geht. Tatsächlich hat sich zusammen mit der Entwicklung der modernen Physik das Interesse an den tieferen philosophischen Implikationen der Wissenschaft enorm vergrößert. Diese Seite naturwissenschaftlichen Bemühens ist in der Öffentlichkeit wenig bekannt und wirkt häufig völlig überraschend. Der Pathologe, Autor und Fernsehproduzent Kit Pedlar beschreibt sein Erstaunen, bei der Vorbereitung einer Fernsehserie über den Geist und über paranormale Phänomene zu sehen, daß Physiker heute durchaus Interesse an weiterführenden Fragen aufbringen:

»Nahezu zwanzig Jahre lang verbrachte ich meine Forschungstätigkeit als glücklicher Reduktionist ausschließlich mit biologischen Aspekten und glaubte, meine gewissenhafte Forschungsarbeit werde schließlich letzte Wahrheiten enthüllen. Dann begann ich, mich mit den Ergebnissen der neuen Physik zu beschäftigen. Das Ergebnis war niederschmetternd.

Als Biologe hatte ich Physiker für kühle, klare und emotionslose Menschen gehalten, die sich von einem distanzierten, geradezu klinischen Standpunkt aus mit der Natur beschäftigten – Menschen, denen ein Sonnenuntergang nichts weiter bedeutete als Wellenlängen und Frequenzen; Beobachter, die die Komplexität des Alls in starre und formale Elemente zerlegten.

Wie sehr hatte ich geirrt! Ich begann, mich mit den Arbeiten berühmter Physiker zu beschäftigen: Einstein, Bohr, Schrödinger und Dirac. Dabei stellte ich fest, daß es sich keineswegs um klinische, distanzierte Männer handelte, sondern um poetisch und religiös veranlagte Menschen, die sich unserem Denken so fremdartige Ungeheuerlichkeiten vorstellten, daß das, was ich als ›paranormal‹ bezeichnet habe, im Vergleich geradezu harmlos wirkte.«[4]

Die Ironie liegt darin, daß die Physik, die allen anderen Naturwissenschaften den Weg geebnet hat, jetzt dem ›Geistigen‹ aufgeschlossener gegenübersteht, während die ›Lebenswissenschaften‹ im Kielwasser der Physik des vorigen Jahrhunderts darangehen, das ›Geistige‹ gänzlich auszuschließen. Zu dieser eigentümlichen Umkehrung hat der Psychologe Harald Morowitz gesagt:

»Folgendes ist geschehen: Biologen, die früher einmal für den Geist des Menschen eine privilegierte Rolle in der Hierarchie der Natur postuliert haben, ziehen sich immer mehr auf den unnachgiebigen Materialismus zurück, der kennzeichnend für die Physik des 19. Jahrhunderts war. Gleichzeitig haben sich die Physiker angesichts zwingender experimentell gewonnener Erkenntnisse von rein mechanistischen Modellen des Universums hin zu einer Sichtweise bewegt, bei der der Geist in alle physischen Erscheinungen einbezogen ist. Es ist, als befänden sich die beiden Disziplinen in Schnellzügen, die in entgegengesetzter Richtung fahren, und merkten nicht, was sich auf der anderen Seite des Schienenstrangs abspielt.«[5]

In den nachfolgenden Kapiteln werden wir sehen, auf welche Weise die Physik ›dem Beobachter‹ eine zentrale Rolle in der Natur der physischen Wirklichkeit zugewiesen hat. Eine wachsende Zahl von Menschen glaubt, daß neuere Fortschritte in der Grundlagenforschung mit größerer Wahrscheinlichkeit den tieferen Sinn des Daseins ergründen werden, als die traditionelle Religion das könnte. Wie auch immer, die Religion kann es sich nicht leisten, diese Fortschritte zu ignorieren.

2. Die Entstehung der Welt

»Am Anfang schuf Gott Himmel und Erde.«
                                    1. Buch Mose, 1.1

»Und niemand war da, der es sehen konnte.«
                        Steven Weinberg in *Die ersten drei Minuten*

Hat eine Schöpfung stattgefunden? Falls ja: Wann war das, und wodurch wurde sie hervorgerufen? Kein Rätsel ist tiefgründiger und verblüffender als das des Seins. Die meisten Religionen haben etwas über den Anfang aller Dinge zu sagen; auch die moderne Naturwissenschaft. In diesem Buch werde ich mich mit dem Geheimnis der Entstehung des Alls und des Lebens im Licht neuerer kosmologischer Entdeckungen beschäftigen. Im vorliegenden Kapitel geht es um den Ursprung des Universums insgesamt. Manchen bedeutet das Wort ›Universum‹ das Sonnensystem oder unsere Milchstraße. Ich werde es im üblicheren Sinn von ›alles, was eine physikalische Existenz hat‹ verwenden, womit ich die gesamte Materie meine, die sich in und zwischen allen Galaxien befindet, und alle Energieformen, aber auch alle nicht-materiellen Dinge wie Schwarze Löcher und Gravitations- oder Schwerkraftwellen sowie den gesamten Weltraum, der sich – sofern das stimmt – unendlich weit ausdehnt. Gelegentlich werde ich das Wort ›Welt‹ in derselben Bedeutung verwenden.

Jedes Denksystem, das ein Verständnis der physikalischen Welt zu liefern behauptet, muß Aussagen über den Ursprung der Welt machen. Im Grund geht es um eine einfache Alternative: Entweder hat es das Universum – in der einen oder anderen Form – schon immer gegeben, oder es ist zu einem bestimmten Zeitpunkt in der Vergangenheit mehr oder weniger plötzlich aufgetreten. Beide Möglichkeiten haben Theologen, Philosophen und Naturwissenschaftlern lange Zeit Rätsel aufgegeben, und beiden wohnen für den Laien ganz offensichtliche Schwierigkeiten inne.

Sofern das Universum keinen Ursprung in der Zeit hatte – das heißt, falls es schon immer existiert hat –, ist es unendlich alt. Der Begriff ›unendlich‹ bereitet vielen Menschen erhebliche Schwierigkeiten. Wenn es bereits eine unendliche Anzahl von Ereignissen gegeben hat, wieso leben wir dann jetzt? Hat das Universum die ganze Ewigkeit hindurch stillgelegen und ist erst vor kurzer Zeit ›lebendig‹ geworden? Oder hat es schon immer irgendeine Art von Aktivität gegeben? Wenn andererseits das Universum einen *Anfang* hatte, muß man davon ausgehen, daß es plötzlich aus dem Nichts entstanden ist. Das scheint ein Urereignis vorauszusetzen. Wenn es aber etwas derartiges gegeben hat, was war dessen Ursache? Ist eine solche Frage überhaupt sinnvoll?

Viele Denker schrecken vor solchen Erwägungen zurück und wenden sich lieber dem naturwissenschaftlich Greifbaren zu. Was kann uns die Naturwissenschaft über den Ursprung des Universums sagen?

Gegenwärtig vertreten die meisten Kosmologen und Astronomen die Theorie, daß vor etwa 18 Milliarden Jahren, als das physikalische Universum in einer ungeheuren, allgemein als ›Urknall‹ bezeichneten Explosion entstand, tatsächlich eine Schöpfung stattgefunden hat. Vieles weist darauf hin, daß diese erstaunliche Theorie stimmen könnte. Ob man nun alle Einzelheiten in diesem Zusammenhang anerkennt oder nicht, die eigentliche Hypothese – daß es eine Art Schöpfung gegeben hat – scheint vom naturwissenschaftlichen Standpunkt aus zwingend. Der Grund dafür liegt unmittelbar in einer großen Menge naturwissenschaftlichen Beweismaterials, das im allgemeinsten bekannten physikalischen Gesetz, das wir kennen, seinen Niederschlag findet – dem zweiten Hauptsatz der Thermodynamik. Er besagt im weitesten Sinn, daß die Ordnung im Universum beständig abnimmt und sich allmählich, aber unaufhaltsam, in eine vollständige Unordnung verkehrt. Beispiele für die Gültigkeit dieses zweiten Hauptsatzes der Thermodynamik finden sich allenthalben: Gebäude stürzen ein, der Mensch altert, Gebirge und Küsten unterliegen der Erosion, natürliche Rohstoffquellen erschöpfen sich.

Wenn aber alle natürliche Aktivität zu größerer Unordnung führt – die in geeigneter Weise zu messen ist –, muß sich die Welt *irreversibel* verändern. Denn wollte man im Universum den Zustand des Vortags wiederherstellen, müßte man auf die eine oder andere Weise die Unordnung auf den früheren Stand bringen – und gerade das widerspricht dem zweiten Hauptsatz der Thermodynamik. Dennoch scheint es auf den ersten Blick eine ganze Anzahl von Gegenbeispielen zu geben. Neue Gebäude werden errichtet, und neue Strukturen wachsen. Ist nicht jedes Neugeborene ein Beispiel dafür, wie aus Unordnung Ordnung entsteht?

Hier muß man das Gesamtsystem im Auge behalten und nicht nur einzelne Teile davon, die uns interessieren. Daß sich Ordnung in einem Bereich des Universums konzentriert, wird stets damit bezahlt, daß anderenorts die Unordnung zunimmt. Beispielsweise verringern die für einen Hausbau verwendeten Materialien zwangsläufig die Rohstoffquellen der Welt; die beim Bau eingesetzte Energie ist unwiederbringlich verloren. Zieht man die Gesamtbilanz, so überwiegt ›unter dem Strich‹ stets die Unordnung.

Physiker haben eine ›Entropie‹ genannte mathematische Größe eingeführt, mit der sie das Ausmaß der Unordnung mengenmäßig erfassen können. Sorgfältige Experimente haben den Nachweis erbracht, daß die Gesamtentropie in einem System nie abnimmt. Wird es von seiner Umgebung isoliert, treiben alle in ihm auftretenden Veränderungen die Entropie unnachsichtig hoch, bis es nicht mehr weitergeht. Danach gibt es keine Veränderungen mehr: Das System hat den Zustand des thermodynamischen Gleichgewichts erreicht. Das läßt sich gut am Beispiel eines Behälters verdeutlichen, der ein Chemikaliengemisch enthält. Die Chemikalien reagieren miteinander, etwas Wärme mag dabei entstehen, die Molekülstrukturen mögen sich verändern, und dergleichen mehr. All diese Veränderungen erhöhen die Entropie im Behälter, bis schließlich sein Inhalt in seiner endgültigen chemischen Form eine einheitliche Temperatur erreicht hat. Danach geschieht nichts mehr. Zwar wäre es durchaus möglich, den Inhalt des Behälters in seinen früheren Zustand zurückzuüberführen, aber dazu müßte man den Behälter öffnen, Energie, z. B. in Form von Wärme, und Chemikalien zuführen, um die eingetretenen Änderungen wieder rückgängig zu machen. Das wiederum würde mehr Entropie außerhalb des Behälters produzieren als zum Ausgleich der Entropieverminderung innerhalb des Behälters erforderlich wäre.

Sofern in einem Universum eine begrenzte Ordnung herrscht, die sich unvermeidlich zum Zustand der Unordnung – letztlich hin zum thermodynamischen Gleichgewicht – bewegt, lassen sich daraus unmittelbar zwei weitreichende Schlußfolgerungen ableiten. Erstens: Das Universum wird schließlich ›sterben‹, wobei es sich sozusagen in der ihm eigenen Entropie aufhält. Physiker sprechen vom ›Wärmetod‹ des Universums. Zweitens: Das Universum kann nicht schon immer existiert haben, denn sonst hätte es bereits vor unendlicher Zeit seinen Endzustand des Gleichgewichts erreicht. Da das nicht der Fall ist, hat das Universum nicht schon immer bestanden.

In allen uns vertrauten Systemen erkennen wir das Wirken des zweiten Hauptsatzes der Thermodynamik. Beispielsweise kann die Erde nicht schon immer existiert haben, sonst hätte sich ihr Inneres abgekühlt. Mit Hilfe der Messung der natürlichen Radioaktivität läßt sich das Erdalter auf etwa viereinhalb Milliarden Jahre festlegen, was dem Alter des Mondes und verschiedener Meteoritenarten vergleichbar ist.

Auch die Sonne kann natürlich nicht unendlich weiter brennen. Ihre Brennstoffvorräte nehmen Jahr für Jahr ab, so daß das Gestirn schließlich erkalten und sich verdunkeln wird. Das Feuer der Sonne kann sich erst vor einer bestimmten Zeit entzündet haben, denn ihre Energievorräte sind nicht unbegrenzt. Man schätzt, daß die Sonne etwas älter ist als die Erde – das paßt gut zu den gegenwärtigen astrophysikalischen Theorien, denen zufolge das Sonnensystem als eine Einheit entstanden sein soll. Dennoch ist unser Sonnensystem nur ein winziger Bestandteil des Universums, und es wäre voreilig, wollte man aus der Betrachtung der Erde und der Sonne allein weitreichende Folgerungen ziehen. Doch ist die Sonne ein typischer Stern, und allein unsere Milchstraße enthält viele Milliarden weiterer Sterne, deren Lebenszyklen von Astronomen untersucht werden können. Es gibt Sterne in unterschiedlichen Entwicklungsstadien, was es uns ermöglicht ein detailliertes Bild von Geburt, Leben und Tod der Sterne zu entwerfen.

Gemeinsam mit den Planeten bilden Sterne als Ergebnis der allmählichen Zusammenziehung und Zersplitterung riesige, hauptsächlich aus Wasserstoff bestehende Wolken interstellaren Gases von geringer Dichte. Heute lassen sich leicht Bereiche der Milchstraße ausmachen, in denen ›Sternengeburten‹ stattfinden. Einer davon, der große Orion-Nebel, ist mit dem bloßen Auge erkennbar. Die Sterne wurden nicht einfach ein- für allemal an den Himmel geheftet. Unsere Sonne ist mit ihren etwa fünf Milliarden Jahren beispielsweise nur halb so alt wie die ältesten Sterne der Milchstraße. Die Entstehung des Sonnensystems wäre dann nur eines von mehreren Ergebnissen eines fortlaufenden Prozesses, der Hunderte von Milliarden Malen allein in der Milchstraße abgelaufen ist und der auch in Zukunft weitergehen wird. Mithin hat es, was die Entstehung von Sternen und Planeten betrifft, keine wirkliche

Schöpfung gegeben, eher kann man von einer Art kosmischen Fließbands sprechen, das aus Rohmaterial – Wasserstoff, Helium und einem winzigen Anteil schwererer Elemente – fortwährend Sterne und Planeten erzeugt.

Wenn es nun so ist, daß beständig Sterne ausbrennen, während andere entstehen und an ihre Stelle treten, kann dann diese Abfolge von Geburt und Tod endlos stattgefunden haben? Leider nein, sagt der zweite Hauptsatz der Thermodynamik. Das Material ausgebrannter Sterne läßt sich nie wieder vollständig in den Kreislauf integrieren. Die Energie, die dazu nötig wäre, strahlt über ungeheure Zeiträume hinweg in Form von Licht in den Weltraum. Ein Teil des Sternenmaterials geht unwiederbringlich in Schwarzen Löchern verloren.

Es gibt allerdings einen unmittelbaren Grund für die Annahme, daß das ganze kosmische System sich nicht schon ewig erneuert hat. Isaac Newton, einer der Väter der modernen Naturwissenschaft, hat die Schwerkraft (Gravitation) als die universale Kraft bezeichnet, die zwischen allen aus Materie bestehenden Körpern im Kosmos wirkt: alle Sterne und Galaxien sind der Schwerkraft unterworfen, sie zerren aneinander. Da astronomische Körper frei im Raum schweben, sollte man annehmen, daß sie als Ergebnis dieser überall wirkenden Anziehung durch die Schwerkraft aufeinander zustürzen. Das wird in unserem Sonnensystem durch die Wirkung von Zentrifugalkräften vermieden, die Planeten kreisen um die Sonne. Ähnliches gilt für die gesamte Milchstraße, aber es gibt keinen Hinweis auf eine Drehbewegung des ganzen Universums. Da offensichtlich die Galaxien nicht bis in alle Ewigkeit einfach da hängenbleiben können, wo sie sind, kann nicht das ganze Universum schon immer in der gegenwärtigen Anordnung existiert haben.

Obwohl dieses kosmische Rätsel den Menschen seit Newtons Zeit zu denken gab, wurde die Lösung erst in den 20er Jahren unseres Jahrhunderts entdeckt. Der amerikanische Astronom Edwin Hubble erkannte, daß Galaxien deshalb nicht aufeinander zustürzen, weil sie sich statt dessen rasend schnell voneinander entfernen.[1] Er stellte fest, daß für ihn als Beobachter die Farbe des von den Galaxien ausgesandten Lichts leicht verändert – in der Fachsprache ›rotverschoben‹ – ist, was für eine schnelle Wegbewegung der Galaxien spricht. Der Grund dafür liegt in der Wellennatur des Lichts: Eine sich bewegende Lichtquelle läßt beim Beobachter die Lichtwellen verlängert ›rotverschoben‹ oder verkürzt ›blauverschoben‹ ankommen, genau wie die Bewegung eines Fahrzeugs die von ihm ausgehenden Schallwellen für den Beobachter verändert. Die Pfeife einer Lokomotive oder ein Automotor klingen immer tiefer, je schneller sich das Fahrzeug vom Beobachter entfernt. Beim Licht braucht man nur ›Farbe‹ für ›Tonhöhe‹ einzusetzen und hat dann Hubbles Rotverschiebung. Allerdings geht es dabei um kaum vorstellbare Geschwindigkeiten, sie betragen bei fernen Galaxien viele tausend Kilometer pro Sekunde.

Hubbles Entdeckung wird gelegentlich fehlgedeutet, so als sage sie aus, unsere Milchstraße liege im Mittelpunkt dieser raschen Bewegung und alle anderen Galaxien entfernten sich von uns. Das stimmt nicht. Da sich ferne Galaxien rascher zurückziehen als nähern, nimmt der Abstand auch zwischen ihnen zu, so daß sich in Wirklichkeit jede Galaxie von jeder anderen entfernt. Das ist das berühmte ›sich ausdehnende Universum‹. Das Muster dieser galaktischen Ausdehnung würde von jedem beliebigen Standpunkt im Kosmos ziemlich gleich aussehen.

Das sich ausdehnende Universum paßt sehr gut zu modernen Vorstellungen von der Art des Raums, der Zeit und der Bewegung. Albert Einstein, der unter Wissenschaftlern denselben Rang einnimmt wie der Heilige Paulus unter den Christen, hat mit seiner dem Verstand kaum faßbaren Relativitätstheorie unsere Vorstellungen auf diesem Gebiet revolutioniert. Obwohl es sechzig Jahre gedauert hat, bis Einsteins Raum- und Zeitkrümmungen ins Bewußtsein der Allgemeinheit gedrungen sind, haben Physiker seine Vorstellungen von einem gekrümmten Raum-Zeit-Kontinuum seit langem als Erklärung für die Schwerkraft akzeptiert.

Die Schwerkraft steht hinter allen größeren kosmischen Erscheinungen. Bei Objekten von astronomischer Größe ist sie weit bedeutender als alle anderen Kräfte wie Magnetismus oder Elektrizität. Sie formt die Galaxien aus und steuert die Bewegungen zwischen ihnen – und sie liefert auch den Schlüssel für die Erklärung des sich ausdehnenden Universums.

Einstein hat überzeugend dargelegt, daß die Schwerkraft den Raum wie auch die Zeit dehnt und krümmt. Der Gedanke läßt sich unmittelbar überprüfen, indem man beobachtet, wie die Schwerkraft der Sonne Sternenstrahlen ablenkt, die ihre Oberfläche streifen. Der Himmel hinter der Sonne wirkt von der Erde aus nur wenig, aber deutlich erkennbar, gekrümmt. Auch die Dehnbarkeit der Zeit läßt sich am deutlichsten mit Hilfe von Uhren nachweisen, die sich durch den

Weltraum bewegen. In schwerkraftfreier Umgebung läuft die Zeit rascher ab als hier auf der Erde.

Wenn die Sonne den Raum dehnen kann, ist dazu auch unser aus zahlreichen Sonnen bestehendes Milchstraßensystem imstande. So stellen sich die Astronomen den Raum zwischen den Galaxien als gedehnt vor, anstatt anzunehmen, die Galaxien bewegten sich *durch* den Raum voneinander fort. Wird der intergalaktische Raum ›aufgeblasen‹, verfügt jede Galaxie über eine täglich größere Bewegungsfreiheit. Auf diese Weise dehnt sich das Universum aus, ohne *in* einen außerhalb seiner liegenden leeren Raum eindringen zu müssen.

Lassen wir für einen Augenblick die Vorstellung der Dehnbarkeit von Raum und Zeit beiseite, die vielen Menschen schwer verständlich erscheint. Auf jeden Fall muß ein Universum, das immer größer wird, in der Vergangenheit kleiner gewesen sein, und sofern seine gegenwärtige Ausdehnungsgeschwindigkeit ständig gleich war, muß das ganze beobachtbare Universum vor zwanzig oder dreißig Milliarden Jahren ein gestaltloser Klumpen gewesen sein, in dem man keine astronomischen Körper hätte erkennen können. Tatsächlich haben Astronomen entdeckt, daß sich die Ausdehnungsgeschwindigkeit allmählich verringert, so daß dieser hochverdichtete Zustand noch nicht so lange zurückliegt, vielleicht fünfzehn oder zwanzig Milliarden Jahre. (Man vergleiche damit das Sonnenalter von fünf Milliarden Jahren.) Da die Ausdehnungsgeschwindigkeit damals weit höher lag, dürften die ersten Stadien der galaktischen Auffächerung eher einem Ausbruch als einer allmählichen Ausdehnung geähnelt haben.

Es heißt manchmal, das Universum, wie wir es kennen, sei durch die Detonation einer Art ›Urei‹ entstanden, und die Galaxien seien nichts als Bruchstücke davon, die seitdem durch den Raum rasen. Auch wenn dieses Bild einige richtige Züge enthält, so kann es doch in die Irre führen. Was damals explodiert ist, war zusammengeschrumpft, weil auch der Raum zusammengeschrumpft war. Also ist es falsch, sich ein von einer Leere umgebenes ›Ei‹ vorzustellen. Ein Ei hat eine Oberfläche und einen Mittelpunkt. Astronomen hingegen sind der Ansicht, daß das Universum weder einen Rand noch eine Oberfläche oder einen festlegbaren Mittelpunkt besitzt.

Wir haben es hier mit dem schwer zu fassenden Begriff der Unendlichkeit zu tun. Wer nicht gut achtgibt, kann dabei in etliche Fallen stolpern. Angesichts der Bedeutung dieses Begriffs nicht nur für das sich ausdehnende Universum, sondern auch für weitergehende Fragen der Naturwissenschaft und der Religion scheint an dieser Stelle ein kleiner Exkurs angebracht.

Naturwissenschaftler haben längst die Notwendigkeit eingesehen, alle ihre Betrachtungen über den Begriff Unendlichkeit auf genau festgelegte mathematische Schritte zu gründen, denn das Unendliche messen zu wollen kann zu allen Arten von Paradoxien führen. Man denke beispielsweise an die berühmte auf Zenon von Elea im 5. Jahrhundert v. Chr. zurückgehende Paradoxie vom Hasen und der Schildkröte. Bei einem Rennen hat die Schildkröte einen Vorsprung, aber der schneller laufende Hase überholt sie bald. Es ist klar, daß sich Hase wie Schildkröte zu jedem Zeitpunkt des Rennens jeweils an einem Ort befinden. Da beide über die gleiche Dauer – also eine gleiche Anzahl von Augenblicken – gelaufen sind, müssen sie auch eine gleiche Anzahl von Orten hinter sich gebracht haben. Überholt nun der Hase die Schildkröte, muß er in derselben Zeit eine größere Entfernung zurücklegen als diese und damit eine *größere* Anzahl von Orten durchlaufen. Wie aber kann er dann jemals die Schildkröte überholen?

Wer dieses Paradox auflösen will (eines von mehreren, die uns von Zenon überliefert worden sind), muß den Begriff des Unendlichen in sauberer Weise formulieren. Sind Zeit und Raum unendlich in immer kleinere Stücke teilbar, rennen Hase und Schildkröte eine unendliche Zahl von Augenblicken durch eine unendliche Zahl von Orten. Das wesentliche Merkmal des Unendlichen ist in diesem Fall, daß ein Teil von ihm so groß ist wie das Ganze. Zwar ist, räumlich gesehen, der Weg der Schildkröte kürzer als der des Hasen, doch kommt sie durch ebenso viele – das heißt: unendlich viele – Orte wie er, obwohl wir wissen, daß der Hase durch alle Orte der Schildkröte und noch mehr hindurchläuft!

Wer sich mit der Untersuchung des Unendlichen beschäftigt, begegnet zahlreichen Überraschungen dieser Art, und Mathematiker haben Jahrhunderte logischen Denkens gebraucht, um die Regeln für die richtige Handhabung des Unendlichkeitsbegriffs zu erfassen. Das Eigentümliche dabei ist, daß es verschiedene Arten des Unendlichen gibt. So gibt es die Unendlichkeit der Dinge, die sich durch ganze Zahlen – 1, 2, 3 . . . endlos – ausdrücken läßt und eine andere, eine größere Unendlichkeit, zu deren Ausdruck selbst die ganzen Zahlen in ihrer Gesamtheit unzulänglich sind.

In der Geometrie kann uns unsere Intuition ziemlich in die Irre führen. Nehmen wir beispielsweise die Länge eines Zauns um eine Fläche von gegebener Größe. Es ist leicht einzusehen, daß bei gleicher Grundflä-

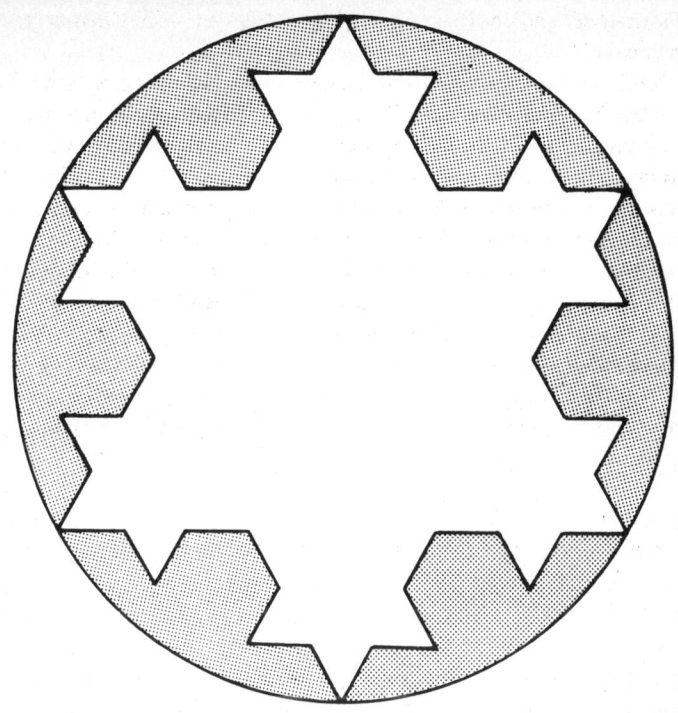

1 Den unregelmäßigen Umriß in dieser Abbildung erzeugt man dadurch, daß in einer Folge von Schritten gleichseitige Dreiecke auf den Seiten größerer Dreiecke errichtet werden. Die Abbildung zeigt den dritten Schritt. Mit zunehmender Zahl der Schritte wird der Umfang länger und bekommt mehr Spitzen. Die Länge des Umfangs wächst so endlos an, doch der Umriß ragt zu keinem Zeitpunkt über den Umkreis hinaus. Daher ist die von unserem gezackten Umriß eingeschlossene Fläche endlich, obwohl sich die Länge des Umfangs des Umrisses mit einer unendlichen Anzahl von Schritten dem Unendlichen nähert.

che ein langes schmales Feld mehr Zaun braucht als ein quadratisches. Für ein rundes Feld ist die geringste Zaunlänge erforderlich. Aber wie groß kann der Umfang eines Feldes werden? Abbildung 1 zeigt einen recht ungewöhnlich verlaufenden Umriß, der aus Dreiecken, die in einer Abfolge von Schritten auf weiteren Dreiecken aufbauen, besteht. Bei jedem Schritt wird der Zaun länger und die von ihm eingeschlossene

Fläche ein wenig größer. Doch zu keinem Zeitpunkt geht der Umriß über den Umkreis hinaus, so daß die Fläche stets endlich bleiben wird, obwohl der Umfang des Umrisses grenzenlos zunehmen kann, wenn die Zahl der zusätzlichen Dreiecke wächst. Man kann sich also einen *unendlich* langen Zaun vorstellen, der ein Feld mit *endlicher* Fläche einschließt (siehe Abb. 1).

Was hat nun all das mit der Erschaffung des Universums zu tun? Erstens zeigt es, daß man mit Begriffen wie ›Unendlichkeit‹ nicht leichtfertig operieren sollte, da sonst leicht Unsinn dabei herauskommt. Zweitens zeigt das Beispiel, daß die Ergebnisse, die man bekommt, häufig dem Alltagsverstand und der Intuition widersprechen. Das ist eine der bedeutenden Lehren der Naturwissenschaft. Oft muß man das Abstrakte – formale mathematische Berechnungen – zu Hilfe nehmen, um die Welt zu verstehen. Die gewöhnliche Erfahrung allein kann sich als unzuverlässiger Führer erweisen.

Ist das Universum von unendlicher Größe? Wenn der Raum ein unendliches Volumen hat, können wir uns in ihm eine unendliche Anzahl von Galaxien mit annähernd gleicher Dichte vorstellen. Manchem fällt es schwer sich vorzustellen, wie sich etwas Unendliches ausdehnen soll. Wohin kann es sich ausdehnen? Das ist kein Problem: Das Unendliche läßt sich vergrößern und bleibt dennoch gleich groß. (Denken Sie an das, was Hase und Schildkröte uns gelehrt haben!) Aber es ergeben sich Vorstellungsschwierigkeiten, wenn wir dieses Denkmodell auf die Phase des ›kosmischen Eis‹ übertragen. Wenn Galaxien überall sind, kann es nie ein *endlich* großes Ei gegeben haben, mit einer Oberfläche, jenseits derer keine Materie existierte. Also ist es nichts mit Eiern.

Stellen Sie sich in einem solchen unendlichen Universum eine riesige Kugel vor, die ein ungeheures Volumen einschließt, in dem sich zahlreiche Galaxien befinden. Jetzt stellen Sie sich vor, daß der Raum überall rasch schrumpft, so wie Alice im Wunderland, nachdem sie den Zauberkuchen gegessen hatte. Die Kugel zieht sich zusammen, so daß ihr Radius immer kleiner wird; doch wie sehr sie auch immer schrumpft, außerhalb ihrer gibt es einen nicht endenden Raum und eine Unendlichkeit von Galaxien. Schrumpft die Kugel zu buchstäblich nichts zusammen, haben wir das mathematisch interessante Problem eines unendlichen Universums, das unendlich zusammengeschrumpft ist. Nach wie vor gibt es weder Mittelpunkt noch Rand, aber der Inhalt einer beliebigen Kugel wäre jetzt unabhängig von ihrer anfänglichen Größe nicht größer als ein

Punkt. Astronomen nehmen an, daß das Universum aus einem in dieser Weise unendlich geschrumpften, aber unbegrenzten Zustand heraus explodiert ist.

Es gibt aber noch ein anderes denkbares Modell für das Universum, das den Wettstreit der Unendlichkeiten vermeidet; Einstein selbst hat es 1917 vorgeschlagen. Aufgrund seiner Krümmbarkeit, argumentierte Einstein, lasse sich der Raum auf eine Vielzahl unerwarteter Arten mit sich selbst verbinden. Die gekrümmte Erdoberfläche mag dazu als Analogon dienen. Sie ist ihrer Fläche nach endlich, aber unbegrenzt, nirgends stößt man an einen Rand oder eine Grenze. In ähnlicher Weise könnte der Raum seinem Volumen nach endlich sein, ohne jedoch einen Rand oder eine Grenze zu besitzen. Eine solche Ungeheuerlichkeit vermögen sich nur wenige Menschen wirklich vorzustellen; die Mathematik mag sich an unserer Stelle um die Einzelheiten kümmern. Man bezeichnet so ein Gebilde als Hypersphäre. Wäre das Universum nun eine solche Hypersphäre, könnte ein Astronaut es im Prinzip wie ein kosmischer Magellan umschiffen, indem er seine Rakete immer in dieselbe Richtung lenkte, bis er wieder an seinem Ausgangspunkt ankäme.

Obwohl endlich, hat auch Einsteins hypersphärischer Kosmos – wie die Oberfläche der Erde – weder Rand noch Mittelpunkt, und mithin auch geschrumpft keine Ähnlichkeit mit einem kosmischen Ei. Man kann sich vorstellen, wie die Hypersphäre zu nichts zusammenschrumpft und ihr Volumen verschwindet, entsprechend der Oberfläche einer Kugel, deren Radius bis auf Null zurückgeht (siehe Abb. 2).

Die Untersuchung des elastischen Raums hat Kosmologen dazu gebracht, eine Schöpfungstheorie vorzuschlagen, die sich in den Einzelheiten deutlich von der der Bibel unterscheidet. Das erstaunlichste Kennzeichen der naturwissenschaftlichen Theorie ist die Annahme, nicht nur die Materie, sondern auch der Raum selbst seien beim Urknall entstanden. Betrachtet man statt des sich – aus dem Nichts – ausdehnenden Ballons das Modell des ›zusammenschrumpfenden‹ Ballons, bekommt man eine ungefähre Vorstellung von der Schöpfungsgeschichte, wie die moderne Physik sie erzählt. Der entscheidende Punkt liegt darin, daß die Vorstellung des Raums über die Phase des Unendlich-geschrumpft-Seins hinaus unmöglich wird, und zwar gleichgültig, ob das Universum wie im Ballonmodell Einsteins Hypersphäre ähnelt oder ob es von unendlicher Größe ist. Der erste Augenblick des Urknalls, in dem der Raum unendlich geschrumpft war, stellt eine

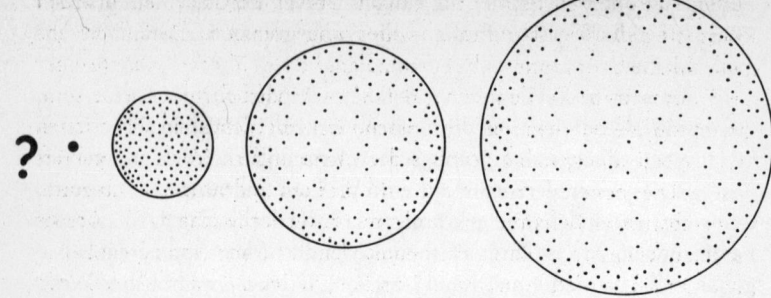

2 Stellt man den dreidimensionalen Raum als zweidimensionale Fläche dar, erinnert das Modell des sich ausdehnenden Universums an einen Luftballon, der aus dem Nichts anschwillt. In diesem Modell ist der Raum endlich, aber unbegrenzt: ein Beobachter im Raum könnte ungehindert durch das ganze Universum reisen. Die Punkte bedeuten Galaxien – oder Ansammlungen von Galaxien.

In dem Maß, wie sich das Universum ausdehnt, streckt sich auch der Raum, so daß alle Punkte von ihren Nachbarn abrücken. Ein auf irgendeinem der Punkte befindlicher Beobachter sähe, wie sich die anderen Punkte systematisch von ihm fortbewegen, und es schiene ihm, als befinde er sich im Mittelpunkt dieses Prozesses des Auseinandergehens.

Grenze oder einen Rand in der Zeit dar, an der oder dem kein Raum mehr existiert. Physiker nennen eine solche Grenze eine *Singularität*.

Die Vorstellung, der Raum sei aus nichts erschaffen worden, ist schwer nachzuvollziehen, vor allem, wenn man gewohnt ist, ihn bereits als ein ›Nichts‹ anzusehen. Physiker hingegen sehen in ihm eher ein elastisches Medium als eine Leere. Tatsächlich werden wir in späteren Kapiteln sehen, daß aufgrund von Quanteneffekten sogar das reinste Vakuum eine Vielzahl von Aktivitäten birgt und es darin von vergänglichen Strukturen geradezu wimmelt. Für den Physiker bedeutet ›Nichts‹ sowohl ›kein Raum‹ wie auch ›keine Materie‹.

Doch gibt es noch weitere Seltsamkeiten. Der Raum ist unauflöslich mit der Zeit verbunden, und die Zeit dehnt sich ebenso wie er aus und schrumpft zusammen. So wie der Urknall gleichzusetzen ist mit der Schaffung des Raums, bedeutet er auch die Schaffung der Zeit. Weder Raum noch Zeit sind über die ursprüngliche Singularität hinaus in die Vergangenheit verlängerbar. Vereinfacht gesagt, hat im Augenblick des Urknalls die Zeit selbst begonnen.

Diese eigentümlichen Vorstellungen lassen sich nur durch einen Rückgriff auf die Mathematik vollständig erfassen. Daß dabei die menschliche Einfühlungsgabe ein unzulänglicher Führer ist, dürfte einer der Hauptgründe für den Erfolg der wissenschaftlichen Methode sein. Indem sie die Mathematik als Sprache einsetzt, kann sie Situationen beschreiben, die gänzlich jenseits der menschlichen Vorstellungskraft liegen. Die moderne Physik fällt zum größten Teil in diese Kategorie. Ohne abstraktes Beschreibenkönnen mit Hilfe der Mathematik wäre sie nie über die einfache Mechanik hinausgelangt. Selbstverständlich haben Physiker, wie auch alle anderen Menschen, in ihren Köpfen Modelle von Atomen, Lichtwellen, dem sich ausdehnenden Universum, Elektronen und dergleichen, aber diese Bilder sind oft äußerst ungenau oder irreführend. Es mag, logisch gesehen, sogar völlig unmöglich sein, daß sich jemand physikalische Systeme wie Atome wirklich richtig vorstellen kann, da sie möglicherweise Merkmale enthalten, die in der Welt unserer Erfahrung einfach nicht existieren (wie wir noch sehen werden, wenn wir uns im 8. Kapitel mit der Quantentheorie beschäftigen).

Daß der Mensch mit seinem Vorstellungsvermögen bestimmte wesentliche Merkmale der Wirklichkeit nicht zu erfassen vermag, weist darauf hin, daß wir große religiöse Wahrheiten – wie zum Beispiel die Schöpfung – nicht auf einfache Grundvorstellungen von Raum, Zeit und Materie stützen dürfen, die wir aus unserer Alltagserfahrung gewonnen haben.

Verständnisschwierigkeiten über den Ursprung der Zeit sind nicht neu. Aristoteles wies die Vorstellungen von der Zeit als etwas Geschaffenem zurück, denn das würde bedeuten, daß es ein erstes Ereignis gegeben hätte. Durch was wäre das hervorgerufen worden? Durch nichts, denn ein davorliegendes Ereignis hätte es nicht gegeben.

Die Vorstellung einer endlichen Zeit setzt allerdings nicht zwangsläufig ein erstes Ereignis voraus. Man stelle sich Ereignisse numeriert vor, wobei null der Singularität entspricht. Sie aber ist kein Ereignis, sondern ein Zustand unendlicher Dichte, oder dergleichen, in dem die Raum-Zeit an ihre Schwelle stößt. Die Frage aber: ›Was ist das erste Ereignis *nach* der Singularität?‹ entspräche der Frage: ›Was ist die kleinste Zahl, die größer als null ist?‹ Ebensowenig, wie es eine solche Zahl gibt, denn jeder noch so kleine Bruch läßt sich stets halbieren, gibt es ein erstes Ereignis.

Die Schwierigkeit liegt darin, daß die unendliche Zeit ebenso rätselhaft ist, wie Immanuel Kant später hervorgehoben hat:

»..., man nehme an, die Welt habe der Zeit nach keinen Anfang:

so ist bis zu jedem gegebenen Zeitpunkte eine Ewigkeit abgelaufen, und mithin eine unendliche Reihe aufeinander *folgender* Zustände der Dinge in der Welt verflossen. Nun besteht aber eben darin die Unendlichkeit einer Reihe, daß sie durch sukzessive Synthesis niemals vollendet sein kann. Also ist eine unendlich verflossene Weltreihe unmöglich, mithin ein Anfang der Welt eine notwendige Bedingung ihres Daseins; . . .«[2]

Wir müssen jetzt aber an Zenon denken und uns vor einem leichtfertigen Umgang mit dem Begriff des Unendlichen hüten. Kants Argumentation zufolge könnte der Hase zu keinem Zeitpunkt durch »sukzessive Synthesis« die unendliche Zahl von Schritten tun, die erforderlich sind, um die Schildkröte zu überholen. Dennoch wissen wir alle, daß er sie überholt. Auch der Hinweis, daß im Fall Zenon die verflossene Zeit endlich ist, während Kant auf eine unendliche Dauer verweist, ist kein überzeugender Einwand. In beiden Fällen geht es um eine unendliche Anzahl an Augenblicken. Jeder Mathematiker kann nachweisen, daß die ganze Ewigkeit nicht mehr Augenblicke enthält als beispielsweise eine Minute. In beiden Fällen handelt es sich um eine unendliche Zahl, und diese Unendlichkeit läßt sich durch ›unendliches Dehnen‹ nicht vergrößern.

Ein weiterer Einwand gegen Kants Argumentation ist die Annahme, die Zeit ›vergehe‹, denn das bedeutet eine fließende oder sich bewegende Zeit. Nur wenige Physiker würden einräumen, daß die Zeit fließt oder sich bewegt. Sie ist einfach *da*, wie der Raum (darauf kommen wir im 9. Kapitel zurück).

Abschließend läßt sich sagen, daß gegen ein ewiges Universum oder eines von endlichem Alter, das in der Vergangenheit durch eine Singularität begrenzt wird, nicht viel einzuwenden wäre. Bedeutet das, falls letztere Annahme stimmt, daß sich die Naturwissenschaft dem biblischen Schöpfungsbericht anschließt?

Unter Christen gibt es keine einheitliche Meinung über das Gewicht, das der Schöpfungsgeschichte beizumessen ist. Papst Pius XII. ist, als er 1951 vor der Bischöflichen Akademie der Wissenschaften in Rom über die Auswirkungen der modernen wissenschaftlichen Kosmologie sprach[3], auf die Urknalltheorie mit den Worten eingegangen, alles scheine darauf hinzuweisen, daß das Universum in einer begrenzten Zeit einen machtvollen Anfang genommen hat. Diese Erklärung rief lebhafte Reaktionen – nicht zuletzt unter Naturwissenschaftlern – hervor, und zeitgenössische Theologen sind sich nach wie vor uneins darüber, ob es sich beim Urknall um die angeblich den Bibelautoren geoffenbarte

Schöpfung handelt. So schließt Ernan McMullin von der Notre Dame University in den Vereinigten Staaten, der kürzlich eine Schrift mit dem Titel »How Should Cosmology Relate to Theology?« (Welche Beziehung sollte zwischen der Kosmologie und der Theologie bestehen?): »Weder läßt sich sagen, daß die christliche Schöpfungslehre das Urknallmodell ›stützt‹, noch, daß letzteres die Schöpfungslehre ›stützt‹.«[4] Dennoch trösten sich zahlreiche Laien, die sich heute gezwungen sehen, einen beträchtlichen Teil des Alten Testaments als Erfindung anzusehen, mit der augenscheinlichen Stützung der Schöpfungsgeschichte durch die moderne wissenschaftliche Kosmologie.

Sofern wir akzeptieren, daß Raum und Zeit tatsächlich im Urknall aus dem Nichts entstanden sind, hat es wirklich eine Schöpfung gegeben, und das Universum ist von begrenztem Alter. Das Paradoxon des zweiten Hauptsatzes der Thermodynamik wird damit sogleich gelöst. Das Universum hat das thermodynamische Gleichgewicht noch nicht erreicht, weil es erst seit achtzehn Milliarden Jahren dem Zustand der Unordnung entgegenstrebt, und das genügt keineswegs, um den Prozeß zu beenden. Außerdem können wir jetzt verstehen, warum nicht längst alle Galaxien aufeinander zugestürzt sind. Die Heftigkeit der Explosion hat sie weit auseinandergeschleudert, und wenn sich auch die Geschwindigkeit verringert, mit der sie auseinanderstreben, ist noch nicht genug Zeit vergangen, daß sie wieder aufeinanderzustürzen können.

Ließe sich die Urknalltheorie ausschließlich mit den Arbeiten Hubbles und Einsteins stützen, fände sie nicht so weitreichende Anerkennung. Glücklicherweise gibt es überzeugende Belege, die die Theorie bestätigen.

Die ungeheure Heftigkeit, mit der die Entstehung des Kosmos vor sich ging, muß zahlreiche Auswirkungen auf die Struktur des Universums hinterlassen haben, und wir könnten erwarten, daß einige Überbleibsel aus der Anfangsphase noch heute existieren. Die Suche nach ihnen ist heute eine der beliebtesten naturwissenschaftlichen Tätigkeiten, und so unglaublich das scheinen mag, es gibt gute finanzielle Gründe dafür. Das Ur-Universum stellte ein ideales natürliches Labor dar, in dem extreme physikalische Zustände auftraten, wie sie auf der Erde nicht einmal mit den aufwendigsten naturwissenschaftlichen Einrichtungen simuliert werden könnten. Um ihre Theorien über das Verhalten der Materie unter diesen extremen Bedingungen zu überprüfen, müssen Physiker ihre Zuflucht zur Kosmologie des neugeschaffenen Universums nehmen. Man hofft im heutigen Universum Spuren oder Hinweise auf die physikalischen Prozesse zu finden, die während jener blitzartigen Entstehung abliefen. Damit ließen sich dann Berechnungen anstellen, die Auskunft darüber gäben, ob solche Prozesse mit den Erwartungen der Theoretiker hinsichtlich des Verhaltens von Materie unter extremen Bedingungen übereinstimmen.

Das bei weitem wichtigste Überbleibsel des Ur-Universums wurde zufällig Mitte der 6oer Jahre entdeckt. Zwei für die amerikanische Telefongesellschaft Bell arbeitende Physiker entdeckten eine merkwürdige Strahlung aus dem All. Eine sorgfältige Analyse zeigte, daß diese Strahlung, die das ganze Universum durchdringt, ein Überbleibsel der Ur-Wärme ist, der letzte verblassende Glanz der feurigen Geburt des Universums. Wie jede Explosion erzeugte der Urknall ungeheure Wärmemengen. Es hat volle hunderttausend Jahre gedauert, bis sich die kosmischen Gase auf Temperaturen abkühlten, die wir an der Oberfläche der Sonne finden. Jetzt, achtzehn Milliarden Jahre später, hat die Temperatur ihren Gegenpol erreicht und liegt um lediglich 3 °C über dem absoluten Nullpunkt (-273 °C). Dennoch enthält diese Wärmestrahlung noch immer eine ungeheure Energiemenge.

Wenn wir die heutige Temperatur der verbleibenden Wärmestrahlung kennen, ist es sehr einfach, eine Tabelle zur Berechnung der Werte für alle Epochen aufzustellen. Jedesmal, wenn ein typischer Bereich des Universums seine Größe verdoppelt, fällt die Temperatur um die Hälfte ab. Eine Rückrechnung zeigt rasch, daß beispielsweise eine Sekunde nach der Schöpfung die Temperatur etwa zehn Milliarden Grad betragen haben muß. Das scheint ziemlich heiß zu sein, liegt aber durchaus im Bereich von Laborexperimenten. Mit modernen Teilchenbeschleunigern, in denen Zusammenstöße subnuklearer Teilchen, die hohe Energie besitzen, erzeugt werden, lassen sich für einen winzigen Augenblick die Zustände herstellen, die beim Urknall, ein bloßes Millionstel einer millionstel Sekunde nach dessen Anfang bestanden, als die Temperatur den unvorstellbaren Wert von tausend Billionen Grad Celsius hatte. Mithin können Astrophysiker mit einer gewissen Zuversicht zahlreiche der physikalischen Prozesse im Modellversuch nachvollziehen, die nach dem ersten Augenblick greller Helligkeit stattgefunden haben müssen.

Mit Hilfe solcher Modelle läßt sich die Gestalt der kosmischen Materie für jeden Zeitpunkt berechnen, seit das Universum in seine Existenz ausbrach. So können beispielsweise während eines Zeitraums von einer Sekunde bis fünf Minuten Bedingungen geherrscht haben, die den Ablauf von Kernreaktionen ermöglichten. Der Hauptprozeß wäre dann die Verschmelzung von Wasserstoffkernen gewesen, wobei Helium und einiges Deuterium entstanden sein dürften. Berechnungen führen zu dem Schluß, daß schließlich das Verhältnis von Helium zu Wasserstoff etwa fünfundzwanzig Massenprozente betragen haben müßte, was dem heutigen kosmischen Vorkommen dieser beiden Elemente sehr nahe kommt. (Mehr als neunundneunzig Prozent der Materie im Weltraum sind Wasserstoff und Helium.) Eine solch bemerkenswerte Übereinstimmung macht uns zuversichtlich, daß die Grundgedanken der Theorie vom heißen Urknall richtig sind.

Während der Anfangsbruchteile der ersten Sekunde kam es wegen der unvorstellbar großen Hitze zu physikalischen Vorgängen, die höchste Energien beanspruchen. Da bei solch extremen Temperaturen die Materie vollständig zerfallen ist, dürften dort ihre Urbestandteile (über die im 11. Kapitel noch zu reden sein wird) vorhanden gewesen sein. Mit dieser sehr frühen Phase – der ersten Sekunde des Daseins – beschäftigt sich die theoretische Physik zur Zeit intensiv. Einige Physiker vertreten die Ansicht, eine Vielzahl der Merkmale des Universums lasse sich anhand damals abgelaufener Prozesse erklären. Im nächsten Kapitel sollen einige dieser neueren Entwicklungen beschrieben werden.

Da Astrophysiker die Urknalltheorie inzwischen weitgehend akzeptiert haben und die Berechnungen des Heliumanteils in der Kosmologie längst Normalität geworden sind, könnte man leicht übersehen, wie bemerkenswert diese ersten Erfolge waren. Hätte ein Archäologe im 19. Jahrhundert behauptet, er habe den Garten Eden entdeckt, und ein Überbleibsel davon gezeigt, an dem einwandfreie Spuren von Gottes Wirken an jenem ersten Tag erkennbar gewesen wären, hätte das eine Sensation bedeutet. Helium mag den meisten Menschen nicht sehr vertraut sein, aber die Industrie kann es liefern. Die Vorstellung ist faszinierend, daß dieses ganz gewöhnliche Material im Ur-Schmelztiegel, nicht während des ersten Tages, sondern schon während der ersten Minuten des Daseins entstand.

Auch wenn die gegenwärtige naturwissenschaftliche Lehrmeinung stark der Schöpfungstheorie zuneigt, muß man sich darüber klar sein, daß kein *logischer* Grund gegen ein unendliches Alter des Universums spricht. Wie wir gesehen haben, liegt die physikalische Hauptschwierigkeit im zweiten Hauptsatz der Thermodynamik begründet, doch hat man hin und wieder Vorschläge zu ihrer Überwindung gemacht. Dazu gehört die auf Hermann Bondi, Thomas Gold und Fred Hoyle zurückgehende Theorie vom stets gleichbleibenden Zustand (›steady-state‹). In allen Varianten dieser Theorie ist das Universum unendlich alt, dennoch kommt es nicht zum thermodynamischen Hitzetod, weil dieser Theorie zufolge fortwährend neue Materie von geringer Entropie erzeugt wird. Sie entsteht also nicht von einem Augenblick auf den anderen in einem Urknall, sondern nach und nach – möglicherweise auch in kleinen Urknallen, zwischen denen jeweils größere Zeitabstände liegen. Die durchschnittliche Rate, mit der neue Materie auftritt, wird – vielleicht durch einen Rückkopplungsmechanismus – so gesteuert, daß in dem Maß, in dem sich das Universum ausdehnt und sich die Materiedichte verringert, die neugeschaffene Materie die Lücken füllt und so in etwa für die Beibehaltung einer gleichmäßigen Dichte sorgt. Dabei schafft die Entstehung neuer Milchstraßensysteme einen Ausgleich für das Auseinanderweichen der Galaxien. Dabei bleibt von Zeitalter zu Zeitalter das Gesamtaussehen des Universums mehr oder weniger gleich. Insgesamt gesehen verändert sich nichts (siehe Abb. 3). Demgegenüber wird beim Urknallmodell die Dichte der Galaxien immer geringer, und das Universum paßt sich hinsichtlich seiner Struktur und Anordnung diesem Zustand an.

Hoyle hat versucht, die fortlaufende Entstehung von Materie mit Hilfe eines von ihm postulierten neuartigen Felds, das mit negativer Energie erfüllt ist, zu erklären. Durch dessen ständige Verstärkung steht andererseits die positive Energie zur Verfügung, die zur Schaffung der Materie erforderlich ist. (Die Entstehung von Materie aus Energie wird im nächsten Kapitel beschrieben.) Gott hat also im Modell vom ständig gleichbleibenden Zustand keinen Platz mehr. Erstens braucht die zur Entstehung von Materie erforderliche Primärenergie nicht geschaffen zu werden; sie wird durch Übertragung *negativer* Energie in ein anderes System verfügbar. Zweitens werden Raum und Zeit nicht geschaffen, sie bestehen von jeher.

Das Modell vom stets gleichbleibenden Zustand hat wegen seiner bestechenden Eleganz und Einfachheit starken Eindruck auf zahlreiche Naturwissenschaftler gemacht. Einfachen Fassungen dieser Theorie allerdings stellten sich neue Erkenntnisse auf dem Gebiet der Astronomie in den Weg, und die 1965 im Kosmos entdeckte thermische Hintergrundstrahlung erwies sich schließlich als letzter Nagel zu ihrem Sarg. Die Idee jedoch bleibt wichtig, denn sie zeigt, daß, logisch gesehen, ein Universum möglich ist, das weder durch eine schlagartige Schöpfung entstanden ist noch einen Wärmetod kennt und in dem alle Vorgänge, einschließlich des Auftretens von Materie, auf natürliche Mechanismen zurückgeführt werden können.

Daß die moderne Kosmologie eindrucksvolle physikalische Nachweise

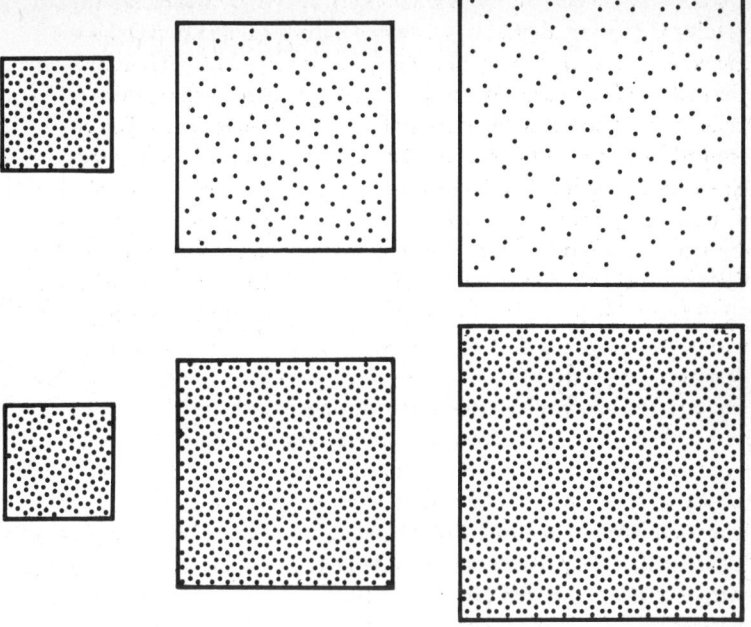

3 In dieser Abbildung werden drei aufeinanderfolgende ›Schnappschüsse‹ eines Bereichs des sich ausdehnenden Raums jeweils nach dem Modell des Urknalls und dem des ständig gleichbleibenden Zustands des Universums (›steady state‹) einander gegenübergestellt. Beim Urknallmodell (oben) bleibt die Zahl der Galaxien (Pünktchen) in einem vorgegebenen Raumvolumen unverändert, daher wird ihre Dichte mit fortschreitender Ausdehnung des Raumvolumens geringer. Beim Modell des ständig gleichbleibenden Zustands (unten) bleibt die Dichte der Galaxien von einem Zeitabschnitt zum anderen unverändert, so daß beständig neue Galaxien entstehen müssen, um die durch die Ausdehnung des Raums entstehenden Lücken zu füllen.

für den Schöpfungsvorgang geliefert hat, bedeutet für religiöse Denker eine große Befriedigung. Doch genügt es nicht, daß eine Schöpfung einfach erfolgte. Die Bibel berichtet uns, daß Gott die Welt erschaffen hat. Kann die Naturwissenschaft Licht auf das werfen, was zum Urknall geführt hat? Darum geht es im nächsten Kapitel.

3. Hat Gott das Universum erschaffen?

»Ich möchte wissen, wie Gott diese Welt erschaffen hat.«

Einstein

»Ich habe diese Hypothese nicht gebraucht.«
Pierre Laplace zu Napoleon Bonaparte

Eine wohlbekannte Zeitschrift verkündete kürzlich in einer riesengroßen Überschrift: »Die Astronomen entdecken Gott!« In dem zugehörigen Artikel ging es um den Urknall und um neuere Erkenntnisse für das Verstehen sehr früher Zustände des Universums. In der Welt des populären Journalismus gilt die Tatsache der Schöpfung als hinreichender Beweis für die Existenz Gottes. Aber was bedeutet es tatsächlich, wenn man sagt, Gott habe die Schöpfung *bewirkt*? Ist eine Schöpfung ohne Gott überhaupt denkbar? Zeigt die moderne Astronomie zwangsläufig die Grenzen des physikalischen Universums auf, und zwingt sie uns, Zuflucht beim Übernatürlichen zu suchen?

Der Begriff ›Schöpfung‹ – oder auch ›Erschaffung‹ – enthält eine Vielzahl von Bedeutungen, und es ist wichtig, sie deutlich voneinander zu unterscheiden. Die Erschaffung des Universums kann die schlagartig erfolgende Organisation von Materie aus einem chaotischen, strukturlosen Urzustand hin zur gegenwärtigen komplexen Ordnung und zur damit zusammenhängenden ausgeklügelten Aktivität bedeuten. Sie kann auch die tatsächliche Entstehung von Materie dort bedeuten, wo zuvor gestaltlose Leere war, wenn nicht gar das schlagartige Auftreten der gesamten physischen Welt, einschließlich Raum und Zeit, aus dem Nichts heraus. Hinzu kommt noch die davon abgelöste Frage nach der Erschaffung des Lebens und des Menschen, mit der wir uns später beschäftigen werden.

Die Fassung, die wir von der Erschaffung des Alls ›am ersten Tag‹ in der Bibel finden, geht nicht näher auf das ein, was wirklich geschehen ist. Es gibt eigentlich zwei Schöpfungsberichte, aber keiner von beiden erwähnt ausdrücklich, daß das Material, aus dem Sterne, Planeten, die Erde und unsere Leiber geschaffen wurden, bereits vor dem Schöpfungsereignis existierte. Der Glaube, Gott habe dieses kosmische Material aus dem Nichts geschaffen, gehört seit langem zur christlichen Lehre. Die Vorstellung von Gottes Allmacht scheint das geradezu zu fordern, denn hätte Gott die Materie nicht geschaffen, würde das bedeuten, daß die Art des ihm verfügbaren Rohstoffs seinem Wirken Grenzen gesetzt hat.

Vor diesem Jahrhundert nahmen Naturwissenschaftler wie auch Theologen an, Materie könne durch natürliche Mittel nicht geschaffen – oder zerstört – werden. Selbstverständlich vermag Materie ihre Gestalt zu ändern, beispielsweise durch chemische Reaktionen, aber ihre Gesamtmenge galt ausnahmslos als konstant. Angesichts der Frage, wie sie entstanden sei, neigten Naturwissenschaftler dazu, ein unbegrenzt altes Universum anzunehmen – damit gingen sie der Frage nach der Notwendigkeit einer Schöpfung aus dem Weg. In einem ewigen Universum kann die Materie schon immer existiert haben, und man braucht sich um die Frage ihrer Entstehung nicht zu kümmern.

Die Vorstellung, man könne durch natürliche Mittel keine Materie erzeugen, brach in den 30er Jahren unseres Jahrhunderts auf spektakuläre Art und Weise zusammen, als in den Labors erstmals die Erzeugung von Materie gelang. Die Ereignisse, die dahin führten, liefern ein klassisches Beispiel für die moderne Physik ›at its best‹.

Diese Geschichte begann, wie so zahlreiche andere, mit Einstein im Jahre 1905. Seine berühmte Gleichung $E = mc^2$ ist die mathematische Formel für die Aussage, daß Masse und Energie einander entsprechen: Masse hat Energie und Energie hat Masse. Masse ist die Mengenbezeichnung für Materie: Die Masse eines Körpers sagt aus, wieviel Materie er enthält. Viel Masse ist gleichzusetzen mit schwer und unbeweglich und wenig Masse mit leicht und beweglich. Da die Masse der Energie entspricht, ist Materie gewissermaßen ›eingesperrte‹ Energie. Läßt sich eine Möglichkeit finden, sie freizusetzen, verschwindet die Materie in einem Energiestoß. Umgekehrt entsteht Materie, wenn es gelingt, Energie in hinreichendem Ausmaß zu konzentrieren.

Ursprünglich ging es bei Einsteins Gleichung, einem Nebenprodukt seiner Relativitätstheorie, um die Eigenschaften von Körpern, die sich mit äußerst hoher Geschwindigkeit – nahe der Lichtgeschwindigkeit –

bewegen. Dieser Theorie zufolge müßte die dem Körper innewohnende Bewegungsenergie bewirken, daß er schwerer erscheint – mehr Masse hat. Bei gewöhnlichen Geschwindigkeiten ist diese Wirkung minimal, weil eine geringe Menge an Masse einer ungeheuren Menge an Energie entspricht: beispielsweise enthält ein Gramm Masse nach heutigen Preisen etwa eine Milliarde Dollar an Energie. Moderne Teilchenbeschleuniger können heute Elektronen und Protonen bis nahe an die Lichtgeschwindigkeit heran beschleunigen, und dann läßt sich beobachten, daß deren Massen um ein Vielfaches zunehmen.

Nun bedeutet eine Zunahme der Masse mit steigender Geschwindigkeit nicht eine tatsächliche Schaffung von Materie, eher kann man sagen, daß bereits bestehende Materie schwerer wird. Die Möglichkeit, mittels Energiezusammenballungen gänzlich neuartige Materieteilchen herzustellen, rückte um 1930 mit Paul Diracs epochemachenden mathematischen Erkenntnissen in den Bereich des Denkbaren.[1] Dirac versuchte, Einsteins Relativitätstheorie – mit der Gleichung $E = mc^2$ – mit dem anderen großen Umsturz, der im 20. Jahrhundert in der Physik stattgefunden und zur Quantentheorie geführt hat, die sich mit dem Verhalten von Materie atomarer und subatomarer Größe beschäftigt, in Verbindung zu bringen. Zur Beschreibung von Teilchen subatomarer Größe, die beispielsweise beim natürlichen radioaktiven Zerfall von Atomkernen entstehen und sich mit einer Geschwindigkeit bewegen, die nahe an die Lichtgeschwindigkeit herankommt, ist eine *relativistische* Quantentheorie erforderlich.

Nach einer kritischen Durchsicht des bis dahin bekannten mathematischen Formalismus schlug Dirac eine neue Gleichung zur Beschreibung atomarer Materie, die sich mit hoher Geschwindigkeit bewegt, vor. Damit hatte er sogleich Erfolg, weil sie etwas erklärte, was bis dahin allen Kopfzerbrechen bereitet hatte: nämlich, daß Elektronen auf eine merkwürdige Weise rotieren, die sowohl der Alltagsvernunft als auch der elementaren Geometrie widerspricht. Grob gesprochen muß ein Elektron zwei Umdrehungen vollziehen, bevor es wieder denselben Anblick zeigt. Das ist ein weiteres bemerkenswertes Beispiel dafür, daß in der abstrakten Welt der Grundlagen der Physik die Mathematik oft an die Stelle der Eingebung treten muß.

Allerdings hatte Diracs Gleichung noch einen verwirrenden Aspekt: Zwar beschrieben ihre Lösungen das Verhalten gewöhnlicher Elektronen richtig, doch gab es für jede dieser Lösungen eine zugehörige weitere Lösung, die zu keinem Materieteilchen im bekannten Universum zu passen schien. Man konnte sich nunmehr mit etwas Vorstellungskraft diese unbekannten Teilchen in etwa ausmalen. Sie würden ihrer Masse und ihrem ›spin‹ – ihrem Drall – nach wohl den gewöhnlichen Elektronen entsprechen, doch während diese über eine negative elektrische Ladung verfügen, sollten die geheimnisvollen neuen Teilchen eine positive Ladung tragen. Andere Eigenschaften, wie zum Beispiel ihr ›spin‹, sollten ebenfalls entgegengesetzt sein, diese neuen Teilchen sollten also eine Art Spiegelbild der bis dahin bekannten Elektronen sein.

Noch spektakulärer war Diracs Voraussage, solche ›Antielektronen‹ würden auftreten, wo vorher nichts war, sofern man dort nur genügend Energie konzentrieren könne. Aufgrund des Prinzips der Erhaltung der elektrischen Ladung müsse dann gleichzeitig mit diesen neuen Teilchen auch ein Elektron auftreten. Auf diese Weise lasse sich Energie unmittelbar zur Erzeugung von Materie in Gestalt eines Elektron-Antielektron-Paars verwenden.

Etwa um diese Zeit (1930) experimentierte der Physiker C. Y. Chao bereits mit der Kraft, die Gammastrahlen – sehr energiereiche Röntgenstrahlen – in den Stand versetzten, schwere Materialien wie Blei zu durchdringen.[2] Ihm fiel dabei auf, daß die überaus energiereichen Gammastrahlen in eigentümlich wirkungsvoller Weise ›abgebremst‹ wurden. Die Ursache dieser zusätzlichen Strahlenabsorption war Chao unklar, wir aber wissen inzwischen, daß sie durch die Entstehung von Elektron-Antielektron-Paaren bewirkt wurde.

Als sich Carl Anderson 1933 mit der Absorption kosmischer Strahlung – sehr energiereicher Teilchen aus dem Weltraum – in Metallblechen beschäftigte, beobachtete er erstmals das eindeutige Auftreten des Diracschen Antielektrons.[3] Unter kontrollierten Bedingungen war in einem Labor Materie erzeugt worden. Rasch zeigte sich, daß die neuen Teilchen über alle vorausgesagten Eigenschaften verfügten, und Dirac und Anderson bekamen gemeinsam den Nobelpreis für diese glänzende Voraussage und Entdeckung.

In späteren Jahren wurde die Erzeugung von Elektronen und Antielektronen – gewöhnlich Positronen genannt – in einer Vielzahl von Laborverfahren allgemein üblich. Nach dem 2. Weltkrieg ermöglichte die Entwicklung von Teilchenbeschleunigern die ›gesteuerte Herstellung auch anderer Arten subatomarer Teilchen, so zum Beispiel von Antiprotonen und Antineutronen. Inzwischen kann man Positronen und Antiprotonen in großen Mengen herstellen und in magnetischen ›Flaschen‹ aufbewahren. Diese Spiegelbilder von Teilchen, also die Antiteilchen, faßt man unter dem Sammelbegriff ›Antimaterie‹ zusammen, ihre Erzeugung in physikalischen Laboratorien ist Routinesache geworden.

Angesichts all dessen scheint der Weg zu einer natürlichen Erklärung für den Ursprung aller Materie gebahnt. Beim Urknall bewirkten riesige Energiemengen die ungeordnete Erzeugung ungeheurer Mengen von Materie und Antimaterie. Dieses Material konnte sich nach starker Abkühlung zu Sternen und Planeten zusammenfügen. Unglücklicherweise hat dieser einfache Gedanke einen nicht unerheblichen Haken: Sobald Materie und Antimaterie aufeinandertreffen, vernichten sie sich gegenseitig unter heftiger Freisetzung von Energie – der umgekehrte Prozeß wie bei der Entstehung der Materie (s. Abb. 4).

Ein aus einem Gemisch von Materie und Antimaterie bestehendes Universum wäre mithin höchst unstabil. Für die ›Beimischung‹ von Antimaterie in unserem Milchstraßensystem lassen sich genaue Grenzwerte angeben, es sind äußerst geringe Mengen. Wo also ist all die Antimaterie geblieben? Da im Labor mit jedem neu geschaffenen Teilchen auch ein Antiteilchen auftritt, könnte man annehmen, das Universum sei im Verhältnis eins zu eins aus beiden zusammengesetzt, doch die Beobachtungen widerlegen das. Einige Astrophysiker haben versucht, dieses Rätsel mit der Hypothese zu erklären, daß sich auf die eine oder andere Weise Materie und Antimaterie getrennte große Bereiche geschaffen haben, die vorwiegend Teilchen der einen oder der anderen Art enthalten. Vielleicht beständen ganze Galaxien aus Antimaterie und andere aus Materie. Doch bisher hat niemand einen überzeugenden Mechanismus zur Trennung der Materie von der Antimaterie vorgeschlagen, die Theorie vom symmetrisch aufgeteilten Universum fiel in Ungnade.

Mithin sahen sich jene Naturwissenschaftler, die darauf beharrten, die Schöpfung habe im Urknall stattgefunden, zu der Annahme gezwungen, Materie ohne Antimaterie sei durch irgendeinen übernatürlichen Prozeß den Gesetzen der Physik zum Trotz ins Universum gelangt. Ausflüchte von der Art ›in der Singularität gelten ohnehin keine Gesetze mehr‹ vermochten gegen das Unbehagen dieser Annahme gegenüber nur wenig auszurichten.

Jüngst ist man jedoch auf einen möglichen Ausweg aus dieser Zwickmühle gestoßen. Zwar erfolgt die Erzeugung von Materie und Antimaterie unter Laborbedingungen stets symmetrisch, doch ist es angesichts der mit dem Urknall verbundenen unvorstellbar hohen Temperaturen möglich, daß ein sehr geringer Überschuß an Materie entstand. Dieser

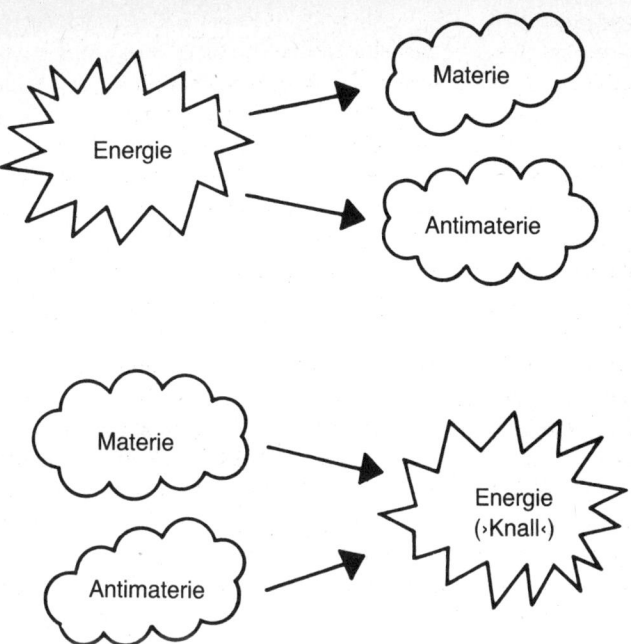

4 Im Labor läßt sich Energie zur Herstellung von Materie verwenden, doch tritt mit ihr gemeinsam stets eine gleich große Menge Antimaterie auf. Ein Zusammentreffen von Materie und Antimaterie führt zur explosionsartigen gegenseitigen Vernichtung, wobei die in beiden enthaltene Energie freigesetzt wird. Es ist ein ungeklärtes Geheimnis, wie die Materie im Universum geschaffen wurde, ohne sie zugleich mit einer gefährlichen Mischung von Antimaterie zu ›verseuchen‹.

Gedanke entstammt einem Programm theoretischer Untersuchungen, die eine einheitliche Beschreibung der vier Grundkräfte der Natur liefern wollen (ein Gegenstand, der im 11. Kapitel ausführlicher behandelt wird). Den theoretischen Berechnungen zufolge sind bei einer Temperatur von 10^{27} (eine Milliarde mal eine Milliarde mal eine Milliarde) Grad, die lediglich während der ersten 10^{-36} Sekunden auftreten konnte, für jeweils eine Milliarde Antiprotonen eine Milliarde und ein Proton entstanden. In ähnlicher Weise wären dann auch Elektronen im Verhältnis von eins zu einer Milliarde in der Überzahl gewesen.

Ein solcher, wenn auch der Zahl nach winziger Überschuß wäre von entscheidender Bedeutung. Hätte nämlich in dem auf den Urknall folgenden Teilchengemetzel eine Milliarde Paare aus Protonen und Antiprotonen einander vernichtet, wäre jeweils ein einziges keinem Antiproton zuzuordnendes Proton übriggeblieben, ebenso wie ein gemeinsames Elektron. Aus diesen Restteilchen wäre dann – fast könnte man sagen, ein nachträglicher Einfall der Natur – das Material entstanden, aus dem später alle Galaxien, Sterne, Planeten – und wir selbst – entstanden sind. Dieser Theorie zufolge besteht unser Universum aus einem winzigen Rest nicht im Gleichgewicht befindlicher Materie, das aus dem ersten, undenkbar kurzen Augenblick der Existenz übriggeblieben ist.

Wie alle guten Theorien gefällt Physikern diese Erklärung für den Ursprung der Materie. Wo aber sind die Belege dafür?

Zwei Bestätigungen scheinen möglich. In der ersten geht es um die Vernichtung der Milliarde von Paaren aus Teilchen und Antiteilchen, die am Anfang zusammen mit jeweils einem überschüssigen Teilchen aufgetreten sind. Die bei diesem ›Gemetzel‹ entstandene Energie muß bewahrt worden sein, vermutlich in Form von Wärme. Wie schon im vorigen Kapitel erwähnt, quillt das Universum geradezu über vor Wärmestrahlung aus der Zeit des Urknalls. Es ist nicht schwer, die Wärmeenergie pro Atom, das überlebt hat, zusammenzuzählen, um zu sehen, ob die Zahlen zu der Berechnung eins zu einer Milliarde passen. Das ist in der Tat der Fall; zumindest läßt sich mit sehr einleuchtenden Modellen eine Übereinstimmung erzielen. Mithin erklärt diese Theorie nicht nur den Ursprung der Materie, sondern gleichzeitig die genaue Temperatur des Universums – ein beachtlicher Erfolg.

Dennoch sind weitere Bestätigungen wünschenswert, bevor sich mit einiger Gewißheit sagen läßt, daß für die Entstehung der Materie kein göttliches Eingreifen mehr angesetzt zu werden braucht. Am überzeugendsten wäre diesbezüglich ein direkter – wie auch immer gearteter – Labornachweis einer klaren Asymmetrie zwischen Materie und Antimaterie. Wenn wir Glück haben, steht dieser Nachweis kurz bevor.

Dieselbe Theorie, die den winzigen Überschuß an erzeugter Materie voraussagt, sagt auch eine sehr geringe spontane *Zerstörung* von Materie nach genau demselben Muster aus. Über einen ungeheuren Zeitraum hinweg, sagt die Theorie, zerfallen Protonen in Positronen, die ihrerseits Elektronen vernichten. Auf diese Weise muß letztlich alle Materie verschwinden. Der Zeitrahmen dafür ist jedoch so ungeheuer groß, daß der menschliche Körper im Laufe seines Lebens durchschnittlich nur etwa eines seiner Protonen verliert. Um diese Theorie zu überprüfen, untersuchen Wissenschaftler riesige Mengen von Materie tief im Inneren der Erde, um den störenden Einfluß kosmischer Strahlung auszuschalten, und versuchen, ein Proton bei seinem Verschwinden zu ertappen. Da der Vorgang – wie z. B. auch der radioaktive Zerfall von Atomen – den Gesetzen der Statistik unterworfen ist, läßt sich nach mehrwöchigem Warten gelegentlich der Zerfall eines Protons beobachten, obwohl die durchschnittliche Lebensdauer von Protonen mindestens 10^{31} Jahre beträgt. Das Geheimnis liegt darin, viele Tonnen Material – die einer großen Menge von Protonen entsprechen – anzuhäufen, um das gelegentlich auftretende Zufallsereignis beobachten zu können. Mehrere solcher Experimente finden gegenwärtig statt, und bei zumindest einem hat man möglicherweise Fälle von Protonenzerfall beobachtet.

Die Frage nach dem Ursprung der Materie erhellt ein Grundproblem, das mit jedem Versuch verbunden ist, die Existenz Gottes aus physikalischen Phänomenen herzuleiten. Was früher einmal wunderbar erschien – das Auftreten von Materie ohne Antimaterie –, als etwas, das beim Urknall ein übernatürliches Eingreifen erforderte, erscheint jetzt im Licht besseren naturwissenschaftlichen Verstehens auf ganz gewöhnlichen physikalischen Grundlagen erklärbar. Wie erstaunlich und unerklärbar ein Vorgang auch immer sein mag, wir können nie völlig sicher sein, daß nicht zu einem späteren Zeitpunkt ein natürliches Phänomen entdeckt wird, das ihn erklärt.

Bedeuten diese naturwissenschaftlichen Fortschritte, daß wir mittlerweile die Schöpfung mit Hilfe natürlicher Prozesse erklären können? Das würden viele Theologen strikt verneinen. Bei den hier beschriebenen Prozessen geht es nicht um die Erschaffung von Materie aus dem Nichts, sondern um die Umwandlung bereits existierender Energie in Materie. Nach wie vor brauchen wir eine Erklärung dafür, woher die Energie kam. Das erfordert doch gewiß ein übernatürliches Eingreifen?

Man muß jedoch vorsichtig sein, will man auf diese Weise die Verantwortung der Energie statt der Materie zuschieben. Der Begriff ›Energie‹ ist recht problematisch, vor allem in der modernen Physik. Was ist Energie? Sie kann in zahlreichen Gestalten auftreten, beispielsweise als Bewegung. Im Labor können Teilchen mit hoher Geschwindigkeit aufeinanderprallen, und es erscheinen dann vier, wo zuvor nur zwei waren. Der ›Preis‹ für die Entstehung der neuen Teilchen ist die Verminderung der Geschwindigkeit der beiden ursprünglichen. Die

Umwandlung von nicht greifbarer Bewegung in etwas, das man berühren kann, kommt der Vorstellung der Schöpfung aus dem Nichts sehr nah.

Es gibt eine noch bemerkenswertere Möglichkeit, nämlich die Schaffung von Materie aus dem Zustand von *null* Energie. Das ist möglich, weil Energie sowohl positiv als auch negativ sein kann. Bewegungsenergie oder Massenenergie ist stets positiv, die Energie der Anziehung, wie man sie beispielsweise in bestimmten Schwerkraft- oder elektromagnetischen Feldern findet, negativ. Es können Umstände eintreten, unter denen die positive Energie für die Erzeugung der Masse neu entstandener Materieteilchen durch die negative Energie der Schwerkraft oder des Elektromagnetismus genau ausgeglichen wird. Beispielsweise ist das elektrische Feld in der Nähe eines Atomkerns sehr stark. Erzeugt man einen Atomkern mit 200 Protonen – was schwierig, aber möglich ist – so wird das System in bezug auf die spontane Erzeugung von Paaren aus Elektronen und Positronen instabil, ohne daß Energie eingespeist werden müßte. Der Grund dafür liegt darin, daß die durch das neue Teilchenpaar erzeugte negative elektrische Energie die Energie ihrer Massen genau auszugleichen vermag.

Im Fall der Schwerkraft ist die Situation noch eigentümlicher, da das Schwerkraftfeld lediglich eine Krümmung des Raums bedeutet. Die in einem solchen gekrümmten Raum eingeschlossene Energie läßt sich in aus Materie und Antimaterie bestehende Teilchen umwandeln. Das geschieht beispielsweise in der Nähe Schwarzer Löcher und war vermutlich auch beim Urknall die wichtigste Quelle für das Auftreten von Teilchen. So entsteht Materie spontan aus dem leeren Raum. Damit erhebt sich die Frage: Besaß der Urknall Energie, oder befindet sich das gesamte Universum in einem energetischen Null-Zustand, wobei die Energie allen Materials durch die negative Energie aus der Schwerkraftanziehung ausgeglichen wird?

Die Antwort auf diese Frage läßt sich mittels einer einfachen Berechnung finden. Astronomen vermögen die Masse von Galaxien wie auch ihren durchschnittlichen Abstand und die Geschwindigkeit ihres Auseinanderweichens zu messen. Diese Meßdaten liefern mit Hilfe einer Formel einen Wert, den verschiedene Physiker als Gesamtenergie des Universums deuten. In der Tat ist dieser Wert – unter Berücksichtigung der Fehlergrenzen – nahezu exakt null. Kosmologen haben lange darüber gerätselt, wie es zu diesem klaren Ergebnis kommt. Einige führen das auf das Wirken eines tiefen kosmischen Prinzips zurück, demzufolge das Universum genau die Energie null haben muß. In dem Fall könnte der

Kosmos auf dem Weg des geringsten Widerstandes entstanden sein, ohne Einsatz irgendwelcher Materie oder Energie.

Die Sache wird dadurch noch weiter kompliziert, daß der Begriff Energie, wenn diese unter der Einwirkung von Schwerkraft steht, nicht einmal hinreichend definiert ist. In einigen Fällen könnte es einen Sinn geben, die Gesamtenergie in einem isolierten System damit zu fassen, daß man ihren Schwerkrafteinfluß in großer – genau gesagt, unendlicher – Entfernung miteinbezieht. Doch versagt die Vorstellung vollständig bei einem räumlich begrenzten Universum, wie dem von Einstein vorgeschlagenen und im vorigen Kapitel kurz angesprochenen Modell. In einem solchen geschlossenen Universum ist die Gesamtenergie eine bedeutungslose Größe.

Heißt das nun, daß all das, wie zum Beispiel die natürliche Entstehung der Materie aus dem leeren Raum, für die möglicherweise kein Energieaufwand nötig war, auf eine Schöpfung *ex nihilo* hinausläuft, wie die Theologie sie formuliert? Man könnte sagen, daß die Naturwissenschaft bisher keine Erklärung für die Existenz des Raums – und der Zeit – geliefert hat. Wenn also die Entstehung der Materie, die so lange auf Gottes Eingreifen zurückgeführt wurde, jetzt – vielleicht – mit gewöhnlichen naturwissenschaftlichen Begriffen verstehbar ist, läßt sich dann nur unter Rückgriff auf Gott erklären, warum es überhaupt ein Universum gibt – warum Raum und Zeit existieren, so daß aus ihnen heraus die Materie entstehen konnte?

Der Glaube, das Universum als ein Ganzes müsse eine Ursache haben und diese Ursache sei Gott, fand sich erstmals bei Platon und Aristoteles, wurde von Thomas von Aquin weiterentwickelt und erreichte im 18. Jahrhundert mit Gottfried Wilhelm Leibniz und Samuel Clarke seine überzeugendste Formulierung. Man spricht gemeinhin vom kosmologischen Argument für die Existenz Gottes. Es gibt zwei Fassungen: das kausale Argument, das hier behandelt werden soll, und das aus der Kontingenz, über das das nächste Kapitel berichtet wird. Das kosmologische Argument wurde von David Hume wie auch von Immanuel Kant mit Skepsis betrachtet und von Bertrand Russell scharf angegriffen.

Es bezweckt zweierlei: erstens den Nachweis der Existenz eines ›ersten Bewegers‹ – eines Wesens, auf das die Existenz der Welt zurückgeht –, und zweitens den Nachweis, daß dieses Wesen tatsächlich der Gott ist, wie er in der christlichen Lehre gewöhnlich verstanden wird.

Das Argument folgt folgendem Gedankengang: Jedes Ereignis bedarf einer Ursache, und da es keine unendliche Kette von Ursachen geben kann, muß es für alles eine erste Ursache geben. Sie ist Gott. Jetzt muß aber gleich zu Anfang gesagt werden, daß es zahlreiche verschiedene Versionen des kosmologischen Arguments gibt sowie feinsinnige Deutungen, so daß die Debatte im Lauf der Jahre recht verwickelt und esoterisch geworden ist. Ich versuche hier nicht, eine ausgewogene Darstellung des Für und Wider zu liefern, und möchte lediglich sagen, daß dieser Streit einige der größten Geister der Menschheitsgeschichte beschäftigt hat, was nicht verhindert hat, daß Befürworter wie Gegner logische und philosophische Schnitzer gemacht haben. Uns geht es hier um die erneute Untersuchung der Hypothese von der Kausalkette im Licht der modernen Naturwissenschaft.

Wir wollen den ersten Schritt des Arguments untersuchen. Jedes Ereignis hat eine Ursache. Wie Clarke sagte: »Nichts kann widersinniger sein, als anzunehmen, daß etwas besteht, und zugleich anzunehmen, es gebe absolut keinen Grund dafür.«[4] Gewöhnlich wird, salopp gesagt, vermutet, daß alles, was geschieht, durch etwas anderes hervorgerufen wird und daß alles, das zu existieren beginnt, durch etwas bereits Existierendes erzeugt wurde. Das klingt ganz vernünftig – aber stimmt es auch?

Im täglichen Leben zweifeln wir selten daran, daß alle Ereignisse auf irgendeine Ursache zurückgehen. Eine Brücke stürzt ein, weil sie überlastet ist, Schnee schmilzt, weil die Luft sich erwärmt, ein Baum wächst, weil ein Samenkorn in die Erde gelegt wurde, und so weiter. Aber gibt es auch Dinge ohne Ursache?

Sehen wir uns die oben stehende Behauptung noch einmal an: ›Alles, was zu existieren beginnt, wurde durch etwas bereits Existierendes erzeugt.‹ Was aber ist, wenn eine Sache nie begonnen hat zu existieren, sie also schon immer existiert hat? Denkbar ist dergleichen sicherlich: beispielsweise der Raum im Universum nach dem Modell vom stets gleichbleibenden Zustand. Hat es einen Sinn zu fragen, ob etwas ewig Existierendes – etwas, das zu keiner Zeit nicht existiert hat – eine Ursache hat? Auf jeden Fall könnte man immer noch fragen »Warum existiert es?«, und dann würde die Antwort »Es hat schon immer existiert« recht lahm wirken. Da man sich durchaus vorstellen kann, daß dieses Etwas nicht existiert, scheint es legitim, nach einem Grund für seine Existenz zu suchen, statt anzunehmen, es gebe keinen – ungeachtet seines unendlichen Alters. Mithin beseitigt die Abschaffung des Schöpfungsbegriffs, wie im *Steady state*-Modell des Universums, nicht die Notwendigkeit zu erklären, warum das Universum überhaupt existiert.

Lassen wir nun einen Augenblick lang den Gedanken der ewig existierenden Dinge beiseite und beschränken uns auf das Problem des Entstehens der Dinge. Kann etwas aus dem Nichts geschaffen werden? Wir haben gesehen, wie Teilchen aus dem leeren Raum heraus entstehen können, allerdings durch eine Raumkrümmung verursacht. Uns fehlt noch die Erklärung dafür, woher der Raum stammt, wenn es ihn nicht schon immer gegeben hat. Man könnte jetzt fragen, ob der Raum ein *Ding* ist. Sicherlich läßt sich nur schwer vorstellen, daß Thomas von Aquin oder Leibniz ihn als Teil der Ursachenkette angesehen haben. Fahren wir trotzdem fort. Was hat den Raum dazu gebracht, beim Urknall plötzlich in Erscheinung zu treten? Die Singularität? Sie ist nun wirklich kein Ding, sondern die Grenze oder Schwelle eines Dings, der Raum-Zeit. Wir befinden uns in einer Sackgasse.

Hat jedes *Ereignis* eine Ursache? Kann etwas ohne vorheriges Tun oder ohne rationalen Grund geschehen? In Zeitungen heißt es oft: »Am Himmel Objekt unbekannter Herkunft gesichtet.« Das bedeutet jedoch nicht, daß es am Himmel zu Erscheinungen kommt, für die es keine Erklärung *gibt*, sondern lediglich, daß wir keine Erklärung *wissen*. Unglücklicherweise fällt es schwer, sich vorzustellen, wie man je die Behauptung, jedes Ereignis habe eine Ursache, mit Sicherheit als falsch entlarven könnte, denn dazu müßte man nicht nur ein Ereignis finden, das keine erkennbare Ursache hat, sondern sogar nachweisen, daß man, ganz gleich, wieviel Wissen man über das Universum besäße und wie tief das Verstehen der Natur ginge, nie eine Ursache finden könnte. Das aber erscheint unmöglich. Wie kann man sicher sein, daß das Ereignis, um das es geht, nicht durch einen völlig im dunkeln liegenden, äußerst selten eintretenden, nie zuvor beobachteten, unauffälligen oder ungewöhnlichen Vorgang ausgelöst wird?

Am nächsten ist die Naturwissenschaft einer Falsifizierung der Behauptung, jedes Ereignis habe eine Ursache, mit der Quantenmechanik gekommen. Wie wir im 8. Kapitel noch sehen werden, läßt sich das Verhalten von Teilchen in der subatomaren Welt im allgemeinen nicht vorhersagen. Man kann in einem Augenblick nicht sicher sein, was ein Teilchen im nächsten tun wird. Wählt man als Ereignis das Auftreten eines subatomaren Teilchens an einer bestimmten Stelle, hat dieses Ereignis der Quantentheorie zufolge in dem Sinn keine Ursache, daß es seinem Wesen nach unvorhersagbar ist. Wieviel auch immer man über die Kräfte und Einflüsse weiß, die auf das Teilchen einwirken, es gibt keine Möglichkeit, sein Auftreten an der bezeichneten Stelle als durch irgend etwas ›bestimmt‹ anzusehen. Das Ergebnis ist an sich willkürlich. Das Teilchen taucht an jener Stelle einfach ohne erkennbaren Grund auf.

Einigen Physikern – einer Minderheit – paßt diese Vorstellung ganz und gar nicht. Einstein hat sie mit der berühmten Antwort zurückgewiesen: »Gott würfelt nicht.« Diese Leute wollen, daß es für jedes Ereignis, auch noch auf der Stufe der subatomaren Teilchen, eine so oder so beschaffene Ursache gibt. Erstaunlicherweise läßt sich mit Hilfe eines Experiments nachweisen, daß atomare Systeme tatsächlich in sich unvorhersagbar sind, es sei denn, die Einflüsse wirkten rascher als mit Lichtgeschwindigkeit – ›Gott‹ würfelt also *doch*. Immer vorausgesetzt, daß keine ungewöhnliche Verschwörung der Natur die Versuchsergebnisse verfälscht hat, scheint diese Aussage auf recht festem Boden zu stehen.

Akzeptiert man also, daß Quantenereignisse, jeweils für sich genommen, keine unmittelbare Ursache haben, kann man dann sagen, daß die Erschaffung der Materie, die ein klassisches Beispiel für einen Quantenvorgang darstellt, ohne physikalische Ursache ausgekommen ist? In gewisser Hinsicht, ja. Ein *einzelnes* Teilchen entsteht schlagartig und unvorhersagbar an einem nicht genau festgelegten Ort und zu einer nicht genau festgelegten Zeit. Dennoch unterliegt sein ›ungebärdiges‹ Verhalten den Gesetzen der Wahrscheinlichkeit. Eine Raumkrümmung von bestimmter Stärke vorausgesetzt, darf das Auftreten eines Teilchens in einem bestimmten Raumvolumen und einem bestimmten Zeitintervall als sehr wahrscheinlich, doch nie als bestimmt angenommen werden. Umgekehrt gibt es eine, wenn auch ungeheuer geringe, endliche Aussicht dafür, daß ein solches Teilchen in diesem Augenblick in Ihrem Wohnzimmer aus dem Nichts entsteht. In der Quantenwelt geschieht derlei ohne Vorankündigung. Daß die *Wahrscheinlichkeit* der Teilchenentstehung vom Ausmaß der Raumkrümmung abhängt, bedeutet eine Art lockeren Kausalitätszusammenhang. Durch die Raumkrümmung wird das Auftreten eines Teilchens *wahrscheinlicher*, aber ob das nun als die eigentliche *Ursache* für das Auftreten dieses Teilchens angesehen werden muß, ist weitgehend eine Frage sprachlicher Interpretation.

Man könnte jetzt einwenden, daß es in der Hauptsache darum geht, ob das ganze Universum eine Ursache hat oder nicht, und nicht darum, ob das Auftreten oder die Erschaffung eines Elektrons an einer bestimmten Stelle eine Ursache hat. Einige Physiker würden zweifellos darauf antworten, daß auch das ganze Universum den Grundsätzen der Quantenmechanik unterliegt, das aber brächte uns nur auf das vieldiskutierte und schwierige Gebiet der Quantenkosmologie, das genug mit dem Nachweis seiner eigenen Schlüssigkeit zu tun hat. (Die Sache wird erst im 16. Kapitel weiterdiskutiert, wo ich ein Quanten-Szenarium vorschlagen werde, das die im Zusammenhang mit der Frage der Entstehung des Universums auftretenden Schwierigkeiten möglicherweise lösen kann.) Wenn wir die Quantentheorie für den Augenblick beiseite lassen und annehmen, das gesamte Universum habe durchaus eine Ursache, wie sieht diese dann aus? Ist es Gott?

Hier wollen wir den zweiten Schritt des kosmologischen Arguments näher ins Auge fassen: Es kann keine unendliche Ursachenkette geben, irgendwo muß Schluß sein. Die Galaxien entstehen aus sich drehenden Sternnebeln, diese aus Ur-Wasserstoff, der Ur-Wasserstoff aus den im ersten kurzen Urknall erzeugten Protonen, diese wiederum gehen auf die Raumkrümmungen zurück. Man hat stets angenommen, daß diese Kette ein erstes Glied haben muß. Thomas von Aquin schrieb dazu:

> »Wir stellen nämlich fest, daß es in der sichtbaren Welt eine Über- und Unterordnung von Wirkursachen gibt; dabei ist es niemals festgestellt worden und auch nicht möglich, daß etwas seine eigene Wirk- oder Entstehungsursache ist. . . . Denn in dieser Ordnung von Wirkursachen ist das Erste die Ursache des Mittleren und das Mittlere die Ursache des Letzten, ob es nun viele Zwischenglieder sind oder nur eines. Mit der Ursache aber fällt auch die Wirkung. Gibt es also kein Erstes in dieser Ordnung, dann kann es auch kein Letztes oder Mittleres geben. Lassen wir aber die Reihe der Ursachen ins Unendliche gehen, dann kommen wir nie zu einer ersten Ursache und werden weder eine letzte Wirkung noch Mittel-Ursachen haben. Das widerspricht aber den offenbaren Tatsachen. Wir müssen also notwendig eine erste Wirk- oder Entstehungsursache annehmen: und diese wird von allen Gott genannt.«[5]

Ihr Argument gegen eine unendliche Kette aus Ursache und Wirkung gründen weder Thomas von Aquin noch Clarke auf die Unendlichkeit der Kette als solcher. Beide haben ihre Argumente im Zusammenhang eines ewigen, unendlich alten Universums entwickelt und sich damit zufriedengegeben, den Nachweis für eine Schöpfung in der ›göttlichen Offenbarung‹ zu suchen statt im rationalen Argument. Der Einwand scheint eher darin zu liegen, daß eine unendliche Kette aus Ursache und Wirkung, die das Universum in seiner Gesamtheit umfaßt, für unmöglich gehalten wird.

»Wenn wir eine solche unendliche Reihe annehmen . . . ist es klar, daß die Existenz dieser ganzen Anzahl von Wesen auf keine von außen wirkende Ursache zurückführbar sein kann; denn es wird angenommen, daß in dieser Zahl alle Dinge enthalten sind, die im Universum existieren oder jemals existiert haben; ebensowenig kann diese Reihe einen Daseinsgrund in sich selbst haben, denn kein Wesen in dieser unendlichen Abfolge gilt als aus sich selbst heraus bestehend oder notwendig . . ., sondern jedes einzelne hängt vom voraufgehenden ab . . . Daher ist eine unendliche Abfolge lediglich abhängiger Wesen ohne ursprüngliche unabhängige Ursache eine Reihe von Wesen, die weder Notwendigkeit noch Ursache besitzt . . ., weder in sich selbst noch von außen: Damit ist gesagt, daß es sich um einen krassen Widerspruch und eine Unmöglichkeit handelt.«[6]

Der Glaube, daß eine unendliche Reihe »abhängiger Wesen« – letztlich eine unendliche Kette von Ursache und Wirkung – einer Erklärung für ihr Dasein bedarf, die sich nicht finden läßt, wenn zu jener Kette alle existierenden Dinge gehören, wurde von einigen Philosophen scharf angegriffen, insbesondere von David Hume und Bertrand Russell. Russell erläuterte seinen Standpunkt in einer berühmten BBC-Debatte mit Priester Copleston wie folgt: »Jeder lebende Mensch hat eine Mutter . . ., aber offenkundig hat das Menschengeschlecht keine.«[7] Kurz gesagt ist *ipso facto* eine Erklärung für die Abfolge gegeben, sobald jedes einzelne Glied der Kette erklärt ist, und da jedes Glied der unendlichen Kette sein Dasein einem oder mehreren der vorausgehenden Glieder verdankt, *ist* für jedes von ihnen eine Erklärung gegeben. Die Frage nach einer Ursache für das gesamte Universum hat einen anderen logischen Stellenwert als die nach der Ursache eines einzelnen Objekts oder Ereignisses innerhalb des Universums.

Tatsächlich ist das Thema der ›Serie von Serien‹ bekanntermaßen heikel. Wird eine Serie ganz einfach als beliebige Ansammlung von (konkreten oder abstrakten) Dingen definiert, ist es möglich, wie Russell in seinem berühmten Paradoxon nachgewiesen hat, daß eine aus Serien bestehende Serie gar keine Serie ist! Man denke sich beispielsweise einen Katalog aller Bücher in einer Bibliothek als ›Serie‹. Soll der Katalog selbst in die Liste aufgenommen werden? Gelegentlich geschieht das. Bezeichnen wir jetzt solche Kataloge als ›Typ I‹ und die anderen, die nicht selbst eingeschlossen sind, als ›Typ II‹ und betrachten nun eine aus Serien bestehende Serie als Hauptkatalog in der zentralen Bibliothek. Seine Aufgabe ist es, alle Kataloge vom Typ II aufzuführen; er ist eine ›Serie‹ von Katalogen. Ist das hinreichend klar? Unglücklicherweise nicht. Die Serie aller Kataloge vom Typ II ist ein Paradox, wie wir merken, sobald wir die Frage stellen, ob der Hauptkatalog selbst zum Typ I oder zum Typ II gehört. Gehört er zum Typ II, schließt er sich selbst nicht ein. Andererseits ist der Hauptkatalog so definiert, daß er alle sich selbst ausschließenden Kataloge – also die vom Typ II – aufführt. Mithin führt er sich selbst auf und gehört daher dem Typ I an. Das aber ist nicht möglich, da der Hauptkatalog lediglich Kataloge vom Typ II aufführt, und falls er zum Typ I gehört, kann er sich selbst nicht aufführen. Führt er sich aber nicht selbst auf, gehört er dem Typ II an. Ergebnis: sich selbst widersprechender Unsinn.

Das Ergebnis aus all dem ist, daß der Begriff des gesamten Universums bestehender Dinge wirklich schwer deutbar ist. Es ist nicht klar, daß das Universum ein *Ding* ist, und wenn es als Serie von Dingen definiert wird, kann das zu Paradoxien führen. Solche Fallen warten auf jeden, der versucht, die Existenz Gottes als Ursache aller Dinge mit den Mitteln der Logik herzuleiten.

Aber gesetzt, das kosmologische Argument stimme soweit – daß also das Universum eine Ursache haben muß –, bleibt die logische Schwierigkeit, diese Ursache Gott zuzuordnen, denn dann könnte man fragen: »Auf welche Ursache geht Gott zurück?« Die Antwort heißt gewöhnlich: »Gott braucht keine Ursache. Er ist ein *notwendiges* Wesen, dessen Ursache in ihm selbst zu finden ist.« Doch das kosmologische Argument gründet auf der Annahme, daß alles einer Ursache bedarf – und endet in der Schlußfolgerung, daß zumindest ein Ding – nämlich Gott – keine braucht. Das Argument scheint widersprüchlich. Ist man darüber hinaus bereit zuzugestehen, daß etwas – Gott – ohne äußerliche Ursache existieren kann, warum muß man dann die Kette überhaupt so weit zurückverfolgen? Warum kann nicht auch das Universum ohne äußere Ursache existieren? Fällt die Annahme, daß das Universum sich selbst verursacht, einem Ungläubigen leichter als die, daß Gott sich selbst verursacht?

> »Wenn wir hier innehalten und nicht weitergehen (als bis zu Gott), warum gehen wir überhaupt so weit? Warum halten wir nicht schon bei der materiellen Welt inne? . . . Indem wir annehmen, sie enthalte den Grundsatz ihrer Ordnung in sich selbst, nehmen wir in Wirklichkeit an, daß es sich dabei um Gott handelt.«[8]

Dieses Hume-Zitat erinnert an den verschwommenen Glauben mancher Naturwissenschaftler ›Gott ist Natur‹ oder ›Gott ist das Universum‹.

Vielleicht aber ist der ernsthafteste Einwand gegen die mit der Kausalität arbeitende Fassung des kosmologischen Arguments die Tatsache, daß Ursache und Wirkung fest in der Vorstellung der Zeit verankerte Begriffe sind. Doch wie wir gesehen haben, setzt die moderne Kosmologie voraus, das Erscheinen des Universums habe das Auftreten der Zeit selbst mitbedingt. Ganz allgemein wird angenommen, daß die Ursache der Wirkung immer zeitlich vorangeht: Beispielsweise zerspringt das Ziel, nachdem die Waffe abgefeuert worden ist. Doch in diesem Fall ist es offensichtlich sinnlos, im üblichen kausalen Sinn davon zu sprechen, Gott habe das Universum geschaffen, sofern dieser Schöpfungsakt die Entstehung der Zeit selbst mitbedingt. Sofern es kein ›Vorher‹ gegeben hat, kann es (im üblichen Sinne des Wortgebrauchs) beim Urknall keine Ursache gegeben haben, weder eine natürliche noch eine übernatürliche.

Diesen Punkt scheint der Heilige Augustinus (354 - 430) richtig eingeschätzt zu haben, als er sich über die Vorstellung lustig machte, Gott warte unendlich lange und beschließe dann zu einem ihm günstig erscheinenden Zeitpunkt, das Universum zu erschaffen. »Weltschöpfungs- und Zeitanfang fallen zusammen«, schreibt er. »Also ist ohne Zweifel die Welt nicht in der Zeit, sondern zugleich mit der Zeit erschaffen worden.« [9] Eine bemerkenswerte Vorwegnahme der modernen naturwissenschaftlichen Kosmologie, wenn man bedenkt, welch ganz und gar irrige Vorstellungen über den Raum und die Zeit zu Augustinus' Lebzeiten im Schwange waren.

Seltsamerweise wurde diese tiefe Deutung der Schöpfungsgeschichte später in Frage gestellt, als die Kirche im 13. Jahrhundert unter den Einfluß des antiken griechischen Denkens geriet. In der darauffolgenden Kontroverse bestand das vierte Laterankonzil (1215), das die Lehre des Aristoteles von einem Universum unendlichen Alters zurückwies, darauf, die Vorstellung, daß das Universum einen zeitlichen Beginn *hatte*, müsse als Glaubensartikel aufgenommen werden. Noch heute sind christliche Theologen geteilter Meinung darüber, wie das 1. Buch Mose zu deuten ist.

Die Schwierigkeit, einen Gott zu postulieren, der die Zeit transzendiert, besteht darin, daß er zwar dadurch möglicherweise in das ›Hier und Heute‹ einbezogen wird, doch zahlreiche der Eigenschaften, die die meisten Menschen Gott zuerkennen, nur im Zusammenhang mit der Zeit sinnvoll sind. Gott kann doch planen, Gebete erhören, Freude oder

Besorgnis über den Verlauf des Fortschritts der Menschheit ausdrücken und später über die Menschen zu Gericht sitzen? Ist er nicht beständig tätig in der Welt, ›ölt die Räder im Getriebe des Kosmos‹ und dergleichen? All dies Tun ist nur sinnvoll in einem zeitlichen Zusammenhang. Wie könnte Gott *planen* und *handeln*, wenn nicht *in der Zeit*? Warum macht er sich Sorgen um den Fortschritt der Menschen oder den Kampf gegen das Übel, wenn er die Zeit transzendiert und damit die Zukunft kennt? Gott kennt das Ergebnis bereits. (Diesem Gegenstand werden wir uns im 9. Kapitel erneut zuwenden.)

Tatsächlich ist die bloße Vorstellung, Gott habe das Universum geschaffen, wie wir gesehen haben, etwas, das *innerhalb* der Zeit stattfindet. Bei meinen Vorträgen über Kosmologie werde ich oft gefragt, was vor dem Urknall war. Die Antwort, es habe kein ›Vorher‹ gegeben, weil mit dem Urknall die Zeit selbst in Erscheinung getreten sei, trifft auf Mißtrauen – »Irgend etwas muß das doch hervorgerufen haben«. Aber Ursache und Wirkung sind zeitliche Begriffe und lassen sich nicht auf einen Zustand anwenden, in dem die Zeit nicht existiert. Die Frage ist also bedeutungslos.

Wenn die Zeit wirklich einen Anfang hatte, muß jeder Versuch, sie in Abhängigkeit von Ursachen zu erklären, eine breitere Bedeutung des Begriffs der Ursache umfassen, als wir ihn im täglichen Leben kennen. Eine Möglichkeit besteht darin, die Forderung zu mildern, eine Ursache müsse stets der Wirkung vorangehen. Ist es möglich, daß Ursachen in der Zeit rückwärts wirken und zu vorausgehenden Wirkungen führen? Selbstverständlich stecken in der Vorstellung, man könne die Vergangenheit ändern, Ansätze zu einer Fülle von Paradoxien. Wie wäre es, wenn jemand beispielsweise die Ereignisse im 19. Jahrhundert dahingehend beeinflussen könnte, daß er seine eigene Geburt verhinderte? Dennoch kennt die moderne Physik eine Anzahl von Theorien, die die rückwärtswirkende Verursachung einbeziehen. Rein theoretisch könnten das – als Tachionen bezeichnete – Teilchen bewirken, die schneller sind als das Licht. Um eine Paradoxie zu vermeiden, könnte man annehmen, daß die Verbindung zwischen Ursache und Wirkung sehr lose und nicht steuerbar oder daß sie von flüchtiger Art ist. Wie wir noch sehen werden, verlangt die Quantentheorie insofern eine Art in der Zeit umgekehrter Kausalität, als eine Beobachtung, die heute stattfindet, zur Entstehung einer Wirklichkeit in der weit zurückliegenden Vergangenheit beitragen kann. Diesen Punkt hat der Physiker John Wheeler hervorgehoben: »Nach dem Quantenprinzip ist ein Sinn darin erkennbar, daß etwas, was ein Beobachter in der Zukunft tut, bestimmt, was in der Vergangenheit geschieht – selbst in einer Vergangenheit, die so weit zurückliegt, daß damals noch gar kein Leben existierte.«[10]

Wheeler führt über den ›Beobachter‹ hier den Begriff des Geistes in einer grundlegenden Weise ein, wie das tatsächlich in der Quantentheorie erforderlich ist, und verknüpft die Existenz des Geistes in einem späteren Stadium der kosmischen Entwicklung mit der Erschaffung des Universums:

> »Ist der eigentliche Mechanismus, mit dem das Universum ins Leben tritt, sinnlos oder funktionsunfähig oder beides, wenn nicht das Universum garantiert irgendwo und für eine kurze Zeit in seiner zukünftigen Geschichte Leben, Bewußtsein und ein Beobachtertum hervorbringt?«[11]

Wheeler hofft, daß wir im Zusammenhang der Physik ein Prinzip zu entdecken vermögen, das das Universum in den Stand versetzt, ›aus eigenem Entschluß‹ ins Dasein zu treten. Im Verlauf seiner Suche nach einer solchen Theorie merkt er an: »Kein leitendes Prinzip schiene mächtiger als das Erfordernis, daß es dem Universum eine Möglichkeit geben muß, ins Dasein zu treten.«[12] Wheeler hat dieses ›sich selbst verursachende‹ Universum mit einem sich selbst erregenden Schwingkreis in der Elektronik verglichen.

Selbst wenn es nun möglich wäre, eine Ursache für die Entstehung der Raum-Zeit aus einer späteren natürlichen Tätigkeit, sei sie geistiger oder materieller Art, zu finden, fällt es schwer zu sehen, wie eine Schöpfung aus dem Nichts auf natürliche Weise hätte erfolgen können. Dazu wären immer noch die ›Rohstoffe‹ erforderlich gewesen, an denen der Geist rückwirkend hätte zu Werke gehen können. Wheeler schlägt vor, Raum und Zeit als synthetische Strukturen anzusehen – sie bestehen aus ›Einzelteilen‹, die er ›Prä-Geometrie‹ nennt. Zahlreiche andere Physiker haben vorgeschlagen, Raum und Zeit nicht als Grundbegriff anzusehen, sondern als Annäherungen. So wie eine offensichtlich zusammenhängende Materie in Wirklichkeit aus Atomen besteht, so könnte die Raum-Zeit aus einfacheren und abstrakteren Bestandteilen zusammengesetzt sein. Das wäre ein denkbares Ergebnis des Versuchs, eine Quantentheorie der Schwerkraft zu finden, wobei die Schwerkraft lediglich Raum-Zeit-Geometrie wäre. Unter extremen physikalischen Bedingungen, wie beispielsweise zu Beginn des Urknalls, hätte die Raum-Zeit ›zerfallen‹ und ihre inneren Bestandteile freilegen können. In der zeitlich nach vorn gerichteten Sprache ausgedrückt, hätte der Urknall das Ereignis sein können, bei dem die ›Zahnräder‹ ineinandergegriffen und sich zu einer allem Anschein nach fortlaufenden Raum-Zeit zusammengetan hätten. In dieser Sichtweise wäre dann der Urknall der Beginn des Raums, der Zeit, der Materie, aber nicht der Grenzen der Physik gewesen. Jenseits des Urknalls – nicht aber ›vorher‹, denn ein ›Vorher‹ gab es nicht – existierten die nicht ineinandergreifenden ›Zahnräder‹, physikalische Objekte, aber nicht *innerhalb* von Raum und Zeit.

Bevor wir uns vom Gegenstand der Schöpfung und der Frage abwenden, ob der Wunsch, etwas über den Ursprung zu erfahren, sinnvoll ist oder nicht, müssen wir daran denken, daß die Kraft, die hinter der Schöpfung stand, möglicherweise nicht Gott war. Wie schon angemerkt, versucht der zweite Teil des kosmologischen Arguments zu erhärten, daß ein kosmischer Schöpfer Gott sein müsse, doch haben die Entdeckungen der modernen Physik Möglichkeiten eröffnet, von denen die Befürworter des kosmologischen Arguments nicht einmal träumen konnten.

Im vorhergehenden Kapitel wurde erklärt, wie die Entstehung der Materie unter den Bedingungen des sich ausdehnenden Raumes (Raumkrümmung) angemessen definiert wird. Es scheint im übrigen für die Elastizität des Raums keine Grenze zu geben, und noch der winzigste Bereich läßt sich unendlich dehnen. Eine milliardstel Sekunde nach der Schöpfung nahm das Universum, das wir heute wahrnehmen – all seine 10^{27}, also tausend Quadrillionen Kubiklichtjahre – ein Volumen etwa so groß wie das Sonnensystem an. Zu früheren Zeitpunkten war es kleiner. Es ist also möglich, daß Raum aus dem Nichts heraus wächst und aus ihm heraus Materie entsteht. Dennoch muß irgend etwas, sollte man meinen, ein winziges Raumklümpchen an den Anfang des Wegs zur explosionsartigen Ausdehnung legen – hier stoßen wir wieder auf die Frage von Singularitäten, Verursachung und so weiter.

Jedoch gibt es auch keine andere Erklärung für unser aus Raum und Materie bestehendes Universum. Man könnte es danach vereinfachend als ›reproduzierendes Universum‹ bezeichnen. Zu verdeutlichen ist das am besten durch eine analoge Beschreibung. Da Raum elastisch ist, denke man ihn sich durch ein Gummituch dargestellt. (Dieses Tuch ist nur zweidimensional, während der Raum dreidimensional ist – ein lediglich begrifflicher, aber keineswegs ein logischer Mangel. Was jetzt beschrieben werden soll, funktioniert auch mit drei Dimensionen, läßt sich aber mit unserer Vorstellungskraft nicht nachvollziehen.)

Abbildung 5 zeigt eine Abfolge von Schritten. Zuerst wird ein Höcker in den Gummi gedrückt und dann aufgeblasen, wobei der ›Hals‹ zwischen

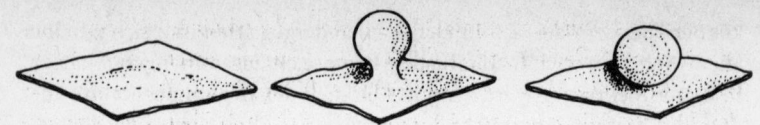

5 Die Elastizität des Raums, die sich aus Einsteins allgemeiner Relativitätstheorie ergibt, läßt das Wachstum und die Ablösung eines ›Tochteruniver-
   sums‹ (Ballon) aus dem ›Elternuniversum‹ (Tuch) zu. Solche Veränderungen der Topologie wurden in einigen neueren Theorien vorgeschlagen,
   werden aber noch keineswegs klar verstanden.

Höcker und Tisch sehr eng gehalten wird. Bald ähnelt der Höcker einem
Ballon. Jetzt soll der Hals kürzer werden, bis der Ballon das Gummituch
unmittelbar berührt. Schließlich wird der Hals durchtrennt, dabei löst
sich der Ballon, und die Schnittstelle darf wieder so heilen, daß ein
vollständiges Gummituch entsteht. Das Tuch hat ein völlig von ihm
losgelöstes, unabhängiges Tuch, den Ballon, in die Welt gesetzt, der sich
unendlich ausdehnen läßt. Falls gewünscht, könnte auch dieser neue
Ballon zur Erzeugung weiterer Ballons dienen.

Wenn wir uns unser Universum – den gesamten Raum, der uns
möglicherweise physikalisch zugänglich ist – als den ›neuen Ballon‹
vorstellen, ist es sicherlich richtig, daß dieses Universum nicht immer
existiert hat: es wurde geschaffen. Sein Schöpfer läßt sich allerdings noch
im Bereich der natürlichen physikalischen Vorgänge finden, nämlich als
aus dem ›Muttertuch‹ heraus wirkender Schöpfungsmechanismus. Dieses Tuch ist uns nicht gänzlich unzugänglich, allerdings liegt es jenseits
unserer Raum-Zeit, und so können wir für seine Existenz keine Ursache
in unserem Universum finden – dennoch hat Gott mit der Sache nichts zu
tun.

Das Hauptmerkmal, das aus dieser Vorstellung erwächst, besteht
darin, daß das, was man gemeinhin als ›das Universum‹ ansieht, in
Wirklichkeit möglicherweise nichts als ein abgelöstes Bruchstück der
Raum-Zeit ist. Es könnte zahlreiche, ja sogar unendlich viele, andere
Universen geben, die auf physikalischem Weg keinen Zugang zueinander haben. Bei dieser Definition des ›Universums‹ liegt die Erklärung für
unseren Kosmos nicht in ihm selbst, sondern außerhalb. Sie braucht Gott
nicht einzubeziehen, lediglich die Raum-Zeit und einen ziemlich ungewöhnlichen physikalischen Mechanismus.

Ein solcher Mechanismus wurde kürzlich in einer Anzahl theoretischer Untersuchungen vorgeschlagen. [13] Es ist vorstellbar, daß der Raum bei extrem großer Hitze instabil wird und auf die beschriebene Weise weitere ›Ballons‹ ›erbrütet‹. Man könnte sich sogar vorstellen, daß eine in der Technik weit genug fortschreitende Gesellschaft über Verfahren zur Schaffung neuer Universen nachdenkt, Puristen werden jedoch zweifellos einwenden, daß diese Hypothese lediglich eine Scheinerklärung für die Schöpfung liefert, da sie nach wie vor keinen Existenzgrund für die Gesamtheit der ›Tücher und Ballons‹ liefert. Das stimmt zwar, doch dient das Beispiel zur Illustration dessen, daß alles, was wir in unserem Universum grundsätzlich wahrnehmen können, vor einer endlichen Zeit durch *natürliche* Ursachen geschaffen worden sein kann und daß etwas außerhalb unserer gesamten Raum-Zeit Liegendes – wenn es dergleichen gibt – deshalb nicht gleich übernatürlicher Art sein muß.

Was hat nun diese Analyse für unsere Suche nach dem Schöpfergott erbracht? Das Argument, daß es für alles eine erste Ursache geben muß, unterliegt solange ernsthaftem Zweifel, wie wir einer einfachen Vorstellung von Ursächlichkeit anhängen, unabhängig davon, ob das Universum unendlich alt ist oder einen festgelegten Anfang hat. Es ist denkbar, daß ungewöhnliche kausale Mechanismen, wie beispielsweise die rückwirkende Kausalität oder geistige Quantenprozesse, die Notwendigkeit einer der Schöpfung vorausgehenden Ursache beseitigen. Trotzdem bleibt ein gewisses Unbehagen. Der Theologe Richard Swinburne schreibt:

> »Es wäre ein Irrtum anzunehmen, die Existenz des Universums durch unendliche Zeit lasse sich vollständig erklären, wenn man voraussetzt, daß das Universum unendlich alt ist und jeder Zustand des Universums zu jedem Zeitpunkt vollständig im Hinblick auf einen früheren Zustand des Universums und durch Naturgesetze erklärt werde (so daß Gott dabei nicht einbezogen ist). Das ist nicht der Fall, es ist ganz und gar unerklärbar.« [14]

Um das näher zu erläutern, nehmen wir einmal an, Pferde hätte es schon immer gegeben. Die Existenz eines jeden Pferdes würde dann kausal durch die Existenz seiner Eltern erklärt. Aber damit wüßten wir immer noch nicht, warum es überhaupt Pferde gibt – warum nicht keine Pferde, oder statt dessen Einhörner? Obwohl wir vielleicht für jedes Ereignis eine Ursache finden können, was im Hinblick auf die Quanteneffekte unwahrscheinlich ist, bliebe nach wie vor das Geheimnis, warum das Universum die Natur besitzt, die es hat, oder warum es überhaupt ein Universum gibt.

4. Warum gibt es ein Universum?

»In der Natur gibt es einen Grund dafür, daß etwas
existiert und nicht nicht-existiert.«

Leibniz

»Je begreiflicher uns das Universum zu sein scheint,
um so sinnloser erscheint es auch.«

Steven Weinberg

Die Vorstellung vom Schöpfergott, der das Universum aus seiner eigenen freien Entscheidung ins Dasein gerufen hat, wurzelt fest in der
christlich-jüdischen Kultur. Wir haben jedoch gesehen, daß eine solche
Annahme mehr Schwierigkeiten heraufbeschwört, als sie zu lösen vermag; Theologen haben sie jahrhundertelang ernsthaft in Frage gestellt.
Die Schwierigkeit liegt in der Frage der Zeit. Heute wissen wir, daß die
Zeit untrennbar mit dem Raum verbunden ist und daß die Raum-Zeit
ebenso zum physikalischen Universum gehört wie die Materie. Wie wir
im 9. Kapitel noch sehen werden, hat die Zeit, was Veränderung und
Verhalten angeht, ihre eigenen Gesetze; sie gehört nachweislich in den
Bereich der Physik.

Wenn die Zeit dem physikalischen Universum angehört und den
Gesetzen der Physik unterliegt, muß sie auch in das Universum eingeschlossen sein, dessen Erschaffung Gott zugeschrieben wird. Aber was
bedeutet es, zu sagen, Gott habe die Existenz der Zeit *verursacht*, wenn
nach unserem üblichen Verständnis von *Verursachung* jeder Wirkung
ihre Ursache vorausgehen muß. Verursachen ist ein Tun, das in einem
Zeitzusammenhang steht. Die Zeit muß bereits existieren, bevor irgend
etwas verursacht werden kann. Die naive Vorstellung, Gott habe *vor* dem
Universum existiert, ist offensichtlich dann widersinnig, wenn die Zeit
noch nicht existierte, es also kein ›Vorher‹ gab.

Diese Schwierigkeiten waren, wie wir gesehen haben, bereits dem Heiligen Augustinus im 5. Jahrhundert klar. Hundert Jahre nach ihm hat sie vor allem Boethius formuliert und zu einer Vorstellung von ›Schöpfung‹ entwickelt, die weit abstrakter und schwerer deutbar ist als die den meisten Laien heute vertraute.[1] Dieser ausgeklügelten Sichtweise nach existiert Gott ausschließlich außerhalb von Raum und Zeit; in gewissem Sinn ›über‹ der Natur statt vor ihr. Der Begriff eines zeitlosen Gottes ist nicht leicht zu verstehen, und ich werde die Behandlung dieses Themas weitgehend auf das 9. Kapitel verschieben, das sich tiefergehend mit dem Wesen der Zeit auseinandersetzt.

Der außerhalb der Zeit befindliche Gott wird in dem machtvolleren Sinn dessen als ›Schöpfer‹ des Universums angesehen, der ›es in jedem Augenblick am Leben erhält‹. Statt nur einfach das Universum in Gang zu setzen – eine im Unterschied zum Theismus als Deismus bekannte Glaubensrichtung –, ist ein zeitloser Gott in jedem Augenblick tätig. Der ferne kosmische Schöpfer bekommt so einen größeren Sinn der Unmittelbarkeit – er handelt hier und jetzt –, allerdings um den Preis einer gewissen Undeutlichkeit, denn die Vorstellung eines über der Zeit existierenden Gottes ist schwierig.

Die unterschiedlichen Rollen Gottes, einmal als der, der in der Zeit existiert und die Schöpfung bewirkt, und zum anderen als der, der das Universum einschließlich der Zeit am Leben erhält, werden bisweilen auf nachstehende Weise schematisch illustriert.[2] Man denke sich eine Abfolge von Ereignissen, von denen jedes kausal vom vorherigen abhängt. Sie lassen sich als in die Zeit zurückreichende Reihe . . . E_3, E_2, E_1 bezeichnen. E_1 wird also von E_2 hervorgerufen, dieses wiederum von E_3 und so weiter. Diese Kausalkette kann wie folgt dargestellt werden:

$$\ldots \to E_4 \overset{P}{\to} E_3 \overset{P}{\to} E_2 \overset{P}{\to} E_1$$

wobei uns ›P‹ daran erinnert, daß ein Ereignis jeweils das nächste durch das Einwirken der physikalischen Gesetze ›P‹ hervorruft.

Die Vorstellung eines kausalen Gottes (die wir im vorhergehenden Kapitel im einzelnen behandelt haben), läßt sich dann dadurch illustrieren, daß man Gott, durch G dargestellt, als erstes Glied dieser Ursachenkette ansetzt:

$$G \to \ldots \to E_4 \overset{P}{\to} E_3 \overset{P}{\to} E_2 \overset{P}{\to} E_1 \, .$$

Wenn sich hingegen Gott außerhalb der Zeit befindet, kann er nicht zu dieser Ursachenkette gehören. Statt dessen befindet er sich oberhalb ihrer und hält sie an jedem ihrer Glieder:

$$
\begin{array}{ccc}
G & G & G \\
\downarrow & \downarrow & \downarrow \\
P & P & P
\end{array}
$$

$$\ldots \to E_4 \to E_3 \to E_2 \to E_1$$

Dieses Bild könnte unabhängig davon Gültigkeit haben, ob die Ursachenkette ein Anfangsglied hat, das heißt einen Anfang in der Zeit, oder nicht, wie in einem unendlich alten Universum. Mit diesem Bild vor Augen können wir sagen, daß Gott weniger eine Ursache des Universums ist als eine *Erklärung*.

Diese Gedanken sind nicht leicht faßbar. Grob gesagt, erscheinen uns die Gesetze der Physik als Regelmäßigkeit in der Art, wie die Dinge geschehen: die genaue Bewegung der Planeten auf ihren Bahnen, das wohlgeordnete Linienmuster im Spektrum eines Elements und so weiter. Wenn wir in einem fahrenden Auto auf das Bremspedal treten, erwarten wir, daß das Fahrzeug seine Geschwindigkeit verringert, und ebenso rechnen wir damit, daß Pulver explodiert, wenn wir es entzünden. Wir setzen voraus, daß eine heiße Flamme einen Eisblock schmelzen läßt und eine auf einen harten Boden fallende Vase zerbricht. Die Welt ist nicht chaotisch und voller Willkür, sondern zumindest in einem gewissen Grad voraussagbar und geordnet.

Von unserer begrenzten Perspektive innerhalb der Raum-Zeit aus deuten wir diese Regelmäßigkeiten unter dem Aspekt von Ursache und Wirkung: Die Schwerkraft der Sonne bewirkt die geschlossene Kurvenform der Erdumlaufbahn und so weiter. Aber es gibt eine andere Möglichkeit – daß jedes Ereignis tatsächlich durch Gott hervorgerufen wird, der von außen auf unser Universum einwirkt und sorgsam alle Ereignisse so anordnet, daß sie diese Regelmäßigkeiten aufweisen.

Hier gibt es eine hilfreiche Analogie. Man stelle sich einen Maschinengewehrschützen vor, der auf eine Zielscheibe feuert und dabei den Lauf mit gleichbleibender Geschwindigkeit von einer Seite zur anderen schwenkt. Das Ergebnis ist ein Muster aus Einschußlöchern in gleichen Abständen. Ein ständig im ›Flachland‹ der Zielscheibe lebendes zweidimensionales Geschöpf würde diese Abfolge von Ereignissen als regelmäßiges Auftreten von Löchern in seiner Welt wahrnehmen. Nach sorgfältiger Beobachtung würde es schließen, daß die Löcher nicht willkürlich, sondern periodisch entstehen und darüber hinaus in einer einfachen geometrischen Anordnung, nämlich in gleichen Abständen. Zuversichtlich würde jetzt dieser Flachlandbewohner ein neues Gesetz der Flachlandphysik formulieren: das Gesetz der Lochentstehung. Er würde zu dem Schluß kommen, daß das Auftreten eines jeden Lochs das des jeweils nächsten in regelmäßigen Abständen *verursacht*. Immerhin folgt stets ein Loch in einer einfachen Reihenfolge auf das nächste. Aus der begrenzten Perspektive seiner zweidimensionalen Welt entgeht dem Flachlandbewohner völlig, daß die Löcher in Wirklichkeit *gänzlich unabhängig* voneinander sind und daß die Regelmäßigkeit ihrer Anordnung ausschließlich auf das Tun des Schützen zurückzuführen ist. Auf dieselbe Weise läßt sich das wohlgeordnete Funktionieren des Kosmos so erklären, daß Gott jedes einzelne Ereignis in der Raum-Zeit aus einer übergreifenderen Perspektive in organisierter Form erschafft. Ein Raum von höherer Dimension? Eine physikalische Struktur, die nicht Raum ist? Eine ganz und gar nicht-physikalische Struktur – was auch immer damit gemeint sein mag?

Was rechtfertigt diesen Glauben? Wer die komplexe Struktur und die ausgeklügelte Organisation des Universums betrachtet, über die mathematischen Formeln der physikalischen Gesetze nachgrübelt und verblüfft vor der Anordnung der Materie steht, angefangen von den wirbelnden Galaxien bis hin zur rastlosen Tätigkeit des Atoms, fragt sich wohl: Warum ist all das so, wie es ist? Warum *dieses* Universum, *diese* Gesetze, *diese* Anordnung von Materie und Energie? Ja, warum überhaupt irgend etwas?

Jedes Ding und jedes Ereignis im physikalischen Universum müssen, um erklärt werden zu können, von etwas außerhalb ihrer selbst abhängen. Wird ein Phänomen erklärt, geschieht das in Abhängigkeit von *etwas anderem*. Doch wenn dies Phänomen die gesamte Existenz ist – das gesamte physikalische Universum –, gibt es definitionsgemäß offensichtlich nichts *Physikalisches* außerhalb des Universums, mit dem man es erklären könnte. Mithin muß jede Erklärung durch etwas Nichtphysikalisches und Übernatürliches erfolgen. Dieses Etwas ist Gott. Das Universum ist so, wie es ist, weil Gott es so *gewollt* hat. Die Naturwissenschaft, die sich ihrem Wesen nach ausschließlich mit dem physikalischen Universum beschäftigt, mag dabei erfolgreich sein, ein Ding durch ein anderes zu erklären, das wiederum durch ein anderes und so weiter, aber die Gesamtheit der physikalischen Dinge verlangt nach einer Erklärung von *außerhalb*.

Diese Argumentationskette, deren Grundlage die Behauptung ist, alles Physikalische sei durch etwas anderes bedingt, ist als das Argument der wechselseitigen Abhängigkeit bekannt, und die zweite Fassung des kosmologischen Arguments für die Existenz Gottes. Ihm kann man einige der Kritikpunkte entgegenhalten, die schon gegen die andere Fassung des kosmologischen Arguments ins Feld geführt wurden (das im vorigen Kapitel behandelte kausale Argument).

In gewisser Hinsicht fällt das Argument der wechselseitigen Abhängigkeit seinem eigenen Erfolg zum Opfer, denn, nehmen wir an, wir erweitern die Definition des Begriffs ›Universum‹ so weit, daß Gott darin enthalten ist. Was ist dann die Erklärung für das Gesamtsystem ›Gott plus das physikalische Universum von Raum, Zeit und Materie‹? Kurz gesagt, wodurch wird Gott erklärt? Darauf antwortet der Theologe: »Gott ist ein notwendiges Wesen, das keiner Erklärung bedarf; er enthält die Erklärung seiner Existenz in sich.« Aber bedeutet das etwas? Und wenn ja, warum können wir nicht mit demselben Argument das Universum erklären: Das Universum ist *notwendig*, es enthält die Erklärung seiner Existenz in sich? Das scheint in der Tat Wheelers im vorigen Kapitel beschriebene Haltung zu sein.

Die Vorstellung eines physikalischen Systems, das eine Erklärung seiner selbst enthält, mag dem Laien paradox erscheinen, aber für diesen Gedanken gibt es Vorläufer in der Physik. Wenn man auch einräumen mag – unter Außerachtlassung von Quanteneffekten –, daß jedes Ereignis von etwas anderem bedingt ist und für seine Erklärung von einem weiteren Ereignis abhängt, braucht daraus nicht zu folgen, daß diese Reihe entweder endlos weitergeht oder bei Gott endet. Sie kann auch ein geschlossener Kreis sein. Beispielsweise ist denkbar, daß vier Ereignisse, Gegenstände oder Systeme, E_1, E_2, E_3, E_4, in folgender Weise voneinander abhängen:

Eine Theorie von genau dieser Art war einst unter einigen Teilchenphysikern beliebt, die versuchten, die Struktur der Materie zu erklären. Hier haben wir es mit einer wohlbekannten Erklärungskette zu tun:

Materie besteht aus Molekülen, diese aus Atomen, diese wiederum aus Elektronen und Atomkernen, die ihrerseits aus Protonen und Neutronen bestehen. Seit der Zeit des antiken Griechenland ist die Ansicht weit verbreitet, diese Erklärungskette besitze ein Ende. Es gebe eine kleine Gruppe wirklich elementarer Teilchen, die nicht weiter teilbar sind und die die Bausteine aller Materie bilden. Wenn es uns möglich wäre, immer weiter in das Atom vorzudringen, würden wir früher oder später diese strukturlosen, grundlegenden Teilchen entdecken. Gegenwärtig erhält diese Theorie eine starke, durch Experimente erhärtete Unterstützung in Gestalt der sogenannten Quark-Theorie (siehe 11. Kapitel).

Die merkwürdigen Eigenschaften der Quantentheorie ermöglichen demgegenüber eine alternative Vorstellung, nach der es überhaupt keine Elementarteilchen gibt (in einem in späteren Kapiteln noch zu erläuternden, schwer begreifbaren Sinn). Statt dessen besteht jedes Teilchen – zumindest jedes subatomare – aus den jeweils anderen. Keines ist elementar oder grundlegend, sondern jedes enthält etwas von der Identität aller anderen. Da diese Vorstellung eines Systems von Teilchen, die sich selbst in einem auf sich selbst zurückführenden Erklärungsring erzeugen, an die Geschichte Münchhausens erinnert, der sich an seinem eigenen Zopf aus dem Sumpf zog, könnte man solche Erklärungsversuche als ›Münchhausen-Theorien‹ bezeichnen. Mithin wäre ein ›Münchhausen-Universum‹ denkbar, das seine eigene Erklärung ausschließlich mit Bezug auf natürliche und physikalische Wechselwirkungen enthielte.

Doch gewiß, wendet jetzt der Theologe ein, wird Gott, der unendlich mächtig, unendlich wissend und mithin das *einfachste* Wesen ist, das man sich denken kann, eher den Grund für seine Existenz in sich selbst haben als das Universum, das in seiner Vielgestaltigkeit *kompliziert* und *besonders* ist:

»Es besteht durchaus die Aussicht, daß Gott, sofern er existiert, aus der Begrenztheit und Komplexität eines Universums etwas machen wird. Die Existenz eines Universums ohne Ursache ist äußerst unwahrscheinlich, eher ist wahrscheinlich, daß Gott ohne Ursache existiert. Das bestehende Universum ist seltsam und verwirrend. Es läßt sich verstehbar machen, wenn wir annehmen, daß es von Gott hervorgebracht wurde. Diese Annahme fordert einen einfacheren Anfang der Erklärung als die Annahme von der Existenz eines nichtverursachten Universums, und das ist Grund genug zu glauben, daß die erste Annahme stimmt.«[3]

Dieser Einwand wirkt sehr überzeugend. Es fällt wirklich schwer zu glauben, daß dieses verwickelte Universum mit all seinen Charakteristiken und einander bedingenden Merkmalen einfach ›nur so‹ existieren soll. Können wir das tatsächlich als ein hartes und unerklärbares Faktum hinnehmen? Uns scheint ein einzelner, einfacher und unendlicher Geist, auch wenn uns die Logik seiner bloßen Existenz verwirrend erscheinen mag, eher etwas sein zu können, das notwendigerweise existiert.

Doch ist es denkbar, daß der Naturwissenschaftler der Annahme entgegentreten will, ein unendlicher Geist (Gott) sei einfacher als das Universum. Unserer Erfahrung nach existiert Geist in physikalischen Systemen lediglich oberhalb einer gewissen Komplexitätsschwelle. Unser Gehirn ist ein hochkompliziertes System. (Im 6. Kapitel werden wir sehen, daß Geist als ›holistischer‹ Begriff behandelt werden muß – als Tätigkeitsmuster.) Zwar vermag man sich einen körperlosen Geist vorzustellen, doch sind Mittel zum Ausdruck des Musters erforderlich, und das Muster selbst ist komplex. Mithin ließe sich argumentieren, ein unendlicher Geist sei unendlich komplex und somit weit *weniger* wahrscheinlich als ein Universum, in dem zahlreiche Teile einen Komplexitätsgrad aufweisen, der viel zu gering ist, um Geist haben zu können.

Vielleicht ist Gott gar kein Geist, sondern etwas Einfacheres? Ist es überhaupt sinnvoll, von einem zeitlos existierenden Geist zu reden? Sind Gedanken, Entscheidungen und dergleichen nicht Dinge, die in der Zeit stattfinden? Doch sofern Gott nicht *entscheiden* – hoffen, urteilen oder sich mitteilen – kann, in welchem Sinn ist er dann für Art und Existenz des Universums verantwortlich? Ist ein solches Wesen etwas, das wir überhaupt als Gott anerkennen würden? Trotz dieser Zweifel bleibt uns nach wie vor die Aufgabe, Komplexität und Besonderheit des Universums zu erklären. Warum gerade *dieses* Universum?

Diese Frage werde ich im 12. Kapitel ausführlicher behandeln, doch sei schon hier angemerkt, was mir der zentrale Punkt bei der Abwägung der Plausibilität eines aus sich selbst heraus verursachten Universums gegenüber der Notwendigkeit, zu seiner Erklärung Gott heranzuziehen, zu sein scheint. In der vorangegangenen Diskussion wurde es als selbstverständlich angesehen, daß das Universum sehr kompliziert sei und daß Gott eine fertige Erklärung für dessen Merkmale liefere. War aber das Universum stets kompliziert? Kann diese Komplexität nicht in natürlicher Weise als Ergebnis ganz und gar gewöhnlicher physikalischer Gesetze entstanden sein?

Unserem besten naturwissenschaftlichen Verständnis vom Ur-Uni-

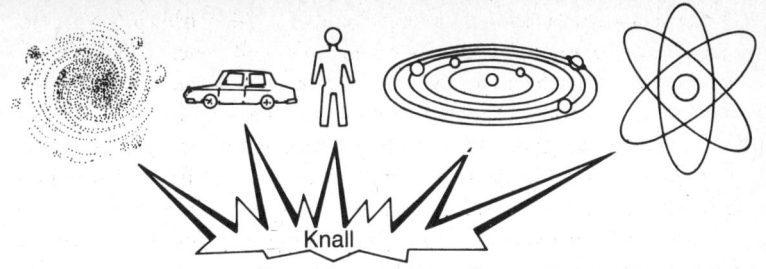

Knall

6 Ein Geheimnis umgibt die Art und Weise, wie aus dem Chaos Ordnung
   geworden ist. Die gegenwärtig wahrnehmbaren geordneten Strukturen
   und komplexen Abläufe sind auf irgendeine Weise aus dem wesenlosen
   Brei des Urknalls entstanden, in offenbarer Mißachtung des zweiten
   Hauptsatzes der Thermodynamik, in dem es heißt, daß Ordnung im Lauf
   der Zeit nicht zu- sondern abnimmt. Die Auflösung dieses Paradoxien
   kann mit den besonderen Merkmalen der Schwerkraft zu tun haben.

versum entsprechend, hat es in der Tat den Anschein, als habe das
Universum anfänglich den einfachsten aller Zustände gehabt – den des
thermodynamischen Gleichgewichts – und als seien die gegenwärtig zu
beobachtenden komplexen Strukturen und komplizierten Abläufe erst
später aufgetreten. Dann ließe sich sagen, das Ur-Universum sei in der
Tat das einfachste Ding, das wir uns vorstellen können. Darüber hinaus
hätte dann das Universum, sofern wir eine anfängliche Singularität
ansetzen, im Zustand unendlicher Temperatur, unendlicher Dichte und
unendlicher Energie begonnen. Ist das nicht zumindest ebenso plausibel
wie ein unendlicher Geist?

Der Erfolg dieses Arguments hängt im wesentlichen davon ab, ob sich
zeigen läßt, daß Komplexität und Ordnung des Kosmos tatsächlich
spontan aus dem einfachen Urzustand hervorgegangen sind. Auf den
ersten Blick scheint diese Behauptung in krassem Widerspruch zum
zweiten Hauptsatz der Thermodynamik zu stehen, der genau das Gegenteil verlangt – nämlich, daß Ordnung der Unordnung weicht, so daß
komplexe Strukturen einem Endzustand unorganisierter Einfachheit
zustreben. So schrieb E. W. Barnes in den 30er Jahren unseres Jahrhunderts:

»Im Anfang muß es eine höchste Organisation der Energie gegeben haben ... Gewiß hat Gott zu irgendeinem Zeitpunkt die Uhr
(d. h. den kosmischen Mechanismus) aufgezogen, und es wird

eine Zeit kommen, da sie stehenbleibt, sofern Er sie nicht wieder aufzieht.«[4]

Wir wissen inzwischen, daß das nicht stimmt. Der Urzustand war nicht einer der höchsten Organisation, sondern einer der Einfachheit und des Gleichgewichts. Der offenbare Widerspruch zwischen dieser Tatsache und dem zweiten Hauptsatz der Thermodynamik wurde erst kürzlich aufgelöst.

Die Schwierigkeit liegt darin, daß sich der zweite Hauptsatz der Thermodynamik ausschließlich auf isolierte Systeme bezieht. Es ist aber physikalisch unmöglich, irgend etwas der Schwerkraft zu entziehen – es gibt keine Schwerkraft-Schirme, und selbst wenn es sie gäbe, könnte sich das jeweilige System nicht von seiner eigenen Schwerkraft lösen. Im sich ausdehnenden Universum gerät das kosmische Material unter den Einfluß der kosmologischen Schwerkraftfelder – der gesamten Schwerkraft des übrigen Universums. Diese Verbindung mit der Schwerkraft öffnet den Weg zur Entwicklung der Ordnung des kosmischen Materials mit Hilfe des Gravitationsfeldes. Wir wissen, daß in einem System, wenn Energie von außen zugeführt wird, Ordnung zum Preis von Unordnung in einem anderen System geschaffen werden kann. So erzeugt die Wärme- und Lichtstrahlung der Sonne die äußerst komplexe Ordnung in der Biosphäre der Welt, aber um den Preis, daß der begrenzte Brennstoffvorrat des Sonnenkerns unwiederbringlich geopfert wird. Auf dieselbe Weise kann ein sich ausdehnendes Universum Ordnung im kosmischen Material herbeiführen.

Anhand eines sehr einfachen Beispiels kann gezeigt werden, wie die Ausdehnung des Universums gleichsam die ›Uhr aufziehen kann‹, ohne daß man einen Gott dafür bemühen müßte. Wir haben schon darauf hingewiesen, daß die kosmische Ursubstanz sehr heiß war, die Ausdehnung des Universums sie aber abkühlen ließ. Eine einfache Berechnung ergibt eine Tabelle mit den Temperaturen der Substanz auf jeder Stufe der Ausdehnung. In gewissem Maß hängt aber die Temperatur von der Art der Substanz selbst ab. Bei Wärmestrahlung – elektromagnetischer Energie – nimmt sie im Verhältnis zur Größe eines typischen sich ausdehnenden Raumabschnitts ab. Verdoppelt dieser seine Größe, halbiert sich die Temperatur. Aus Materie bestehende Substanz, beispielsweise Wasserstoffgas, kühlt sich weit rascher ab, etwa mit dem Quadrat der Menge. Das bedeutet: Solange Wasserstoffgas vom Einfluß der Wärmestrahlung entkoppelt ist, führt die Ausdehnung des Universums zu einer Temperaturdifferenz zwischen diesen beiden Bestandteilen der kosmischen Substanz. Wie jeder Ingenieur weiß, ist ein Temperaturgefälle eine ideale Quelle nutzbarer Energie und im wesentlichen das Geheimnis der Macht der Sonne, Leben auf der Erde zu erzeugen. Mithin kann die Ausdehnung des Universums Ordnung schaffen, wo zuvor keine war.

Mit Hilfe von Analysen wie dieser läßt sich Schritt für Schritt die Entstehung des größten Teils der geordneten Strukturen, die wir heute im Universum beobachten, bis zurück zur Ausdehnung des Universums in der Ur-Ära nachvollziehen.[5] Das oben angeführte Beispiel ist nicht einmal das wichtigste, denn die bei weitem größte Quelle organisierter Energie ist gegenwärtig das reaktionsfreudige Wasserstoffgas, das etwa fünfundsiebzig Prozent des kosmischen Materials ausmacht. Wasserstoff liefert den Brennstoff für alle normalen Sterne. Nach seiner Verbrennung in Kernverschmelzungsreaktionen wird er am Ende in schwere Elemente, wie zum Beispiel Eisen, umgewandelt. Eisen ist also nichts als die Schlacke einer solchen Kernfusion, es enthält in diesem Sinn keine nützliche Kernenergie mehr. Daher verdanken wir die Existenz der Ordnung im stellaren Raum dem Übergewicht des Wasserstoffs über das Eisen.

Dieser Umstand läßt sich durch die Ausdehnung des Kosmos erklären. In der Urphase war es zu heiß, als daß irgendwelche zusammengesetzten Atomkerne – wie beispielsweise Eisen – hätten existieren können. Lediglich Wasserstoff-Atomkerne, einzelne Protonen – die einfachste Form der Substanz – waren dazu imstande. Mit der fortlaufenden Ausdehnung und Abkühlung war der Weg für die Umwandlung von Wasserstoff in schwerere Elemente frei, und, wie im vorhergehenden Kapitel dargelegt, entwickelte sich das kosmische Material in diese Richtung. Allerdings kam es dabei nicht sehr weit. Etwa fünfundzwanzig Prozent erreichten den Zustand des nächst einfacheren Elements, des Heliums, und nur ein winziger Bruchteil gelangte darüber hinaus. Der Grund für den frühen Abbruch des Prozesses liegt am Anfang der Ausdehnung. Sie erfolgte viel zu rasch, als daß das Material genug Zeit gehabt hätte, all die komplexen Kernreaktionen durchzumachen, die notwendig sind, bis schwere, zusammengesetzte Atomkerne wie Eisen gebildet werden können. Nach nur wenigen Minuten des ›Kochens‹ war die Temperatur unter die für Kernreaktionen erforderliche Schwelle abgesunken. Das atomare Feuer erlosch, und der größte Teil des Materials blieb in Gestalt von Wasserstoff oder Helium ›gefroren‹ zurück. Erst mit der Entstehung der Sterne, zu der es weit später kam, traten erneut einzelne heiße Stellen auf, an denen die Entwicklung weitergehen konnte.

Das spontane Auftreten organisierter Energie in einem sich ausdehnenden Universum scheint also auch dann möglich, wenn sie nicht von vornherein vorhanden war. Dann aber gibt es keinen Grund, die kosmische Ordnung – die niedrige Entropie – entweder dem Wirken einer Gottheit oder einer anfänglichen Ordnung beim Eintreten der Singularität zuzuschreiben. Die Singularität kann völlig beliebige und chaotische Energie ausgespien haben, die sich dann unter dem Einfluß des sich ausdehnenden Universums spontan zur gegenwärtigen Anordnung organisierte. Man beachte, daß wir damit jetzt nicht nur den Ursprung der Materie, sondern auch den ihrer Organisation dem Ausdehnungsprozeß des Raums zugeschrieben haben.

Das kann aber noch nicht alles sein. Das Schwerkraftfeld, das letztlich dafür verantwortlich ist, daß mittels der kosmischen Ausdehnung Ordnung entsteht, erfährt als Ergebnis dessen vermutlich selbst eine gewisse Neigung zur Unordnung. Wir können also die Ordnung der materiellen Dinge erklären, indem wir der Schwerkraft die Verantwortung dafür anlasten, müssen dann aber entwickeln, wie die Ordnung im Gravitationsfeld überhaupt entstanden ist. Wo hört das Ganze auf?

Der Angelpunkt dabei ist: Gilt der zweite Hauptsatz der Thermodynamik nur für die Materie oder auch für die Schwerkraft? Hier herrscht allgemein Unklarheit. Zwar weisen neuere Ergebnisse der Forschung über die Schwarzen Löcher auf eine Gültigkeit des Satzes auch für Schwerkraftfelder hin, doch haben andere Physiker abweichende Schlußfolgerungen gezogen (siehe 13. Kapitel). Einige, wie beispielsweise Roger Penrose, kommen zum Ergebnis, daß das große kosmische Gravitationsfeld sich im Zustand sehr geringer Entropie, also sehr hoher Ordnung, befindet und daher bei seiner Bildung eines ›Ordnungsanstoßes‹ bedurfte. Andere, wie beispielsweise Stephen Hawking, erklären, die kosmische Schwerkraft sei hochgradig ungeordnet und das zu erwartende Ergebnis beliebiger und unstrukturierter Einflüsse, die sich aus der anfänglichen Singularität ergeben hätten. Da bisher niemand weiß, wie man den Ordnungszustand einer Raumkrümmung, das heißt der Schwerkraft, quantifizieren soll, bleibt die Frage unentschieden. Dennoch beleuchtet die Diskussion einen wichtigen Punkt. Zukünftiger Fortschritt auf dem Gebiet der theoretischen Physik kann möglicherweise die Begriffe, um die es geht, klären und eine endgültige Aussage über die Frage herbeiführen, ob das Universum im Zustand der Ordnung

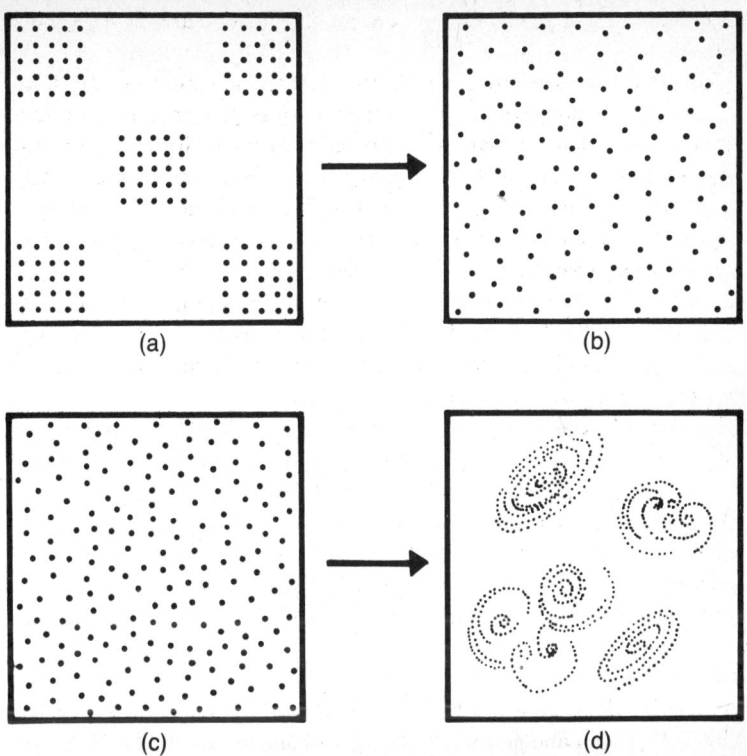

(a)　　　　　　　　　　(b)

(c)　　　　　　　　　　(d)

7　Der Zustand der Ordnung hängt entscheidend davon ab, ob die Schwerkraft vernachlässigt werden darf oder nicht. Behälter (a) enthält ein Gas, für das der Einfluß der Schwerkraft vernachlässigbar sei. An die Stelle seiner hochgradig geordneten Molekularanordnung tritt als Ergebnis der Molekularbewegung und von Zusammenstößen der Moleküle rasch eine Unordnung ohne bestimmte Merkmale – der Zustand der höchsten Entropie. Der Endzustand ist in (b) dargestellt. Bei einem ›Gas‹ unter dem nicht zu vernachlässigenden Einfluß der Schwerkraft hingegen, beispielsweise einem Sternensystem, ist genau das Gegenteil der Fall. Die ursprünglich einheitliche Anordnung in (c) löst sich in dem Maße auf, in dem die Sterne aufeinander zustürzen und sich zu Klumpen gruppieren – vergleiche die Galaxien. Das Endergebnis dieser Agglomeration zu Klumpen wäre dann eine Anzahl Schwarzer Löcher.

oder Unordnung geschaffen wurde. So kann vielleicht eines Tages die Naturwissenschaft eine Frage beantworten, die Theologen und Philosophen lange beschäftigt hat.

Wie auch immer der Streit um die Quantifizierung der Entropie der Schwerkraft ausgehen wird, ein seltsamer Aspekt hat sich bereits herausgeschält. In Systemen, wie beispielsweise den schon angesprochenen gasgefüllten ›Behältern‹, in denen eine so geringe Schwerkraft herrscht, daß man sie vernachlässigen kann, sind Zustände geringer Entropie, also geordnete Zustände, kompliziert und solche hoher Entropie, also ungeordnete, einfach. Beispielsweise besteht in einem Behälter, bei dem alle Gasmoleküle in die Ecken gedrängt sind, eindeutig eine kompliziertere Anordnung als im Gleichgewichtszustand der höchsten Entropie, bei dem das Gas gleichförmig über den ganzen Behälter verteilt ist. Dagegen ist ein Schwerkraftsystem von geringer Entropie geometrisch weit *einfacher* als eines im Zustand hoher Entropie. In Anwesenheit von Schwerkraft kommt es offenbar zu einer spontanen Entstehung von Strukturen, und so wird eine einheitlich verteilte Materie – ob Sterne oder Gas – dazu neigen, im Lauf der Zeit ›Klumpen‹ zu bilden, aus denen Haufen und dichte Ansammlungen entstehen. Kurz gesagt bedeutet für schwerkraftlose Systeme Ordnung Komplexität und Unordnung Einfachheit, während unter dem Einfluß von Schwerkraft genau das Gegenteil der Fall ist (siehe Abb. 7).

Sofern am Anfang des Universums tatsächlich ein Schwerkraftfeld hoher Ordnung und geringer Entropie vorhanden war, muß es glatt und einheitlich gewesen sein. Wir sehen also, daß es im speziellen Fall der Schwerkraft möglich ist, sowohl die Anforderung der Einfachheit als auch die der anfänglichen geringen Entropie, der Ordnung, zu erfüllen. Das bedeutet, wir dürfen davon ausgehen, das das *einfachste* Universum (ein gleichförmiges) ein ungeheures Potential zur späteren Erzeugung von Komplexität besitzt. Gewiß ein erfreuliches Ergebnis. Wenn wir glauben sollen, ein Universum trete ohne Ursache auf, welche bessere Ausgangssituation wäre da denkbar als die einer äußerst einfachen Anordnung von Materie und Schwerkraft und der gleichzeitige Besitz der Fähigkeit zur späteren Weiterentwicklung in eine komplexe und interessante Gestalt?

Trotz dieses Erfolgs müssen wir daran denken, daß die Welt aus mehr besteht als lediglich dem *Zustand* des Universums. Was ist mit den *Gesetzen*? Auch wenn sich das Universum zumindest anfänglich in einem sehr einfachen Zustand befand, kann es doch keinen Zweifel daran geben, daß die physikalischen Gesetze zahlreich und speziell sind. Sind sie nicht wesentlich? Könnten wir uns nicht eine ganze Anzahl von Alternativen vorstellen? Was ist außerdem mit den *Bestandteilen* des Universums – den Protonen, Neutronen, Mesonen, Elektronen und so weiter? Warum sind es gerade *diese* Teilchen? Warum haben sie gerade die und die Masse und die und die Ladung und keine andere? Warum gibt es nicht mehr oder weniger Arten solcher subatomaren Teilchen? Der Theologe hat eine fertige Antwort darauf: Gott hat alles so gemacht. Gott, dem Muster unendlicher Einfachheit, hat es gefallen, die Gesetze der Physik und die Bestandteile der Materie in komplexer Vielfalt zu schaffen, um ein interessantes Universum hervorzubringen.

Nun steht die Naturwissenschaft erst am Anfang der Möglichkeit, auf diese Frage eine Antwort zu finden. Die neueren Entwicklungen ergeben sich aus einem Programm theoretischer Arbeiten, das die Kräfte der Natur in einem einzigen beschreibenden Schema zusammenzufassen bestrebt ist. Diesem theoretischen Schema zufolge, das in einem späteren Kapitel ausführlicher beschrieben wird, ist die gegenwärtige Fülle physikalischer Gesetze ein ausschließliches Niedertemperaturphänomen. In dem Maße, wie die Temperatur der Materie steigt, verschmelzen die verschiedenen Kräfte, die auf sie einwirken, ihre Identität miteinander, bis sie bei der kaum noch faßlichen Temperatur von 10^{32} Grad Kelvin (das sind hunderttausend Milliarden-Milliarden-Milliarden Grad absoluter Temperatur) alle natürlichen Kräfte zu einer einzigen ›Superkraft‹ von bemerkenswert einfacher mathematischer Form verschmelzen. Darüber hinaus verlieren auch die zahlreichen disparaten subatomaren Teilchen ihre Identität, ihre unterscheidenden Merkmale schwinden in der ungeheuren Hitze dahin. Belege für dieses Einmünden in die Einfachheit stammen aus vielen Jahren der Forschung auf dem Gebiet der Hochenergiephysik. Hochenergie bedeutet in diesem Zusammenhang dasselbe wie hohe Temperatur. Physiker neigen zu der Ansicht, daß komplexe subatomare Strukturen mit ansteigender Temperatur zerfallen und sich dabei einfachere Bestandteile ergeben, außerdem vereinfacht sich das Verhalten komplizierter Kräfte.

Wenn diese Vorstellungen stimmen – und es ist noch zu früh, darin mehr zu sehen als ermutigende Ansätze –, dürfen wir von ihnen tiefgreifende Auswirkungen auf die Urknall-Theorie erwarten. So wäre bei den unbegrenzten Temperaturen der Schöpfung lediglich die ›Superkraft‹ mit einer Handvoll einfacher Teilchenarten am Werk gewesen, und die gegenwärtig vorhandenen verschiedenartigen Kräfte und Teilchen

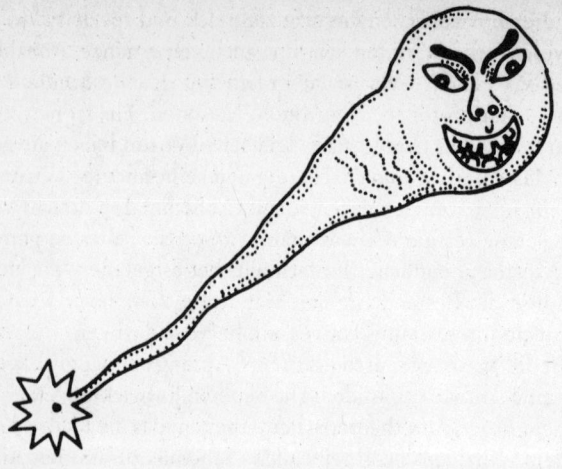

8 Eine Singularität (dargestellt als Punkt) stellt das letztlich nicht Erfahrbare in der Naturwissenschaft dar. Sie bildet einen Rand oder eine Begrenzung der Raum-Zeit, an dem die Materie und Einflüsse in völlig unvorhersagbarer Weise in das physikalische Universum eintreten oder es verlassen können. Sofern eine Singularität ›nackt‹ ist, kann offensichtlich ohne vorherige physikalische Ursache alles Beliebige aus ihr entstehen. Einige Kosmologen nehmen an, das Universum sei so ohne Ursache aus einer Art nackter Singularität entstanden. Falls die hier angeführten Vorstellungen stimmen, wäre eine Singularität die Schnittstelle zwischen dem Natürlichen und dem Übernatürlichen.

wären erst im Verlauf der Abkühlung des Universums entstanden. Somit scheinen der Zustand des Universums, die Gesetze der Physik und die Bestandteile der Materie alle in ungewöhnlich einfacher Form ihren Anfang genommen zu haben.

Dennoch, wird der skeptische Theologe antworten, auch eine einzelne ›Superkraft‹ und eine Handvoll einfacher Teilchen verlangen nach einer Erklärung. Warum gerade diese ›Superkraft‹? Warum eigentlich überhaupt *Gesetze*?

Auf diesen Punkt werden wir im Schlußkapitel zurückkommen. Einige Physiker haben, begeistert von der Einfachheit der Grundgesetze der Natur, erklärt, vielleicht besitze das allem zugrundeliegende letzte Gesetz – in diesem Fall die ›Superkraft‹ – eine mathematische Struktur, die zugleich als das einzige logisch tragfähige physikalische Prinzip definiert sei. Das heißt, Physik wäre auf dieselbe Weise ›notwendig‹, wie die Theologen Gott als notwendig bezeichnen. Müssen wir nunmehr, wie das einige Philosophen getan zu haben scheinen, Gott und die Physik *gleichsetzen?*

Einige Physiker, vor allem Stephen Hawking, haben behauptet, man müsse in der Tat von einem bemerkenswert einfachen Urzustand des Universums ausgehen[6], eben wegen der im 2. Kapitel kurz angesprochenen ursprünglichen Singularität. Kennzeichnend für eine Singularität ist es, daß sie eher ein Rand oder eine Schwelle der Raum-Zeit und mithin, so wird angenommen, des physikalischen Universums ist. Ein Beispiel für eine Singularität ist der unendlich dichte, kompakte Zustand, der am Anfang des Urknalls stand. Singularitäten werden ebenfalls in Schwarzen Löchern und möglicherweise auch noch anderswo vermutet.

Da bis jetzt alle unsere physikalischen Theorien im Kontext von Raum und Zeit formuliert worden sind, läßt die Tatsache, daß es eine Grenze der Raum-Zeit gibt, vermuten, daß natürliche physikalische Prozesse über eine solche Grenze hinaus nicht fortgeführt werden können. So gesehen bildet eine Singularität letztlich eine äußere Begrenzung des natürlichen Universums. An einer Singularität kann Materie in die physikalische Welt eintreten oder sie verlassen, und möglicherweise gehen Einflüsse von ihr aus, die, auch nur dem Grundsatz nach, die Physik nicht zu entwickeln imstande ist. Eine solche Singularität ist die größte Annäherung an eine übernatürliche Wirkkraft, auf die die Naturwissenschaft bislang gestoßen ist.

Lange wurden Singularitäten für ein Artefakt gehalten, das auf eine Überidealisierung im verwendeten Schwerkraftmodell zurückgeht, bis Penrose und Hawking[7] in einer Reihe glänzender und umfassender mathematischer Theoreme nachwiesen, daß Singularitäten keineswegs selten auftreten und bei Vorliegen geeigneter physikalischer Bedingungen geradezu unvermeidlich sind, sobald die Schwerkraftwirkung stark genug ist. Beim Urknall war sie das bestimmt.

Seit man Singularitäten ernst nehmen mußte, hat man viel über die Art ihres Wirkens nachgedacht. Dabei bleiben folgende Lösungen übrig: Das Ergebnis einer Singularität ist entweder völlig chaotisch und unstrukturiert oder zusammenhängend und organisiert. Im erstgenannten Fall ›speit‹ die Singularität beim Urknall ein beliebiges Universum aus, das nach keinen besonderen Kriterien geordnet ist, und im zweiten tritt das Universum mit einer vorgegebenen Ordnung sozusagen gebrauchsfertig in Erscheinung.

Hawking hat ein ›Ignoranzprinzip‹ vorgeschlagen, das besagt, die Singularität sei das letzte nicht Wißbare und müsse daher jeglicher Information bar sein (auf dem Gebiet der Physik bedeutet Information etwa dasselbe wie Ordnung – der Gegenpol von Entropie).[8] Mithin sei alles, was sich aus einer Singularität ergibt, gänzlich willkürlich und chaotisch. Das paßt gut zu der Annahme, das Ur-Universum habe sich in einem Zustand höchster Unordnung (thermodynamisches Gleichgewicht) befunden.

Zahlreiche dieser Vorstellungen bewegen sich im Grenzbereich der modernen theoretischen Physik und werden sicherlich erst durch zukünftige Entwicklungen klarer werden. Es besteht unter Physikern keine vollständige Einigkeit über den Status von Raum-Zeit-Singularitäten oder auch nur über den genauen Zustand des Ur-Universums. Dennoch haben neuere Fortschritte auf dem Gebiet der naturwissenschaftlichen Kosmologie den Vorstellungen und der Diskussion über Gott und die Existenz des Universums zweifellos einen neuen Anstoß und eine neue Richtung gegeben.

5. Was ist Leben?
Holismus und Reduktionismus

»Und Gott schuf den Menschen ihm zu Bilde, . . . «
1. Mose 1,27

»Wir sind Überlebensmaschinen – Roboter, blind programmiert zur Erhaltung der selbstsüchtigen Moleküle, die Gene genannt werden.«
Richard Dawkins in *Das egoistische Gen*

Für den Theologen ist Leben das höchste aller Wunder und der Mensch die Krönung von Gottes den Kosmos umspannenden Plan. Für den Naturwissenschaftler ist Leben das erstaunlichste aller natürlichen Phänomene. Vor hundert Jahren wurde die Frage nach dem Ursprung und der Entwicklung lebender Systeme zum Auslöser für den heftigsten Zusammenstoß zwischen Naturwissenschaft und Religion, den die Geschichte kennt. Darwins Evolutionstheorie erschütterte die christliche Lehre in ihren Grundfesten, veränderte das Weltbild mehr als alles, was seit Kopernikus gesagt worden war, und machte gewöhnliche Menschen mit der Reichweite naturwissenschaftlicher Analyse vertraut. Die Naturwissenschaft konnte, so schien es, die gesamte Sichtweise des Menschen von sich selbst wie auch seine Beziehung zum Universum ändern.

Da es in diesem Buch hauptsächlich um Physik geht, werden wir uns nicht im einzelnen mit der darwinschen Revolution, ihren Rückwirkungen auf die Kirche oder der eigentümlichen Wiederauferstehung einer anti-darwinistischen Haltung beschäftigen, wie sie sich in der in jüngster Zeit aufgetretenen Bewegung der ›Kreationisten‹ zeigt. All das ist andernorts gründlich behandelt worden. Statt dessen soll dieses Kapitel untersuchen, wie der Physiker lebende Organismen sieht, und sich mit den Fragen beschäftigen: Was ist Leben? Liefert es uns Belege für einen göttlichen Geist?

Die Bibel nennt das Leben ausdrücklich ein unmittelbares Ergebnis von Gottes Wirken; es entstand nicht auf natürliche Weise als Ergebnis gewöhnlicher physikalischer Prozesse, die nach der Erschaffung von Himmel und Erde abliefen. Statt dessen beschloß Gott kraft seiner göttlichen Macht, zuerst Pflanzen und Tiere und anschließend Adam und Eva zu erschaffen. Selbstverständlich räumt inzwischen die überwiegende Mehrheit von Christen und Juden ein, daß die Schöpfungsgeschichte allegorisch zu deuten sei, und verteidigt die biblische Darstellung des Ursprungs des Lebens nicht mehr als historische Tatsache. Dennoch bleibt die Göttlichkeit des Lebens – insbesondere dessen der Menschen – ein Hauptbestandteil der zeitgenössischen religiösen Lehre.

Ist Leben göttlich? Hat Gott buchstäblich Moleküle unbelebter Materie entgegen den Gesetzen der Physik und Chemie so gehandhabt, daß aus ihnen auf wunderbare Weise das erste lebende Ding entstand? Hat er weiterhin vor Tausenden – oder Millionen – von Jahren die genetische Struktur eines affenähnlichen Geschöpfes so beeinflußt, daß daraus der Mensch wurde? Oder ist das Leben das Ergebnis ausschließlich natürlicher, wenn auch komplexer physikalischer und chemischer Abläufe und der Mensch das Endprodukt einer langen und verwickelten evolutionären Entwicklung? Läßt sich Leben künstlich im Labor schaffen, oder muß es einen zusätzlichen Bestandteil – einen göttlichen Funken – enthalten, bevor es lebensfähig ist?

Was ist Leben? Für den Physiker sind die beiden Unterscheidungsmerkmale lebender Systeme ihre *Komplexität* und *Organisation*. Selbst ein schlichter Einzeller ist bei aller Einfachheit so komplex und den Gegebenheiten so genau angepaßt wie kein Erzeugnis menschlichen Erfindungsgeistes. Betrachen wir beispielsweise eine niedrige Bakterie näher, sehen wir ein genau aufeinander abgestimmtes Zusammenwirken von Form und Funktion. Die Bakterie kann in mancherlei Weise in Wechselwirkung zu ihrer Umgebung treten, sich fortbewegen, Feinde angreifen, auf von außen kommende Reize reagieren und in gesteuerter Weise mit Material umgehen. Ihr inneres Wirken ähnelt der Organisation nach dem einer riesigen Stadt. Ein großer Teil der Steuerung liegt beim Zellkern, der auch den genetischen ›Code‹ enthält, die chemische Konstruktionszeichnung, die es der Bakterie ermöglicht, sich fortzupflanzen. Bei den chemischen Strukturen, die all dies Tun beeinflussen und lenken, kann es um Moleküle gehen, in denen bis zu einer Million Atome auf komplizierte und genau festgelegte Weise miteinander verbunden sind. Die chemischen Grundlagen des Lebens sind die Nukleinsäure-Moleküle RNS und DNS mit ihrer berühmten Gestalt der Doppelwendel.

Es ist wichtig, sich darüber im klaren zu sein, daß ein biologischer Organismus aus ganz gewöhnlichen Atomen besteht. Ein Teil seiner Stoffwechselfunktion besteht sogar darin, neue Substanzen aus der Umgebung aufzunehmen und zerfallene oder unerwünschte Substanzen auszuscheiden. Ein Kohlenstoff-, Wasserstoff-, Sauerstoff- oder Phosphoratom in einer lebenden Zelle unterscheidet sich in nichts von einem entsprechenden Atom außerhalb von ihr, und alle biologischen Organismen tauschen solche Atome regelmäßig mit ihrer Umgebung aus. Mithin kann man das Leben nicht auf ein besonderes Merkmal der einzelnen Bestandteile eines Organismus zurückführen. Leben ist auch kein ›Gesamt‹-Phänomen wie beispielsweise Gewicht. Obwohl wir keinen Anlaß zum Zweifel daran haben, daß eine Katze oder eine Geranie lebt, würden wir in einem einzelnen Katzen- oder Geranienatom vergeblich nach irgendeinem Anzeichen von Leben suchen.

Das erscheint bisweilen paradox. Wie kann eine Ansammlung unbelebter Atome belebt sein? Es wurde auch schon behauptet, da man unmöglich Leben aus Nicht-Leben bekommen könnte, müßten alle lebenden Dinge einen zusätzlichen nicht-materiellen Bestandteil – eine Lebenskraft – oder eine geistige Wesenheit enthalten, die letztlich auf Gott zurückgeht. Diese Argumente entstammen der alten Lehre des Vitalismus.

Ein häufig zur Unterstützung des Vitalismus angeführtes Argument betrifft das Verhalten. Ein kennzeichnendes Merkmal lebender Dinge ist, daß sie sich in zweckgerichteter Weise zu verhalten scheinen, als wollten sie ein bestimmtes Ziel erreichen. Diese ›teleologische‹ Ausrichtung findet sich am ausgeprägtesten bei den höheren Formen des Lebens, doch selbst eine Bakterie kann den Eindruck erwecken, als gehe sie bestimmten einfachen Zielen wie dem Nahrungserwerb nach.

Um 1770 entdeckte Luigi Galvani, daß der Muskel eines Froschschenkels zuckte, wenn man ihn mit zwei Metallstäben berührte, und er schloß daraus, diese ›animalische Elektrizität‹ sei nichts anderes als das Wirken des verborgenen Lebensgeistes. Der Glaube, die Elektrizität habe etwas mit der Lebenskraft zu tun, lebt weiter in der Erzählung vom künstlich geschaffenen Monstrum, das Frankenstein durch die krachende Entladung einer elektrischen Apparatur zum Leben erweckt.

In neueren Jahren wollen einige Vertreter der sogenannten paranormalen Richtung die geheimnisvolle ›Lebenskraft‹ in einer recht unwahrscheinlich anmutenden Kombination aus psychischer Kraft und neuzeitlicher Technik entdeckt haben. Als Beleg dafür wurden unscharfe Fotos vorgelegt, auf denen man nebelhafte oder fadenförmige Strahlen und Kleckse aus verschiedenen lebenden Dingen – einschließlich menschlicher Finger – hervorquellen sieht.

Unglücklicherweise fällt es schwer, wirkliche wissenschaftliche Belege für solche Behauptungen zu finden. Offenkundig äußert sich diese – angenommene – ›Lebenskraft‹ nur auf eine Weise, nämlich im Leben selbst. Lebende Dinge besitzen sie, unbelebte nicht. Das aber macht die Lebenskraft zu einer bloßen Begrifflichkeit und liefert keine Erklärung für das Leben. Was bedeutet es denn, wenn man sagt, ein Mensch, ein Fisch oder ein Baum besitze eine Lebenskraft? Doch nichts anderes, als daß er lebt. Was die Manifestation dieser Lebenskraft in obskuren und geheimnisvollen ›Experimenten‹ angeht, so ist derlei bekanntlich nie wiederholbar und so anfällig für Vorwürfe, es handle sich um Betrug, daß nur sehr wenige Naturwissenschaftler derartige Dinge ernst nehmen.

Wer nach einer Lebenskraft sucht, übersieht nur allzuleicht, daß ein aus zahlreichen Bestandteilen zusammengesetztes System über Eigenschaften verfügen kann, die zwar dem System als Ganzem anhaften, nicht aber den jeweiligen Bestandteilen, für die sie möglicherweise ohne Bedeutung sind. Nehmen wir beispielsweise ein gerastertes Zeitungsbild, das in Tausenden von Rasterpunkten ein Gesicht darstellt. So sehr man sich auch bemüht, die einzelnen Punkte zu untersuchen, es wird kein Gesicht dabei herauskommen. Erst wenn man aus einer gewissen Entfernung die Gesamtheit der Punkte zu erfassen versucht, wird das Bild sichtbar. Das Gesicht ist kein Merkmal der *jeweiligen* Punkte, sondern ihrer *Gesamtheit* – es findet sich im Muster und nicht in dessen Bestandteilen. Ähnlich werden wir das Geheimnis des Lebens nicht auf der Stufe der Atome finden, sondern im Muster ihrer Anordnung – in der Art, wie sie zusammengesetzt sind, der in den Molekularstrukturen kodierten Information. Hat man sich erst einmal die Existenz solcher ›Kollektivphänomene‹ bewußt gemacht, bedarf es des Begriffs ›Lebenskraft‹ nicht mehr. Damit Leben entsteht, brauchen Atome nicht belebt zu werden, man muß sie lediglich in der richtigen komplexen Weise anordnen.

Man bezeichnet die hier gemachte Unterscheidung gelegentlich als den Widerstreit zwischen ›Holismus‹, dem ganzheitlichen Ansatz, und ›Reduktionismus‹, dem Ansatz, der sich auf einzelne Bestandteile konzentriert. Das naturwissenschaftliche Denken in der westlichen Welt war

in den letzten drei Jahrhunderten weitgehend reduktionistisch orientiert.
Schon der Gebrauch des Worts ›Analyse‹ im weitesten Sinne zeigt sehr deutlich, wie der Naturwissenschaftler nahezu gewohnheitsmäßig, und ohne darüber nachzudenken, ein Problem, das er zu lösen gedenkt, in seine Bestandteile zerlegt. Doch sind bestimmte Aufgaben, wie beispielsweise ein Puzzle, ausschließlich durch Zusammensetzen zu lösen; sie sind ihrem Wesen nach synthetisch oder ›holistisch‹. Das Bild des fertig zusammengesetzten Puzzles läßt sich wie das gerasterte Gesicht in der Zeitung nur auf einer höheren Strukturebene als der der einzelnen Bestandteile wahrnehmen – das Ganze ist umfassender als die Summe seiner Teile.

Der eigentliche Beginn des naturwissenschaftlichen Reduktionismus läßt sich mit der Physik des 19. Jahrhunderts und der Entwicklung der Lehre vom atomaren Aufbau der Materie ansetzen. Diesen Weg haben in neuerer Zeit Biologen beschritten, die mit der Entschlüsselung der Molekulargrundlage des Lebens bedeutsame Erfolge erzielt haben. Diese bahnbrechend zu nennenden Leistungen haben dazu geführt, daß das Reduktionsmodell vermehrt auch auf zahlreichen anderen Gebieten menschlichen Forschens eingesetzt wird.

Allerdings hat das förmliche Ausufern des Reduktionismus zu Übeln geführt, die scharfe Kritik auf sich gezogen haben. So merkt der Autor Arthur Koestler an: »Das reduktionistische Denken hat seinen Schatten über die Grenzen der Naturwissenschaft hinausgeworfen, indem es im Wechselspiel der blinden Kräfte keinen Platz für Werte, Sinn und Zweck läßt, und das hat unser gesamtes kulturelles und sogar unser politisches Klima beeinträchtigt.«[1] Zahlreiche Kritiker beklagen, daß der Vesuch, in lebenden Organismen nichts weiter zu sehen als sinnlose Anhäufungen von Atomen, die als Ergebnis beliebiger Zufälle ohne tieferen Sinn entstanden sind, unsere eigene Existenz ernsthaft abwertet.

Der britische Neurobiologe Donald MacKay, als Verteidiger der christlichen Lehre wohlbekannt, stellt diese, von ihm als ›Nichtsalsigkeit‹ bezeichnete Haltung zahlreicher zeitgenössischer Biologen in Frage. In *The Clockwork Image*[2] führt er als Beleg für sein Argument die Funktionsweise einer der uns vertrauten Lichtreklamen an, deren Hunderte von Glühlampen sich in einer bestimmten Reihenfolge ein- und ausschalten, um die Werbebotschaft zu verbreiten. Ein Elektroingenieur könnte mit Hilfe der Diagramme elektrischer Stromkreise eine genaue und vollständige Beschreibung dieses Systems liefern und exakt erklären, warum eine Glühlampe jeweils aufleuchtet und wie das im einzelnen funktioniert. Dennoch wäre die Aussage absurd, die Lichtreklame sei *nichts als* elektrische Impulse in einem komplexen System von Stromkreisen. Zwar ist die Beschreibung der Anlage vom Standpunkt des Elektroingenieurs weder falsch noch unvollständig auf der Ebene, auf der sie sich bewegt, aber sie berücksichtigt die Werbebotschaft nicht, die vermittelt werden soll. Der Begriff der Botschaft liegt außerhalb der Bezugspunkte der Aufgabe des Ingenieurs und wird erst deutlich, wenn man die Leuchtreklame *als Ganzes* betrachtet. Wir können sagen, daß sich die Botschaft auf einer höheren Strukturebene als Stromkreise und Glühlampen befindet: sie ist ein ganzheitliches Merkmal.

Auf der Ebene der lebenden Systeme würde niemand leugnen, daß ein Organismus eine Ansammlung von Atomen ist. Der Fehler besteht darin anzunehmen, er sei *nichts als* das. Eine solche Aussage wäre ebenso albern wie die Behauptung, eine Beethoven-Symphonie sei nichts als eine Ansammlung von Noten oder ein Dickens-Roman nichts als eine Ansammlung von Wörtern. Das Merkmal des Lebens, das Thema einer Melodie oder das Sujet eines Romans sind etwas, das man als ›neuauftretendes‹ Merkmal bezeichnet hat. Sie zeigen sich lediglich auf der Stufe der Gesamtstruktur und sind auf der Stufe des Bestandteiles völlig bedeutungslos. Die Beschreibung nach Bestandteilen widerspricht der ganzheitlichen nicht; beide Standpunke sind einander komplementär, jeder von ihnen gilt auf seiner Stufe. (Wir werden später bei der Betrachtung der Quantentheorie noch einmal auf die Vorstellung zweier unterschiedlicher, komplementärer Beschreibungen eines Systems stoßen.)

Computerbenutzern ist die Bedeutung der Unterscheidung von Ebenen durchaus vertraut. Ein moderner Computer besteht aus einem eng verflochtenen Netz elektrischer Stromkreise und elektronischer Schalteinrichtungen, durch die eine komplexe Abfolge elektrischer Impulse fließt. Diese Beschreibung bezieht sich auf die ›Hardware‹, die Ebene der Maschine. Andererseits können eben diese elektrischen Vorgänge die Lösung einer Reihe mathematischer Gleichungen bedeuten oder die Analyse einer Raketenflugbahn. Eine solche Beschreibung, die sich auf einer höheren Stufe als der der Hardware bewegt, arbeitet unter anderem mit Begriffen wie Programm, Operation, Symbol, Eingabe, Ausgabe, Antwort, die auf der Stufe der Hardware bedeutungslos sind. Eine Schalteinrichtung im Computer wird nicht tätig, um beispielsweise eine Quadratwurzel auszurechnen, sondern weil die richtige Spannung anliegt und die Gesetze der Physik sie dazu veranlassen. Diese höhere

Stufe der Beschreibung des Computerbetriebs bezieht sich auf die Programmausrüstung, die ›Software‹. Beide Beschreibungsstufen zeigen, was im Computer vor sich geht, beide sind für sich genommen stimmig, aber jeweils auf einer völlig anderen Wahrnehmungsebene.

Die Spannung zwischen Reduktionismus und Holismus hat am überzeugendsten Douglas Hofstadter in seinem gewaltigen Werk *Gödel, Escher, Bach*[3] beschrieben. Seine beeindruckende ›Ameisenfuge‹ zeigt, indem sie die Geschicke eines Ameisenhaufens untersucht, hellsichtig die Verwirrungen, die sich ergeben, wenn man die beschriebenen Stufen miteinander verwechselt. Ameisen verfügen über eine ausgeklügelte und hochorganisierte Gesellschaftsstruktur, die auf Arbeitsteilung und gemeinsamer Verantwortlichkeit gründet. Obwohl jede einzelne Ameise über ein sehr begrenztes Verhaltensrepertoire verfügt, das möglicherweise kleiner ist als das – einiger – moderner mikroprozessorgesteuerter Maschinen, zeigt doch der Ameisenhaufen als solcher eine bemerkenswerte Stufe der Zielgerichtetheit und Intelligenz. Zur Errichtung des Haufens gehören ungeheure und verwickelte Bauprojekte. Ganz offensichtlich verfügt keine einzige Ameise über ein mentales Bild des Konstruktionsplans. Sie ist lediglich ein Automat, der zur Ausführung einiger einfacher Verrichtungen programmiert ist – was einer Beschreibung auf der Stufe der Hardware entspricht. Man betrachte jetzt die Kolonie als ganze, und ein komplexes Muster ergibt sich. Auf dieser ganzheitlichen Stufe – und das entspricht der Software beim Computer – zeigen sich neu auftretende Merkmale wie zielgerichtetes Verhalten und Ordnungsstreben. In der Gesamtheit ergibt sich ein Muster. Hofstadter sagt nun, daß diese beiden Stufen der Beschreibung einander nicht widersprechen, und er weist die Frage, ob die Welt ganzheitlich oder nach dem Reduktionsmodell verstanden werden soll, als unzulässig zurück, weil es jeweils darauf ankomme, was man wissen möchte. Er verweist darauf, daß diese Sichtweise im östlichen Denken schon seit langem einen festen Platz hat und sich in der geheimnisvollen asiatischen Philosophie des Zen-Buddhismus ausdrückt.

Obwohl wir gewöhnlich einzelne Ameisen als primäre Organismen ansehen, gibt es auch eine Ebene, auf der der Ameisenhaufen insgesamt ein Organismus ist. Schließlich ist auch unser Körper eine Art Ameisenhaufen, denn er besteht aus Milliarden einzelner Zellen, die in kollektiver Organisation in Wechselwirkung miteinander stehen. Ihre Verbindung ist zwar enger als die von Ameisen in einem Ameisenhaufen, aber es gelten die gleichen Grundsätze der Arbeitsteilung und der gemeinsamen

Umgebung zu überleben. Stellt man eine richtige Entropiebilanz auf, erkennt man, daß für zunehmende Ordnung in einem Organismus mit Entropie in der weiteren Umgebung ›bezahlt‹ wird. In allen Fällen findet sich eine Netto-Zunahme an Entropie. Es gibt sogar zahlreiche Beispiele für anwachsende Ordnung in unbelebten Systemen. Das Wachstum eines Kristalls aus einer gestaltlosen Flüssigkeit stellt eine örtlich beschränkte Zunahme an Ordnung dar, eine sorgfältige Untersuchung aber zeigt, daß sie mit einer Wärmeerzeugung einhergeht, die die Entropie des umgebenden Materials steigert.

Man glaubt weiterhin, lebende Dinge brauchten Energie, das stimmt aber nicht ganz. Die Physik sagt uns, daß Energie bewahrt oder ›erhalten‹ wird – sie kann weder erzeugt noch zerstört werden. Nahrungsaufnahme setzt über den Stoffwechsel Energie im Körper des Menschen frei, die dann in Form von Wärme oder durch Arbeit an die Umgebung weitergegeben wird. Der gesamte Energiegehalt eines menschlichen Körpers bleibt mehr oder weniger unverändert, es kommt lediglich zu einem Energie*fluß* durch ihn. Dieser Fluß wird durch die Ordnung – oder negative Entropie – der aufgenommenen Energie gesteuert. Mithin ist negative Entropie ein wesentliches Erfordernis für die Aufrechterhaltung von Leben. Der große Quantenphysiker Erwin Schrödinger drückt das in seinem Buch *What is Life?* wie folgt aus: »Ein Organismus verfügt über die erstaunliche Gabe, einen ›Ordnungsstrom‹ auf sich selbst zu konzentrieren und damit dem Verfall in das atomare Chaos zu entgehen – er kann aus einer passenden Umgebung ›Ordnung trinken‹.«[7]

Die Überzeugung, das Leben stehe nicht in Widerspruch zu den Grundgesetzen der Physik, ist selbstverständlich nicht gleichbedeutend mit der Aussage, die Gesetze der Physik erklärten das Leben: Sie bedeutet lediglich, daß sie nicht im Widerstreit mit dem Leben liegen. Nur wenige Physiker würden behaupten, daß es bei vollständiger Kenntnis der Gesetze atomarer und molekularer Prozesse je möglich wäre, allein aus diesen Gesetzen die Erkenntnis herzuleiten, daß Leben möglich ist. Doch braucht deswegen niemand in die Falle zu tappen und eine ›Lebenskraft‹ zu postulieren.

»Ein nur mit Wärmekraftmaschinen vertrauter Ingenieur wird, nachdem er den Aufbau eines Dynamos untersucht hat, bereit sein zuzugestehen, daß dieser nach Prinzipien funktioniert, die er nicht versteht... Der unterschiedliche Aufbau genügt, daß er für eine ganz und gar andere Funktionsweise verwendet wird. Doch wird der Ingenieur nicht vermuten, der Dynamo werde von einem

der Lebenskraft überflüssig macht, erhebt sich sofort die Frage, ob die Naturwissenschaft, insbesondere die Physik, jemals hoffen darf, eine Beschreibung ganzheitlicher Erscheinungen, einschließlich des Lebens, liefern zu können. Den Versuch zur Entwicklung einer umfassenden ganzheitlichen Physik macht David Bohm in *Wholeness and the Implicate Order*. Indem er sich mit biologischen Systemen beschäftigt, merkt er an: »Das Leben selbst muß als etwas angesehen werden, das in gewisser Weise einer Gesamtheit angehört.«[6] Er fährt fort mit der Erklärung, das Leben sei in gewisser Weise in das ganze System ›hineingefaltet‹, und dazu gehörten auch dessen eindeutig unbelebte Bestandteile wie die Atemluft, deren Moleküle möglicherweise eines Tages unserem Körper einverleibt werden.

Nun hat sich die Physik vor einem Jahrhundert mit dem Aufkommen der Thermodynamik in eine Richtung entwickelt, die eine Auseinandersetzung mit ganzheitlichen Erscheinungen ermöglicht. Bestimmend dafür war insbesondere die Arbeit von James Clerk Maxwell und Ludwig Boltzmann, die den Versuch unternahmen, aus den statistischen Eigenschaften ungeheurer Molekülmengen thermodynamische Eigenschaften herzuleiten. Die Thermodynamik ist von zentraler Bedeutung für das Leben und läßt biologische Prozesse häufig paradox erscheinen.

Das Paradox bezieht sich auf das eigentliche Wesen lebender Dinge, nämlich die *Ordnung*. Wohl verlangt, wie wir gesehen haben, der zweite Hauptsatz der Thermodynamik, der Veränderungen des Ordnungszustands erklärt, eine stets zunehmende Unordnung, doch ist die Entwicklung des Lebens ein klassisches Beispiel für zunehmende Ordnung. Dadurch, daß sich lebende Systeme im Verlauf der Erdgeschichte in immer komplexeren und ausgeklügelteren Formen entwickelt haben, wurde eine höhere Ordnungsstufe erreicht. Wie läßt sich das mit dem zweiten Hauptsatz vereinbaren? Ist dieser Widerspruch ein Hinweis auf das Wirken eines göttlichen Prinzips, das – wunderbarerweise – die Entwicklung biologischer Organismen einer Ordnung unterwirft?

Bei näherer Betrachtung zeigt sich, daß es zwischen der Biologie und dem zweiten Hauptsatz gar keinen Widerspruch zu geben braucht, denn dieser bezieht sich stets auf das *gesamte* System. Es ist durchaus möglich, daß zu Lasten der an anderer Stelle entstehenden Entropie an einer Stelle Ordnung auftritt. Es ist nun aber ein wesentliches Merkmal lebender Systeme, daß sie ihrer Umgebung gegenüber ›offen‹ sind: sie sind in einer Weise vollständig abgeschlossen oder auf sich selbst gestellt. Sie vermögen nur durch den Austausch von Energie und Material mit ihrer

93

Verantwortlichkeit. Der entscheidende Punkt jedoch ist, daß ebenso wie in einem Ameisenhaufen auch in einer Zell-›Kolonie‹ neuauftretende ganzheitliche Merkmale existieren. Wer sagt, ein Ameisenhaufen sei nichts als eine Ansammlung von Ameisen, übersieht die Wirklichkeit ihres ›Haufen‹-Verhaltens. Das ist ebenso sinnlos, als würde man sagen, Computerprogramme besäßen keine wirkliche Existenz, sondern sie seien nichts als elektrische Impulse. Ebenso ist es wirrköpfiger Unsinn zu sagen, der Mensch sei nichts als eine Ansammlung von Zellen, diese wiederum nichts als DNS-Abschnitte und dergleichen, die ihrerseits nichts seien als Atomketten, und daraus zu schließen, der Begriff des Lebens sei bedeutungslos. Das Leben ist ein ganzheitliches Phänomen.

Wer das ganzheitliche Wesen des Lebens akzeptiert, kann getrost die alte Vorstellung der ›Lebenskraft‹ zu den Akten legen, denn auch sie gründet auf einer Vermischung der Stufen. Der Gedanke, unbelebte Materie müsse mit einer geheimnisvollen Eigenschaft ausgestattet sein, um sie ›zu beleben‹, geht ebenso fehl wie die Annahme, man müsse elektrischen Schalteinrichtungen ›Rechenschaft‹ oder Ameisen einen ›Haufen-Geist‹ zusprechen, bevor diese Systeme in ihrer Gesamtheit zu funktionieren vermögen. Wäre es möglich, auf künstlichem Weg eine vollständige Bakterie so herzustellen, daß man die einzelnen Atome in der richtigen Weise zuammensetzt, wäre sie zweifellos ebenso lebendig wie irgendeine ›natürliche‹ Bakterie.

Die Physik hat schon längst die rein reduktionistische Sichtweise der physischen Welt aufgegeben. Das gilt vor allem für die Quantentheorie, bei der eine ganzheitliche Betrachtung des Meßvorgangs für eine sinnvolle Deutung der Theorie grundlegend ist (siehe Kapitel 8). Doch erst in den letzten Jahren hat die ganzheitliche Philosophie größeren allgemeinen Einfluß auf die Physik bekommen. Dieser veränderte Trend hat sich hier und da auch in der Medizin fortgesetzt, wo das Gewicht auf der Behandlung des ›ganzen Patienten‹ liegt, wie auch bei einigen Psychologen und Soziologen. Die ganzheitliche Naturwissenschaft entwickelt sich förmlich zu einer Art Kult, teilweise vielleicht, weil sie zur fernöstlichen Philosophie und zum Mystizismus paßt. Diese veränderte Einstellung wird gut erfaßt in Fritjof Capras *Das Tao der Physik*[4] sowie in Gary Zukavs *Die tanzenden Wu Li Meister*[5]. Diese Autoren zeigen Parallelen zwischen der modernen Physik und traditionellen ganzheitlichen Begriffen des östlichen Denkens wie dem ›Eins-Sein‹ des Geistes und der allgemeinen Vorherbestimmung des Schicksals auf.

Sobald man akzeptiert, daß eine ganzheitliche Sichtweise den Begriff

Geist angetrieben, nur weil er durch Umlegen eines Schalters ohne die Einwirkung von Kessel und Dampfdruck in Rotation versetzt wird.«[8]

In ähnlicher Weise können lebende Organismen durch Anwendung physikalischer Gesetze und Verfahren tätig sein, die bisher noch nicht verstanden werden, obwohl die Wirkungsweise der einzelnen Bestandteile – Atome und Moleküle – durchaus bekannt ist. Es sei wiederholt: Das Verhalten des Ganzen ist möglicherweise vom Verhalten der einzelnen Bestandteile her nicht verstehbar. Wenn wir nun annehmen, daß belebte und unbelebte Materie denselben physikalischen Gesetzen gehorcht, liegt das Geheimnis in der Frage, wie es möglich ist, daß ein und dieselbe Gesetze zu einem so grundlegend abweichenden Verhalten führen. Man könnte glauben, Materie vermöchte sich auf zwei Pfaden zu bewegen, wobei sich die eine – die belebte – auf zunehmend geordnete Zustände hin entwickelt und die andere – die unbelebte – unter dem zweiten Hauptsatz der Thermodynamik immer ungeordneter wird. In beiden Fällen jedoch sind die Grundbausteine – die Atome – identisch.

In den letzten Jahren wurden einige Fortschritte bei der Aufschlüsselung der Prinzipien erzielt, die das Erscheinen einer Gesamtordnung steuern. Das ›Wunder‹ des Lebens erscheint weniger geheimnisvoll, wenn man unbelebte Systeme untersucht, die gleichfalls zu spontaner Selbstorganisation fähig sind. Dafür sind zahlreiche Beispiele bekannt. Ein einfacher Fall: Erwärmt man eine waagerechte Flüssigkeitsschicht von unten, wird eine kritische Temperatur erreicht, von der ab sich die Flüssigkeit in ein regelmäßiges Zellmuster organisiert, bei dem sich eine große Anzahl von Molekülen zusammenhängend in einem erkennbaren Strömungsmuster bewegt.

Die Lehre von den Flüssigkeiten kennt zahlreiche Beispiele dafür, daß eine Ordnung eintritt, sobald das System aus dem thermodynamischen Gleichgewicht gebracht wird. Dabei kommt es zur Bildung von Wirbeln im Flüssigkeitsstrom, was auf der Erde zu umlaufenden Strömungen in der Atmospäre führt, die Wirbelstürme und andere Störungen auslösen. Auf dem Jupiter rufen ähnliche Vorgänge die kennzeichnenden, verwickelten und wunderschönen Oberflächenmuster hervor.

Verblüffende Belege für das spontane Auftreten von Ordnung finden wir in bestimmten chemischen Reaktionen. In der sogenannten Belusow-Schabotinski-Reaktion kann eine chemische Mischung in einem Reagenzglas in waagerecht angeordnete Bänder verlaufen, während in einer flachen Schale wunderbare Spiralformen auftreten. Das organisierte Verhalten von Chemikalien wird häufig bei organischen – aber unbelebten – Substanzen unter bestimmten Bedingungen beobachtet, und oft kommt es dabei zu äußerst komplexen Reaktionsketten, in denen die Phänomene ›Rückkopplung‹ und ›Katalyse‹ auftreten.

9 Die Strömung einer Flüssigkeit über einen dünnen Draht ruft die hier gezeigten komplizierten Wirbelmuster hervor, die an Oberflächenerscheinungen auf dem Planeten Jupiter erinnern. (Wiedergabe mit freundlicher Genehmigung von Dr. David Tritton.)

Sich selbst organisierende Systeme systematisch untersucht hat der Chemiker und Nobelpreisträger Ilja Prigogine mit seiner Forschungsgruppe an der Universität Brüssel.[9] Erwähnung verdient hier des weiteren die bahnbrechende Arbeit von Manfred Eigen.[10] Prigogine bemüht sich nicht nur darum, die Mechanismen der Selbstorganisierung zu erkennen, er will sie auch streng mathematisch beschreiben. In zahlreichen Fällen sind die Gleichungen für einfache Verhaltensmuster in fortgeschrittenen biologischen Systemen dieselben wie die für anorganische chemische Reaktionen. Prigogine glaubt, daß sich die Prinzipien, die das Geheimnis des Lebens enthalten, in diesen einfacheren Beispielen der Flüssigkeitsbewegung oder chemischen Mischungen äußern. All seinen Beispielen gemeinsam ist, daß die Systeme, um die es geht, in einen Zustand fern dem thermodynamischen Gleichgewicht gebracht werden, woraufhin sie an Stabilität einbüßen und sich weithin spontan organisieren. Prigogine beschreibt diese Organisation mit dem Begriff ›zerstreuende Strukturen‹: »Damit zerstreuende Strukturen auftreten können, ist es im allgemeinen erforderlich, daß die Größe des Systems über einen kritischen Wert hinausgeht ... und es in den Zustand der *Fernordnung* übergeht, der das System *als Ganzes* wirken läßt.«[11]

Ohne Zweifel hat Prigogines Arbeit unser Verständnis physikalischer Strukturen, die sich fern dem Gleichgewichtszustand befinden, deutlich vorangebracht und uns geholfen, Muster in unbelebten Systemen zu erkennen, die an lebende Organismen erinnern. Es wäre jedoch töricht, zu viel in diese Ergebnisse hineinzulesen. Einem üblichen Verhalten entspricht keineswegs zwangsläufig eine übliche Erklärung. Möglicherweise erinnert die Ringform des Benzol-Moleküls an die Ringelreihen von Kindern, dennoch dürfte sie sich mit der Ähnlichkeit menschlichen Verhaltens kaum erklären lassen. Was die Untersuchung sich selbst organisierender Systeme jedoch zeigt, ist, daß man die komplexe Ordnung biologischer Systeme in durchaus einleuchtender Weise vom Gleichgewichtszustand weit entfernten physikalischen Prozessen zuordnen kann, die bisher zwar wenig beachtet worden sind, aber keine Zuflucht zu einer Lebenskraft oder einem göttlichen Funken notwendig gemacht haben.

Viele religiöse Menschen sind bereit zuzugestehen, daß, nachdem das Leben auf der Erde erst einmal entstanden war, seine spätere Ausbreitung und Entwicklung sich zufriedenstellend durch die Gesetze der Physik und Chemie zusammen mit Darwins Evolutionstheorie erklären läßt. Beispielsweise erscheint die Fortpflanzung, bei der sich die DNS-Spirale chemisch selbst verdoppelt, als klarer, wenn auch komplexer mechanistischer Prozeß. Was aber ist mit dem *Ursprung* des Lebens?

Der Ursprung des Lebens bleibt eines der großen naturwissenschaftlichen Geheimnisse. Die ungelöste zentrale Frage dabei ist das Schwellenproblem. Erst wenn organische Moleküle eine bestimmte Stufe der Komplexität erreicht haben, können sie als ›lebend‹ in dem Sinn angesehen werden, daß sie eine große Menge Information in stabiler Form kodieren und nicht nur die Fähigkeit zeigen, die Konstruktionszeichnung für die Fortpflanzung aufzubewahren, sondern auch die Mittel zu ihrer Durchführung zu besitzen. Die Schwierigkeit liegt darin, zu verstehen, wie gewöhnliche physikalische und chemische Prozesse ohne Mithilfe einer übernatürlichen Kraft diese Schwelle zu überwinden vermocht haben.

Die Erde ist etwa viereinhalb Milliarden Jahre alt. Spuren entwickelten Lebens finden sich in fossilen Zeugnissen aus mindestens den letzten dreieinhalb Milliarden Jahren, und vermutlich gab es auch davor bereits irgendeine Form primitiven Lebens. Geologisch gesprochen, hat sich das Leben auf unserem frisch abgekühlten Planeten eingestellt, bald nachdem das Geburtstrauma des Sonnensystems abgeklungen war. Das legt den Gedanken nahe, daß die für die Entstehung des Lebens verantwortlichen Mechanismen sehr ›tüchtig‹ waren, ganz gleich, worin sie bestanden. Diese Beobachtung hat einige Naturwissenschaftler zu der Schlußfolgerung veranlaßt, das Auftreten von

Leben sei bei Vorliegen der richtigen physikalischen und chemischen Bedingungen ein nahezu unausweichliches Ergebnis.

Die beliebteste Theorie für die Entstehung des Lebens arbeitet mit dem ›Urbrei‹. Die Erde sei, so heißt es, von zahllosen Teichen und Seen bedeckt gewesen, deren Wassermenge mit einfachen organischen Verbindungen angereichert war, die in chemischen Reaktionen in der Atmosphäre entstanden waren. In diesen Teichen und Seen sei es zu einer ungeheuren Anzahl von chemischen Prozessen gekommen, und über die Jahrmillionen hin hätten sich immer komplexere Moleküle herausgebildet, bis schließlich nach Überschreiten der Schwelle das Leben einfach aus der planlosen Selbstorganisierung komplexer organischer Moleküle entstanden sei.

Unterstützung fand diese Theorie durch das berühmte Experiment Millers und Ureys 1953. Stanley Miller und Harold Urey von der Universität Chicago versuchten, die Bedingungen zu simulieren, von denen man annahm, daß sie in der Urzeit auf der Erde geherrscht hätten: eine Atmosphäre aus Methangas, Ammoniak und Wasserstoff, ein Wasserbehälter und ein – durch eine elektrische Entladung nachvollzogenes – Gewitter. Nach wenigen Tagen stellten die Forscher fest, daß sich das Wasser in ihrem Behälter rot gefärbt hatte und zahlreiche der chemischen Verbindungen enthielt, die für das Leben heute wichtig sind, wie beispielsweise Aminosäuren.

So ermutigend diese Ergebnisse sind, so gibt es doch keinen Grund anzunehmen, ein solcher Brei werde, sich selbst überlassen, spontan einfach dadurch Leben hervorbringen, daß er alle Kombinationen chemischer Anordnungen durchprobiert – auch nicht nach Millionen von Jahren. Eine einfache Statistik zeigt bald, daß die Wahrscheinlichkeit eines spontanen Auftretens der DNS – des komplizierten Moleküls, das den genetischen Code enthält – als Ergebnis planloser Verkettungen der im Urbrei enthaltenen Moleküle nahezu unvorstellbar gering ist. Es gibt so viele mögliche Molekülkombinationen, daß die Aussicht, die richtige könne sich durch blinden Zufall einstellen, praktisch null ist.

Prigogines Arbeit jedoch zeigt, daß zahlreiche Systeme, bringt man sie aus dem Zustand des thermodynamischen Gleichgewichts, sich spontan organisieren. Mithin ist denkbar, daß der Urbrei, statt einfach vor sich hinzubrüten, durch äußeren Einfluß zu einer Folge immer komplexerer, zur Selbstorganisation führender Reaktionen veranlaßt wurde, die das thermodynamische Gleichgewicht störten. Dieser Einfluß könnte ganz einfach von der Sonne ausgegangen sein, deren mächtige Strahlung das

Ungleichgewicht (negative Entropie) erzeugt, das heute die Biosphäre auf der Erde am Leben erhält. Der Auslöser hätte auch etwas anderes sein können – niemand weiß es. Jedenfalls wäre die DNS ein mögliches Ergebnis dieser Ereigniskette.

Zusammengefaßt kann man sagen: Es läßt sich unschwer ein Brei im Vor-Lebensstadium vorstellen, der alle nötigen biologischen Bestandteile enthält und den eine von außen erfolgende Störung veranlaßt, miteinander verbundene, sich selbst organisierende und selbstverstärkende ›Rückkopplungs‹-Kreise zu bilden, was die Ordnung und damit die Aussichten zugunsten eines Überschreitens der Schwelle zum Leben ins Ungeahnte steigert. Es wäre aber grundfalsch anzunehmen, wir würden auch nur ansatzweise die zwischen dem Experiment Millers und Ureys und dem Auftreten vollständiger sich vermehrender Moleküle liegenden Zwischenstufen verstehen. Der Ursprung des Lebens bleibt ein Geheimnis und ist auch unter Naturwissenschaftlern nach wie vor umstritten. So äußert sich Francis Crick, dessen Enthüllung der Molekularstruktur der DNS in den frühen 50er Jahren als Jahrhundertentdeckung gefeiert wurde, abwartend:

> »Wir können unmöglich entscheiden, ob der Ursprung des Lebens hier ein sehr wenig wahrscheinliches oder ein nahezu wahrscheinliches Ereignis war…, es dürfte kaum möglich sein, der Wahrscheinlichkeit von etwas, das wie eine eher unwahrscheinliche Abfolge von Ereignissen aussieht, auch nur *irgendeinen* Zahlenwert zuzuordnen.«[12]

Dennoch braucht man aus einem Nicht-Verstehen nicht gleich auf ein Wunder zu schließen – immerhin können zukünftige Entdeckungen eine Vielzahl der fehlenden Einzelheiten liefern.

Selbst wenn weitere Arbeiten den Schluß nahelegen, daß ein natürlicher Ursprung des Lebens einen phantastisch anmutenden Zufall bedeuten würde, brauchen sich Menschen, die an ein unendliches Weltall mit einer unendlichen Anzahl von Planeten glauben, nicht vor der Statistik zu fürchten. In einem unendlichen Universum *muß* irgendwann durch bloßen Zufall *alles*, was möglich ist, geschehen. Es ist klar, daß *wir* uns gerade dort befinden werden, wo dieser phantastische Vorfall stattgefunden hat.

Liefert die Untersuchung des Lebens – seines Ursprungs und seiner Funktion – irgendwelche Hinweise auf die Existenz Gottes? Wir haben gesehen, daß moderne Naturwissenschaftler das Leben als Mechanismus betrachten, und vermögen keine wirklichen Hinweise auf eine Lebenskraft oder auf etwas Nicht-Materielles zu finden. Der Ursprung des Lebens ist bisher keineswegs verstanden, auch wenn in den Augen einiger Forscher die vergleichsweise neuen Untersuchungen sich-selbst-organisierender Systeme eine mechanistische Deutung der Entstehung des Lebens vernünftig erscheinen lassen. Die bemerkenswerte Fähigkeit des Lebens, die negative Entropie zu konzentrieren, widerspricht jedenfalls nicht dem zweiten Hauptsatz der Thermodynamik, und wenn auch die physikalischen Gesetze, die biologische Funktionen steuern und lenken, bisher nur ansatzweise erkannt sind, gibt es keinen Hinweis darauf, daß lebende Systeme tatsächlich im Widerspruch zur bekannten Physik und Chemie stehen.

Selbstverständlich widerlegt das alles nicht die mögliche Existenz eines Schöpfergottes, aber es läßt vermuten, daß für die Biologie göttliches Eingreifen keineswegs notwendiger ist als beispielsweise für die Hervorbringung der Saturnringe oder die Oberflächenmuster auf dem Jupiter. Entweder sehen wir Gottes Wirken in allem oder nirgends. Es hat nicht den Anschein, daß sich das Leben in außergewöhnlicher Weise von anderen komplex organisierten Strukturen unterscheidet, höchstens graduell. Unsere Unwissenheit, den Ursprung des Lebens betreffend, läßt der Deutung vom göttlichen Wirken viel Raum, aber das ist eine ausschließlich negative Haltung, bei der man Gott als ›Lückenbüßer‹ braucht. Dabei aber läuft man Gefahr, bei weiterem naturwissenschaftlichem Fortschritt, den Rückzug antreten zu müssen. Sehen wir also das Leben nicht als isoliertes Wunder in einem ansonsten wie ein Uhrwerk funktionierenden Universum an, sondern als unablösbaren Bestandteil des kosmischen Wunders.

Die allgemeine Ansicht der Naturwissenschaftler, das Leben sei ein natürlicher, wenn auch unwahrscheinlicher Zustand der Materie, hat zu Spekulationen über die Existenz außerirdischen Lebens geführt. Das nun ist in der Tat ein sehr umstrittener Gegenstand, und hier soll kein Versuch unternommen werden, ihn zu behandeln. Bisher gibt es keine handfesten Nachweise für außerirdisches Leben, obwohl bisweilen behauptet wird, die Marssonde ›Viking‹ habe bei einem ihrer Experimente eine mögliche biochemische Reaktion erkennen lassen. Dennoch, allein in unserem Milchstraßensystem gibt es wahrscheinlich Milliarden von Planeten, und einige Naturwissenschaftler sind überzeugt, daß es im Universum von Leben nur so wimmelt. Sowohl Hoyle als auch Crick haben sich darüber geäußert, daß das Leben ursprünglich aus dem Weltraum auf die Erde gekommen sein könnte.

Die Möglichkeit außerirdischen Lebens läßt an Geschöpfe mit einer weit höheren Intelligenz als der des Menschen denken, denn da die Erde nicht einmal halb so alt wie das Weltall ist, könnten Planeten existieren, auf denen sich schon vor Jahrmilliarden intelligente Geschöpfe entwikkelt haben. Ihr Intellekt und ihre Technik könnten unseren Fähigkeiten unvorstellbar weit überlegen sein. Es ist denkbar, daß Lebewesen mit solch fortgeschrittenen Möglichkeiten die Herrschaft über große Bereiche des Universums ergriffen haben, auch wenn wir bisher keinen Hinweis darauf haben entdecken können.

Die Existenz außerirdischer intelligenter Lebewesen würde eine weitreichende Rückwirkung auf die Religion haben und der üblichen Vorstellung von Gottes besonderer Beziehung zum Menschen den Boden vollständig entziehen. Vor allem davon betroffen wäre das Christentum mit seiner Lehre, Jesus Christus habe als fleischgewordener Gott den Menschen auf der Erde das Heil gebracht, denn die Vorstellung, eine Vielzahl anderer ›Christusse‹ besuche systematisch jeden bewohnten Planeten in der Gestalt der jeweiligen Bewohner wirkt ziemlich unsinnig. Wie aber sonst sollten diese anderen erlöst werden?

In unserem Raumfahrtzeitalter, in dem so viele Menschen an die Existenz von UFOs glauben, haben die großen Weltreligionen dieser ›außerirdischen Dimension‹ bemerkenswert wenig Aufmerksamkeit geschenkt. Ernan McMullin zufolge, einer der wenigen Theologen, die sich gegenwärtig mit dieser Frage beschäftigen, »könnte es eine Religion, die in ihrer Betrachtungsweise der Beziehungen zwischen Gott und dem Weltall keinen Platz für Außerirdische zu finden vermag, zunehmend schwer haben, in späteren Zeiten die Zustimmung der Menschen zu erlangen«.[13] Die Ansicht eines außerirdischen Theologen zu dieser Frage wäre aufschlußreich.

Bei unserer Suche nach Gott liefert die Existenz des Lebens, ob seine Erklärung nun mit natürlichem Wirken auskommt oder eines wundersamen Eingreifens bedarf, starke Hinweise auf die Existenz einer Zweckgerichtetheit im Weltall. Doch ist Leben als solches lediglich eine Stufe in der Hierarchie der Komplexität. Seine Bedeutung liegt darin, daß es ein Sprungbrett und ein Medium für den Geist ist, und ihm wenden wir uns nunmehr zu.

6. Geist und Seele

»Ich denke, also bin ich.«

René Descartes

»Ich glaube einfach, daß irgendein Teil des menschlichen Selbst oder der Seele den Gesetzen von Raum und Zeit nicht unterliegt.«

Carl Gustav Jung

Wie sehr auch immer die Ansichten der verschiedenen Religionen über Gott voneinander abweichen mögen, ich kenne keine, die nicht lehrt, daß er ein Geisteswesen sei. Im Christentum ist er allwissend – unendlich wissend. Darüber hinaus besitzt er unendliche Freiheit, so zu handeln, wie er wünscht. Es kann keinen größeren Geist als den Geist Gottes geben, denn Gott ist das höchste Wesen.

Was aber *ist* Geist?

Mit dieser brennenden Frage haben sich Theologen und Philosophen lange beschäftigt. Heute jedoch gehört die Untersuchung des Phänomens ›Geist‹, bedingt durch Psychologie und Psychoanalyse sowie, in noch neuerer Zeit, Hirnforschung, Computertechnik und sogenannte ›künstliche Intelligenz‹ auch in den Bereich der Naturwissenschaft. Einige dieser neueren Entwicklungen lassen das uralte Rätsel des Geistes und dessen Beziehung zur materiellen Welt in einem gänzlich neuen Licht erscheinen. Daraus ergeben sich tiefgreifende Konsequenzen für die Religion. Die einzigen Geister, von denen wir unmittelbar etwas erfahren, sind mit Gehirnen – und wohl auch Computern – verbunden. Dennoch hat noch niemand ernstlich behauptet, Gott oder die Seelen Verstorbener verfügten über ein Gehirn. Ist die Vorstellung eines körperlosen Geistes, ganz zu schweigen eines solchen, der vom physikalischen Universum vollständig abgetrennt ist, überhaupt sinnvoll? In diesem und dem nächsten Kapitel wollen wir uns mit den Fragen des Bewußtseins, des Selbst und der Seele beschäftigen und fragen, ob der Geist den Tod des Leibes überleben kann.

Es ist nützlich, von Anfang an klar zwischen der geistigen und der physikalischen Welt zu unterscheiden. Letztere ist voller materieller Objekte, die im Raum jeweils einen Platz einnehmen und durch Merkmale wie Ausdehnung, Masse, elektrische Ladung und so weiter gekennzeichnet sind. Diese Objekte sind nicht träge, sondern bewegen, verändern und entwickeln sich entsprechend dynamischen Gesetzen, deren Untersuchung ein Teilgebiet der Physik darstellt. Die physikalische Welt ist – zumindest weitgehend – eine öffentliche Welt, die durch Beobachtung jedem zugänglich ist.

In der geistigen Welt hingegen gibt es keine materiellen Objekte, sondern ausschließlich Gedanken. Offensichtlich haben diese keine Lage im Raum, sie scheinen aber ein eigenes, ein privates, anderen Beobachtern nicht zugängliches Universum zu bewohnen. Gedanken können sich verändern, entwickeln, auf einander einwirken und sich in einer Vielzahl anderer Arten sonstwie kinetisch verhalten. Damit beschäftigt sich ein Zweig der Psychologie.

Nichts davon erscheint widersprüchlich. Jedoch ergeben sich Schwierigkeiten, wenn die physikalische und die geistige Welt in Wechselbeziehung zueinander treten. Unser Gedankenuniversum ist nicht vom physikalischen Universum um uns herum losgelöst, sondern fest mit ihm verbunden. Durch unsere Sinne empfängt unser Geist einen ständigen Fluß an Informationen, die zu geistiger Tätigkeit führen, indem entweder neue Gedanken angeregt oder bestehende umgebildet werden. Wenn Sie während des Lesens einen lauten Knall von draußen hören, wird sich in Ihre Gedanken, die sich gerade mit einem Satz beschäftigen, die Vorstellung drängen, ›ein Dachziegel ist heruntergefallen‹, oder vielleicht: ›Fehlzündung bei einem Auto‹. Daher wirkt die physikalische Welt als Quelle neuer Gedanken und führt zu einer Neuordnung der geistigen Welt.

Umgekehrt wirkt die geistige Welt durch das Phänomen des Willens auf die physikalische Welt ein. Sie entschließen sich, dem Knall auf den Grund zu gehen, Ihre Beine bewegen sich, das Buch wird niedergelegt, Türen werden geöffnet. Die Gedanken in Ihrem Geist lösen durch die Vermittlung Ihres Leibes, der materielle Objekte in Ihrer Umgebung neu anordnet, physikalisches Tun aus. Nahezu alles, was wir gewöhnlich in unserer Umgebung sehen, ist das Ergebnis geistigen Tuns, das durch physikalische Handlungen verwirklicht wird. Häuser, Straßen, Weizenfelder, Windmühlen, alles ist aus einem Planung voraussetzenden geistigen Tun heraus entstanden und daraus, daß Entscheidungen in ›konkrete Wirklichkeit‹ umgewandelt wurden.

Auch wenn all das selbstverständlich erscheint, machen sich jetzt bereits einige störende Einzelheiten bemerkbar. Wie sieht der Mechanismus aus, durch den die Materie auf den Geist einwirkt und, schwieriger noch, der Geist auf die Materie?

Wir wollen nachvollziehen, wie dem Geist durch einen von außen wirkenden Reiz ein bestimmter Gedanke ›eingepflanzt‹ wird – beispielsweise durch eben jenes laute Geräusch. Die Schallwellen treffen auf das Trommelfell im Ohr und lassen es schwingen. Die Schwingbewegung wird durch die drei Gehörknöchelchen an die Ohrschnecke weitergeleitet, woraufhin eine Membran die Schwingung aufnimmt und sie einer Flüssigkeit im Innenohr mitteilt. Diese Flüssigkeit wiederum regt empfindliche Fäden an, die elektrische Impulse erzeugen. Diese gelangen über die Bahn des Hörnervs ans Gehirn, wo das elektrische Signal in ein komplex vernetztes elektrochemisches System eingespeist und die Schallwahrnehmung aufgenommen wird. Aber auf welche Weise? Wie führt diese einfach erkennbare, wenn auch komplexe Kette physikalischer Wechselwirkungen so plötzlich zu einem geistigen Ereignis – der Schall*empfindung*? Was an diesem speziellen elektrochemischen Muster im Gehirn bringt Sie dazu, tatsächlich etwas zu *hören*, und was löst dabei eine Gedankenfolge aus?

Noch paradoxer ist die Reaktion. Sie beschließen also, dem Geräusch auf den Grund zu gehen. Ihre Beine bewegen sich – wie? Gehirnzellen werden aktiv, Botschaften bewegen sich durch Nervenbahnen, Muskeln spannen sich an; Sie bewegen sich.

Wie würde ein Physiker diese in Ihrem Gehirn ablaufende Tätigkeit sehen? In erster Linie als Abläufe in einem komplexen elektrischen Schaltkreis, mit Ein- und Ausgangsanschlüssen in Form der verschiedenen Nervenbahnen, die zu den Sinnesorganen und Muskeln verlaufen. Ein mit den für elektrische Schaltkreise gültigen Gesetzen gründlich vertrauter Physiker könnte annehmen, daß er, sofern ihm ein umfangreiches Wissen über den elektrischen Zustand Ihres Gehirns zur Verfügung stünde (ein vollständiger Schaltplan und eine genaue Aufzeichnung der eingehenden Signale), durch eine umfangreiche Berechnung in der Lage wäre, genau die aus diesem elektrischen Netz hinausgehenden Signale vorauszusagen und damit im voraus zu erkennen, was Sie als nächstes tun werden. Werden Sie dem Geräusch nachgehen oder nicht? Die elektrischen Signale werden es ihm sagen.

Niemand würde jedoch auch nur einen Augenblick lang annehmen, daß eine solche Voraussage jemals möglich wäre. Wenn man das Gehirn als eine ungeheure Vielzahl elektrischer Schaltkreise ansieht, scheint es vollständig deterministisch zu arbeiten und damit zumindest dem Grundsatz nach vorhersagbar zu sein. Nervenzellen werden tätig und befehlen Ihren Beinen, sich zu bewegen, weil das Muster der Ströme im Schaltkreis in bestimmter Weise angeordnet ist – bei einer anderen Anordnung würden die Zellen nicht tätig, und Sie würden weiterlesen.

Die Paradoxie besteht nun darin, daß diesen allem Anschein nach alltäglichen physikalischen Ereignissen, bei denen es um gewöhnliche elektrische Impulse geht, geistige Ereignisse parallel laufen: »Was für ein Geräusch ist das? Ist etwas zerbrochen? Soll ich einmal nachsehen? Ja« – und die Gehirnzellen werden aktiv. Doch obwohl die Beschreibung der geistigen Ereignisse mit der der physikalischen übereinstimmt, gibt es ein wesentliches Element, das nicht dazu paßt; nämlich, daß Sie sich *entscheiden*, dem Geräusch nachzugehen. Daß Ihre Beine sich bewegen, Sie das Buch beiseite legen und so weiter, das ist das Ergebnis eines bewußten Willensaktes, einer von Ihnen getroffenen Wahl. Wo aber ist in den deterministischen und vorhersagbaren Gesetzen der elektrischen Schaltkreise Raum für den *freien Willen*?

Eine Antwort lautet, man müsse den Geist eher als jemanden ansehen, der eine komplizierte Maschine bedient und sie dabei steuert. Wie ein Kraftwerksingenieur, der verschiedene Knöpfe drückt, um damit in einer ganzen Stadt das Licht einzuschalten, kann der Geist die jeweiligen Gehirnzellen – die Neutronen – so ›anschalten‹, daß der Körper seinen Entscheidungen entsprechend tätig wird. Aber auf welche Weise *bringt* die bewußte Entscheidung, einem Geräusch nachzugehen, die entsprechenden Gehirnzellen dazu, sich ›anzuschalten‹? Was ist mit den Gesetzen der elektrischen Stromkreise, die angeblich die Ausgangssignale bereits bestimmen? Werden diese Gesetze dabei verletzt? Kann der Geist auf die eine oder andere Weise in die physikalische Welt der Elektronen und Atome, der Gehirnzellen und Nerven eingreifen und so elektrische Kräfte schaffen? Wirkt der Geist tatsächlich auf die Materie ein und trotzt damit den Grundprinzipien der Physik? Gibt es wirklich zwei Ursachen der Bewegung in der materiellen Welt: eine, die auf gewöhnliche physikalische Prozesse, und die andere, die auf geistige Prozesse zurückgeht?

Mit dem rätselhaften Problem des freien Willens und den Mechanismen der Wechselwirkung zwischen Geist und Materie wird sich das 10. Kapitel ausführlicher beschäftigen. Mit dieser Frage hören jedoch unsere Schwierigkeiten längst noch nicht auf. Wir haben noch nicht entdeckt, was Bewußtsein ist und wie es entsteht. Haben Schimpansen ein Bewußtsein? Hunde? Ratten? Spinnen? Würmer? Bakterien? Computer? Hat ein menschlicher Fetus mit acht Monaten ein Bewußtsein? Mit einem Monat? Einer Sekunde? Nur wenige Menschen würden all diese Fragen mit ›ja‹ beantworten. Wächst mithin das Bewußtsein allmählich an? Ist es eine Eigenschaft, die quantifizierbar ist, in einer Weise, daß man bei einem Basiswert von 100% für einen Erwachsenen, einem Schimpansen 90%, einem Hund 50%, einer Ratte 5%, einem Fünfmonats-Fetus 2%, einer Spinne 0,1% und so weiter zuweisen kann? Oder gibt es eine ›Entwicklungsschwelle‹, an der das Bewußtsein übergangslos in Erscheinung tritt, so, wie sich ein Brennstoff bei Erreichen einer kritischen Temperatur schlagartig entzündet?

Wie können wir Bewußtsein erkennen, wenn wir ihm begegnen? Jeder von uns erfährt sein eigenes Bewußtsein unmittelbar, doch weil es sich in einem privaten, nicht-physikalischen Universum aus Gedanken und Empfindungen befindet, kann es sonst niemand wahrnehmen. Auf das Bewußtsein anderer läßt sich lediglich durch Beobachtung ihres Verhaltens schließen und dadurch, daß man sich über das Medium der physikalischen Welt mit ihnen in Verbindung setzt. Meier kann Schulze mitteilen, er, Meier, verfüge über ein Bewußtsein, und Schulze, der Meier für einen normalen Menschen hält, mit dem man sich vernünftig unterhalten kann, glaubt ihm das. Wäre Meier stumm oder spräche er nur einen abgelegenen Eskimodialekt, käme Schulze möglicherweise trotzdem zu demselben Ergebnis, indem er Meiers Verhalten beobachtet, insbesondere seine Reaktionen auf Reize und die Art, wie er komplexe Aufgaben erledigt und so weiter.

Bei einem Hund ist das schon schwieriger. Die Kommunikation zwischen Hund und Mensch ist äußerst begrenzt und möglicherweise mißverständlich, außerdem ist das Verhalten von Hunden allem Anschein nach weitgehend von Instinkt geprägt und nicht von Geist. Dennoch würden nur wenige Hundebesitzer bestreiten, daß ihre Lieblinge Bewußtsein und Geist besitzen, wenn auch in weniger entwickelter Form als der Mensch – ohne daß man genau zu sagen vermöchte, wie. Sobald es aber um niedere Tiere ginge – beispielsweise Spinnen –, würde uns die Behauptung sehr schwer fallen, daß sie über Geist verfügen.

Gewiß kann man Verhalten an ihnen beobachten, doch ist man rasch bereit anzunehmen, daß es sich dabei um automatisch ablaufendes – vom Instinkt programmiertes – Verhalten handelt.

Bei näherer Betrachtung dieser Staffelung nach unten liegt die Annahme nahe, daß es eine Asymmetrie zwischen der Art gibt, wie sich der aktive und der passive Aspekt des Geistes jeweils vermindern. Auf der Ebene des Wahrnehmens von Sinnesdaten ein Bewußtsein zu haben scheint weniger bedeutsam zu sein, als die Fähigkeit zu planen, zu entscheiden und zu handeln. Zweifellos gehen bei einem Neugeborenen Empfindungen auf körperliche Reize zurück, doch handelt es sich dabei um eine nahezu vollständig passive Wahrnehmung. Möglicherweise wissen auch Spinnen, was um sie herum vorgeht, verfügen aber über eine äußerst begrenzte Fähigkeit, anders darauf zu reagieren als durch bloß reflexbedingtes Tun. Es heißt oft, nur der Mensch besitze die Fähigkeit, Situationen einzuschätzen, ihnen entsprechend zu planen und zu handeln. Sicherlich ist diese Annahme irrig – vor allem, sofern es intelligentes außerirdisches Leben gibt, doch ist denkbar, daß diese aktiveren Eigenschaften des Geistes nicht nur mit Bewußtheit zu tun haben, sondern mit der *Bewußtheit seiner selbst* (davon wird im nächsten Kapitel die Rede sein). Es ist möglich, daß der Begriff des ›Selbst‹ bei Tieren nicht stark ausgeprägt ist.

Die rasche Entwicklung leistungsfähiger Computer hat die Aufmerksamkeit wie nie zuvor auf die Mechanismen gelenkt, nach denen das menschliche Denken abläuft, und zu einer Reihe von tiefgehenden Untersuchungen der Beziehung zwischen Geist und Gehirn geführt. Dabei dreht sich alles um die einfache, aber hochbrisante Frage: Können Maschinen denken?

Hier ist nicht der Ort, die Fülle an Literatur und die Vielzahl an Meinungen zur sogenannten ›künstlichen Intelligenz‹ ausführlich abzuhandeln. Alle Fachleute stimmen zumindest darin überein, daß gegenwärtig keine Ähnlichkeit zwischen der Funktionsweise selbst der höchstentwickelten Computer und der Art besteht, wie das menschliche Denken abläuft. Es ist wohlbekannt, daß im Normalfall Computer dem Menschen beim Rechnen, Ordnen und im Schachspiel überlegen sind, bei der Komposition von Musik jedoch und auf dem Gebiet der Dichtung unterlegen. Das hat weniger mit ihrer ›Hardware‹, den Maschinen selbst, als mit ihrer Programmierung ›Software‹ zu tun. Die meisten Computer sind so konstruiert, daß sie ziemlich genau umrissene Aufgaben auf niedriger Ebene erledigen können – beispielsweise ungeheure Mengen einfacher Rechenaufgaben bewältigen –, bei denen es in erster Linie auf Schnelligkeit und Genauigkeit ankommt. Ein Computer, der Fehler macht oder schmollt, sich hin und wieder nicht wohlfühlt oder sich sonstwie unvorhersehbar aufführt, würde den meisten Betreibern wenig nützen, obwohl ihn möglicherweise gerade solche irrationalen Merkmale der menschlichen Intelligenz annähern würden. Natürlich hat niemand auch nur eine Vorstellung davon, wie er einen Computer mit solchen menschlichen Eigenschaften programmieren müßte oder ob das überhaupt möglich wäre. Auch weiß man nicht besonders viel darüber, wie das menschliche Gehirn in dieser Hinsicht arbeitet.

Trotz der gegenwärtig bestehenden technischen Grenzen ist die Frage, ob Maschinen, zumindest grundsätzlich, über ›Geist‹ verfügen können, äußerst aktuell. Jeder, der über Erfahrungen im Umgang mit einem leistungsfähigen Computer verfügt, merkt bald, daß dieser auf gleichsam menschliche Art mit seinem Betreiber kommunizieren kann. Moderne Interaktionsverfahren ermöglichen einen auf Frage und Antwort gründenden hochentwickelten Dialog zwischen Mensch und Maschine, wobei allerdings der Bereich der Konversation stark eingeschränkt ist.

Ich habe darauf hingewiesen, daß sich das Vorhandensein von Geist bei anderen lediglich durch Analogie erkennen läßt. Auf die Frage: »Woher weiß ich, daß Schulze einen Geist hat?« kann die Antwort nur lauten: »Ich habe einen Geist. Schulze benimmt sich wie ich, redet wie ich, behauptet wie ich, einen Geist zu haben. Also schließe ich daraus, daß er wie ich einen besitzt.« Diese Argumentation ließe sich aber ebensogut auf eine Maschine wie auf einen Menschen anwenden. Da man sich nie in den Geist eines anderen Menschen hineinversetzen und dessen Bewußtsein aus erster Hand erleben kann (denn wäre das möglich, wäre dieser Mensch nicht mehr er, sondern der, der sich in ihn hineinversetzt hat), ist jede Annahme bezüglich der Existenz von Geist bei anderen zwangsläufig ein Glaubensakt. Mithin muß die Antwort auf die Frage »Können Maschinen denken?« lauten, daß man – was bestimmte geistige Fertigkeiten angeht – keinen Grund hat, Menschen hinsichtlich der Leistung höher einzuschätzen als Maschinen. Die Leistung aber ist das einzige äußere Merkmal, mit dessen Hilfe sich die ›inneren‹ Erfahrungen der Maschine bewerten lassen. Könnte man eine Maschine dazu bringen, auf alle äußeren Einflüsse in derselben Weise zu reagieren wie ein Mensch, gäbe es keine beobachtbaren Gründe mehr für die Behauptung, eine Maschine denke nicht oder verfüge über kein Bewußtsein. Wenn wir darüber hinaus bereit sind zuzugestehen, daß Hunde denken oder Spinnen oder Ameisen eine Art rudimentären Bewußtseins besitzen, müßte man auch heute verfügbaren Computern den Besitz von Bewußtsein in diesem begrenzten Rahmen zugestehen.

Im Jahr 1950 stellte der Mathematiker Alan Turing in der Zeitschrift *Mind* in einem Artikel mit der Überschrift ›Rechenmaschinen und Intelligenz‹ die Frage: »Können Maschinen denken?« Er schlug zu ihrer Lösung einen einfachen Test vor, den er das ›Nachahmungsspiel‹ nannte.[1] Dabei geht ein Mann in ein Zimmer und eine Frau in ein anderes. Ein Interviewer kommuniziert mit ihnen über eine Fernschreibeinrichtung und versucht, mit Hilfe einer Kette aus Fragen und Antworten herauszubekommen, wer der Mann und wer die Frau ist. Beiden hat man aufgetragen, den Befragenden davon zu überzeugen, daß sie eine Frau seien. Also muß der Mann ein fähiger Lügner sein. Turings Test zur Prüfung der Intelligenz von Maschinen besteht darin, daß in diesem Spiel der Mann durch die Maschine ersetzt wird. Gelingt es ihr, den Interviewer zu täuschen, ihm also zu suggerieren, sie sei eine Frau, erklärt Turing, könne die Maschine wirklich denken.

Man hat eine Reihe von Argumenten gegen die Behauptung vorgebracht, eine ausschließlich künstliche Intelligenz sei möglich. Beispielsweise hieß es da, Computer seien wegen ihrer Begrenzung auf streng rationale und logische Vorgänge zwangsläufig kalte, berechnende, herz-, geist-, seelen- und empfindungslose Automaten. Da sie alles automatisch tun, vollbringen sie nichts als das, was ihre menschlichen Betreiber ihnen ins Programm geschrieben haben. Der Computer kann kein aus eigenem Antrieb schöpferisches Einzelwesen werden. Er ist unfähig zu lieben, zu lachen, zu weinen oder einem freien Willen zu folgen. Er ist ebenso ein Sklave für den, der ihn handhabt, wie ein Automobil Sklave seines Fahrers ist.

Das Problem mit dieser Argumentationsweise ist, daß sie nach hinten losgehen kann. Auf der Ebene der Neuronen (der Gehirnzellen) ist das menschliche Gehirn ebenso mechanisch und rationalen Grundsätzen unterworfen, doch hindert uns das nicht daran, daß wir Unentschlossenheit, Verwirrtheit, Glück, Langeweile und andere irrationale Einflüsse empfinden.

Die Religion bringt gegenüber der Vorstellung künstlicher Intelligenz als Haupteinwand vor, Maschinen besäßen keine Seele. Der Begriff ›Seele‹ allerdings ist hoffnungslos ungenau. Frühe Ideen waren unauflöslich mit dem Begriff einer Lebenskraft verknüpft – irgendein lebensspendender, belebender Einfluß. In der Bibel, vor allem im Alten Testament, steht sehr wenig über diesen Gegenstand, der wohl hauptsächlich auf die antike griechische Überlieferung unter dem Einfluß von Philosophen wie Platon zurückgehen dürfte. Frühe Hinweise in der Bibel stellen die Seele als gleichbedeutend mit Atem oder Leben dar, doch gewinnt im Neuen Testament der Begriff etwas an Deutlichkeit, denn dort wird die Seele mit dem Selbst gleichgesetzt und nimmt die Merkmale an, die wir heute als Geist bezeichnen würden. Der Gebrauch des Worts Seele ist in neuerer Zeit sogar zurückgegangen und findet sich hauptsächlich nur noch in theologischen Kreisen. Selbst in der *New Catholic Encyclopedia* wird sie als »Zentrum des Denkens, Wollens und der Gefühle...« bezeichnet.[2] Da die Grenzen zwischen Seele und Geist bisher immer als eher fließend angesehen wurden, sollen auch im nachstehenden beide Begriffe als austauschbar behandelt werden.

Im Mittelpunkt der religiösen Lehre steht die Vorstellung, die Seele – der Geist – sei ein *Ding*, und man müsse scharf zwischen Leib und Seele unterscheiden. Diese sogenannte dualistische Theorie des Geistes – der Seele –, die von Descartes entwickelt wurde und im christlichen Denken weitverbreitete Aufnahme fand, kommt auch dem Glauben des Mannes auf der Straße am nächsten. Die dualistischen Vorstellungen sind tatsächlich so tief in unserer Kultur und Sprache verwurzelt, daß Gilbert Ryle sie in seinem Buch *Der Begriff des Geistes* eine ›offizielle Lehrmeinung‹ nennt.

Welches nun sind die Merkmale der dualistischen Lehre vom Geist? Die ›offizielle Lehrmeinung‹ sieht etwa wie folgt aus. Der Mensch besteht aus zwei deutlich voneinander getrennten ›Dingen‹: aus dem Leib einerseits und der Seele oder dem Geist andererseits. Der Leib ist eine Art Wirt oder Gefäß für den Geist, vielleicht auch eine Art Gefängnis, aus dem sich zu befreien man durch geistiges Bemühen oder den Tod versuchen kann. Die Verbindung zwischen Leib und Geist erfolgt über das Gehirn, das dem Menschen mit Hilfe der Sinne dazu dient, Informationen über die Welt zu sammeln und zu speichern. Außerdem dient ihm das Gehirn zur Ausübung seines Willens, indem er auf die bereits früher in diesem Kapitel beschriebene Weise auf die Welt einwirkt. Geist oder Seele haben ihren Platz nicht im Gehirn oder sonst einem Körperteil und auch nirgendwo im Raum. (Ich lasse hier die ›inoffizielle‹ Lehre einiger Mystiker und Spiritualisten beiseite, die glauben, sie könnten eine Art Astralleib oder ätherische Seele in enger räumlicher Verbindung mit dem eigentlichen Leib erkennen.)

Ein wichtiges Merkmal dieses Bilds ist, daß es sich beim Geist um ein

Ding handelt; vielleicht genauer gesagt, um eine Substanz. Keine physikalische Substanz, sondern eine Art ätherische, schwer zu fassende feine Substanz, das Zeug, aus dem Gedanken und Träume gemacht sind, frei und unabhängig von gewöhnlicher schwerfälliger Materie.

R. J. Hirst faßt Descartes' Vorstellung von Leib und Seele wie folgt zusammen:

> »Die Hauptvorstellung scheint zu sein: erstens, daß es zwei unterschiedliche Gattungen von Wesen oder Substanzen gibt, die geistige und die materielle. Geist oder geistige Substanz ist weder durch die Sinne wahrnehmbar noch im Raum anwesend; sie ist intelligent und zielgerichtet und ihr wesentliches Merkmal ist der Gedanke oder besser gesagt das Bewußtsein.«[3]

Ryle sagt dazu folgendes:

> »Zwar ist der menschliche Körper eine Maschine, aber keine gewöhnliche Maschine, da einige ihrer Funktionen durch eine weitere Maschine in seinem Inneren gesteuert werden – und diese innere Steuermaschine ist von ganz besonderer Art. Sie ist unsichtbar, unhörbar und hat weder Größe noch Gewicht. Man kann sie nicht zerlegen, und die Gesetze, denen sie gehorcht, sind nicht dieselben wie die, die gewöhnliche Ingenieure kennen.«[4]

Ryle nennt diesen inneren Steuermechanismus ›Geist in der Maschine‹.

Die Nicht-Substantialität der Seele scheint aus zwei Gründen notwendig zu sein. Erstens ist eine Seele nicht zu sehen, ihre physikalische Anwesenheit ist nicht unmittelbar zu erkennen, und sie zeigt sich auch nicht bei Gehirnoperationen. Zweitens muß die Welt der Materie den Gesetzen der Physik entsprechen. Sie sind auf der makroskopischen Ebene – also ohne Einbeziehung der Quanteneffekte – deterministisch und mechanisch und mithin mit dem freien Willen unvereinbar – letzterer aber ist ein wesentliches Merkmal der Seele. (Wie wir später noch sehen werden, ist diese Argumentation irrig.) Allerdings erfahren wir durch all das zwar, was die Seele nicht ist, nicht aber, was sie ist. Wir gewinnen den Eindruck, die Vorstellung, Seele oder Geist sei ein *Ding*, müsse aus dem Nichts gekommen sein und habe einfach dadurch einen falschen und trügerischen Eindruck von der Wirklichkeit hervorgerufen, daß man Wörter mit ihr verband, die nichts zu bedeuten haben. Der Geist ist nichts Mechanisches, ist also ›nicht-mechanisch‹ – als hätte dieses Adjektiv für uns irgendeine Bedeutung. Ryle zufolge ist »Geist nicht Teil eines Uhrwerks, sondern einfach Teil eines Nicht-Uhrwerks«.[5]

Des weiteren erwarten uns Schwierigkeiten bei dem Versuch zu verstehen, wo denn nun die Seele ihren genauen Sitz hat. Wenn sie sich nicht im Raum finden läßt, wo dann? (Es ist aufschlußreich anzumerken, daß Descartes die kleine Zirbeldrüse hinten am Zwischenhirn als Sitz der Seele ansah oder zumindest als den ›Körper‹, der das schwer faßbare physikalische Bindeglied zwischen Geist und Gehirn darstellt.) Vermag die neue Physik mit ihren merkwürdigen Vorstellungen von Raumkrümmungen und höheren Dimensionen einen passenden Ort für die Seele zu liefern?

Wir haben gesehen, wie sich Physiker Raum und Zeit als eine Art vierdimensionales Tuch – oder vielleicht eine Ballonhülle – vorstellen, wobei es die Möglichkeit weiterer, nicht damit verbundener Tücher gibt. Könnte die Seele in einem dieser anderen Universen wohnen? Auf der anderen Seite läßt sich die Raum-Zeit-Welt als etwas vorstellen, das von einem Raum höherer Dimension umhüllt oder in ihn eingebettet ist, so wie die zweidimensionale Oberfläche oder das Tuch in den dreidimensionalen Raum eingebettet ist. Könnte dann nicht die Seele einen Ort in diesem Raum höherer Dimension bewohnen, der – geometrisch gesprochen – immer noch unserer physikalischen Raum-Zeit nahe ist, nicht aber wirklich in ihr liegt? Von diesem Aussichtspunkt höherer Dimension könnte sich die Seele mit dem Leib eines Menschen in der Raum-Zeit verbinden, ohne selbst dieser Raum-Zeit anzugehören.

Für Menschen, die gern glauben möchten, daß abgeschiedene Seelen in den Himmel auffahren, wäre eine kompliziertere Anordnung nötig, da vermutlich der Ort, den die Seelen während des irdischen Lebens eines Menschen bewohnen, nicht derselbe ist wie der des Paradieses. Daß solche Vorstellungen die Glaubensfähigkeit eines Menschen ebenso stark beanspruchen wie sein Gefühl für Geometrie, liegt sicherlich an der zweifelhaften Annahme, die Seele habe einen Sitz. Wer sagt, daß die Seele sich an einem *Ort* befinde, meint damit, daß sie in irgendeiner Art Raum existiert, entweder dem, den wir gewöhnlich wahrnehmen oder einem anderen. In jenem Fall kann man Fragen über Größe, Gestalt, Lage und Bewegung der Seele stellen, lauter Vorstellungen, die in keiner Weise zu etwas passen, was aus Gedanken und nicht aus Materie besteht.

Doch ist der Ideenfundus der modernen Physik noch nicht erschöpft. Wie im 3. Kapitel erklärt, sehen inzwischen einige Physiker Raum und Zeit eher als abgeleitete Größen denn als Grundgrößen an. Sie glauben, daß die Raum-Zeit aus Untereinheiten aufgebaut ist – nicht Orten oder Augenblicken, sondern abstrakten Größen –, die auch Quantenmerkmale enthalten. Dann wäre es möglich, daß sich das physikalische

Universum, im übertragenen Sinne, über das hinaus erstreckt, was wir gewöhnlich die Raum-Zeit-Welt nennen, und daß sich lediglich ein Bruchteil dieser Untereinheiten in organisierter Weise zusammengeschlossen hat, um die Raum-Zeit-Welt hervorzubringen – ›anderswo‹ befände sich dann eine Art Ozean aus unverbundenen Stückchen. Könnte dieser das Reich der Seele sein? Falls ja, hätte die Seele keinen Ort, weil die Untereinheiten nicht an Orten zusammengefaßt wären, und so wären Vorstellungen wie Ausdehnung oder Lage sinnlos. Selbst topologische Begriffe wie ›innen‹, ›außen‹, ›zwischen‹, ›verbunden‹ oder ›unverbunden‹ blieben undefiniert. Ich lasse die Frage offen.

Weitere Schwierigkeiten treten auf, sobald man sich der Frage der Zeit zuwendet. Eine Seele liegt nicht im Raum – liegt sie denn in der Zeit? Vermutlich lautet die Antwort: ja. Sofern die Seele Quelle unserer Wahrnehmungen ist, muß das unsere Zeitwahrnehmung einschließen. Darüber hinaus hängen zahlreiche erkennbar menschliche geistige Tätigkeiten ausdrücklich von der Zeit ab: beispielsweise Planen, Hoffen, Bedauern, Vorfreude.

Einer zeitlosen Seele gegenüber gäbe es beachtliche logische Schwierigkeiten. Welche Bedeutung messen wir der Existenz der Seele *nach* dem Tode zu, wenn Seelen die Beziehung Vorher-Nachher transzendieren? Was ist mit der Lage der Seele vor der Geburt des Leibs? Diese Aufgabe behandelt die *Catholic Encyclopedia* mit einem eigentümlichen Humor:

> »Die Vorstellung, Gott verfüge über einen Vorrat an Seelen, die nicht zu einem bestimmten Leib gehören, bevor Er sie menschlichen Embryonen einsetzt, ist durch keinen Nachweis gestützt . . . Die Seele wird in dem Augenblick von Gott geschaffen, da er sie der Materie einhaucht.«[6]

Der Sinn der Aussage ist eindeutig: es gibt Zeitpunkte vor der Geburt, zu denen die Seele nicht existiert. Das aber liegt deutlich im Widerstreit mit der Annahme, die Seele könne die Zeit transzendieren.

Dieselbe grundlegende Zeitproblematik zieht sich durch alle Diskussionen über die Unsterblichkeit. Auf der einen Seite besteht der Wunsch, die Persönlichkeit möge nach dem Ende des irdischen Lebens fortdauern – nicht nur in gefrorener oder zeitloser Existenz, sondern in Verbindung mit einer Art Aktivität. In Jesus' Worten vom ›ewigen Leben‹ schwingen Vorstellungen von unendlichen Zeiträumen mit.

Andererseits sind solche Vorstellungen fest mit unserer Wahrnehmung der Zeit in der physikalischen Welt verbunden und passen überhaupt nicht zur angeblichen Trennung der Bereiche ›Physikalisches‹ und ›Geistiges‹. Die Schwierigkeit wird verschärft, wenn man die (im 15. Kapitel behandelte) Möglichkeit eines Zeitendes ins Auge faßt: Vielleicht gibt es gar kein ›ewig‹.

Die hier vorgetragenen Argumente wie auch andere haben zahlreiche Menschen zu der Annahme veranlaßt, die Vorstellung von Seele oder Geist und deren Unsterblichkeit sei bestenfalls falsch und schlimmstenfalls widersprüchlich.

Philosophen haben sich mit mehreren Alternativen zum Dualismus beschäftigt. Das eine Extrem ist der Materialismus, der die Existenz des Geistes ganz und gar bestreitet. Dem Materialisten sind geistige Zustände und Vorgänge nichts als physikalische Zustände und Vorgänge. In der Psychologie wird Materialismus zu der als Behaviourismus bekannten Richtung, die da erklärt, alle Menschen verhielten sich als Reaktion auf von außen kommende Reize in ausschließlich mechanischer Weise. Das andere Extrem finden wir in der Philosophie des Idealismus, die behauptet, die physikalische Welt existiere nicht; alles sei Wahrnehmung.

Mir scheint die dualistische Theorie dem Trugschluß zu erliegen, daß sie eine Substanz heranzieht, um etwas zu erklären, was in Wirklichkeit ein abstrakter Begriff und kein Gegenstand ist. Die Versuchung, abstrakte Begriffe auf Dinge zurückzuführen, ist in der Geschichte der Naturwissenschaft und Philosophie immer wieder zu erkennen, in ihrem Kielwasser treiben aufgegebene Begriffe wie das ›Phlogiston‹, die ›Flüssigkeitstheorie der Wärme‹, der lichttragende ›Äther‹ und die ›Lebenskraft‹. In all jenen Fällen verlangen die damit verbundenen Erscheinungen Erklärungen auf abstrakter Ebene – wie sie sich im Begriff ›Energie‹ niederschlagen, um nur ein Beispiel zu nennen.

Daß ein Begriff abstrakt und nicht substantiell ist, macht ihn nicht von vornherein unwirklich oder illusorisch. Die Staatszugehörigkeit eines Menschen läßt sich weder wiegen noch messen, sie nimmt in seinem Leib keinen Platz ein und ist dennoch ein wichtiger und sinnvoller Teil dessen, was ihn ausmacht, wie jeder nur allzugut weiß, der unglücklicherweise als Staatenloser durchs Leben gehen muß. Bei Begriffen wie ›Nützlichkeit‹, ›Organisation‹, ›Entropie‹ und ›Information‹ geht es nicht um ›Dinge‹ im Sinn von Gegenständen, sondern um Beziehungen zwischen und Zuständen von Gegenständen.

Der Grundirrtum des Dualismus besteht darin, daß er Leib und Seele in etwa wie die zwei Seiten einer Münze behandelt, während sie doch völlig unterschiedlichen Kategorien angehören. Ryle sieht in dieser falschen Zuweisung der Kategorien den Grund für all das Durcheinander, die Verwirrung und das Paradoxe im Zusammenhang mit dem Geist und seiner Beziehung zum Leib:

> »Man kann auf der einen Seite durchaus logisch sagen, daß es den Geist gibt, und auf der anderen Seite ebenso logisch sagen, daß es den Leib gibt. Diese Ausdrücke beziehen sich jedoch nicht auf zwei verschiedene Arten des Daseins.«[7]

Die Aussagen ›es gibt Felsen‹ und ›es gibt Dienstage‹ stimmen beide, aber es wäre sinnlos, Felsen neben Dienstage zu stellen und sich über ihre Wechselbeziehung auszulassen. Oder, um eine von Ryles Analogien zu verwenden, es wäre absurd, darüber zu diskutieren, ob es je eine Unterredung zwischen dem Unterhaus und der britischen Verfassung gegeben hat. (Das Pikante an diesem Beispiel ist, daß die britische Verfassung ein Phantom ist, da nicht exakt auszumachen ist, worin sie besteht, denn sie ist nicht als *corpus* niedergelegt. Anm. d. Übers.) Diese Institutionen gehören unterschiedlichen Begriffsebenen an.

Ryle nimmt somit viel von der ›ganzheitlichen‹ Diskussion der letzten Jahre vorweg. Wie wir im vorigen Kapitel gesehen haben, ist die Beziehung zwischen Geist und Leib ähnlich der zwischen einem Ameisenhaufen und den Ameisen oder dem Sujet eines Romans und den Buchstaben des Alphabets. Geist und Leib sind nicht Bestandteile einer Dualität, sondern zwei völlig unterschiedliche, verschiedenen Stufen der Beschreibungshierarchie entstammende Begriffe. Erneut sehen wir uns der Frage Holismus hier, Reduktionismus dort gegenüber.

Zahlreiche der altbekannten Probleme des Dualismus entfallen, sobald man einmal anerkennt, daß abstrakte Begriffe auf höherer Ebene ebenso wirklich sein können wie die sie stützenden Strukturen auf niederer Ebene, ohne daß es irgendwelcher geheimnisvoller besonderer Substanzen oder Bestandteile bedürfte. So wie eine ›Lebenskraft‹ ein unnötiger Zusatz ist, wenn es darum geht, Materie zu beleben, so ist eine ›Seelensubstanz‹ überflüssig, wenn Materie ein Bewußtsein erlangen soll:

> »Unsere Welt ist angefüllt mit Dingen, die weder geheimnisvoll und geisterhaft, noch einfach aus den Bausteinen der Physik verfertigt sind. Glauben Sie an Stimmen? Was ist mit Frisuren? Gibt es dergleichen? Was sind sie? Was ist in der Sprache des Physikers ein Loch – nicht ein extravagantes ›Schwarzes Loch‹, sondern beispielsweise einfach ein Loch in einem Stück Käse? Ist es etwas Physikalisches? Was ist eine Symphonie? Wo in Raum

und Zeit existiert die amerikanische Nationalhymne? Ist sie nichts anderes als einige Tintenspuren auf einem Stück Papier in der Kongreßbibliothek von Washington? Auch wenn man das Papier zerstörte, würde die Hymne weiterexistieren. Das Latein *existiert* nach wie vor, auch wenn es keine lebende Sprache mehr ist. Die Sprache der Höhlenmenschen, die das Gebiet des heutigen Frankreich bewohnten, existiert nicht mehr. Das Kartenspiel Bridge ist nicht einmal hundert Jahre alt. Was für eine Art Ding ist es? Es ist weder ein Tier, noch eine Pflanze, noch ein Mineral.

Es handelt sich hier nicht um physikalische Objekte mit einer Masse oder einer chemischen Zusammensetzung, aber auch nicht einfach um abstrakte Objekte – wie zum Beispiel die Zahl π, die unveränderlich und in Raum und Zeit nicht fixierbar ist. Diese Dinge haben Entstehungsorte und eine Geschichte. Sie können sich ändern, und ihnen können andere Dinge widerfahren. Sie können sich bewegen – weitgehend so wie eine Tierart, eine Krankheit oder eine Epidemie. Wir dürfen nicht annehmen, die Naturwissenschaft lehre uns, jedes *Ding*, das jemand irgendwann einmal ernstnehmen möchte, sei als eine Ansammlung von Teilchen identifizierbar, die sich in Raum und Zeit bewegen. Einige Menschen denken möglicherweise, es sei einfach eine Frage des gesunden Menschenverstands (oder einfach gesunden naturwissenschaftlichen Verstands) anzunehmen, *Sie* seien nichts als ein besonderer lebender physikalischer Organismus – ein wandelnder Atomhaufen – aber in Wirklichkeit geht dieser Gedanke auf einen Mangel an naturwissenschaftlicher Vorstellungskraft zurück und nicht etwa auf besonderes intellektuelles Raffinement. Es bedarf keines Geisterglaubens, wenn man an Ausprägungen des *Selbst* mit einer Identität glauben möchte, die bestimmte lebende Leiber zu transzendieren vermag.«[8]

Unser Gehirn besteht aus Milliarden von Neuronen, die in Unkenntnis eines Gesamtplans ihr Werk tun – wie die Ameisen des im vorhergehenden Kapitel behandelten Ameisenhaufens. Das ist die physikalische, mechanische Welt der elektro-chemischen Hardware. Auf der anderen Seite haben wir Gedanken, Gefühle, Empfindungen, Wünsche und so weiter. Diese auf höherer Stufe liegende ganzheitliche *geistige* Welt weiß ihrerseits nichts von den einzelnen Gehirnzellen; wir vermögen ohne weiteres zu denken, ohne im geringsten etwas von der Hilfe zu merken, die uns die Neuronen dabei leisten. Doch daraus, daß die untere Ebene von Logik bestimmt wird, erfolgt nicht zwingend, daß die obere, die geistige Ebene nicht auch unlogisch und emotional sein kann. Hofstadter hat eine deutliche Schilderung dieses Verhältnisses von Geist und Neuronen geliefert:

> ». . . nehmen wir an, es falle jemandem schwer, zu entscheiden, ob er seinen Hamburger mit Käse oder mit Ananas bestellen soll. Heißt das, daß seine Neuronen ebenfalls zögern und bei der Entscheidung, ob sie sich erregen lassen sollen oder nicht, Schwierigkeiten haben? Natürlich nicht. Die Unentschlossenheit bei der Wahl des Hamburgers ist ein Zustand hoher Stufe, der vollständig von der Erregung von Tausenden von Neuronen in äußerst straff organisierter Art und Weise abhängt.«[9]

Um eine Analogie heranzuziehen: Ein gut geschriebener Roman besteht aus einer Abfolge grammatischer Konstruktionen, die ziemlich genauen logischen Regeln der Sprache und des Ausdrucks entsprechen. Dennoch hindert das die darin dargestellten Personen nicht daran zu lieben, zu lachen oder sich in völlig regelloser Weise zu verhalten. Zu behaupten, weil ein Buch aus logischen Wortkonstruktionen bestehe, müsse auch das in ihm Berichtete strengen logischen Prinzipien entsprechen, wäre absurd. Das hieße zwei deutlich unterscheidbare Beschreibungsebenen miteinander verwechseln. MacKay hat auch hervorgehoben, wie wichtig es ist, die Stufen nicht miteinander zu verwechseln, wenn es um das Handeln der Neuronen und des Geists geht: »Die Vorstellung, ein und dieselbe Situation verlange zwei oder mehr Betrachtungsweisen, von denen jede auf ihrer eigenen logischen Ebene umfassend sei, mag abstrakt und schwer verständlich klingen. Aber, wie wir gesehen haben, läßt sie sich durch zahllose Beispiele erläutern.« Unter Verweis auf seine Analogie von der vollständig mit Hilfe der Theorie elektrischer Schaltkreise erklärbaren Leuchtreklame sagt er, daß es für sie eine zusätzliche Beschreibungsmöglichkeit auf der Ebene der Anzeigenbotschaft gibt: »Richtig eingesetzt rivalisieren diese Beschreibungen nicht miteinander, sondern ergänzen einander, in dem Sinne, daß jede von ihnen einen Aspekt aufweist, den man in seine Vorstellungen miteinbeziehen muß, der aber im anderen keine Erwähnung findet.«

In bezug auf den Geist heißt es dann:

> »Die von Autoren wie Teilhard de Chardin verbreitete Vorstellung, wenn der Mensch ein Bewußtsein besitzte, müßten die Atome Spuren davon enthalten, entbehrt jeder rationalen Grundlage .·. . Bewußtsein ist nicht etwas, von dem wir annehmen, daß

wir es letztendlich als Produkt des Verhaltens physikalischer Teilchen anerkennen müssen . . .«[10]

Das heißt in unserer Terminologie, daß der Geist ›ganzheitlich‹ ist.

Nichts von all dem schließt selbstverständlich die Möglichkeit von künstlichem Geist aus, von denkenden Maschinen und so weiter. Es ist eigentümlich, wie viele Menschen, die ohne weiteres bereit sind, ihrem Tier den Besitz von Geist zuzugestehen, die Vorstellung entsetzt, das könnte auch für Computer gelten. Das ist möglicherweise eine Selbstschutzreaktion gegen die vorweggenommene Bedrohung, die eines Tages vielleicht von Computern ausgehen könnte, die über einen Geist von höherer intellektueller Leistungsfähigkeit verfügen, als wir ihn haben. Es ist auch denkbar, daß die Sache noch tiefer liegt.

Die Beschreibung von Geist und Leib auf zwei oder mehr Ebenen ist ein deutlicher Fortschritt gegenüber der alten Vorstellung des Dualismus, der besagt, Geist und Leib seien zwei deutlich voneinander geschiedene Substanzen, oder des Materialismus, der die Existenz von Geist ausschließt. Es handelt sich hier um eine philosophische Annahme, die mit dem Auftreten der kognitiven Wissenschaften, die sich mit künstlicher Intelligenz, Computern, Linguistik, Kybernetik und Psychologie beschäftigen, rasch an Boden gewinnt. All diesen Forschungsgebieten geht es um Systeme, die Informationen auf die eine oder andere Weise verarbeiten, sei es über den Menschen oder über Maschinen. Die Entwicklung von Begriffen und Sprache im Zusammenhang mit Computern wie die Unterscheidung zwischen Hardware und Software hat neue Perspektiven auf das Wesen von Denken und Bewußtsein eröffnet und Naturwissenschaftler gezwungen, schärfer als je über den Geist nachzudenken.

Dieser wissenschaftliche Fortschritt paßt mit dem Auftreten einer neuen Sichtweise vom Geist zusammen, die eng mit den oben dargestellten Gedanken verknüpft ist und als Funktionalismus bezeichnet wird. Funktionalisten sehen als den wesentlichen Bestandteil des Geists nicht die Hardware – das, woraus das Gehirn besteht, oder die physikalischen Abläufe, nach denen es arbeitet – sondern die Software – die Art, wie dies Material angeordnet ist, eben das ›Programm‹. Sie bestreiten nicht, daß das Gehirn eine Maschine ist und daß Neuronen ausschließlich auf elektrische Impulse hin tätig werden – es gibt keine geistigen Ursachen für physikalische Abläufe. Dennoch gibt es auch hier kausale Beziehungen zwischen geistigen Zuständen. Sehr einfach gesagt, verursachen Gedanken Gedanken, unabhängig davon, daß auf der Stufe der Hardware die Kausalglieder bereits unauflöslich miteinander verbunden sind.

Daß es zwischen den kausalen Verbindungen auf der Stufe der Hardware und der Software keine Unvereinbarkeit gibt, wird von den meisten Computer-Programmierern stillschweigend vorausgesetzt. Ihrer Ansicht nach besteht ein Computer einfach aus einem Haufen von Schaltkreisen, und alles, was er tun kann, wird von den Gesetzen der Elektrizität bestimmt. Was er liefert, ist eine automatische Folge davon, daß er auf vorherbestimmten elektrischen Wegen voranschreitet. Im selben Atemzug sagen sie aber auch, der Computer löse Gleichungen, stelle Vergleiche an, treffe Entscheidungen und ziehe aufgrund von Informationsprozessen Schlußfolgerungen; sie behaupten also, er gehe mit geistigen Inhalten um. So ist es möglich, mit zwei verschiedenen Ebenen kausaler Beschreibung zu leben – Hardware und Software –, ohne daß man sich je darüber Gedanken machen muß, auf welche Weise die eine auf die andere einwirkt. Die alte Rätselfrage, wie der Geist auf den Körper einwirkt, wird einfach als Verquickung von Begriffsstufen angesehen. Wir fragen eigentlich nie: »Wie sorgt ein Programm dafür, daß die Schaltkreise eines Computers die Gleichung lösen?«, und wir brauchen auch nicht zu fragen, auf welche Weise die Gedanken unsere Neuronen dazu bringen, Körperreaktionen hervorzurufen.

Was bedeutet nun Funktionalismus für die Religion?

Es scheint sich dabei um eine zweischneidige Geschichte zu handeln. Einerseits leugnet der Funktionalismus, daß der Geist ausschließlich dem Menschen vorbehalten sei, und behauptet, Maschinen könnten gleichfalls denken und fühlen, zumindest dem Grundsatz nach. Dieser Standpunkt läßt sich schwer mit der herkömmlichen Vorstellung von Gott vereinbaren, daß er dem Menschen eine Seele verliehen habe. Auf der anderen Seite läßt der Funktionalismus, indem er den Geist von den Beschränkungen des menschlichen Leibs befreit, die Frage nach der Unsterblichkeit offen:

> »Die Beschreibung des Geists als ›Software‹ setzt nicht unbedingt Neuronen voraus..., sie läßt die Existenz eines von seinem Körper gelösten Geistes zu... Der Funktionalismus schließt die Möglichkeit nicht aus, auch wenn sie abwegig sein mag, daß es in mechanischen und ätherischen Systemen geistige Zustände und Abläufe gibt.« [11]

Der Funktionalismus löst mit einem Schlag die meisten der überkommenen Fragen zur Seele. Woraus ist sie gemacht? Die Frage ist so sinnlos wie die nach den Bestandteilen von ›Staatsangehörigkeit‹ oder ›Dienstagen‹. Seele ist ein ganzheitlicher Begriff. Die Seele ist aus nichts gemacht.

Wo befindet sie sich? Nirgends. Wer sagt, die Seele halte sich an einem Ort auf, geht ebenso von einer falschen Voraussetzung aus wie jemand, der versucht, den Ort der Zahl Sieben oder von Beethovens fünfter Symphonie zu finden. Solche Begriffe spielen sich nicht im Raum ab.

Und was ist mit der Zeit und der Seele? Ist es überhaupt sinnvoll zu sagen, daß sie zwar in der Zeit existiert, aber nicht im Raum?

Diese Frage ist schwieriger zu beantworten. Wenn wir über zunehmende Arbeitslosigkeit oder den Wandel der Mode sprechen, setzen wir die Zeitabhängigkeit von Dingen voraus, die sich nicht sinnvoll einem bestimmten Ort zuordnen lassen. Es scheint keinen Grund dafür zu geben, warum sich der Geist nicht in der Zeit entfalten sollte, obwohl er nirgendwo im Raum zu finden ist.

Wir können also getrost die Annahme aufgeben, der Geist sei nichts als eine Tätigkeit der Gehirnzellen, denn mit ihr würden wir in die Falle des Reduktionsmodells tappen. Dennoch scheint die Existenz des Geists durch diese Tätigkeit gestützt zu werden, und so erhebt sich die Frage, auf welche Weise ein körperloser Geist existieren kann. Um erneut auf eine Analogie zurückzugreifen: Ein Roman besteht aus gedruckten Wörtern, könnte aber ebensogut in Form von gesprochenem Text auf Tonband gespeichert, in Lochkarten gestanzt oder digital in einer Computer-Datenbank aufbewahrt werden. Hat der Geist die Möglichkeit, den Tod des Gehirns zu überleben, indem man ihn auf einen anderen Mechanismus überträgt oder in ein anderes System verpflanzt? Dem Grundsatz nach würde das möglich sein.

Da die meisten Menschen aber nicht an ein Überleben ihrer Gesamtpersönlichkeit denken, ist ein großer Teil dessen, was uns ausmacht, mit unseren leiblichen Bedürfnissen und Fähigkeiten verknüpft. Sexualität beispielsweise wäre ohne einen Körper oder ein Bedürfnis nach Fortpflanzung lächerlich. Viele würden nicht wollen, daß die negativen Bestandteile ihrer Persönlichkeit – Habsucht, Eifersucht, Haß und so weiter – überleben. Der ›harte Kern‹ des Geists müßte von seinen offenkundig eher leiblichen Verknüpfungen und unangenehmen Merkmalen losgelöst werden. Aber bliebe dann noch etwas übrig? Was ist mit der persönlichen Identität – dem *Selbst*?

7. Das Selbst

»Jedes Selbst ist eine göttliche Schöpfung.«
Sir John Eccles

»Das einzige, was ich im Leben bedaure, ist, daß ich nicht jemand anderes bin.«
Woody Allen

Was sind wir? Jeder von uns besitzt tief in seinem Bewußtsein verborgen ein starkes Gefühl seiner persönlichen Identität. Während wir heranwachsen und uns entwickeln, ändern sich unsere Ansichten und Geschmacksrichtungen, unsere Sichtweise der Welt, und neue Empfindungen treten auf. Doch trotzdem zweifeln wir nie daran, daß wir dieselben bleiben. *Wir* erleben diese Veränderungen. Diese Erlebnisse widerfahren *uns*. Was aber ist dieses ›wir‹, das all das erlebt? Hinter dieser Frage steht das alte Geheimnis des Selbst.

Wenn wir mit anderen Menschen zu tun haben, identifizieren wir diese gewöhnlich über ihren Körper und in geringerem Ausmaß über ihre Persönlichkeit, uns selbst aber sehen wir ganz anders. Wenn ich von ›meinem Körper‹ spreche, geschieht das in demselben Sinn des Besitzens wie in der Aussage ›mein Haus‹. Beim Geist hingegen geht es weniger um ein Besitztum als um den *Besitzer*. Mein Geist gehört nicht zu meinem Hab und Gut: er ist *ich selbst*.

Also wird der Geist als der *Eigentümer* von Erfahrungen und Empfindungen angesehen, als Mittel- oder Brennpunkt von Gedanken. Meine Gedanken und meine Erlebnisse gehören mir; Ihre gehören Ihnen. In den Worten des schottischen Philosophen Thomas Reid heißt das:

> »Was auch immer dieses Selbst sein mag, es ist etwas, das denkt, überlegt, beschließt, handelt und leidet. Ich bin kein

Denken, ich bin kein Tun, ich bin kein Fühlen; ich bin etwas, das denkt, handelt und leidet.«[1]

Was wäre natürlicher für einen Theologen, als das Selbst mit der schwer greifbaren geistigen Substanz oder Seele gleichzusetzen? Da darüber hinaus die Seele keinen Ort im Raum hat, kann sie nicht ›zerlegt‹ oder verstreut werden, und das gewährleistet die Vollständigkeit des Selbst, denn eines der grundlegendsten Merkmale des wahrgenommenen ›Selbst‹ ist seine Unteilbarkeit – es ist etwas einzelnes, mit nichts anderem Zusammenhängendes. *Ich bin ein* Individuum, und *ich* unterscheide mich ganz und gar von *Ihnen.*

Dennoch ist, wie wir im vorherigen Kapitel gesehen haben, die Vorstellung von Geist – oder Seele – bekannt schwierig und kann zu einem Paradoxon führen. Die Frage: ›Was *bin* ich?‹ läßt sich nicht leicht beantworten. Darauf weist Ryle hin: »Eine unnötige Täuschung beginnt in dem Augenblick, in dem wir uns nach den mit unseren Pronomina bezeichneten Wesen umsehen.«[2] Dennoch muß die Frage beantwortet werden, ob sich der Gedanke der Unsterblichkeit überhaupt sinnvoll behandeln läßt. Falls ich meinen Tod überlebe, was *kann* ich dann zu überleben erwarten?

David Hume zufolge ist das Selbst nichts als eine Sammlung von Erfahrungen:

> »Wenn ich ins Innerste dessen eindringe, was ich *mein Selbst* nenne, stolpere ich stets über die eine oder andere besondere Wahrnehmung, Hitze oder Kälte, Licht oder Schatten, Liebe oder Haß, Schmerz oder Freude. Ich ertappe *mich* zu keiner Zeit ohne eine Wahrnehmung und kann nie etwas anderes beobachten als die Wahrnehmung.«[3]

Wenn wir uns diese Ansicht zu eigen machen, heißt die Antwort auf die Frage ›Was bin ich?‹ einfach: ›Ich bin meine Gedanken und Erfahrungen‹. Dennoch bleibt ein Gefühl des Unbehagens. Ist es möglich, daß Gedanken ohne einen *Denkenden* existieren? Und was unterscheidet *Ihre* Gedanken von *meinen* Gedanken? Was heißt das überhaupt: ›meine‹ Gedanken? In der Tat schrieb Hume später über seine erste Feststellung: »Nach gründlicherer Erwägung der Frage der *persönlichen Identität* ist zu sagen: ich finde mich in einem Labyrinth wieder.«

Es muß zugestanden werden, daß der Begriff des Selbst unscharf ist und daß unseren Erfahrungen ein großer Anteil an der Herausbildung des Selbst zukommt, auch wenn sie keine völlig einleuchtende Erklärung bieten. Einige Aspekte des Selbst scheinen an der Grenzlinie der persönlichen Identität zu liegen. Wo sollen wir beispielsweise – bildlich gesprochen – Emotionen ansiedeln? *Hat* der Mensch Emotionen wie man einen Leib hat, oder sind die Emotionen ein unablösbarer Bestandteil des *Ich*? Es ist wohlbekannt, daß Emotionen durch körperliche Auswirkungen wie beispielsweise die chemische Blutzusammensetzung bestimmt werden. Ein unausgewogener Hormonhaushalt kann verschiedene Befindensstörungen hervorrufen, und auch Drogen vermögen eine Vielzahl von Geisteszuständen und Stimmungen hervorzurufen oder zu unterdrükken – wie jeder weiß, der Alkohol trinkt. Zu noch drastischeren Persönlichkeitsveränderungen können chirurgische Eingriffe am Gehirn führen. All das läßt uns zögern, der Seele zu viele Attribute der Persönlichkeit zuzuordnen. Andererseits, was bleibt, wenn *alle* Emotionen beiseite gelassen werden? Christen sind möglicherweise damit einverstanden, daß man der Seele negative Emotionen abspricht, doch würden sie ihr gern weiterhin Empfindungen der Liebe und Verehrung zugestehen. Über moralisch wertfreie Kategorien wie Langeweile, Lebenskraft und Humor ließe sich vermutlich reden.

Von größerer Bedeutung ist die Frage des Gedächtnisses und des ganzen Bereichs, mit dem unsere Zeitwahrnehmung zusammenhängt. Unsere Vorstellungen von uns selbst sind stark in unseren Erinnerungen an Vergangenes verwurzelt, und es ist keineswegs sicher, daß der Begriff des Selbst ohne die Existenz eines Gedächtnisses von Bedeutung wäre. Man könnte einwenden, daß sich jemand, der das Gedächtnis verloren hat, die Frage stellt, ›Wer bin ich?‹, ohne eine Sekunde lang daran zu zweifeln, daß es ein ›Ich‹ gibt, auf das sich das ›Wer‹ bezieht. Doch ist selbst ein solcher Mensch nicht vollständig gedächtnislos. Beispielsweise kann er ohne weiteres mit Alltagsgegenständen wie Tassen und Untertassen, Autobussen und Betten umgehen. Auch sein Kurzzeitgedächtnis bleibt unbeeinflußt: Wenn er sich vornimmt, ein wenig im Garten auf und ab zu gehen, fragt er sich nicht einige Augenblicke später, was er dort eigentlich tut.

Verlöre jemand auch die Fähigkeit, sich dessen zu erinnern, was er vor wenigen Sekunden getan hat, schwände sein Identitätsgefühl vollständig. Er wäre zu keiner zusammenhängenden Handlungs- oder Verhaltensweise imstande, könnte die Bewegungen seines Körpers in keinem bewußten Handlungsmuster koordinieren, wäre völlig unfähig, seinen Wahrnehmungen einen Sinn zuzuordnen und nicht imstande, seine mit der Umwelt gemachten Erfahrungen einzuordnen. Der ganze Begriff *seiner selbst* im Unterschied zur wahrgenommenen Welt wäre chaotisch.

Für ihn gäbe es im Zusammenhang mit Ereignissen weder ein Muster noch eine Regelmäßigkeit, und es wäre ihm nicht möglich, einen Begriff von Kontinuität aufrechtzuerhalten, insbesondere was persönliche Kontinuität betrifft.

Mithin erwerben wir durch das Gedächtnis im weitesten Sinn ein Gefühl für unsere persönliche Identität und erkennen uns von einem Tag zum andern als *dasselbe* Individuum. Unser ganzes Leben hindurch bewohnen wir einen Leib, doch vermag dieser beträchtliche Veränderungen zu erfahren. Als Ergebnis des Stoffwechsels werden seine Atome systematisch erneuert, er wächst, reift, altert und stirbt schließlich. Auch unsere Persönlichkeit erlebt wichtige Veränderungen, doch durch diesen ganzen beständigen Wandel hindurch halten wir uns für ein und dieselbe Person. Wie könnte ohne eine Erinnerung an frühere Phasen unseres Lebens die Vorstellung ›dieselbe Person‹ eine Bedeutung haben, außer im Sinne der physischen Kontinuität?

Nehmen wir an, jemand behaupte, eine Wiedergeburt Napoleons zu sein. Falls er nicht wie Napoleon aussähe, wären Erinnerungen und Gedächtnis das einzige Kriterium, nach dem man seinen Anspruch beurteilen könnte. Was war Napoleons Lieblingsfarbe? Wie fühlte er sich vor der Schlacht von Waterloo? Bevor man die Behauptung des Betreffenden ernst nähme, würde man erwarten, daß er einige spezifische und möglichst überprüfbare Angaben über Napoleon von sich gäbe. Nehmen wir jedoch an, er behaupte, alle Erinnerungen an sein früheres Leben vergessen zu haben, außer daß er einst Napoleon *war*, was soll man damit anfangen? Was würde die Aussage ›ich war Napoleon‹ für ihn bedeuten?

»Ich meine damit«, würde er vielleicht entgegnen, »daß, auch wenn mein Körper, mein Gedächtnis und überhaupt meine ganze Persönlichkeit jetzt Hans Schmidt sind, die Seele dieses Hans Schmidt keine andere ist als die Napoleon Bonapartes. Ich *war* Napoleon, *jetzt* bin ich Schmidt, aber es ist dasselbe *Ich*. Nur meine äußeren Merkmale haben sich gewandelt.« Aber ist das nicht Unsinn? Was sollte denn den Geist eines Menschen von dem eines anderen unterscheiden, wenn nicht ihre Persönlichkeit oder ihre Erinnerung? Behaupten, es gebe eine Art übertragbarer Kennmarke – die Seele –, die im übrigen völlig frei von Eigenschaften ist, außer daß sie irgendein geheimnisvolles Erkennungszeichen trägt, ist eine völlig sinnlose Gedankenspielerei. Was würden wir zu jemandem sagen, der ihre Existenz bestritte? Könnten wir nicht auf diese Weise für alles Seelen erfinden – für Pflanzen, Wolken, Felsen und Flugzeuge? »Zwar sieht das aus wie eine gewöhnliche Diesellok«, könnte man erklären, »aber in Wirklichkeit enthält sie das Wesen und die Seele von Stevensons erster Dampflok, der *Rocket*! Die Konstruktion ist anders, das Material ist anders, die Leistungen ähneln in nichts denen der *Rocket*, dennoch ist es *dieselbe* Lokomotive mit einem völlig neuen Äußeren und einer völlig neuen Struktur und Konstruktion.« Was wäre der Sinn einer solch leeren Behauptung?

Um ein einleuchtenderes Beispiel als das der Wiedergeburt zu nehmen, sei angenommen, ein Ihnen nahestehender Mensch werde einer so tiefgreifenden Operation unterzogen, daß man ihn anschließend körperlich nicht wiedererkennt. Woran würde man erkennen, daß er derselbe ist? Wenn er Ihnen Einzelheiten über sein früheres Leben berichtete, Ihnen kleine Vorfälle und persönliche Unterhaltungen ins Gedächtnis riefe und im großen und ganzen eine gründliche Vertrautheit mit seinen früheren Umständen erkennen ließe, würde man zu dem Schluß neigen, daß es sich in der Tat um denselben Menschen handelt. »Doch, das ist er. Das kann sonst niemand wissen.« Wenn aber der Chirurg einen großen Teil des Gedächtnisses dieses Menschen entfernt oder beschädigt hat, wäre Ihr Urteil über seine Identität weit weniger sicher. Besäße er überhaupt kein Erinnerungsvermögen mehr, gäbe es für Sie keinen Grund (außer möglicherweise verbleibende körperliche Hinweise) zu sagen, der Mensch, den Sie vor sich sehen, sei Ihr Bekannter. Es ist nicht einmal klar, daß man jemanden, der *überhaupt* kein Gedächtnis besitzt, als Person ansehen kann; dieser Mensch würde über keine zusammenhängenden Merkmale einer Persönlichkeit verfügen, die wir normalerweise mit dem Begriff ›Individuum‹ in Verbindung bringen. Seine Reaktionen wären entweder völlig willkürlich oder reine Reflexe, und damit würde sich sein Verhalten kaum von dem eines ziemlich schlecht programmierten Automaten unterscheiden.

Hier ist deutlich die Schwierigkeit für den Dualisten zu erkennen, der an das Weiterleben der Seele glaubt. Wenn die Seele für die Speicherung von Gedächtniseindrücken auf das Gehirn angewiesen ist, wie kann sie sich dann nach dem Absterben des Leibs an irgend etwas erinnern? Wenn sie sich aber an nichts erinnern kann, welches Recht haben wir dann, ihr eine persönliche Identität zuzusprechen? Oder sollen wir annehmen, daß die Seele über eine Art nicht-materielles Erinnerungssystem verfügt, das parallel zum Gehirn funktioniert, aber ebensogut allein zurechtkommt?

Bisweilen wird versucht, aus dieser Zwickmühle mit Hilfe der Behauptung herauszukommen, die Seele transzendiere die Zeit. Ebensowenig wie im Raum sei die Seele in der Zeit lokalisierbar. Aber damit handeln wir uns nur weitere Schwierigkeiten ein, wie wir schon im vorherigen Kapitel gesehen haben.

Vielleicht kommen wir einem Verständnis des ›Selbst‹ dadurch näher, daß wir uns mit einer Aussage beschäftigen, die zahlreiche Philosophen gemacht haben: daß das menschliche Bewußtsein nicht bloß aus der Bewußtheit besteht, sondern auch aus der Selbst-Bewußtheit – wir *wissen*, daß wir wissen. Im Jahre 1690 hob John Locke hervor, unmöglich könne jemand etwas wahrnehmen, ohne *wahrzunehmen*, daß er etwas wahrnimmt[4]. Der Oxforder Philosoph J. R. Lucas drückt das wie folgt aus:

> »Indem wir sagen, ein bewußtes Wesen wisse etwas, sagen wir nicht nur, daß es das weiß, sondern auch, daß ihm dieses Wissen bewußt ist und daß es weiß, daß ihm dieses Wissen bewußt ist und so weiter... Die Paradoxien des Bewußtseins ergeben sich, weil ein bewußtes Wesen sich seiner selbst wie auch anderer Dinge bewußt sein kann und sich dennoch nicht in Teile zerlegen läßt.«[5]

Ähnliches meint A. J. Ayer mit seiner Aussage: »Man ist versucht, sich sein Selbst gleichsam als ein Set chinesischer Schachteln vorzustellen, wobei jede die betrachtet, die von ihr unmittelbar umschlossen wird.«[6] Zweifellos besitzt die Fähigkeit der Bezugnahme auf sich selbst eine Schlüsselfunktion für die Enthüllung des Geheimnisses des Geists. Wir sind der Bedeutung der Rückkopplung und der Selbstkopplung in Prigogines zerstreuenden Strukturen bereits begegnet, die über die Fähigkeit zur Selbstorganisation verfügen, und es scheint ein natürliches Fortschreiten vom Unbelebten über das Belebte zum Bewußten zu geben – eine Hierarchie der Komplexität und Selbstorganisation. Doch darin liegt eine weitere Hierarchie verborgen – eine solche von Begriffsstufen, wie wir sie im vorhergehenden Kapitel behandelt haben. Das Leben ist etwas Ganzheitliches, und die reduktionistische Sichtweise zeigt uns lediglich die unbelebten Atome in unserem Inneren. In ähnlicher Weise ist der Geist auf der nächst höheren Beschreibungsstufe etwas Ganzheitliches. Es ist ebensowenig zulässig, ihn als bloße Ansammlung von Gehirnzellen zu verstehen, wie wir Zellen als bloße Ansammlung ihrer atomaren Bestandteile verstehen dürfen. Es wäre vergeblich, Gehirnzellen auf Anzeichen von Intelligenz oder Bewußtsein abzusuchen – diese Begriffe sind auf dieser Ebene schlicht bedeutungslos. Also ist das Merkmal ›Selbst-Bewußtheit‹ offenkundig ganzheitlich und läßt sich nicht auf bestimmte elektro-chemische Abläufe im Gehirn zurückführen.

Der Untersuchung des Bezugs auf sich selbst haftete immer etwas

Paradoxes an, nicht nur, was die philosophische Frage der Selbst-Bewußtheit angeht, sondern auch auf dem Gebiet der schönen Künste und sogar auf der Stufe von Logik und Mathematik. Der griechische Gelehrte Epimenides hat auf die Schwierigkeiten hingewiesen, zu denen es im Zusammenhang mit Aussagen kommt, die ein Mensch über sich selbst macht. Normalerweise setzen wir voraus, daß eine sinnvolle Aussage entweder falsch oder richtig sein muß. Doch betrachten wir den Ansatz des Epimenides, den wir A nennen wollen und der sich wie folgt umschreiben läßt:

A: Diese Aussage ist falsch.

Ist A richtig oder falsch? Falls es richtig ist, erklärt sich die Aussage selbst als falsch; sofern sie falsch ist, muß sie richtig sein. Aber A kann nicht zugleich richtig und falsch sein, also gibt es auf die Frage: ›Ist A richtig oder falsch?‹ keine Antwort.

Einer ähnlichen Schwierigkeit sahen wir uns bei Russells Paradoxon im 3. Kapitel gegenüber. In beiden Fällen scheinen völlig harmlose Aussagen oder Vorstellungen, wenn sie ›umgebogen‹ und auf sich selbst zurückgerichtet werden, widersinnig zu werden. Eine entsprechende Form von A ist:

A: Die folgende Aussage ist richtig. A_1

Die vorangehende Aussage ist falsch. A_2

In dieser Form sind die beiden Einzelaussagen A_1 und A_2 völlig klar und widerspruchsfrei. Miteinander verbunden jedoch scheinen sie der Logik Hohn zu sprechen.

In seinem bemerkenswerten Buch weist Hofstadter darauf hin, wie in engerer Sicht vernünftige Begriffe oder Vorstellungen, die unter einer ausgeweiteten Perspektive ins Paradoxe münden, im Werk des holländischen Forschers und Zeichners M. C. Escher eine eindrucksvolle künstlerische Darstellung erfahren haben. Nehmen wir beispielsweise sein Bild *Wasserfall*. Wenn wir dem Weg des Wassers von Anfang bis Ende folgen, scheint sein Verhalten an jeder Stelle völlig natürlich und einwandfrei zu sein, bis wir uns plötzlich erschreckt am Ausgangspunkt wiederfinden. Der ganze Ablauf ist, als Gesamtes gesehen, offensichtlich eine Unmöglichkeit, dennoch geht an keiner Stelle des Wegs, den er beschreibt, irgend etwas ›daneben‹. Lediglich der globale oder ganzheitliche Aspekt läßt die Sache paradox erscheinen. Hofstadter findet ein musikalisches Äquivalent dieser ›seltsamen kreisförmigen Abläufe‹ auch in Fugen von Bach.

Mathematiker und Philosophen, die sich mit den logischen Grundlagen der Mathematik beschäftigen, haben tiefgreifende Untersuchungen des Selbstbezugs durchgeführt. Am verblüffendsten dabei ist wohl der von dem Mathematiker Kurt Gödel 1931 formulierte Unvollständigkeitssatz, der das übergreifende Thema von Hofstadters Buch bildet. Der Gödelsche Satz entsprang dem Versuch von Mathematikern, den Beweisführungsprozeß zu systematisieren, um die logische Grundlage zu klären, auf der das Gebäude der Mathematik errichtet ist. Russells Paradox beispielsweise ergab sich aus seinem Versuch, Begriffe dadurch so allgemein und unverbindlich wie möglich zu organisieren, daß er sie einer ›Gesamtheit von Mengen‹ zuordnete – mit katastrophalen Folgen.

Gödel kam der Gedanke, mathematische Objekte zur Kodifizierung von Aussagen zu benutzen. An sich war das weder neu noch sensationell. Jeder, der einen nach Ziffern aufgebauten Vertragstext gelesen hat, kennt das Verfahren. Neuartig an Gödels Untersuchung war, daß er mit Mitteln der Mathematik Aussagen über die Mathematik kodifizierte – hier haben wir erneut den rückverweisenden Aspekt. Wohl unvermeidlich kam dabei etwas dem Paradox des Epimenides Ähnliches heraus, aber eben als Aussage über die Mathematik, eigentlich über die wohlvertrauten natürlichen Zahlen 1, 2, 3 ... Gödel zeigte in seinem Satz, daß es stets Aussagen über Zahlen gibt, die sich unter *keinen* Umständen, nicht einmal dem Grundsatz nach, auf Grundlage vorgegebener Axiome beweisen oder widerlegen lassen – wie die Aussage A weiter oben. Axiome sind Aussagen, die man für wahr hält, ohne daß sie eines Beweises bedürfen, wie 1 = 1. Es zeigt sich nun, daß selbst ein vergleichsweise einfaches mathematisches System wie das der natürlichen Zahlen über Merkmale verfügt, die sich auf der Grundlage vorgegebener Annahmen nicht beweisen oder widerlegen lassen, wie komplex und zahlreich diese Annahmen auch immer sein mögen!

Die Bedeutung des Gödelschen Unvollständigkeitssatzes liegt darin, daß er durch Vermischung von Subjekt und Objekt zeigt, wie auch auf der grundlegenden Ebene logischer Analyse der Rückverweis entweder zur Paradoxie oder zur Unentscheidbarkeit führen kann. Man hat angenommen, daß sich daraus für den Menschen die Unmöglichkeit ergibt, zu irgendeinem Zeitpunkt sein eigenes Denken, nicht einmal grundsätzlich, vollständig zu verstehen. Hofstadter sagt dazu: »Gödels Unvollständigkeitssatz ... [hat] den Klang eines alten Märchens, das uns warnt: ›Die Suche nach Selbsterkenntnis heißt, sich auf eine Reise begeben, die ... nie ein Ende finden wird‹.«[7]

Gödels Unvollständigkeitssatz wurde auch zur Unterstützung des

Arguments für die nicht-mechanische Art des Geists herangezogen. In einem Aufsatz mit dem Titel *Geist, Maschine und Gödel* erklärt Lucas, menschliche Intelligenz sei von Computern nie erreichbar: »Gödels Satz scheint mir zu beweisen, daß ›Mechanismus‹ falsch ist, das heißt, daß sich Geist nicht als Maschine erklären läßt.«[8] Im wesentlichen geht es bei seinem Argument darum, daß wir als Menschen mathematische Wahrheiten über Zahlen entdecken können, die ein Computer, den man darauf programmiert hat, innerhalb vorgegebener Axiome zu arbeiten, und der damit Gödels Satz unterliegt, nicht selbst beweisen kann:

> »Eine wie komplizierte Maschine auch immer wir bauen . . ., sie wird Gödels Satz unterliegen, daß sie eine Formel finden wird, die innerhalb des Systems unbeweisbar ist. Die Maschine wird nicht imstande sein, diese Formel als richtig zu beweisen, obwohl ein Geist sie als das erkennen kann. Mithin ist die Maschine nach wie vor kein dem Geist gleichwertiges Modell.«[9]

Zweifellos würden sich zahlreiche Menschen bei der Vorstellung unbehaglich fühlen, die Überlegenheit des Geists rühre aus abgelegenen mathematischen Gebieten, wo doch gewöhnlich Eigenschaften wie Liebe, Schönheitssinn, Humor und so weiter als Nachweise für einen nicht-mechanischen Geist oder eine ›Seele‹ angeführt werden. Auf jeden Fall wurde Lucas' Argument aus einer Vielzahl von Gründen angegriffen. Beispielsweise weist Hofstadter darauf hin, daß in der Praxis die Fähigkeit menschlichen Geists, komplizierte mathematische Wahrheiten zu entdecken, begrenzt sei, so daß man immer noch einen Computer programmieren könne, der mit Erfolg alles zu beweisen vermöchte, was ein bestimmter Mensch je über Zahlen zu entdecken imstande wäre. Darüber hinaus fällt es leicht, sich davon zu überzeugen, daß *wir* im Hinblick auf Aussagen vom Typ des Epimenides Gödels Satz gegenüber ebenso verwundbar sind wie Computer; es ist möglich, logische Wahrheiten über die Welt zu konstruieren, die Schmidt miteinschließen, ohne daß Schmidt sie je beweisen könnte!

Wie schon betont, geht es beim Bewußtsein, dem Eindruck des freien Willens und dem Gefühl der persönlichen Identität um ein Element des Rückbezugs, und all diese Punkte können auch paradoxe Aspekte aufweisen. Wenn ein Mensch etwas wahrnimmt – beispielsweise einen physikalischen Gegenstand –, befindet er sich als Beobachter definitionsgemäß außerhalb des beobachteten Objekts, wenn er auch durch irgendeinen Sinnesmechanismus mit ihm verbunden ist. Doch bei der Introspektion – das heißt, ein Beobachter beobachtet sich selbst – fallen Subjekt und

Objekt in äußerst verblüffender Weise zusammen. Es ist so, als befinde sich der Beobachter zugleich innerhalb und außerhalb seiner selbst.

Diese eigentümliche Topologie des Geists läßt sich auf mehrere verblüffende Arten darstellen. Man sehe sich beispielsweise das berühmte Möbiussche Band an (siehe Abb. 10). Es entsteht, indem man einen Streifen einmal verdreht und dann dessen Enden zu einer geschlossenen Schleife verbindet. Es hat nun den Anschein, als gebe es an jeder Stelle des Bands eine Vorder- und eine Rückseite. Doch fährt man dem Band nach, erkennt man, daß es tatsächlich nur eine einzige Seite gibt. Punktuell gesehen scheint eine Aufteilung in zwei Kategorien vorzuliegen – ähnlich der in Subjekt und Objekt –, aber ein Blick auf die Globalstruktur zeigt, daß es in Wirklichkeit nur eine gibt.

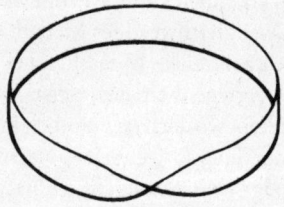

10 Das berühmte Möbiussche Band entsteht durch einfaches Verdrehen eines Streifens und Verbinden seiner Enden. Bei gründlicher Untersuchung zeigt sich, daß es jetzt eine einseitige Fläche ist und nur über einen Rand verfügt.

Eine weitere eindringliche Darstellung des Rückbezugs liefert Hofstadter in der Sprache seiner seltsamen kreisförmigen Abläufe:

»Ich glaube, daß Erklärungen von ›neu auftauchenden‹ Phänomenen – z. B. Ideen, Hoffnungen, Bildern, Analogien und schließlich auch Bewußtsein und freiem Willen – auf einer Art Seltsamer Schleife beruhen, einer Wechselwirkung zwischen Stufen, bei der die oberste Stufe auf die unterste zurückgreift und auf sie einwirkt, wobei sie gleichzeitig durch die unterste Stufe bestimmt ist . . . Das Selbst entsteht in dem Augenblick, in dem es fähig ist, sich selbst zu reflektieren.«[10]

Das wesentliche Merkmal bei all diesen Versuchen, sich zu einem besseren Verständnis des Selbst vorzutasten, ist die Verwickeltheit hierarchischer Stufen. Die ›Hardware‹ aus Gehirnzellen und elektrochemischer Maschinerie unterstützt die ›Software‹-Ebene mit den Gedanken, Ideen, Entscheidungen, die sich ihrerseits mit der Ebene der Neuronen rückkoppeln und auf diese Weise ihre eigene Existenz verändern und erhalten. Der Versuch, Gehirn und Geist, Leib und Seele zu trennen, führte zu einer Vermengung, die auf die Absicht zurückgeht, diese beiden ineinander verschlungenen Stufen (oder in Hofstadters Worten »verschlungene Hierarchie«) voneinander zu trennen. Das aber ist ein sinnloses Unterfangen, denn gerade aus der Verschlingung der Ebenen entsteht *man selbst*.

Bemerkenswerterweise ist die moderne christliche Lehre insofern ein gutes Stück auf dem Weg hin zu diesem Bild von miteinander verbundenem Geist und Gehirn gegangen, als sie betont, durch Christi Vermittlung erlebe der *ganze Mensch* seine Auferstehung – entgegen der herkömmlichen Vorstellung einer für sich bestehenden unsterblichen Seele, die, von ihrem materiellen Gegenstück losgelöst, freischwebend umhertreibt, um irgendwo ein körperloses Dasein zu führen.

Doch ist nichts von dem, was bisher über den Geist gesagt wurde, speziell auf den Menschen beschränkt. Es scheint keinen wissenschaftlichen Nachweis für irgendeine besondere göttliche Eigenschaft des Menschen zu geben, und es ist kein wirklicher Grund dafür erkennbar, daß eine fortschrittliche elektronische Maschine nicht prinzipiell den unsrigen ähnliche Bewußtseinsempfindungen haben könnte. Damit soll selbstverständlich nicht gesagt werden, daß Computer über eine Seele verfügen, sondern eher, daß das komplexe Geflecht ineinander verschlungener Ebenen, die das hervorbringen, was wir als Geist verstehen, in einer Vielzahl von Systemen auftreten kann.

Dennoch bleibt ein Aspekt des Selbst, dem die einfache deterministische Beschreibung zu widersprechen scheint, und das ist der *Wille*. Alle Menschen sind der Ansicht, sie hätten die Möglichkeit, in begrenztem Umfang zwischen verschiedenen Handlungsweisen zu wählen. Läßt sich je einem Computer eine solche Handlungsfreiheit einprogrammieren?

Hofstadter zufolge ist das dem Grunde nach möglich. Er beschreibt die Empfindungen des freien Willens, die wir haben, als empfindliches Gleichgewicht zwischen Selbstkenntnis und Selbstunkenntnis. Er behauptet, ein Computer werde, sofern man dem Programm ein hinlängliches Maß an Rückbezug auf sich selbst zugestünde, gleichfalls anfangen, sich zu verhalten, als besitze er einen eigenen Willen. Hofstadter versucht das mit der Unvollständigkeit, ähnlich der nach dem Gödelschen Satz, zur Deckung zu bringen, die zwangsläufig in einem beliebigen System auftritt, sobald es in der Lage ist, sein eigenes inneres Tun zu betrachten. (Die Frage des freien Willens und der Vorbestimmung wird Kapitel 10 ausführlicher abhandeln.)

Nehmen wir an, diese Argumente überzeugen uns: Das menschliche Gehirn ist also eine wunderbar komplexe elektrochemische Maschine, und andere Arten künstlicher Mechanismen, wie beispielsweise Computer, lassen sich so programmieren, daß sie über einen freien Willen und über die Emotionen verfügen, die denen des Menschen ähneln. Wird damit der Geist des Menschen abgewertet? Man erinnere sich an die Falle der ›Nichtsalsigkeit‹. Mit der Behauptung, das Gehirn sei eine Maschine, leugnet man nicht die Wirklichkeit von Geist und Empfindung, die sich auf eine höhere Beschreibungsebene bezieht – der Ameisenhaufen, das Sujet des Romans, das dem Puzzle zugrundeliegende Bild, die Beethoven-Symphonie. Diese Aussage bedeutet nicht zwangsläufig, daß der Geist *nichts als* das Ergebnis mechanistischer Abläufe sei. Die Behauptung, aufgrund der deterministischen Art, in der das Gehirn funktioniert, sei der freie Wille eine bloße Illusion, ist ebenso irrig wie die, wegen der ihm zugrundeliegenden Art unbelebter atomarer Abläufe sei das Leben eine Illusion.

Zahlreiche Science-Fiction-Autoren haben das Gedankenspiel von Maschinen ausgesponnen, die über einen eigenen Geist verfügen, allen voran Isaac Asimov mit seinen Robotergeschichten und Arthur C. Clarke mit seinem Roman *2001: Eine Odyssee im Weltraum*. Gründlichere Analysen stammen auch von einigen Autoren, die sich beim Versuch, die Definition des Selbst zu klären, ›Geistverpflanzungen‹ vorgestellt haben.

Denken Sie nur, was beispielsweise geschähe, wenn man Ihr Gehirn herausnehmen und einem ›Gehirnerhaltungssystem‹ einpflanzen könnte, wobei es über eine Art Funkkontakt mit dem Körper verbunden bliebe. (Selbstverständlich liegt dergleichen völlig außerhalb dessen, was die Technik in vorhersehbarer Zeit ermöglichen wird, aber kein vernünftiger Grund spricht dagegen, daß es eines Tages möglich sein könnte.) Ihre Augen, Ohren und Sinne funktionieren wie zuvor, und Ihr Körper kann sich ungehindert bewegen. Nichts würde anders erscheinen – abgesehen vielleicht von einem auf die Leichtigkeit des Kopfs zurückgehenden Gefühl der Verwirrung –, außer daß Sie eben auf Ihr eigenes Gehirn hinabsehen könnten. Die Frage ist dann: Wo wären *Sie*? Wenn Ihr Leib eine Zugfahrt unternimmt, sind Ihre Erlebnisse die eines Menschen auf der Reise, haargenau so, als wäre das Gehirn noch in Ihrem Kopf. Gewiß hätten Sie den *Eindruck*, selbst in dem Zug zu sitzen.

Die Verwirrung steigert sich, wenn wir uns nun vorstellen, daß Ihr Gehirn statt dessen einem anderen Körper eingepflanzt wird. Wie ist das nun: Haben *Sie* dann einen neuen Körper, oder hat *er* ein neues Gehirn? Könnten Sie sich mit dem Körper eines anderen noch als dieselbe Person ansehen? Vielleicht. Aber wenn nun der Körper zu einem Menschen des anderen Geschlechts oder zu einem Tier gehört? Vieles von dem, was *Sie* ausmacht, Ihre Persönlichkeit, Ihre Fähigkeit und so weiter, hängt mit den chemischen und physikalischen Bedingtheiten des Körpers zusammen. Und was, wenn Ihr Gedächtnis während der Übertragung ausgelöscht würde? Wäre es dann überhaupt sinnvoll, das neue Individuum als *Ihres* anzusehen?

Weitere Schwierigkeiten treten auf, wenn man Spekulationen über die Verdopplung des Selbst anstellt. Nehmen Sie an, der gesamte Informationsinhalt Ihres Gehirns werde irgendwo einem Computer eingegeben, und Ihr Körper und Ihr Gehirn würden sterben. Würden *Sie* dennoch überleben – im Computer?

Die Vorstellung, den Geist von Menschen in Computern zu speichern, eröffnet die Aussicht, daß man ›Kopien‹ von uns in großer Zahl auf andere Computer überspielen könnte. Bekanntlich gibt es zahlreiche Berichte über Geistesstörungen, die zu ›Mehrfachpersönlichkeiten‹ führten, und über Fälle, in denen man bei Patienten die Verbindung zwischen linker und rechter Gehirnhälfte durchtrennt hat, was zu Bewußtseinszuständen führt, bei denen, grob gesprochen, die Linke buchstäblich nicht weiß, was die Rechte tut.

Wenn auch einige dieser Vorstellungen furchterregend wirken mögen, liegt in ihnen doch die Hoffnung verborgen, daß wir den Begriff ›Unsterblichkeit‹ auf naturwissenschaftliche Weise mit einem Sinn zu erfüllen vermögen, denn sie betonen, daß *Information* der wesentliche Bestandteil des Geists ist. Das im Gehirn existierende Muster macht uns zu dem, was wir sind, nicht das Gehirn selbst. Ebenso, wie Beethovens 5. Symphonie nicht aufhört zu existieren, wenn das Orchester sie zu Ende gespielt hat, kann der Geist trotz einer räumlichen Übertragung fortbestehen. Wir haben weiter oben erwogen, wie man ihn im Prinzip auf einen Computer übertragen könnte, doch wenn der Geist letztlich nichts anderes ist als ›organisierte Information‹, könnte das Ausdrucksmittel dieser Information alles beliebige sein; es bedarf dazu keines besonderen, eigentlich gar keines irgendwie gearteten Gehirns. Eher noch als ›Geistern in Maschinen‹ ähneln wir ›Botschaften in Schaltkreisen‹, und die Botschaft selbst transzendiert ihre Ausdrucksmittel.

MacKay drückt diesen Standpunkt computerbezogen aus:

»Geriete ein Computer, in dem ein bestimmtes Programm abläuft, in Brand und würde dabei zerstört, würden wir gewiß sagen, daß das das Ende dieser bestimmten Verkörperung des Programms bedeutet. Wollen wir aber nun dasselbe Programm in einer neuen Verkörperung erneut laufen lassen, brauchten wir dazu keineswegs die Teile des ursprünglichen Computers wieder zusammenzusetzen oder gar den ursprünglichen Mechanismus zu reproduzieren. Jedes aktive Medium (sogar Rechenvorgänge mit Bleistift und Papier), das dieselbe Struktur und Abfolge der Beziehungen ausdrückte, könnte im Prinzip eben dieses Programm verkörpern.«[11]

Diese Schlußfolgerung läßt die Frage offen, ob das ›Programm‹ später in einem anderen Körper in einer Reinkarnation erneut abläuft oder in einem System, das wir nicht als Teil des physikalischen Universums – im Himmel? – wahrnehmen, oder ob es einfach in irgendeinem Sinne ›gespeichert‹ wird – ins Fegefeuer? Was die Wahrnehmung der Zeit betrifft, werden wir noch sehen, daß nur während des Programmablaufs, wie beim tatsächlichen Spielen einer Symphonie, dem Fluß der Zeit eine Bedeutung zukommt. Die Existenz eines Programms ist wie die einer Symphonie ihrem Wesen nach zeitlos, sobald es oder sie einmal geschaffen wurde.

Weiter oben in diesem Kapitel wurde gesagt, die Forschung in den kognitiven Wissenschaften neige dazu, die Ähnlichkeiten zwischen dem Geist im Menschen und dem in der Maschine hervorzuheben, und das könne für die Religion unterschiedliche Folgen haben. Zwar lassen diese Untersuchungen auf der einen Seite nur wenig Platz für die herkömmliche Vorstellung von der Seele, doch ergibt sich aus ihnen auf der anderen die Möglichkeit, daß die Persönlichkeit überlebt.

Der Geist in seiner Komplexität wird gewöhnlich nicht im Rahmen der Physik untersucht, die, wie wir gesehen haben, am besten auf der reduktionistischen Ebene mit einfachen elementaren Dingen umzugehen versteht. Doch gibt es einen bedeutenden Bereich der modernen Physik, in den der Geist, sehr zur Verwunderung der Physiker, auf grundlegender Stufe eingedrungen ist. Man bezeichnet ihn als die Quantentheorie, und sie führt uns, ähnlich wie Alice, in ein Wunderland, das, kurz gesagt, im Widerspruch zum traditionellen Rahmen der Religon steht.

8. Der Quantenbegriff

»Wer von der Quantentheorie nicht schockiert ist,
der hat sie nicht verstanden.«

Niels Bohr

Die in den beiden vorangehenden Kapiteln vorgetragenen Argumente legen den Schluß nahe, daß der Geist, auch wenn er nicht im üblichen Sinn ein an einen bestimmten Ort gebundenes ›Ding‹ ist, das über eine bestimmte Ausprägung verfügt, doch in der Strukturhierarchie der Natur als abstrakter Begriff auf hoher Ebene real existiert. Die Beziehung zwischen Körper und Geist, dieses alte philosophische Rätsel, entspricht der zwischen Hardware und Software in der Computertechnik. Doch ist die Verbindung insofern enger als bei gewöhnlicher Programmierung eines Computers, weil die Software mit der Hardware in einer Weise verbunden oder verflochten ist, die Hofstadter als ›verschlungene Hierarchie‹ oder ›seltsamen kreisförmigen Ablauf‹ bezeichnet hat. Dieses Muster des Rückbezugs auf sich selbst ist das wesentliche Merkmal des Bewußtseins.

Der Gedanke, eine Verbindung zwischen Hardware und Software, zwischen Gehirn und Geist oder Materie und Information herzustellen, ist für die Wissenschaft nicht neu. In den 20er Jahren unseres Jahrhunderts kam es auf dem Gebiet der Grundlagen der Physik zu einer Revolution, die die Wissenschaft erschüttert und die Aufmerksamkeit wie nie zuvor auf die Beziehung zwischen einem Beobachter und die von ihm beobachtete Außenwelt gelenkt hat. Sie wurde als Quantentheorie bekannt und bildet einen Eckpfeiler dessen, was inzwischen als neue Physik bezeichnet wird, und sie liefert den bisher überzeugendsten naturwissenschaftlichen Nachweis dafür, daß das Bewußtsein in der physikalischen Wirklichkeit eine entscheidende Rolle spielt.

Bedenkt man, daß die Quantentheorie seit mehreren Jahrzehnten existiert, dann ist bemerkenswert, wie lange es gedauert hat, bis ihre verblüffenden Ideen bis zum physikalischen Laien durchsickerten. Doch wächst das Bewußtsein, daß die Theorie einige erstaunliche Einblicke vom Wesen des Geists und der uns umgebenden Wirklichkeit bereithält und daß bei der Suche nach einem Verständnis Gottes und des Daseins die durch die Erkenntnisse der Quantentheorie ausgelöste Revolution physikalischen Denkens ganz und gar einbezogen werden muß. Zahlreiche moderne Autoren finden enge Parallelen zwischen den in der Quantentheorie verwendeten Begriffen und denen des fernöstlichen Mystizismus, wie sie im Zen-Buddhismus zu finden sind. Doch welcher religiösen Überzeugung man auch immer anhängt, der Quantenbegriff läßt sich nicht ignorieren.

Bevor wir uns näher mit diesen Fragen beschäftigen, muß klargemacht werden, daß die Quantentheorie in erster Linie ein in der Praxis bewährter Zweig der Physik ist und als solcher auf glänzende Erfolge verweisen kann. Sie hat uns den Laser beschert, das Elektronenmikroskop, den Transistor, den Supraleiter und die Kernkraft. Sie hat mit einem Schlag die chemische Bindung erklärt, den Aufbau von Atom und Atomkern, die elektrische Leitfähigkeit, die mechanischen und thermischen Eigenschaften fester Stoffe, die hohe Dichte ausgebrannter Sterne und eine Vielzahl anderer wichtiger physikalischer Erscheinungen. Sie hat inzwischen die Mehrzahl der Gebiete naturwissenschaftlicher Forschung durchdrungen, besonders in der Physik ist sie seit zwei Generationen für die meisten Studenten naturwissenschaftlicher Fächer selbstverständlicher Unterrichtsstoff und wird routinemäßig auf mancherlei Weise in der Technik angewandt. Kurz gesagt, die Qantentheorie ist in ihrer alltäglichen Anwendung eine äußerst nüchterne Angelegenheit, deren Leistungsfähigkeit vielfach nachgewiesen ist, nicht nur in Form mannigfaltigen technischen Schnickschnacks, wie ihn die Industrie anbietet, sondern auch in sorgfältigen und eingehenden naturwissenschaftlichen Experimenten.

Obwohl sich nur wenige Physiker Gedanken über die seltsamen philosophischen Konsequenzen der Quantentheorie machen, zeigte sich deren wahrhaft geheimnisvolle Natur schon bald, nachdem sie formuliert war. Sie entstand aus Überlegungen, das Verhalten von Atomen und ihrer Bestandteile verstehen zu können, sie befaßt sich also in erster Linie mit der Welt der kleinsten Teilchen.

Physiker wußten schon seit einer Weile, daß gewisse Vorgänge, wie beispielsweise der radioaktive Zerfall von Materie, willkürlich und unvorhersagbar zu sein scheinen. Während eine Vielzahl radioaktiver

Atome den Gesetzen der Statistik gehorcht, läßt sich der exakte Augenblick, in dem ein bestimmter Atomkern zerfällt, nicht voraussagen. Diese grundsätzliche Unbestimmtheit gilt für alle atomaren und subatomaren Phänomene und erfordert zu ihrer Erklärung eine grundlegende Überprüfung der auf dem Alltagsverstand gründenden Ansichten. Bevor man in den ersten Jahrzehnten unseres Jahrhunderts diese Unbestimmtheit hinsichtlich des Verhaltens von Atomen entdeckte, hatte man angenommen, daß sich alle materiellen Objekte streng gemäß den Gesetzen der Mechanik verhalten, und dies erklärt dann, warum die Planeten ihrer Bahn folgen und Geschosse ihr Ziel erreichen. Die darauf gründende Annahme, das Atom sei eine Art verkleinerte Ausgabe des Sonnensystems und seine Bestandteile bewegten sich mit der Präzision des Chronometers, stellte sich als irrig heraus. In den 20er Jahren dieses Jahrhunderts entdeckte man, daß die Welt des Atoms voller Unordnung und dunkler Untiefen ist. Die Teilchen, wie beispielsweise das Elektron, scheinen überhaupt keinem sinnvollen und genau festgelegten Weg zu folgen. In einem Augenblick sind sie hier und im nächsten dort. Doch gilt nicht nur für Elektronen, daß sie sich keiner bestimmten Bahnbewegung zuordnen lassen, sondern auch für alle anderen bekannten subatomaren Teilchen – sogar selbst für ganze Atome. Bei näherer Betrachtung zerfließt die konkrete Materie des täglich Erfahrenen in einem Mahlstrom ungenauer Geisterbilder.

Unbestimmtheit ist eine fundamentale Aussage der Quantentheorie. Sie führt auf geradem Weg zur Folge der *Unvoraussagbarkeit* eines Ereignisses. Hat jedes Ereignis eine Ursache? Nur wenige Menschen würden das leugnen. In Kapitel 3 wurde erklärt, wie die Kette von Ursache und Wirkung als Argument für die Existenz Gottes als erste Ursache von allem herhalten mußte. Der Quantenbegriff jedoch scheint die Kette zu unterbrechen, indem er Wirkungen eintreten läßt, die allem Anschein nach keine Ursache haben.

Schon in den 20er Jahren tobte der Meinungsstreit über den Sinn, der hinter dem unvoraussagbaren Verhalten der Atome steckt. Ist die Natur ihrem Wesen nach sprunghaft und läßt sie Elektronen und andere Teilchen einfach zufällig irgendwo auftauchen, ohne Grund und Erklärung – Ereignisse ohne Ursache? Oder tanzen diese Teilchen wie Korken auf einem unsichtbaren Ozean mikroskopisch geringer Kräfte hin und her?

Die Mehrzahl der Naturwissenschaftler, allen voran der dänische Physiker Niels Bohr, bekannte sich zu der Ansicht, daß die Unbestimmtheit im Verhalten der Atome tatsächlich der Natur eigen ist: Die Regeln des Uhrwerks mögen für vertraute Gegenstände wie Billardkugeln gelten, aber wenn es um Atome geht, gelten eher Regeln wie beim Roulette. Eine andere Ansicht vertrat jemand, den man nicht gut überhören konnte, Albert Einstein. »Gott würfelt nicht«, erklärte er. Zahlreiche gewöhnliche Systeme wie der Aktienmarkt oder das Wetter sind gleichfalls in ihrem Verhalten unvoraussagbar, das aber liegt nur an unserer Unwissenheit. Besäßen wir ein vollständiges Wissen über alle in Frage kommenden Einflüsse, könnten wir – zumindest prinzipiell – jede Wendung voraussagen.

Der Meinungsstreit zwischen Bohr und Einstein betrifft keineswegs nur Einzelheiten, sondern die gesamte Begriffsstruktur der erfolgreichsten naturwissenschaftlichen Theorie.[1] Zugrunde liegt ihr die nüchterne Frage: Ist ein Atom ein *Ding* oder einfach ein für die Erklärung einer Vielzahl von Beobachtungen nützliches abstraktes Gedankengebilde? Sofern ein Atom *wirklich* als unabhängige Größe existiert, müßte ihm zumindest ein Ort und eine bestimmte Bewegung zuzuordnen sein. Gerade das aber bestreitet die Quantentheorie, denn ihr zufolge kann man nur das eine oder das andere haben, niemals aber beides zugleich. Darin besteht die berühmte Unschärferelation Heisenbergs, der einer der Mitbegründer der Quantentheorie ist. Sie sagt aus, daß man nicht gleichzeitig wissen kann, an welchem Ort sich ein Atom oder Elektron – oder was auch immer – befindet *und* wie es sich weiterbewegen wird. Nicht nur, daß man es nicht wissen kann, sondern auch die bloße Vorstellung eines Atoms mit gleichzeitig festgelegter Lage und festgelegtem Bewegungsablauf ist sinnlos. Man kann fragen, wo sich ein Atom befindet, und darauf eine vernünftige Antwort bekommen, oder man kann fragen, wie es sich bewegt, und darauf eine vernünftige Antwort bekommen, aber es gibt keine Antwort auf eine Frage von der Art: »Wo ist es und wie schnell bewegt es sich?« Lage und Bewegung, genauer gesagt, Impuls oder bewegende Kraft, sind bei diesen kleinsten Teilchen zwei sich gegenseitig ausschließende Aspekte der Wirklichkeit. Mit welchem Recht aber nennen wir ein Atom ein *Ding*, wenn es sich nicht irgendwo lokalisieren läßt oder eine sinnvolle Bewegung ausführt?

Bohr zufolge gewinnt diese verschwommene und nebelhafte Welt des Atoms erst dann konkrete Züge der Wirklichkeit, wenn man darin eine Beobachtung vornimmt.[2] Ohne eine solche ist das Atom geisterhaft; es gewinnt nur Gestalt, wenn man Ausschau nach ihm hält. Man kann selbst entscheiden, was man sucht: Wer nach der Lage sucht, findet ein

Atom an einem bestimmten Ort. Wer nach der Bewegung sucht, findet eines mit einer bestimmten Geschwindigkeit, nur beides zugleich kann man nicht haben. Die Wirklichkeit, die durch die Beobachtung scharf ins Blickfeld gerückt wird, läßt sich nicht vom Beobachter und der von ihm getroffenen Wahl des Meßverfahrens ablösen.

Wem all das zu paradox und verwirrend vorkommt, als daß er es einfach hinnehmen könnte, hat Einstein auf seiner Seite. Gewiß existiert doch die Welt da draußen unabhängig davon, ob wir sie beobachten oder nicht? Gewiß geschieht alles aus sich selbst heraus und nicht, weil jemand diesem Geschehen zusieht? Unsere Beobachtungen mögen die Wirklichkeit der atomaren Welt enthüllen, aber wie vermöchten sie sie zu *schaffen*? Zwar mag es den Anschein haben, als ob sich Atome und ihre Bestandteile in verworrener und nicht genau festgelegter Weise verhalten, das aber liegt lediglich an der Schwerfälligkeit, mit der wir solch feine Gegenstände untersuchen.

Worum es im wesentlichen geht, läßt sich an einem gewöhnlichen Fernsehapparat demonstrieren. Das Bild, das wir wahrnehmen, setzt sich aus einer Vielzahl von Lichtimpulsen zusammen, die entstehen, wenn aus einer Röhre hinten im Gerät ›abgeschossene‹ Elektronen auf die fluoreszierende Scheibe des Bildschirms treffen. Einigermaßen scharf ist dieses Bild, weil die Zahl der Elektronen ungeheuer groß und deren vereinte Wirkung aufgrund des Gesetzes über die Mittelwertsbildung vorhersagbar ist. Ein einzelnes Elektron jedoch kann aufgrund der wesensgemäßen Unvoraussagbarkeit seiner Verhaltensweise an einer beliebigen Stelle des Bildschirms landen. Die Stelle, an der das geschieht, und der Bruchteil des Bilds, den dieses Elektron erzeugt, sind ungewiß. Bohr zufolge haben aus einem Lauf abgefeuerte Geschosse eine genaue Bahn bis ins Ziel, während Elektronen aus einer elektronischen ›Kanone‹, einer Kathodenstrahlröhre, einfach an ihrem Ziel ankommen, und deshalb ist es nicht möglich, mit ihnen sicher ins Schwarze zu treffen, und wenn man ein noch so guter Schütze wäre. Also kann man das Ereignis ›Elektron an der Stelle x auf dem Fernsehschirm‹ nicht als durch die Kathodenstrahlröhre oder irgend etwas anderes *hervorgerufen* ansehen, denn es gibt keinen bekannten Grund dafür, daß das Elektron an der Stelle x statt einer anderen auftrifft. Das auf dem Bildschirm wahrzunehmende Bildfragment ist ein Ereignis ohne Ursache, eine erstaunliche Behauptung, an die Sie denken sollten, wenn Sie sich das nächste Mal ihr Lieblingsprogramm anschauen.

Natürlich heißt das nicht, die Kathodenstrahlröhre habe überhaupt nichts mit der Ankunft des Elektrons auf dem Bildschirm zu tun, es bedeutet lediglich, daß sie diese nicht vollständig bestimmt. Statt sich das Elektron am Ziel als etwas vorzustellen, das vor seiner Ankunft dort wirklich existiert und auf seinem Weg von der Röhre aus einen genauen Weg zurückgelegt hat, nehmen die Physiker an, das Elektron, das die Röhre verläßt, befinde sich in einer Art Zwischenwelt, in der es durch ganze Scharen schattenhafter Doppelgänger ›verkörpert‹ wird. Jeder von ihnen sucht sich seinen eigenen Weg zum Bildschirm, obwohl nur ein einziges Elektron tatsächlich dort erscheint.

Wie lassen sich diese eigentümlichen Vorstellungen erhärten?

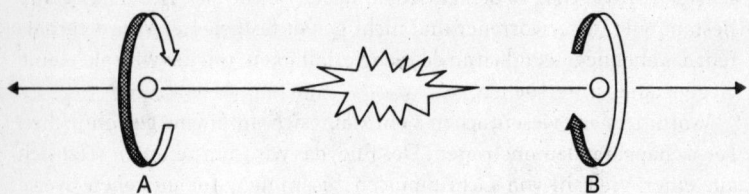

11 Der Zerfall eines Atoms oder eines Bausteins davon kann zwei sich in entgegengesetzter Richtung drehende Teilchen (z. B. Photonen) erzeugen, die in entgegengesetzte Richtungen streben und möglicherweise eine große Entfernung zurücklegen.

In den 30er Jahren überlegte sich Einstein ein Experiment, mit dem er nachzuweisen gedachte, daß von diesen schattenhaften Doppelgängern keine Rede sein konnte; er wollte damit ein für allemal klarlegen, daß jedes Ereignis eine genau bestimmbare Ursache hat. Das Experiment fußt auf dem Grundsatz, daß die Vielzahl der schattenhaften Doppelgänger nicht unabhängig voneinander wirkt, sondern gemeinsam. Angenommen, sagte Einstein, ein Teilchen zerbirst in zwei Stücke, die man ungehindert sich weit voneinander entfernen läßt, so wird trotz der räumlichen Trennung jedes Stück etwas von seinem Gegenstück mitnehmen. Wenn beispielsweise das eine mit einem Rechtsdrall davonfliegt, wird das andere nach dem Reaktionsprinzip mit Linksdrall davonfliegen.

Die ›Doppelgänger‹-Theorie behauptet, jedes Stück werde durch mehr als eine potentielle Möglichkeit ›verkörpert‹. Um das Beispiel fortzuführen, soll also Teilstück A aus zwei Doppelgängern bestehen, von denen sich der eine rechtsherum und der andere linksherum dreht. Welcher von ihnen das *wirkliche* Teilchen wird, muß einer genauen Messung oder Beobachtung vorbehalten bleiben. Ähnlich wird auch das in entgegengesetzter Richtung davonfliegende Teilchen B durch zwei sich entgegengesetzt zueinander drehende Doppelgänger ›verkörpert‹. Zeigt jetzt beispielsweise eine Messung, daß sich das wirkliche Teilstück A rechtsherum dreht, hat B keine Wahl mehr: Es muß seinen linksdrehenden Doppelgänger herausrücken, denn nach dem Gesetz von Aktion und Reaktion müssen die beiden voneinander getrennten Teilchendoppelgänger zusammenwirken (s. Abb. 11).

Es wäre, gelinde gesagt, verblüffend, wenn Teilchen B *wissen* könnte, für welchen seiner Doppelgänger A sich entschieden hat. Befinden sich die Bruchstücke in einer größeren Entfernung voneinander, läßt sich nur schwer erklären, wie sie sich miteinander verständigen könnten. Wenn darüber hinaus beide Bruchstücke gleichzeitig beobachtet werden, haben sie einfach keine Zeit, untereinander ein Signal auszutauschen. Einstein nannte dieses Ergebnis paradox, sofern nicht die Bruchstücke in dem Augenblick, in dem sie sich trennen, *tatsächlich* existieren – sich bereits auf eine bestimmte Weise drehen – und ihre Drehbewegung während des Auseinanderstrebens beibehalten. Also gibt es keine Doppelgänger, keinen Zeitraum bis zur Messung, in dem eine Wahl möglich ist, und auch kein geheimnisvolles Zusammenwirken ohne Verständigung.

Bohr erwiderte darauf, Einsteins Annahme setze voraus, daß beide Bruchstücke unabhängig voneinander wirklich seien, weil sie einen Abstand zueinander hätten. Tatsächlich aber behauptete Bohr, könne man die Welt nicht als aus einzelnen Stückchen zusammengesetzt betrachten. Bis zu einer Messung müsse man A und B selbst dann als eine einzige Gesamtheit ansehen, wenn sie sich Lichtjahre voneinander getrennt befänden. Das nenne ich eine ganzheitliche Betrachtungsweise!

Die wirkliche Bewährungsprobe für Einsteins Herausforderung kam erst mit den Entwicklungen der Nachkriegszeit. In den 60er Jahren bewies der Physiker John Bell ein überaus bemerkenswertes Theorem im Zusammenhang mit Versuchen ähnlich denen Einsteins.[3] Er zeigte ganz allgemein, daß das Ausmaß des Zusammenwirkens zwischen getrennten Systemen einen bestimmten, genau festgelegten Höchstwert nicht übersteigen kann, wenn man mit Einstein annimmt, daß die Bruchstücke tatsächlich in genau definierten Zuständen vor ihrer Beobachtung existieren. Die Quantentheorie hält im Gegensatz dazu diese Grenze für überschreitbar. Ein Experiment mußte her.

Technische Fortschritte ermöglichten die Durchführung von Experi-

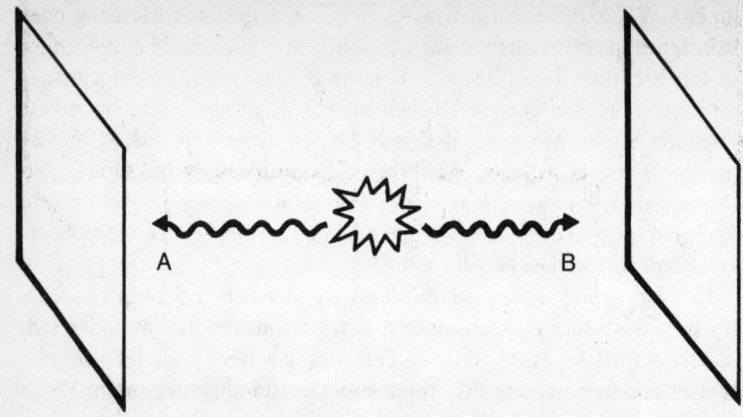

12 Treffen zwei Photonen mit einander zugeordneter Umdrehungsrichtung und Polarisierung auf parallele Stücke polarisierenden Materials, arbeiten sie hundertprozentig zusammen: sobald Photon A blockiert wird, widerfährt B dasselbe. Zu dieser Zusammenarbeit kommt es auch dann [aber:], (I) wenn das tatsächliche Ergebnis des Zusammentreffens zwischen Photon und Polarisierungseinrichtung vollständig unvorhersagbar ist und (II) die Photonen einen großen Abstand voneinander haben.

menten zur Überprüfung der von Bell formulierten Ungleichheit. Obwohl mehrere solche Experimente gemacht wurden, fand das bei weitem beste 1982 an der Universität Paris unter der Leitung von Alain Aspect und seinen Kollegen statt. Sie verwendeten als subatomare Bruchstücke zwei gleichzeitig von einem Atom ausgehende Photonen. Beiden im Weg lag ein Stück polarisierenden Materials, das Photonen, die ihre Schwingungen nicht zur Achse dieses Materials ausrichten, wegfiltert. Mithin können aus dem polarisierenden Material lediglich Photonen-›Doppelgänger‹ mit der richtigen Richtung (Polarisierung) austreten. Auch hier wiederum wirken die Photonen A und B zusammen, weil ihre Polarisierung, bedingt durch das Prinzip von Aktion und Reaktion, parallel sein muß. Wird das Photon A aufgehalten, gilt das auch für das Photon B.

Das Experiment tritt in sein entscheidendes Stadium, wenn man die beiden Stücke polarisierenden Materials schräg zueinander anordnet. Dabei nimmt das Zusammenwirken ab, weil die Polarisierungen der Photonen nun nicht beide auf die der jeweiligen Polarisierungseinrich-

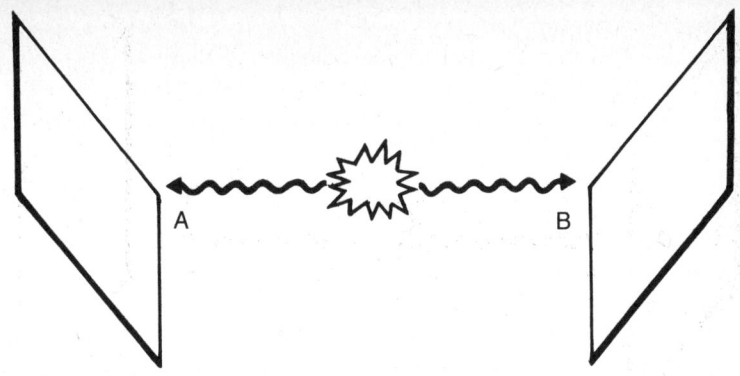

13 Versuchsanordnung zur Überprüfung von Bells Ungleichheit: Bei nicht
paralleler Anordnung des polarisierenden Materials nimmt das Zusammenwirken zwischen A und B ab – bisweilen geht A durch, während B
festgehalten wird. Doch zeigt sich ein gewisser Rest von Zusammenwirken; er ist größer als irgendeine Theorie es erklären könnte, die (I) eine
unabhängige Wirklichkeit der Außenwelt und (II) keine in umgekehrter
Zeitrichtung stattfindende geheime Verständigung zwischen den weit
voneinander entfernten Photonen annimmt.

tung ausgerichtet werden können. Hier kann die Kontroverse aufgelöst werden, die zwischen Einsteins und Bohrs Theorie besteht. Einstein sagt ein deutlich geringeres Maß an Zusammenwirken voraus als
Bohr.

Und?

Bohr gewinnt, Einstein verliert. Das in Paris durchgeführte Experiment läßt gemeinsam mit anderen, weniger genauen, in den 70er
Jahren durchgeführten Experimenten wenig Raum für einen Zweifel
daran, daß die Unbestimmtheit der Mikrowelt ein ihr innewohnendes
Prinzip ist. Ereignisse ohne Ursachen, ›Geisterbilder‹, Wirklichkeit, die
erst durch die Beobachtung ausgelöst wird – all das muß nach den
Versuchsergebnissen offenbar angenommen werden.

Was bedeutet nun diese verblüffende Folgerung?

Solange die Widersetzlichkeit der Natur auf die Mikrowelt
beschränkt bleibt, werden zahlreiche Menschen nur ein geringes Unbehagen dabei empfinden, daß sich die konkrete Wirklichkeit der Welt ›da
draußen‹ aufgelöst hat. Im Alltag dürfte ein Stuhl nach wie vor ein
Stuhl bleiben – oder etwa nicht?

Nun – nicht ganz.

Stühle bestehen aus Atomen. Wie können zahllose schattenhafte ›Doppelgänger‹ sich zusammentun, um etwas Wirkliches und Festes zu bilden? Und was ist mit dem Beobachter selbst? Was hat ein Mensch Besonderes an sich, das ihm die Macht verleiht, aus verschwommenen Atomen eine scharf erkennbare Wirklichkeit zu machen? Muß ein Beobachter überhaupt ein Mensch sein? Würde eine Katze oder ein Computer auch genügen?

Die Quantentheorie ist einer der am schwierigsten zu verstehenden Gegenstände, und diese kurze Darstellung kann höchstens ein winziges Eckchen vom Schleier des Geheimnisses lüften, um dem Leser einen Blick auf ihre eigentümlichen Begriffe zu ermöglichen.[4] Doch gewiß zeigt diese kurzgefaßte Übersicht, daß die Betrachtungsweise, die die Welt mit den Augen des gesunden Menschenverstands als Objekte ansieht, die ›da draußen‹ unabhängig von unseren Beobachtungen real existieren, angesichts des Quantenbegriffs vollständigen Schiffbruch erleidet.

Ein großer Teil dessen, was an der Quantentheorie so verblüffend ist, läßt sich anhand einer seltsamen Dualität von ›Wellen und Partikeln‹ verstehen, die an die Dualität von Geist und Körper erinnert. Dieser Vorstellung zufolge verhält sich ein mikroskopisch kleines Etwas·wie beispielsweise ein Elektron oder Photon einmal wie ein Teilchen und dann wieder wie eine Welle; das hängt von der Art des gewählten Experiments ab. Ein Teilchen ist allerdings etwas gänzlich anderes als eine Welle: Es ist ein Klümpchen konzentrierten Materials, wohingegen eine Welle eine gestaltlose Störung darstellt, die sich in mehreren Richtungen ausbreiten und auflösen kann. Wie aber kann etwas beides sein?

Das hat auch wieder mit der Komplementarität zu tun. Wie ist es möglich, daß der Geist sowohl Gedanken wie auch aus Nervenimpulsen besteht? Wieso kann ein Roman zugleich eine Erzählung und eine Ansammlung von Wörtern sein? Bei der Dualität von Welle und Teilchen geht es wieder einmal um die Zweiteilung zwischen Hardware und Software, zwischen Maschine und Programm. Das Teilchen wäre dann die Hardware-Gestalt von Atomen – kleine Kügelchen, die hin und her kullern. Die Wellengestalt entspräche der Software, dem Geist oder der Information, denn die Quantenwelle ist anders als andere Wellen, denen man je begegnet ist: sie besteht nicht aus einer Substanz oder einer physikalischen Materie, sondern aus Wissen oder Information. Es ist

eine Welle, die uns mitteilt, was man über das Atom wissen kann, aber keine Welle des Atoms selbst. Damit soll nicht gesagt werden, daß sich ein Atom je in Form einer Wellenbewegung ausbreiten könnte. Ausbreiten aber kann sich, was der Beobachter über das Atom zu wissen vermag. Wir alle kennen Verbrechenswellen; auch sie bestehen nicht aus einer Substanz, sondern es sind Wellen einer *Wahrscheinlichkeit*. Wo die Verbrechenswelle ihre größte Intensität hat, besteht die größte Wahrscheinlichkeit für kriminelles Tun.

Auch die Quantenwelle ist eine Welle der Wahrscheinlichkeit. Sie sagt uns, wo man das Teilchen erwarten darf und welche Aussichten bestehen, daß es das und das Merkmal wie beispielsweise Rotation oder Energie aufweist. Auf diese Weise umhüllt die Welle die wesengemäße Ungewißheit und Unvoraussagbarkeit als Quantenbegriff.

Kein Experiment zeigt das Problem und die Dichotomie der Dualität von Wellen und Teilchen besser als Thomas Youngs Interferenzversuch. Licht ist entsprechend der Überlieferung klassischer Physik eine Welle – eine elektromagnetische Welle, eine wellenförmige Ausbreitung des elektromagnetischen Felds. Um etwa 1900 wies jedoch Max Planck mathematisch nach, daß sich Lichtwellen in gewisser Hinsicht wie Teilchen verhalten können – wir nennen sie inzwischen Photonen. Planck zufolge tritt Licht in unteilbaren Klümpchen auf (daher der vom lateinischen Wort *quantum* – eine bestimmte Menge – abgeleitete Begriff Quant). Verfeinert hat diese Vorstellung Einstein, der darauf hinwies, daß diese korpuskularen Photonen Elektronen aus Atomen herauszuschießen vermögen, so wie man mit einem Steinwurf eine Kokosnuß von einer Palme herunterholen kann. Das geschieht in den uns inzwischen vertrauten Fotozellen; die Sache ist zwar seltsam, aber nicht aufregend.

Die erste unerwartete Schwierigkeit tritt auf, wenn zwei Lichtstrahlen miteinander kombiniert werden. Überlagern zwei Wellensysteme einander, tritt ein als Interferenz bezeichnetes Resultat ein. Stellen Sie sich zwei Steine vor, die im Abstand von wenigen Zentimetern voneinander in einen Teich mit ruhiger Oberfläche geworfen werden. Wo die sich ausbreitenden Oberflächenstörungen einander überlagern, zeigt sich ein komplexes Wellenmuster. An einigen Stellen kommen die beiden Wellenbewegungen phasengleich zusammen, und dabei wird die Störung verstärkt, an anderen Stellen sind sie phasenungleich und heben einander auf.

Um beim Licht dasselbe Ergebnis zu erzielen, können wir zwei Löcher

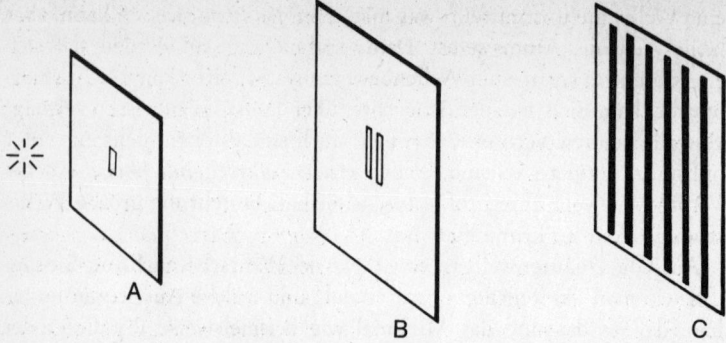

14 Das berühmte Youngsche Experiment mit zwei Schlitzen kann in idealer Weise den eigentümliche Welle-Teilchen-Dualismus des Lichts zeigen (das Experiment läßt sich auch mit Elektronen oder anderen Teilchen durchführen). Durch das kleine Loch in der Scheibe A fällt Licht auf die beiden schmalen Schlitze in der Scheibe B, und diese werden auf der Scheibe C abgebildet. Statt bloß zweier Lichtstreifen erscheint dort eine Folge aus hellen und dunklen Streifen (Interferenzländer), die dadurch entstehen, daß die Lichtwellen aus jedem der beiden Schlitze je nach ihrer Position phasengleich oder phasenversetzt auftreffen. Selbst wenn immer nur ein Photon die Anordnung durchläuft, entsteht dasselbe Inferenzmuster, obwohl jedes Photon nur durch den *einen oder* den anderen der beiden Schlitze in der Scheibe B hindurchgehen kann und über keine Nachbarphotonen verfügt, an denen es seine Phasenzugehörigkeit ausrichten könnte.

in einem Schirm beleuchten. Dadurch, daß sich die durch die jeweilige Öffnung fallenden Lichtwellen ausbreiten und einander überlagern, entsteht ein Interferenzmuster, das auf einer lichtempfindlichen Platte deutlich erkennbar wird. Die Abbildung der zwei Löcher besteht nicht bloß in zwei verschwommenen Flecken, sondern zeigt ein systematisch angeordnetes Muster aus hellen und dunklen Stellen, an denen sich sehen läßt, wo die beiden Wellenbewegungen jeweils im ›Gleichschritt‹ angekommen sind und wo nicht (siehe Abb. 14).

All das war zu Beginn des 19. Jahrhunderts bereits wohlbekannt. Doch zeigen sich seltsame Einzelheiten, wenn man die korpuskulare Natur des Lichts mitberücksichtigt. Jedes Photon trifft an einer bestimmten Stelle auf die fotografische Schicht und erzeugt dort ein Lichtpünktchen. Das erweiterte Bild ist also wie beim Fernsehen das Ergebnis von Millionen

Lichtpünktchen, die dadurch entstehen, daß Millionen von Photonen wie ein Hagelschauer auf die lichtempfindliche Platte treffen. Der Auftreffpunkt eines jeden einzelnen Photons ist mit Sicherheit nicht vorhersagbar. Wir wissen lediglich, daß er mit großer Wahrscheinlichkeit in einem Bereich heller Flecken liegen wird.

Das ist jedoch noch nicht alles. Nehmen wir an, wir verringern die Lichtmenge, bis *jeweils nur noch ein einziges Photon* während einer bestimmten Zeit durch die Anordnung hindurchgeht. Wenn das lange genug durchgeführt wird, bildet die Gesamtheit der Fleckchen wieder das Muster aus hellen und dunklen Interferenzstreifen. Paradox daran ist, daß ein Photon jeweils nur durch *einen* der Schlitze hindurchgehen kann. Dennoch erfordert das Interferenzmuster *zwei* einander überlappende Wellenbilder, eines aus jedem der beiden Schlitze. Das ganze Experiment läßt sich statt mit Licht auch mit Atomen sowie Elektronen oder anderen subatomaren Teilchen durchführen. In allen Fällen ergibt sich ein aus einzelnen Fleckchen zusammengesetztes Interferenzmuster, das zeigt, daß Photonen, Atome, Elektronen, Mesonen und so weiter sowohl Merkmale von Wellen als auch von Teilchen aufweisen.

In den 20er Jahren lieferte Bohr eine mögliche Lösung dieser Paradoxie. Man denke an den Fall, daß das Photon durch das Loch A als eine mögliche Welt hindurchgeht (Welt A), und stelle sich den Weg durch den Schlitz B als eine andere Welt vor (Welt B). Dann sind *beide* Welten, A und B, in gewisser Weise gemeinsam vorhanden und überlagern einander. Wir können nicht sagen, erklärte Bohr, daß die Welt unserer Erfahrung *entweder* A *oder* B darstellt, sie ist eine echte Mischung aus beiden. Darüber hinaus ist diese Mischwirklichkeit nicht einfach die Gesamtsumme der beiden Alternativen, sondern eine innige Verschmelzung: Jede der beiden Welten wirkt als Interferenz auf die andere ein und ruft damit das bekannte Muster hervor. Die beiden unterschiedlichen Welten überlagern und verbinden sich miteinander, ähnlich wie die Bilder zweier Filme, die man gleichzeitig auf dieselbe Leinwand projiziert.

Einstein, der ständige Zweifler, war nicht bereit, Mischrealitäten anzuerkennen. Er stellte Bohr eine abgewandelte Fassung des Interferenzversuchs vor, bei dem sich die Scheibe frei bewegen darf. Bei sorgfältiger Beobachtung, beharrte er, müsse man in der Lage sein zu bestimmen, durch welches Loch das Photon gehe. Geht es durch das linke Loch, ergibt sich eine leichte Ablenkung des Photons nach rechts, und man müsse prinzipiell dabei beobachten können, wie sich die zur Seite weichende Scheibe nach links bewege. Eine Bewegung der Scheibe nach rechts würde dann bedeuten, daß ein Photon durch das andere Loch hindurchgegangen ist. Auf diese Weise lasse sich experimentell bestimmen, daß *entweder* die Welt A *oder* die Welt B der Wirklichkeit entspricht, außerdem könne man dann die augenscheinliche Unvorhersagbarkeit des Photonenverhaltens im ursprünglichen Experiment einfach auf die nicht hinreichend verfeinerte experimentelle Anordnung zurückführen.

Bohr wandte sich energisch dagegen und erklärte, Einstein ändere mitten im Spiel die Spielregeln. Wenn sich die Scheibe frei bewegen könne, sei auch ihre Bewegung der wesensgemäßen Unsicherheit der Quantenphysik unterworfen. Es fiel Bohr leicht nachzuweisen, daß die Rückstoßwirkung zur Zerstörung des Interferenzmusters auf der fotografischen Platte führen und man daher dort lediglich zwei verschwommene Kleckse sehen würde. Entweder sei die Scheibe fest und die Wellennatur des Lichts zeige sich im Interferenzmuster, oder die Scheibe sei frei beweglich, und ein bestimmter Weg des Photons werde erkennbar. Dann aber sei es aus mit der Wellennatur des Lichts, und es bewege sich in rein korpuskularer Weise. Mithin haben wir es mit zwei unterschiedlichen Experimenten zu tun. Sie sind nicht widersprüchlich, sondern ergänzen einander. Einsteins Vorgehen sagt uns nichts über die Wege der Photonen im ursprünglichen Experiment, in der sich die ›Mischwelt‹ zeigte.

Die eigentümliche Schlußfolgerung daraus heißt, daß wir – die Experimentatoren – grundlegend mit der Natur der Wirklichkeit verbunden sind. Entscheiden wir uns, die Scheibe zu fixieren, können wir eine geheimnisvolle Mischwelt hervorrufen, in der die Wege von Photonen keine genau festgelegte Bedeutung haben.

John Wheeler zog, als er 1979 in Princeton bei einem Symposion zur Feier von Einsteins 100. Geburtstag sprach, aus dem ›Zweilochexperiment‹ ironisch eine noch weit verwirrendere Schlußfolgerung. Er wies darauf hin, daß es durch einfache Veränderung der Versuchsanordnung möglich ist, die Wahl des Meßverfahrens hinauszuschieben, bis das Photon durch die Scheibe *hindurchgegangen* ist. Unsere Entscheidung, eine Mischwelt herzustellen, läßt sich also bis zu dem Zeitpunkt hinauszögern, da diese Welt entstanden ist! Die genaue Art der Wirklichkeit, sagt Wheeler, muß auf die Beteiligung eines bewußten Beobachters warten. Auf diese Weise läßt sich der Geist für die rückwirkende Schaffung der Wirklichkeit verantwortlich machen – sogar einer solchen,

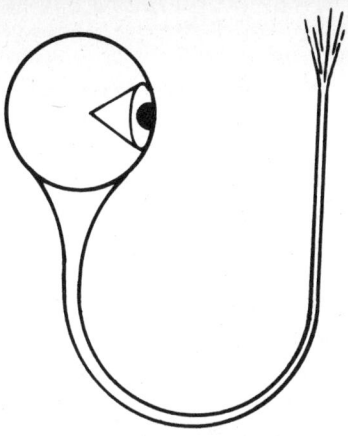

15 Dieses auf John Wheeler zurückgehende symbolische Bild zeigt das Universum als ein sich selbst beobachtendes System. Wheelers erstaunliche Veränderung an Youngs Interferenzversuch zeigt, daß man einen heutigen Beobachter zum Teil für die Erschaffung der Wirklichkeit in der weit zurückliegenden Vergangenheit verantwortlich machen kann. Der Schwanz des dargestellten Wesens läßt sich als die frühen Zeitalter des Universums deuten, die durch die nachträgliche Beobachtung durch das Bewußtsein zu einer jetzt gültigen konkreten Realität gebracht werden, von der wiederum das beobachtende Bewußtsein selbst abhängig ist.

die existierte, bevor es Menschen gab. Das ist die bereits in Kapitel 4 (S. 71 f.) erwähnte rückwirkende Verursachung.

Aus dem Vorhergehenden ergibt sich, daß die Quantentheorie einige dem Alltagsverstand vertraute und ihm teure Vorstellungen von der Natur der Wirklichkeit zerstört. Indem sie die Unterscheidung zwischen Subjekt und Objekt, Ursache und Wirkung verschwimmen läßt, bringt sie ein stark holistisches Element in unsere Weltsicht. Wir haben gesehen, wie in Einsteins Experiment auch zwei räumlich weit voneinander getrennte Teilchen als einzelnes System angesehen werden müssen, und wir haben gleichfalls gesehen, daß es sinnlos ist, über den Zustand eines Atoms oder auch nur den Atombegriff zu reden, außer im Zusammenhang mit einer genau festgelegten Versuchsanordnung. Es ist unzulässig zu fragen, wo sich ein Atom befindet *und* wie es sich bewegt. Zuerst muß festgelegt werden, was man messen möchte – Lage oder Bewegung –, dann bekommt man eine vernünftige Antwort. Für die

Messung werden aufwendige makroskopische Geräte gebraucht. Also ist die mikroskopische Wirklichkeit von der makroskopischen nicht zu trennen. Dennoch besteht alles Makroskopische aus Mikroskopischem – Geräte bestehen aus Atomen! Erneut stoßen wir auf seltsame geschlossene Abläufe.

David Bohm, ein führender Quantentheoretiker, beschäftigte sich in seinem Buch *Wholeness and the Implicate Order (Die implizite Ordnung)* mit diesen Fragen:

> »Innerhalb der Quantentheorie ist es von zentraler Bedeutung, daß man bei der Beschreibung von der Vorstellung abgeht, die Welt bestehe aus vergleichsweise autonomen Teilen, die jedes für sich existieren, aber miteinander zusammenwirken. Statt dessen muß jetzt das Hauptgewicht auf eine *ungeteilte Ganzheit* gelegt werden, bei der das beobachtete Instrument nicht von dem getrennt ist, was beobachtet wird.«[5]

Kurz gesagt ist die Welt keine Ansammlung von zwar getrennt existierenden, aber miteinander verbundenen Dingen, sondern eher ein Netz aus *Beziehungen*. Hier findet sich bei Bohm ein Anklang an Werner Heisenberg: »Die übliche Teilung der Welt in Subjekt und Objekt, Innenwelt und Außenwelt, Körper und Seele ist nicht mehr angemessen.«[6]

Wie können wir die Paradoxie auflösen, derzufolge die Makrowelt – die der täglichen Erfahrung – die mikroskopische Wirklichkeit bestimmt, aus der sie selbst besteht. Diesen Punkt gehen wir direkt an, indem wir fragen, was eigentlich bei einem Experiment, das Quanteneffekten unterworfen ist, geschieht. Wie gelingt es dem Beobachter, die verschwommene Mikrowelt in einen Zustand konkreter Wirklichkeit zu projizieren?

Das Problem bei solchen Experimenten ist eigentlich nichts anderes als eine Variante der Unterscheidung zwischen Geist und Körper, Software und Hardware; Physiker und Philosophen schlagen sich schon seit Jahrzehnten damit herum. Die Hardware – das Teilchen – wird durch eine Welle beschrieben, die die Information (Software) über das kodiert, was ein Beobachter vermutlich erkennen wird, wenn er das Teilchen beobachtet. Bei einer Beobachtung ›zerfällt‹ die Welle in einen bestimmten Zustand, der dem jeweils vom Experimentator beobachteten Zustand einen genauen, fest umrissenen Wert zuordnet.

Paradoxien stellen sich ein, wenn der Meßvorgang, das Experiment, ausschließlich auf der Ebene der Hardware beschrieben wird. Nehmen

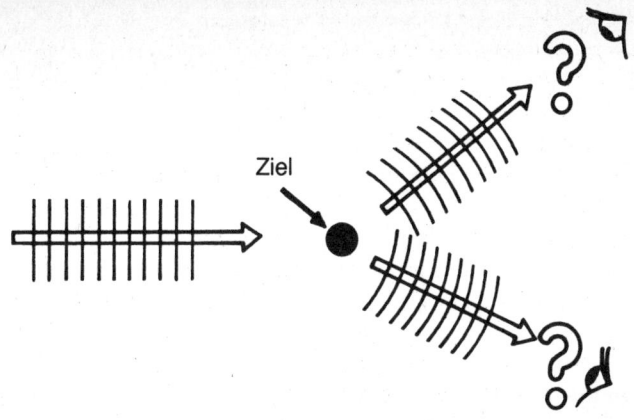

Ziel

16 Ein als Welle beschriebenes Elektron prallt vom Ziel ab und ruft dabei schwächere Wellen hervor, die sich sowohl nach links als auch nach rechts ausbreiten. Bis eine Beobachtung erfolgt, wohin das Elektron abgelenkt wurde, muß man annehmen, daß zwei Schattenwelten (oder geisterhafte Doppelgängerelektronen) in einem Mischzustand von Unwirklichkeit nebeneinander existieren. Im Augenblick der Beobachtung verschwindet einer der Doppelgänger, die dazugehörige Welle bricht einfach zusammen und das Elektron wird aus seinem vorherigen Wartezusand zu einer einzigen konkreten Realität. Das Geheimnis liegt in dem begründet, was der Beobachter tut, damit das Elektron diese schlagartige Zustandsänderung erfährt. Ist es eine Frage der Beeinflussung der Materie durch den Geist? Ist das Universum in zwei parallele Wirklichkeiten aufgespalten?

wir an, ein Elektron prallt von einem Ziel ab. Es kann dabei nach links oder rechts abweichen. Man bedient sich des Wellencharakters des Elektrons und berechnet die Ausbreitungsrichtung der Welle. Sie wird vom Ziel abgelenkt und breitet sich beispielsweise gleich stark nach links wie nach rechts aus. Das bedeutet, daß es für den Beobachter eine gleich große Chance dafür gibt, das Elektron *entweder* links *oder* rechts zu finden. Man muß allerdings unbedingt daran denken, daß es, solange die Beobachtung nicht tatsächlich abgeschlossen ist, unmöglich ist zu sagen – oder sinnvoll darüber zu reden –, auf welcher Seite des Ziels das Elektron *wirklich* liegt. Das Elektron behält sich seine Entscheidung vor, bis man hinschaut. Beide möglichen Welten koexistieren in einer Mischform, einer geisterhaften Überlagerung (siehe Abb. 16).

Wenn jetzt die Beobachtung durchgeführt wird und sich das Elektron beispielsweise links findet, verschwindet mit einem Schlag der ›geisterhafte Doppelgänger‹ rechts. Die Welle verlagert sich mit einem Mal auf die links vom Ziel liegende Seite, denn jetzt gibt es keine Möglichkeit mehr, daß sich das Elektron rechts befindet. Was führt zu dieser erstaunlichen Verlagerung?

Um eine Beobachtung vornehmen zu können, muß man das Elektron mit einer ›externen‹ Meßeinrichtung, die aus einer ganzen Serie von Geräten bestehen kann, koppeln. Mit dieser Meßeinrichtung kann nun ausgetüftelt werden, wo sich das Elektron befindet, und das entsprechende Signal so weit in den makroskopischen Bereich hinein verstärkt werden, daß es registriert werden kann. Da auch das ›Ankoppeln des Elektrons‹ und die in der Meßeinrichtung ablaufenden Prozesse wiederum selbst Vorgänge sind, an denen Atome – wenn auch in sehr großer Zahl – beteiligt sind, unterliegen diese Vorgänge auch wieder den Konsequenzen des Quantenbegriffs. Nehmen wir an, eine gezeichnete Wellenlinie stelle das Meßgerät dar und der Zeiger der Meßeinrichtung verfüge über zwei Stellungen: eine, die uns sagt, daß sich das Elektron links, und die andere, daß es sich rechts befindet. Dann zwingt uns die Betrachtung des Gesamtsystems aus Elektron plus Gerät als großem Quantensystem zu der Schlußfolgerung, daß die Mischnatur des zögernden Elektrons auf den Zeiger übertragen wird. Statt, daß die Meßeinrichtung den Zeiger in die eine oder in die andere Richtung weisen läßt, müßte er in eine Art unentschiedenes Quantenstadium eintreten. Auf diese Weise scheint eine Meßeinrichtung die alptraumhafte Welt der Quanten bis hinauf zum Labormaßstab zu vergrößern.

Dieses Paradox hat der Mathematiker Johann Baron von Neumann – später unter dem Namen John von Neumann bekannt – untersucht und mit Hilfe eines einfachen mathematischen Modells nachgewiesen, daß der Einfluß, der von der Verbindung aus Elektron und Meßeinrichtung ausgeht, tatsächlich das Elektron dazu veranlaßt, sich für links oder rechts zu entscheiden – allerdings um den Preis, daß die Unwirklichkeit der Mischwelt auf den Zeiger der Meßeinrichtung übertragen wird.[7] Von Neumann zeigte allerdings auch, daß, sofern das Gerät seinerseits mit einem anderen Instrument verbunden wird, das die Ergebnisse des ersten Instruments anzeigt, der erste Zeiger dadurch gleichfalls zu einer Entscheidung veranlaßt würde. Jetzt aber gerät das zweite Gerät in den Zustand der Unentschiedenheit. Mithin kann es eine ganze Kette von Maschinen geben, die einander betrachten und sinnvolle

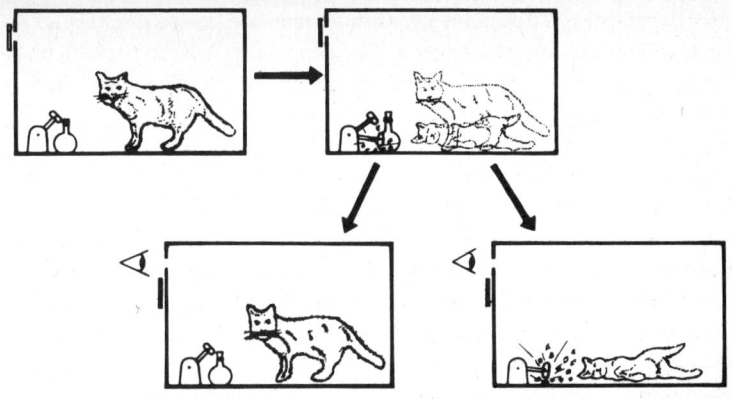

17 Die traurige Geschichte von Schrödingers Katze. Ein Quantenprozeß kann die Freisetzung von Zyankali mit einer Wahrscheinlichkeit von 1 : 1 auslösen. Die Quantentheorie verlangt, daß das System zu einem geisterähnlichen Mischstatus von lebender und toter Katze wird, bis eine Beobachtung erfolgt, bei der dann *entweder* eine lebende *oder* eine tote Katze wahrgenommen wird. Dieses Gedankenexperiment wirft ein Schlaglicht auf die sonderbaren Folgen, die möglich sind, wenn Ereignisse beobachtet werden sollen, die Quanteneffekten unterliegen.

›entweder/oder‹-Ergebnisse aufzeichnen, doch stets wird das letzte Glied der von Neumannschen Kette in Unentschiedenheit verharren.

Die geradezu exzentrischen Folgen erhellt eine auf Schrödinger zurückgehende berühmte Paradoxie, in der die Versuchsanordnung dazu benutzt wird, eine Giftmenge freizugeben, die eine Katze töten kann. Aus der Frage nach der Links- oder Rechtsstellung des Zeigers wird eine nach einer lebenden oder toten Katze. Wird eine Katze als Quantensystem beschrieben, muß man schließen, daß sie sich in einem schizophrenen ›lebendig-toten‹ Zustand befindet, bis jemand oder etwas sie beobachtet, eine Vorstellung, die widersinnig erscheint.

Stellen wir uns statt der Katze einen Menschen vor. Erlebt er einen lebendig-toten Zustand? Selbstverständlich nicht. Bricht also die Quantentheorie zusammen, sobald es um den menschlichen Beobachter geht? Hört von Neumanns Kette auf, sobald sie das Bewußtsein eines Menschen erreicht? Diese sensationelle Behauptung wurde tatsächlich von einem führenden Quantentheoretiker, Eugene Wigner, aufgestellt. Er sagte, der Eintritt der Information über das Quantensystem in den Geist des Beobachters verursache den Zusammenbruch der Quantenwelle und mache aus einem schizophrenen geisterähnlichen Mischzustand schlagartig einen scharf umrissenen und genau festgelegten Zustand konkreter Realität. So verursache der Experimentator, indem er auf den Gerätezeiger schaut, diesen dazu, entweder in die eine oder andere Richtung zu weisen, und zwinge damit das Elektron – über die ganze Kette der Meßeinrichtung zurück – zu einer Entscheidung.

Wird Wigners These akzeptiert, bringt uns das zu der alten Vorstellung des Dualismus, derzufolge der Geist als getrennte Wesenheit auf derselben Stufe existiert wie die Materie und so auf diese einwirken kann, daß sie sich bei ihrem Verhalten offenkundig über physikalische Gesetze hinwegsetzt. Das jedoch läßt Wigner kalt: »Beeinflußt das Bewußtsein die physikalisch-chemischen Zustände (des Gehirns)? Anders gefragt, gelten für den menschlichen Körper die Gesetze der Physik nicht, wie wir sie aus den Untersuchungen unbelebter Materie entwickelt haben? Die herkömmliche Antwort auf diese Frage ist: ›doch‹ – zwar beeinflußt der Körper den Geist nicht, aber dieser den Körper. Im übrigen lassen sich zumindest zwei Gründe zu einer Aufrechterhaltung der entgegengesetzten These vortragen.«[8] Einer dieser beiden von Wigner angeführten Gründe ist das Gesetz von Aktion und Reaktion. Sofern der Körper auf den Geist einwirkt, muß auch das Gegenteil gelten. Der andere ist die vorher erwähnte Auflösung des Problems der messenden Beobachtung von Ereignissen, die Quanteneffekten unterliegen.

Es sei gesagt, daß nur sehr wenige Physiker Wigners Gedanken unterstützen, obwohl diesem oder jenem die von der Quantentheorie eröffnete Möglichkeit, die Materie als vom Geist beherrschbar anzusehen, als Vorwand dient, bestimmte parapsychische Erscheinungen wie Psychokinese und Verbiegen von Metall durch Willenskraft als plausibel annehmen zu dürfen. (»Warum soll der Geist, wenn er Neuronen tätig werden lassen kann, nicht auch Löffel verbiegen können?«)

In Wigners These findet sich ein deutlicher Hinweis auf eine Vermischung der Ebenen. Der Versuch, die Funktion von Hardware – sich hin und her bewegende Elektronen – unter Berufung auf Software – den Geist – zu diskutieren, endet in der Dualitätsfalle. Doch ist die Sache deshalb etwas verwickelter, weil in der Quantentheorie zum Beispiel beim Teilchen-Welle-Dualismus die Begriffe Hardware und Software eng miteinander verschränkt sind. Was auch immer von Wigners Gedanken zu halten ist, sie zeigen, daß die Lösung des Problems von Geist und Körper möglicherweise eng mit der Lösung des Problems der messenden

Beobachtung von Ereignissen, die Quanteneffekten unterliegen, verbunden ist, wie auch immer diese aussehen wird.

Ein weiterer Versuch, aus dieser Paradoxie herauszukommen, ist möglicherweise noch abwegiger als Wigners Ansatz, die Frage über den Geist zu lösen. Solange man es mit einem genau umschriebenen physikalischen System zu tun hat, läßt sich von Neumanns Kette verlängern. Man kann stets behaupten, etwas, das man wahrnimmt, sei wirklich, weil es ein größeres System gibt, das das von uns Gesehene durch ›Messen‹ oder ›Beobachten‹ in die Wirklichkeit überführt. Doch in neuerer Zeit haben sich Physiker der Quantenkosmologie zugewandt – der Quantentheorie des gesamten Weltraums. Nach der Definition kann es außerhalb des Weltraums nichts geben, das das ganze kosmische Panorama dazu veranlassen könnte, in eine konkrete Existenz einzutreten – außer vielleicht Gott? Auf dieser Stufe könnte man das Universum als in einem Zustand der Unentschiedenheit oder kosmischen Schizophrenie verharrend ansehen. Ohne einen Geist vom Wigner-Typ, der es zu integrieren vermag, scheint es dem Universum vorherbestimmt zu sein, als bloße Ansammlung geisterhafter Schattenbilder dahinzuvegetieren, eine vielfältige Überlagerung von einander überlappenden alternativen Realitäten, von denen keine die *wirkliche* Realität ist. Wie aber kommt es, daß wir eine einzige und konkrete Realität wahrnehmen?

Eine kühne Vorstellung zerschlägt diesen verwirrenden gordischen Knoten: die Theorie von den parallelen Universen. Diese vom Physiker Hugh Everett 1957 erdachte und später von Bryce de Witt, der inzwischen an der Universität Austin in Texas ist, ausgeweitete Theorie sagt, daß alle möglichen alternativen Quantenwelten von gleicher Wirklichkeit sind und parallel zueinander existieren. Immer, wenn eine Messung durchgeführt wird, zum Beispiel, um zu bestimmen, ob die Katze lebendig oder tot ist, teilt sich das Universum in zwei, von denen eines eine lebende und das andere eine tote Katze enthält. Beide Welten sind gleichermaßen wirklich, und in beiden gibt es menschliche Beobachter. Jede Gruppe von Bewohnern jedoch nimmt lediglich ihren eigenen ›Zweig‹ des Universums wahr.

Der gesunde Menschenverstand mag sich gegen die ungewöhnliche Vorstellung auflehnen, daß sich das Universum den Launen eines einzigen Elektrons zuliebe in zwei Teile spaltet, aber die Theorie hält gründlicherer Untersuchung durchaus stand. Wenn sich das Universum aufspaltet, tut unser Geist desgleichen und bevölkert mit jeweils einem Exemplar die beiden Welten. Jedes Exemplar denkt, es sei einzig. Wer

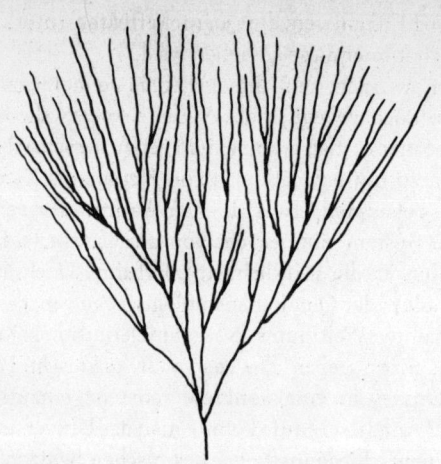

18 Um Katzen, die gleichzeitig lebendig und tot sind, und anderen schizophrenen, durch Quanteneffekte ausgelösten Unwirklichkeiten aus dem
Weg zu gehen, nimmt Everett an, daß die Unbestimmtheit des Quanten-
systems eine mannigfaltige Wirklichkeit erzeugt, in der sich das Universum fortwährend in eine Unzahl ›paralleler Universen‹ aufspaltet, die
zwar physikalisch nicht miteinander verbunden, aber in gleich hohem
Grad wirklich, sind. Dieser Prozeß spaltet auch den Geist des Beobachters
in zahlreiche Ebenbilder auf.

einwendet, er empfinde sich nicht als gespalten, sollte daran denken, daß
wir auch die Erdbewegung um die Sonne nicht empfinden. Die Aufspal-
tung wiederholt sich unaufhörlich, so wie jedes Atom und alle subatomaren Teilchen sich tummeln. In jeder Sekunde entstehen so zahllose
Ebenbilder des Universums. Um diese Neuschaffung zu erreichen, ist gar
keine wirkliche Messung erforderlich – es genügt, daß auf die eine oder
andere Weise ein einziges, mikroskopisch winziges Teilchen mit einem
makroskopischen System in Wechselwirkung tritt.

»Jeder Quantenübergang, der auf diesem Stern, in jeder Galaxis
und jedem fernen Winkel des Universums stattfindet, spaltet
unsere punktuelle Welt auf der Erde in zahllose Kopien ihrer
selbst . . . Hier haben wir die Schizophrenie in Reinkultur.«[9]
Der für die Wiederherstellung der Wirklichkeit gezahlte Preis ist eine
Vielfalt von Wirklichkeiten – eine verblüffend hohe und immer noch

anwachsende Zahl paralleler Universen, die sich auf ihren jeweiligen Evolutionszweigen weiter verästeln.

Wie sehen diese anderen Welten aus? Können wir dorthin reisen? Erklären sie UFOs oder das geheimnisvolle Verschwinden von Schiffen und Flugzeugen im Bermuda-Dreieck? Zum Leidwesen der Ufologen äußert sich die Everett-Theorie über diesen Punkt ganz klar. Die Parallelwelten bleiben, sobald der Spaltungsprozeß vollzogen ist, in jeder Hinsicht physikalisch getrennt. Ihre Vereinigung bedürfte der Umkehrung einer Messung, und das liefe auf die Umkehrung der Zeit hinaus. Es wäre etwa so, als wolle man ein zerschlagenes Ei Atom für Atom wieder zusammensetzen.

Aber wo *sind* diese Welten? In gewisser Hinsicht befinden sich die, die der unseren sehr ähneln, ganz in der Nähe. Dennoch sind sie vollständig unzugänglich: Wir können sie nicht erreichen, wie weit wir auch durch ›unser‹ eigenes Raum-Zeit-System reisen mögen. Der Leser dieses Buchs ist nur wenige Zentimeter von Millionen seinesgleichen entfernt, aber diese Zentimeter werden nicht mit dem Raum unserer Wahrnehmungen gemessen.

Je weiter sich die Welten auseinanderentwickelt haben, desto größer ist der Unterschied zwischen ihnen. Welten, die sich auf einfache Weise von unserer abspalten, wie beispielsweise der Weg eines Photons in einem Zweilochexperiment, würden dem flüchtigen Blick ununterscheidbar erscheinen. Andere wären von anderen Katzen bewohnt, als wir sie kennen, und in einigen Welten hätte es keinen Hitler gegeben und wäre John F. Kennedy noch am Leben. Wieder andere Welten wären ganz und gar anders, vor allem die, die schon zu Beginn der Zeit auseinanderstrebten. Tatsächlich geschieht alles, was möglich (aber nicht alles, was denkbar) ist, irgendwo auf irgendeinem Zweig dieser mannigfaltigen Wirklichkeit.

Die gleichzeitige Existenz aller möglichen Welten führt zu der beunruhigenden Frage, warum die Welt, in der dieses Buch gelesen wird, gerade dieser Zweig ist und keiner der anderen, sich deutlich davon unterscheidenden Zweige. Es ist offenkundig, daß der Leser nicht in allen diesen anderen Welten existieren kann oder auch nur in den meisten von ihnen, da die dort vorherrschenden Bedingungen einfach nicht für ein Entstehen von Leben geeignet sind. (Wir werden uns im 12. Kapitel noch mit dieser Frage beschäftigen.)

Viele Menschen haben erklärt, die Quantentheorie öffne dadurch, daß sie den Geist auf so grundlegende Weise einbezieht, das Tor zu einem

Verständnis des freien Willens. Der Quantenbegriff scheint die alte Vorstellung eines deterministischen Universums, in dem alles, was wir tun, durch die Mechanik des Universums lange vor unserer Geburt vorherbestimmt wurde, hinweggefegt zu haben. Heißt das nun, daß der freie Wille gesund und munter existiert? Um uns mit dieser Sache gründlicher auseinanderzusetzen, müssen wir noch tiefer in die Geheimnisse der Zeit hineintauchen.

9. Die Zeit

»Das Wort *Erfahrung* besitzt keine einzige Bedeutung, die nicht den Unterschied zwischen Vergangenheit und Zukunft als gegeben ansetzt.«
Carl Friedrich von Weizsäcker

»Und hinter mir: Hör nur, wie unentwegt der Wagen der Zeit seine Flügel regt.«
Andrew Marvell

Zwei bedeutenden Revolutionen verdankt die neue Physik ihre Existenz: der Quantentheorie und der Relativitätstheorie. Letztere, nahezu ausschließlich Einsteins Werk, bezieht sich auf Raum, Zeit und Bewegung. Die aus ihr zu ziehenden Folgerungen sind ebenso verblüffend und tiefgreifend wie die aus der Quantentheorie, und sie stellen zahlreiche liebgewordene Vorstellungen über die Natur des Universums in Frage. Das gilt für nichts so sehr wie für die Frage der Zeit – etwas, womit sich alle großen Weltreligionen gründlich und lange auseinandergesetzt haben.

Die Zeit ist ein so grundlegender Bestandteil unserer Welterfahrung, daß jeder, der versucht, sich an ihr zu schaffen zu machen, auf ein gerütteltes Maß an Zweifel und Widerstand trifft. Jede Woche bekomme ich Manuskripte von Freizeitwissenschaftlern, denen es ein Bedürfnis ist, an Einsteins Theorie herumzumäkeln und, obwohl sie sich seit nahezu achtzig Jahren bewährt hat, während derer man mit keinem einzigen Experiment vermocht hat, ihre einwandfreien Voraussagen anzutasten, die herkömmliche und dem Alltagsverstand zusagende Vorstellung von Zeit wieder an ihren angestammten Platz zu rücken.

Allein die Vorstellung unserer persönlichen Identität – das Selbst, die Seele – ist eng mit dem Gedächtnis und der *fortdauernden* Erfahrung verbunden. Es genügt nicht zu sagen, »ich existiere« zu diesem Zeitpunkt. Ein Individuum *sein* bedeutet, eine Erfahrungskontinuität zusammen mit einem verbindenden Merkmal wie beispielsweise dem Gedächtnis zu haben. Daß diese Frage auf dem Gebiet des Gefühls und der Religion nicht unumstritten ist, weist einerseits auf den Widerstand hin, der den Ansprüchen der neuen Physik entgegengebracht wird, und auf die tiefe Faszination, mit der Naturwisschaftler und Laien den kaum faßlichen Folgerungen aus der Relativitätstheorie begegnen.

Die 1905 veröffentliche sogenannte *spezielle* Relativitätstheorie entstand aus Versuchen, einen offenkundigen Widerspruch zwischen der Bewegung materieller Körper und der Ausbreitung elektromagnetischer Störungen aufzulösen. Insbesondere das Verhalten von Lichtsignalen scheint dem alten Grundsatz Hohn zu sprechen, demzufolge alle gleichförmigen Bewegungen ganz und gar relativ sind. Die technischen Einzelheiten brauchen uns hier nicht weiter zu kümmern. Jedenfalls verschaffte Einstein dem Relativitätsprinzip seinen Platz, sogar was Lichtsignale angeht – allerdings hatte das gewisse Folgen.

Das erste Opfer der speziellen Theorie war der Glaube, die Zeit sei absolut und universal. Einstein zeigte, daß die Zeit in Wirklichkeit elastisch ist und sich durch Bewegung dehnt oder schrumpft. Jeder Beobachter trägt seinen eigenen persönlichen Zeitmaßstab mit sich herum, und er stimmt im allgemeinen mit dem keines anderen überein. Keinem Einzelnen erscheint die Zeit je als verzerrt, aber die ihm eigene Zeit kann dazu gebracht werden, relativ zu der einem anderen Beobachter eigenen Zeit, der sich in anderer Weise bewegt, ungleich zu verlaufen.

Diese übernatürlich wirkende Verschiebung von Zeitskalen bahnt einer Art Zeitreise den Weg. In gewisser Hinsicht sind wir alle Zeitreisende, denn wir streben der Zukunft zu, aber die Elastizität der Zeit gestattet es einigen, rascher als andere dort anzukommen. Schnelle Bewegung macht es möglich, daß jemand seine eigene Zeitskala verzögert und die Welt sozusagen an sich vorbeirauschen läßt. So kann er einen entfernten Zeitpunkt eher erreichen, als wenn er ›stillsitzt‹. Grundsätzlich könnte man nach wenigen Stunden das Jahr 2000 erreichen, doch bedarf es zur Erzielung einer merklichen Zeitschrumpfung Geschwindigkeiten von vielen Tausenden von Sekundenkilometern. Bei den Geschwindigkeiten, die Raketen gegenwärtig erreichen, vermögen lediglich genau gehende Atomuhren die winzigen Zeitdehnungseffekte aufzuzeigen. Den Schlüssel für diese Wirkungen liefert die Lichtgeschwindigkeit. Je mehr man sich ihr annähert, desto stärker wird die

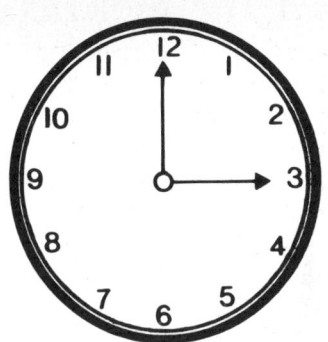

19 Der Effekt der Zeitdehnung, inzwischen für Physiker etwas Alltägliches, läßt sich mit Hilfe sich rasch bewegender, empfindlicher Atomuhren oder subatomarer Teilchen, deren Zerfallsgeschwindigkeit man kennt, belegen. Die sich bewegende Uhr läuft, verglichen mit der anderen, langsamer. Das führt zu dem berühmten ›Zwillingseffekt‹, der bewirkt, daß ein Astronaut, der von einer mit hoher Geschwindigkeit durchgeführten Raumunternehmung zurückkehrt, einige Jahre jünger ist als sein daheimgebliebener Zwillingsbruder.

Zeitkrümmung. Die Relativitätstheorie läßt ein Überschreiten der Lichtgeschwindigkeit nicht zu, da sonst die Zeit wie ein Handschuh von innen nach außen gekehrt würde.

Mit Hilfe nuklearer Teilchen von hoher Geschwindigkeit kann man die Zeit drastisch ›zusammenschieben‹. Indem man in riesigen Anlagen ›Myonen‹ genannte Teilchen bis nahe an die Lichtgeschwindigkeit heran beschleunigt, kann man sie Dutzende von Malen länger ›am Leben halten‹, als im Ruhezustand von ihnen zu erwarten wäre – sie zerfallen gewöhnlich in etwa einer Mikrosekunde.

Ähnlich ungewöhnliche Effekte betreffen den Raum, der gleichfalls elastisch ist. Wird die Zeit gedehnt, schrumpft der Raum. Wenn wir im Zug schnell durch einen Bahnhof fahren, läuft die Bahnhofsuhr für uns, in unserem Bezugssystem, etwas langsamer als für den Gepäckträger auf dem Bahnsteig. Dafür wird für uns der Bahnsteig etwas kürzer. Selbstverständlich fallen uns solche Effekte nie auf, weil sie sich bei gewöhnlichen Geschwindigkeiten viel zu wenig auswirken, aber sie lassen sich mit empfindlichen Instrumenten leicht messen. Die gegenseitige Verzerrung von Raum und Zeit läßt sich als Umwandlung des Raums, der schrumpft,

20 Die Gravitation verlangsamt die Zeit, wie sich experimentell sogar auf der Erde nachweisen läßt. Die Uhr oben auf dem Turm geht gegenüber der an seinem Fuß vor.

in die Zeit, die sich dehnt, ansehen. Allerdings entspricht einer Sekunde eine ungeheure Entfernung – ziemlich genau dreihunderttausend Kilometer.

Zeitverzerrungen der beschriebenen Art sind ein beliebter Kunstgriff in der utopischen Welt der Science-fiction-Literatur, aber ihnen haftet ganz und gar nichts Utopisches an, sie kommen wirklich vor. Ein seltsames Phänomen ist der sogenannte Zwillingseffekt. Ein raumfahrender Zwilling saust mit nahezu Lichtgeschwindigkeit zu einem nicht besonders weit entfernten Stern. Zehn Jahre später erwartet der daheimgebliebene Zwilling dessen Rückkehr. Als der Bruder aussteigt, erkennt der andere, daß dieser statt seiner zehn Jahre nur um ein Jahr gealtert ist. Bedingt durch die Geschwindigkeit hat er lediglich ein Zeitjahr erlebt, während auf der Erde zehn Jahre vergangen sind.

Einstein verallgemeinerte seine Theorie dahingehend, daß sie die Auswirkungen der Gravitation einschloß. Die sich daraus ergebende *allgemeine* Relativitätstheorie schließt die Gravitation ein, nicht als Kraft, sondern als eine Verzerrung der Raum-Zeit-Geometrie. Hier ist die Raum-Zeit nicht ›eben‹ und gehorcht nicht den üblichen Regeln der Schulgeometrie – sie ist gekrümmt und das führt sowohl zu Raum- wie zu Zeitkrümmungen.

Wie bereits im 2. Kapitel gesagt, sind moderne Meßinstrumente so empfindlich, daß in Raketen befindliche Uhren sogar die durch die Erdgravitation hervorgerufene Zeitkrümmung entdecken können. Im Weltraum, wo die Erdgravitation geringer ist, läuft die Zeit tatsächlich rascher ab als auf der Erde.

Je stärker die Gravitation, desto deutlicher zeigt sich die Zeitkrümmung. Es sind einige Sterne bekannt, auf die die Gravitation so stark einwirkt, daß die Zeit im Verhältnis zu uns um mehrere Prozente langsamer abläuft. Diese Sterne befinden sich nahe der Schwelle, an der überstarke Zeitkrümmungen einsetzen. Wäre die Gravitation eines solchen Sterns noch einige Male größer, würde die Zeitkrümmung eskalieren, solange bis die Zeit bei einem kritischen Gravitationswert gänzlich zum Stillstand käme. Von der Erde aus gesehen schiene dann die Oberfläche des Sterns unbeweglich erstarrt. Wir könnten dies außergewöhnliche Aussetzen der Zeit nicht beobachten, weil das Licht, mit dessen Hilfe wir den Stern sehen, gleichfalls von dieser Erstarrung ergriffen und seine Schwingung unter den sichtbaren Bereich des Spektrums hinabgedrückt würde, so daß der Stern schwarz erschiene.

Die Theorie sagt, ein Stern könne unter diesen Umständen nicht im Zustand der Trägheit bleiben, sondern müsse seiner eigenen, ungeheuren Gravitation nachgebend in einer Mikrosekunde zu einer Raum-Zeit-Singularität implodieren und ein Loch im Raum hinterlassen – ein Schwarzes Loch. Die Zeitkrümmung des ehemaligen Sterns bliebe dem leeren Raum erhalten.

So stellt also ein Schwarzes Loch eine Abkürzung zur Ewigkeit dar. In diesem Extremfall würde ein Zwilling in seiner Rakete nicht rascher nur die Zukunft, sondern auch in einem Augenblick das *Ende der Zeit* erreichen! Sobald er in das Loch eintritt, wird entsprechend der Art, wie sein ›Jetzt‹ festgelegt ist, die gesamte Ewigkeit an ihm vorbeiziehen. Im Loch selbst wird er daher in einer Zeitkrümmung gefangen sein, aus der er nicht wieder in das außerhalb ihrer liegende Universum zurückkehren kann, weil dies Universum bereits geschehen ist. Er wird sich für das übrige Universum buchstäblich jenseits der Zeit befinden. Um aus dem Loch herauszukommen, hätte er es vor dem Betreten verlassen müssen. Das ist widersinnig und zeigt die Auswegslosigkeit seiner Lage. Die unerbittliche Gravitation des Lochs zieht den unglücklichen Raumfahrer hin zu der Singularität oder Zeitschwelle, wo er eine Mikrosekunde später an den Rand der Zeit gelangt, was seinen Untergang besiegelt. Die Singularität liegt am Ende einer Einbahnstraße ins ›Nirgendwo‹ und ›Nirgendwann‹. Sie ist ein ›Un-Ort‹, an dem das physikalische Universum aufhört.

Die Revolution unserer Wahrnehmung der Zeit, die mit der Relativitätstheorie einherging, läßt sich am besten so zusammenfassen, daß man sagt, früher wurde die Zeit als absolut, fest und universell angesehen – unabhängig von materiellen Körpern oder Beobachtern. Heute sieht man die Zeit als *dynamisch* an. Sie kann sich dehnen und schrumpfen, krümmen und an einer Singularität sogar gänzlich aufhören. Die Geschwindigkeit, mit der Uhren laufen, ist nicht absolut, sondern relativ zum Zustand der Bewegung oder zur Gravitationslage des Beobachters.

Wenn wir die Zeit aus der Zwangsjacke der Universalität entlassen und der Zeit eines jeden Beobachters gestatten, frei und ungehindert abzulaufen, zwingt uns das zur Aufgabe einiger langgehegter Annahmen. Beispielsweise kann es keine einstimmige Übereinkunft über die Wahl des ›Jetzt‹ geben. Im Zwillingsexperiment kann sich der Raketenzwilling auf seiner Reise in den Weltraum fragen: »Was tut mein Zwillingsbruder auf der Erde *jetzt* wohl?« Aber die Verschiebung ihrer relativen Zeitabläufe bedeutet, daß das ›Jetzt‹ im Zeitrahmen der Rakete ein ganz anderer Augenblick als auf der Erde ist. Es gibt keinen universellen ›gegenwärtigen Augenblick‹. Wenn zwei Ereignisse, A und B, die an verschiedenen Orten stattfinden, von einem Beobachter als gleichzeitig wahrgenommen werden, sieht ein anderer Beobachter, wie A vor B geschieht, während ein dritter B als zuerst stattfindend wahrnehmen mag.

Die Vorstellung, die zeitliche Anordnung zweier Ereignisse könne verschiedenen Beobachtern unterschiedlich erscheinen, wirkt paradox. Kann das Ziel in Stücke fliegen, bevor die Waffe abgefeuert wird? Zum Glück für die Kausalität geschieht das nicht. Damit die Ereignisse A und B eine unbestimmte Abfolge haben, müssen sie so rasch nacheinander stattfinden, daß das Licht in diesem Zeitraum unmöglich von A nach B gelangen kann. In der Relativitätstheorie bestimmen Lichtsignale alle Regeln, und diese verbieten insbesondere, daß sich irgend etwas rascher fortpflanzt als diese Lichtsignale. Vermag das Licht A und B nicht schnell genug miteinander in Kontakt zu bringen, ist auch nichts anderes dazu imstande, und A und B können einander in keiner Weise beeinflussen. Zwischen ihnen besteht keine kausale Verbindung; die Umkehrung der zeitlichen Abfolge der Ereignisse A und B bedeutet keine Umkehrung von Ursache und Wirkung.

Unvermeidlich fällt die säuberliche Trennung der Zeit in Vergangenheit, Gegenwart und Zukunft der Vorstellung zum Opfer, daß es keinen universellen gegenwärtigen Augenblick gibt. Diese Begriffe mögen in unserer unmittelbaren Umgebung einen Sinn haben, aber sie können nicht überall gelten. Fragen wie »Was geschieht *jetzt* auf dem Mars?« sollen sich auf einen bestimmten Augenblick auf jenem Planeten beziehen. Wie wir aber gesehen haben, würde ein Raumfahrer, der sich, in einer Rakete an der Erde vorbeisausend, im selben Augenblick dieselbe Frage stellte, damit einen anderen Augenblick auf dem Mars meinen. Tatsächlich umfaßt der Bereich der möglichen ›Jetzt‹-Momente auf dem Mars, die einem erdnahen Beobachter – je nach seiner Bewegung – zur Verfügung stehen, mehrere Minuten. Je größer der Abstand zum Gegenstand ist, desto größer ist diese Auswahl von ›Jetzt‹-Momenten. Für einen entfernten Quasar könnte sich ›jetzt‹ auf einen Zeitraum von Milliarden Jahren beziehen. Schon ein Spaziergang dort würde den ›gegenwärtigen Augenblick‹ um Tausende von Jahren verändern!

Wenn wir die Begriffe einer genau festgelegten Vergangenheit, Gegenwart und Zukunft aufgeben, hat das einschneidende Auswirkungen, denn die Verlockung anzunehmen, nur die Gegenwart existiere ›wirklich‹, ist sehr groß. Gewöhnlich geht der Mensch, ohne sich darüber besondere Gedanken zu machen, von der Annahme aus, daß die Zukunft noch nicht stattgefunden hat, vielleicht sogar unbestimmt ist. Die Vergangenheit hält man für vorübergegangen, zwar erinnert man sich, aber sie ist eben doch vorbei. Man möchte gern glauben, daß weder Vergangenheit noch Zukunft wirklich existieren, nur ein Augenblick der Wirklichkeit scheint ›zu einem bestimmten Zeitpunkt‹ stattzufinden. Die Relativitätstheorie fegt solche Vorstellungen beiseite. Vergangenheit, Gegenwart und Zukunft müssen gleichermaßen wirklich sein, denn die Vergangenheit eines Menschen ist die Gegenwart eines anderen und die Zukunft eines dritten.

Die Haltung des Physikers der Zeit gegenüber wird stark durch seine Erfahrungen mit den Auswirkungen der Relativität beeinflußt und kann dem Laien durchaus fremd erscheinen, obwohl der Physiker selbst selten groß darüber nachdenkt. Ihm erscheint die Zeit nicht als Abfolge von Ereignissen, die *geschehen*. Stattdessen sind die gesamte Vergangenheit und Zukunft einfach *da*, und die Zeit erstreckt sich von jedem beliebigen

Augenblick an in beide Richtungen, ähnlich wie sich der Raum von jeder bestimmten Stelle aus erstreckt. Der Vergleich ist durchaus mehr als eine Analogie, denn Raum und Zeit finden sich in der Relativitätstheorie unauflöslich miteinander verflochten, zu dem vereinigt, was der Physiker ›Raum-Zeit-Kontinuum‹ nennt.

Unsere psychologische Wahrnehmung der Zeit weicht so grundlegend vom Modell der Physik ab, daß selbst zahlreiche Physiker angefangen haben zu zweifeln, ob diesem Modell nicht ein wichtiger Bestandteil fehlt. Eddington hat einmal angemerkt, unser Geist verfüge über eine Art ›Hintertür‹, durch die die Zeit – außer auf dem üblichen Weg durch unsere Laborinstrumente und Sinne – eintritt. Unsere Zeitempfindung ist wohl elementarer als unsere Empfindung von, sagen wir, räumlicher Orientierung oder von Materie. Es handelt sich eher um eine innere als eine körperliche Erfahrung. Was wir empfinden, ist eigentlich das *Verstreichen* von Zeit – und zwar so deutlich, daß dieses Empfinden den grundlegendsten Aspekt unserer Wahrnehmung ausmacht. Vor diesem kinetischen Hintergrund werden alle unsere Gedanken und Tätigkeiten wahrgenommen.

Auf ihrer Suche nach diesem geheimnisvollen Zeitablauf gerieten zahlreiche Naturwissenschaftler in tiefe Verwirrung. Alle Physiker erkennen an, daß im Universum eine durch die Auswirkung des zweiten Hauptsatzes der Thermodynamik hervorgerufene Asymmetrie zwischen Vergangenheit und Zukunft besteht. Untersucht man allerdings die Grundlage dieses Satzes sorgfältig, scheint sich die Asymmetrie in nichts aufzulösen.

Diese Paradoxie läßt sich leicht erläutern. Nehmen wir an, in einem hermetisch verschlossenen Raum wird eine Parfümflasche entstöpselt. Nach einer Weile ist das Parfüm verdunstet und hat sich im ganzen Raum verteilt, jeder kann den Geruch wahrnehmen. Der Übergang vom flüssigen Parfüm zur dufterfüllten Luft – von der Ordnung zur Unordnung – ist unumkehrbar. Wie lange auch immer wir warten, wir dürfen nicht annehmen, daß die feinverteilten Parfümmoleküle spontan ihren Weg in den Flakon zurückfinden und sich dort wieder verflüssigen. Die Verdunstung und Verteilung des Parfüms liefert ein klassisches Beispiel für die Asymmetrie zwischen Vergangenheit und Zukunft. Sähen wir in einem Film, wie Parfüm in den Flakon zurückströmt, wäre uns allen sogleich klar, daß er rückwärts abläuft, denn dieser Vorgang läßt sich nicht umkehren.

Doch haben wir hier eine Paradoxie. Das Parfüm verdampft und

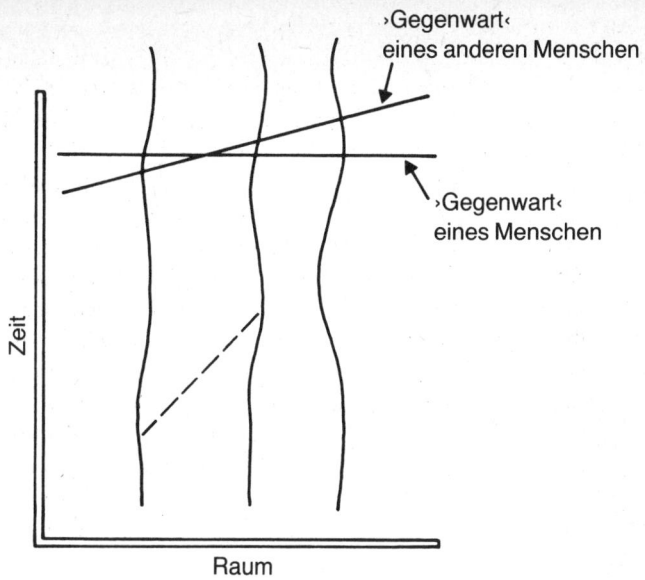

›Gegenwart‹
eines anderen Menschen

›Gegenwart‹
eines Menschen

Zeit

Raum

21 Physiker betrachten Zeit nicht als etwas Vorübergehendes, sondern als
dem ›Raum-Zeit-Kontinuum‹ angehörig, eine vierdimensionale Struktur,
die hier zweidimensional dargestellt wird. Ein Punkt auf der abgebildeten
Fläche ist ein ›Ereignis‹. Die Wellenlinien sind die Wege von Körpern, die
sich bewegen, die unterbrochene Linie ist der Weg eines Lichtsignals, das
zwischen zwei Körpern ausgetauscht wird. Die waagerechte Linie stellt
einen Schnitt durch den ganzen Raum in einem bestimmten Augenblick
vom Standpunkt eines Beobachters aus dar. Die schräge Linie gilt für
einen anderen Beobachter, der sich in anderer Weise bewegt. Eine zeitliche (vertikale) Ausdehnung ist erforderlich, damit die Welt einen Sinn
erhält. Es gibt keinen universell gültigen ›Schnitt‹, der eine einzige und
für alle gemeinsame ›Gegenwart‹ darstellt. Aus diesem Grund ist eine
Einteilung in eine allgemein gültige Vergangenheit, Gegenwart und
Zukunft unmöglich.

verteilt sich unter dem Bombardement von Milliarden von Luftmolekü-
len. Sie stoßen aufgrund ihrer unaufhörlichen thermischen Bewegung
die Parfümmoleküle willkürlich hierhin und dorthin, wälzen alles um
und um, bis sich das Parfüm untrennbar mit der Luft vermischt hat. Jeder
einzelne dieser Molekül-Zusammenstöße wäre durchaus umkehrbar.

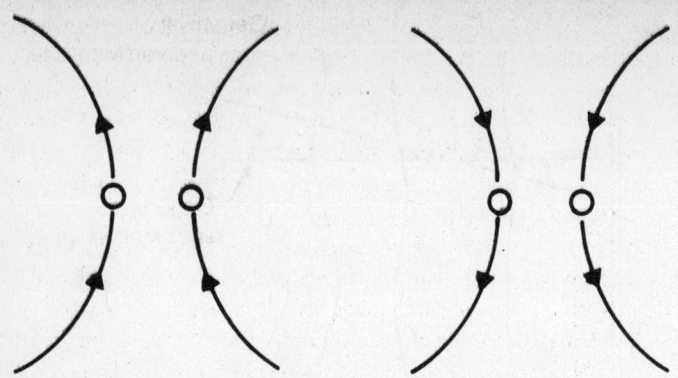

22 Der Ursprung der Zeitasymmetrie in der Welt bleibt auch dann ein Geheimnis, wenn wir die Materie auf der atomaren Stufe untersuchen. Der Zusammenstoß zweier beliebiger Moleküle ist vollständig umkehrbar und zeigt keine bevorzugte Ausrichtung hin zur Vergangenheit oder zur Zukunft.

Darin, daß sich zwei Moleküle einander nähern, voneinander abprallen und sich zurückziehen, liegt keine Zeitasymmetrie, denn auch der umgekehrte Prozeß hieße Annäherung, Abprall und Rückzug.

Das Geheimnis des Zeitpfeils – wie kann eine Asymmetrie zwischen Vergangenheit und Zukunft daraus entstehen, daß Moleküle in symmetrischer Weise zusammenstoßen? – hat die Vorstellungskraft zahlreicher bedeutender Physiker angeregt. Als erster hat Ludwig Boltzmann das Problem gegen Ende des 19. Jahrhunderts klar formuliert[1], aber noch heute tobt der Meinungsstreit darüber. Einige Naturwissenschaftler haben behauptet, es gebe ein besonderes, nicht-materielles Merkmal, einen Zeitfluß, der dafür verantwortlich sei, daß der Zeitpfeil in eine Richtung weise. Sie erklären, gewöhnliche Molekularbewegungen seien nicht imstande, im Sinn einer Asymmetrie von Vergangenheit und Zukunft auf die Zeit einzuwirken, so daß es auf dieses besondere Merkmal, eben den Zeitfluß, ankomme. Man hat sogar Versuche unternommen, den Ursprung eben dieses Flusses auf Quantenprozesse oder die Ausdehnung des Universums zurückzuführen. In mancherlei Hinsicht ähnelt der Glaube an einen Zeitfluß sehr dem an eine Lebenskraft und ist ähnlich zweifelhaft.

Es wird übersehen, daß die Zeitsymmetrie ein ebenso ganzheitlicher

Begriff ist wie das Leben und sich nicht auf die Eigenschaften einzelner Moleküle reduzieren läßt: das ist der Fehler. Es besteht keine Unvereinbarkeit zwischen einer Symmetrie auf der molekularen Ebene und einer Asymmetrie im makroskopischen Maßstab, sondern es handelt sich dabei lediglich um zwei verschiedene Beschreibungsstufen. Also besteht Anlaß zu der Vermutung, daß die Zeit gar nicht wirklich ›fließt‹ und wir uns das lediglich einbilden.

Beim Versuch, den Ursprung des ›Zeitflusses‹ in unseren Wahrnehmungen zu ermitteln, sehen wir uns demselben Geflecht aus Paradoxien und Verworrenheiten gegenüber wie bei Versuchen zum Verständnis des Selbst, und man kann sich nur schwer des Verdachts erwehren, daß diese beiden Probleme eng miteinander verknüpft sind. Nur im dahinströmenden Fluß der Zeit vermögen wir uns selbst wahrzunehmen. Hofstadter schrieb vom »wirbelnden Strudel des Selbstbezugs«, der das hervorbringt, was wir Bewußtsein und Selbst-Bewußtheit nennen, und ich bin der festen Überzeugung, daß eben dieser ›Wirbel‹ den Antrieb für den psychisch empfundenen Zeitfluß liefert. Aus diesem Grund behaupte ich, daß das Geheimnis des Geists erst dann zu lösen ist, wenn wir das der Zeit verstanden haben.

Überall in Kunst und Literatur finden sich naive Vorstellungen von der Zeit: der Pfeil der dahinschießenden Zeit, der Fluß der Zeit, der Zeitwagen, das Voranschreiten der Zeit. Es heißt oft, das ›Jetzt‹ oder der gegenwärtige Augenblick unseres Bewußtseins bewegt sich aus der Vergangenheit beständig zur Zukunft hin, so daß schließlich das Jahr 2000 ›jetzt‹ sein wird, und aus eben demselben Grund ist der Augenblick, in dem Sie das hier lesen, ›jetzt‹ vorbei und gehört der Geschichte an. Bisweilen wird das ›Jetzt‹ als fest verankert angesehen, und die Zeit fließt an ihm vorüber wie ein Fluß an einem Beobachter, der am Ufer steht. Diese Bilder sind unablösbar von unserer Empfindung des freien Willens. Daß die Zukunft noch nicht herausgebildet zu sein scheint, verleitet uns zu der Annahme, wir könnten sie gestalten, bevor sie herankommt. Ist das aber nicht unsinnig?

Schwierigkeiten treten auf, sobald man versucht, das oben beschriebene Bild zu verteidigen. Eine im Jahr 1986 zwischen einem Physiker und einem Zweifler geführte Unterhaltung könnte etwa so aussehen:

Zweifler: Ich bin da kürzlich auf folgendes Einstein-Zitat gestoßen: »Man muß die Vorstellung hinnehmen, daß die subjektive Zeit mit ihrem Schwergewicht auf dem Jetzt keine objektive Bedeutung hat . . ., die Unterscheidung zwischen Vergangenheit, Gegenwart und Zukunft ist eine Täuschung, wie lange auch immer sie dauert.« Das ist ja wohl alles Mumpitz, oder?

Physiker: Keineswegs. In der Außenwelt gibt es keine Vergangenheit, Gegenwart und Zukunft. Wie hätte man die Gegenwart je mit Meßgeräten bestimmen können? Es handelt sich dabei um eine ausschließlich psychologische Vorstellung.

Zweifler: Na hören Sie mal, das ist ja wohl nicht Ihr Ernst. Jeder weiß, daß die Zukunft noch vor uns liegt und die Vergangenheit vorbei ist – schließlich können wir uns ja daran erinnern. Wie können Sie ›gestern‹ mit ›morgen‹ verwechseln, oder auch nur mit ›heute‹?

Physiker: Selbstverständlich muß man zwischen verschiedenen aufeinanderfolgenden Tagen unterscheiden. Mich stören nur die Etiketten, die Sie dazu verwenden. Sie müssen mir doch zugeben, daß ›morgen‹ nie kommt.

Zweifler: Haarspalterei. Natürlich kommt ›morgen‹, nur nennen wir es dann ›heute‹.

Physiker: Eben. Jeder Tag heißt ›heute‹, wenn er da ist. Jeder Augenblick heißt ›jetzt‹, wenn wir ihn erleben. Die Aufteilung in *die* Vergangenheit und *die* Zukunft ist Ergebnis einer linguistischen Begriffsverwirrung. Ich will Ihnen helfen, das aufzuklären. Jedem Augenblick läßt sich ein bestimmtes Datum zuordnen: beispielsweise 14 Uhr am 3. Oktober 1997. Das Datierungssystem ist willkürlich, aber sobald wir uns auf ein System geeinigt haben, ist der Zeitpunkt, zu dem ein bestimmtes Ereignis stattfindet oder ein bestimmter Augenblick da ist, ein für allemal fixiert. Indem wir alle Ereignisse mit ›Zeitmarken‹ kennzeichnen, können wir alles auf der Welt beschreiben, ohne Zuflucht zu zweifelhaften Konstruktionen wie Vergangenheit, Gegenwart und Zukunft nehmen zu müssen.

Zweifler: Aber 1997 *ist* in der Zukunft. Es war ja noch nicht. Ihr Datierungssystem läßt einen wesentlichen Gesichtspunkt unberücksichtigt: den Zeitfluß.

Physiker: Was meinen Sie mit »1997 *ist* in der Zukunft«? Es ist in der Vergangenheit von 1998.

Zweifler: Aber *jetzt* ist doch gar nicht 1998.

Physiker: Jetzt?

Zweifler: Ja, *jetzt*.

Physiker: Wann ist ›jetzt‹? Jeder Augenblick ist ›jetzt‹, wenn wir ihn wahrnehmen.

Zweifler: *Dieses* ›jetzt‹. Ich meine *dieses* ›jetzt‹.

Physiker: Sie meinen das Jetzt 1986?

Zweifler: Wenn Sie wollen.

Physiker: Nicht das Jetzt 1998?

Zweifler: Nein.

Physiker: Das heißt, sie sagen nichts anderes, als daß 1997 in der Zukunft von 1986, aber in der Vergangenheit von 1998 liegt. Das bestreite ich nicht. Auch mein Zeitsystem beschreibt das so und nicht anders. Sie sehen also, Ihr Gerede über Vergangenheit und Zukunft ist überflüssig.

Zweifler: Aber das ist doch absurd! Daß 1997 noch nicht war, geben Sie doch bestimmt zu?

Physiker: Natürlich. Sie sagen nichts anderes, als daß unsere Unterhaltung vor 1997 stattfindet. Lassen Sie mich wiederholen: Ich bestreite nicht, daß es einen geordneten Ablauf von Ereignissen mit einer klaren Vorher-Nachher- oder Vergangenheit-Zukunft-Beziehung gibt. Ich bestreite lediglich die Existenz *der* Vergangenheit, *der* Gegenwart und *der* Zukunft. Es gibt ganz offensichtlich nicht *eine* Gegenwart, denn Sie und ich haben in unserem Leben zahlreiche ›Gegenwarten‹ erlebt. Bestimmte Ereignisse liegen mit Bezug auf andere Ereignisse in der Vergangenheit oder Zukunft, aber sie selbst sind einfach *da*, sie *geschehen* nicht eins nach dem anderen.

Zweifler: Meinen das die Physiker, wenn sie sagen, vergangene und zukünftige Ereignisse existieren neben der Gegenwart? Daß sie zwar irgendwie *da* sind, wir ihnen aber erst nacheinander begegnen?

Physiker: In Wirklichkeit ›begegnen‹ wir ihnen überhaupt nicht. Wir erfahren jedes Ereignis, dessen wir uns bewußt sind. Sie liegen nicht da und warten darauf, daß wir uns an sie anschleichen, zeitlich gesprochen. Es sind einfach Ereignisse und mit ihnen verbundene geistige Zustände. Sie sprechen, als sei der heutige Geist irgendwie in der Zeit nach vorn transportiert worden und stolpere dort über die morgigen Ereignisse. Unser Geist erstreckt sich in der Zeit. Die geistigen Zustände von morgen spiegeln die morgigen Ereignisse und die von heute die heutigen.

Zweifler: Aber gewiß bewegt sich mein Bewußtsein von heute nach morgen vorwärts?

Physiker: Nein! Ihr Geist *ist* sowohl heute wie auch morgen bewußt. Nichts *bewegt* sich – weder vor-, noch rück- oder seitwärts.

Zweifler: Aber ich *spüre* doch, wie die Zeit vergeht.

Physiker: Augenblick mal. Erst sagen Sie, Ihr Geist bewegt sich in der Zeit vorwärts, und dann behaupten Sie, die Zeit selbst bewegt sich vorwärts. Was denn nun?

Zweifler: Ich sehe die Zeit als einen strömenden Fluß an, der zukünftige Ereignisse zu mir bringt. Entweder kann ich mein Bewußtsein als fixiert ansehen, dann fließt die Zeit von der Zukunft zur Vergangenheit an mir vorbei, oder die Zeit ist fixiert und mein Bewußtsein bewegt sich aus der Vergangenheit zur Zukunft hin. Ich denke, die beiden Beschreibungen sind gleichwertig. Die Bewegung ist relativ.

Physiker: Die Bewegung ist eine Täuschung! Wie kann sich Zeit bewegen? Falls sie das tut, muß sie eine Geschwindigkeit haben. Wie sieht die aus? Ein Tag pro Tag? Das ist Unsinn. Ein Tag ist immer ein Tag und sonst nichts.

Zweifler: Aber wenn die Zeit nicht vergeht, wie ändern sich dann die Dinge?

Physiker: Die Veränderung tritt ein, weil sich Gegenstände *in* der Zeit durch den Raum bewegen. Die Zeit bewegt sich nicht. Als Kind habe ich immer überlegt: »Warum ist jetzt statt *jetzt* nicht eine andere Zeit?« Als ich älter wurde, merkte ich, daß die Frage sinnlos war. Sie läßt sich in jedem Augenblick stellen.

Zweifler: Ich halte sie für ganz und gar berechtigt. Warum ist 1986?

Physiker: Warum ist *was* 1986?

Zweifler: Nun, warum ist *jetzt* 1986?

Physiker: Das klingt ein wenig wie »Warum bin ich *ich* und nicht jemand anderes?« Ich bin ich durch Definition – ganz gleich, wer die Frage stellt. Offensichtlich betrachten wir 1986 im Jahr 1986 als ›jetzt‹. Dasselbe würde für jedes andere Jahr gelten. Eine wirklich berechtigte Frage könnte heißen: »Warum lebe ich 1986 und nicht, sagen wir 5000 v. Chr.?« Oder: »Warum führen wir dieses Gespräch 1986 und nicht 1998?« Aber es gibt bei all solchen Diskussionen keinen Grund, die Begriffe Vergangenheit, Gegenwart und Zukunft zu bemühen.

Zweifler: Ich bin immer noch nicht überzeugt. Nahezu all unser tägliches Denken und Handeln, die Ausdrucksfähigkeit unserer Sprache, alles, was wir glauben, hoffen und befürchten, wurzelt in der grundlegenden Unterscheidung von Vergangenheit, Gegenwart und Zukunft: Ich habe Angst vor dem Tod, denn ich muß ihm doch entgegentreten und weiß nicht, was jenseits von ihm liegt. Anders mit der Vergangenheit: Ich habe keine Angst, weil ich nichts von meiner Existenz vor der Geburt weiß. Von der Vergangenheit können wir keine Angst haben. Außerdem ist sie unveränderlich, wir wissen durch unsere Erinnerung, was geschehen ist. Über die Zukunft wissen wir nichts, und wir glauben, daß sie nicht vorherbestimmt ist, sondern wir sie durch unser Handeln verändern können. Was die Gegenwart angeht, nun, das ist unser Augenblick, in dem wir mit der Außenwelt in Berührung treten, der Augenblick, in dem unser Geist dem Körper befehlen kann, tätig zu werden. Lord Byron hat geschrieben: »Handelt, handelt im lebenden Augenblick.« Das faßt für mich die Sache in bewundernswerter Weise zusammen.

Physiker: Das meiste von dem, was Sie sagen, stimmt, aber trotzdem ist keine sich bewegende Gegenwart erforderlich. Selbstverständlich besteht eine Asymmetrie zwischen Vergangenheit und Zukunft, nicht nur in unseren Erfahrungen wie der Erinnerung, sondern auch in der Außenwelt. Der zweite Hauptsatz der Thermodynamik sorgt beispielsweise dafür, daß Systeme im Lauf der Zeit immer mehr in den Zustand der Unordnung geraten. Andere Systeme verfügen über sich ansammelnde Zeugen der Vergangenheit und über ein ›Gedächtnis‹. Denken Sie an die Mondkrater: Hier haben wir Zeugen vergangener, nicht künftiger Ereignisse. Sie sagen lediglich, daß spätere Gehirnzustände über mehr gespeicherte Informationen verfügen als frühere. Wir begehen dabei den Fehler, diese einfache Tatsache in die mehrdeutigen und unklaren Worte umzusetzen: »Wir erinnern uns an die Vergangenheit, nicht an die Zukunft«, obwohl ja *die* Vergangenheit ein sinnloser Begriff ist. Wir werden uns 1998 an 1997 erinnern, das in der Zukunft von 1986 *ist*. Wenn Sie sich an Daten halten, brauchen Sie weder Zeitstufen noch den Zeitfluß noch das ›Jetzt‹.

Zweifler: Aber Sie haben gerade selber gesagt ». . . werden erinnern«.

Physiker: Ich hätte auch sagen können: »Mein Gehirnzustand 1998 speichert Informationen über Ereignisse des Jahres 1997. Da 1997 in der Zukunft von 1986 liegt, ist es in meinen Gehirnzuständen von 1986 nicht verzeichnet.« Sie sehen, Vergangenheit und Zukunft werden überhaupt nicht benötigt.

Zweifler: Und was ist mit der Angst vor der Zukunft, mit dem freien Willen und der Unvorhersagbarkeit? Wenn die Zukunft schon existiert, muß das doch vollständige Vorherbestimmung bedeuten. Nichts läßt sich ändern. Der freie Wille ist Einbildung.

Physiker: Die Zukunft besteht nicht ›schon‹. Diese Aussage ist ein logischer Fehler in der Begriffsbildung, denn sie behauptet: ›Ereignisse existieren gleichzeitig mit vor ihnen liegenden Ereignissen‹; das ist aufgrund der Definition von ›vor‹ ganz offensichtlich Unsinn. Bei der Unvorhersagbarkeit schließlich handelt es sich um eine praktische Begrenzung. Zwar können wir, bedingt durch die Komplexität der Welt, nur bestimmte Einzelereignisse voraussagen wie beispielsweise eine Sonnenfinsternis, aber Vorhersagbarkeit ist nicht dasselbe wie Vorherbestimmtheit. Hier vermischen Sie Ihre Wissenschaftstheorie mit Ihrer Metaphysik. Es ist denkbar, daß alle zukünftigen Zustände der Welt durch vorherige Ereignisse bestimmt werden, ohne daß sie deshalb vorhersagbar sind.

Zweifler: Aber ist die Zukunft vorherbestimmt? Entschuldigung, ich meine, sind alle Ereignisse vollständig durch frühere Ereignisse bestimmt?

Physiker: Nicht wirklich. So zeigt die Quantentheorie, daß auf der atomaren Stufe Ereignisse spontan auftreten, ohne daß sie vorher so verursacht wurden.

Zweifler: Also gibt es keine Zukunft! Wir *können* sie ändern!

Physiker: Die Zukunft wird so sein, wie sie sein wird, ob unsere davorliegenden Handlungsweisen einbezogen sind oder nicht. Der Physiker betrachtet das Raum-Zeit-Kontinuum wie eine Landkarte, auf deren einer Seite sich die Zeit erstreckt. Ereignisse sind mit Punkten auf der Karte gekennzeichnet – einige sind durch Ursachenbeziehungen mit früheren Ereignissen verbunden, andere, wie der Zerfall eines radioaktiven Atomkerns werden als ›spontan‹ gekennzeichnet. Es ist alles *da*, ob die Kausalverbindungen einbezogen sind oder nicht. Meine Behauptung also, daß es keine Vergangenheit, Gegenwart und Zukunft gibt, sagt nichts über den freien Willen oder die Vorherbestimmung. Das ist eine ganz andere Angelegenheit – und ein mit Verwirrungen vermintes Gebiet.

Zweifler: Sie haben mir immer noch nicht erklärt, warum ich den Zeitfluß *spüre*.

Physiker: Ich bin kein Neurologe. Wahrscheinlich hat es etwas mit Vorgängen in Ihrem Kurzzeitgedächtnis zu tun.

Zweifler: Sie meinen, es ist alles Einbildung – eine Sinnestäuschung?

Physiker: Es wäre nicht klug, mit Hilfe seiner Empfindungen der Außenwelt physikalische Eigenschaften zuzuschreiben. Haben Sie sich noch nie schwindlig gefühlt?

Zweifler: Doch, natürlich.

Physiker: Aber Sie machen nicht den Versuch, dieses Schwindelgefühl einer Rotation des Universums zuzuschreiben, obwohl sie *spüren*, wie sich die Welt um sie dreht?

Zweifler: Nein, das ist ganz offensichtlich eine Einbildung.

Physiker: So sage ich auch, daß der Wirbel der Zeit wie der Wirbel des Raums ist – eine Art von Zeitschwindel –, dem unsere verworrene Sprache mit ihren Zeitstufen und sinnlosen Aussagen über Vergangenheit einen falschen Eindruck von Wirklichkeit verleiht.

Zweifler: Ich möchte mehr darüber erfahren.

Physiker: Jetzt nicht. Ich habe keine Zeit mehr . . .

Was können wir aus einer solchen Unterhaltung schließen? Zweifellos sind wir für das Planen und Ordnen unserer alltäglichen Angelegenheiten durchaus auf die Begriffe Vergangenheit, Gegenwart und Zukunft angewiesen und stellen zu keinem Zeitpunkt in Frage, daß die Zeit tatsächlich vergeht. Auch Physiker verfallen bald wieder in dieses sprachliche und gedankliche Verhalten – wie wir oben gesehen haben –, sobald sie aufhören, ihre analytischen Fähigkeiten bewußt einzusetzen. Doch muß eingeräumt werden, daß diese Begriffe um so trügerischer und undeutlicher zu werden scheinen, je näher wir sie ins Auge fassen, und daß all unsere Aussagen über diesen Gegenstand entweder tautologisch sind oder ihren Sinn verlieren. Der Physiker braucht für die Welt der Physik weder den Fluß der Zeit noch das Jetzt, und die Relativitätstheorie schließt sogar eine für alle Beobachter gültige universale Gegenwart aus. Sofern diese Begriffe überhaupt eine Bedeutung haben (und zahlreiche Philosophen, wie zum Beispiel McTaggart, bestreiten das[2]), würden sie wohl eher auf das Gebiet der Psychologie als das der Physik gehören.

Das wirft eine beunruhigende theologische Frage auf. Nimmt Gott den Fortgang der Zeit wahr?

Christen glauben, Gott sei ›ewig‹. Allerdings bezeichnet man mit diesem Wort zwei recht unterschiedliche Dinge. In der einfachen Bedeutung heißt es ›immerwährend‹ oder ›ohne Anfang und Ende über einen unbegrenzten Zeitraum hinweg existierend‹. Gegen eine solche Gottesvorstellung läßt sich jedoch zweierlei einwenden: Ein in der Zeit befindlicher Gott ist Veränderungen unterworfen. Was aber ruft solche Veränderungen hervor? Ist es sinnvoll zu sagen – falls Gott Ursache aller existierenden Dinge ist (wie es das kosmologische Argument in Kapitel 3 aussagt) –, daß sich diese letzte Ursache selbst verändert?

Wir haben in den vorhergehenden Kapiteln gesehen, daß die Zeit nicht einfach da, sondern selbst Teil des physikalischen Universums ist. Sie ist ›elastisch‹ und imstande, sich nach genau bestimmten mathematischen Gesetzen, die das Verhalten der Materie betreffen, auszudehnen oder zu schrumpfen. Zeit ist eng mit dem Raum verbunden, und die Wirkung des Gravitationsfelds drückt sich in Raum und Zeit gemeinsam aus. Kurz, in allen Einzelheiten physikalischer Prozesse ist die Zeit ebenso einbezogen wie die Materie. Sie ist keine Eigenschaft des Göttlichen – sie läßt sich sogar physikalisch durch menschliches Eingreifen ändern. Ein in der Zeit befindlicher Gott ist daher in gewisser Hinsicht in das Wirken des physikalischen Universums einbezogen. Es ist durchaus wahrscheinlich, daß die Zeit an irgendeiner Stelle in der Zukunft aufhören wird zu existieren (wie wir im 15. Kapitel noch sehen werden). In dem Fall wäre Gottes eigene Stellung eindeutig unsicher. Ein Gott, der den physikalischen Gesetzen der Zeit unterliegt, kann selbstverständlich nicht allmächtig sein und kommt auch nicht als Schöpfer des Universums in Frage, wenn er nicht die Zeit erschaffen hat. Eben wegen der Untrennbarkeit von Zeit und Raum hat ein Gott, der die Zeit nicht geschaffen hat, auch den Raum nicht geschaffen. Aber wie wir gesehen haben, mit der Existenz des Raum-Zeit-Kontinuums lassen sich das Auftreten der Materie und die Ordnung im Universum als automatisch eingetretene Folge völlig natürlicher Abläufe erklären. Viele Menschen würden jetzt sagen, daß Gott als Schöpfer gar nicht wirklich erforderlich sei, *außer* zur Erschaffung der Zeit – streng genommen des Raum-Zeit-Kontinuums.

So gelangen wir zu der anderen Bedeutung von ›ewig‹: ›zeitlos‹. Die Vorstellung eines außerzeitlichen Gottes geht mindestens schon auf Augustinus zurück, der (wie wir im 3. Kapitel gesehen haben) sagte, Gott habe die Zeit geschaffen. Diese Vorstellung hat bei zahlreichen christlichen Theologen Unterstützung gefunden. Der Heilige Anselm drückte den Gedanken wie folgt aus: »Ja, Du [Gott] bist weder gestern noch heute noch morgen, sondern Du stehst einfachhin außer aller Zeit.«[3]

Für einen zeitlosen Gott gibt es die oben genannten Schwierigkeiten nicht, wohl aber die bereits weiter oben (S. 69 f.) angeführten. Gott kann keine Person sein, die denkt, sich unterhält, empfindet, plant und dergleichen, denn all das sind in die Zeit eingebundene Tätigkeiten. Es läßt sich nur schwer vorstellen, wie ein zeitloser Gott überhaupt in der Zeit tätig werden kann – obwohl behauptet wurde, daß das nicht unmöglich sei. Wir haben auch gesehen, wie eng das Empfinden von der Existenz des Selbst mit der Erfahrung eines Zeitflusses verknüpft ist. Ein zeitloser Gott ließe sich nicht als ›Person‹ oder Individuum in irgendeinem uns bekannten Sinn ansehen. Bedenken dieser Art haben eine ganze Anzahl neuzeitlicher Theologen dazu gebracht, die Vorstellung eines ewigen Gottes zurückzuweisen. Paul Tillich schreibt dazu: »Wenn wir Gott einen lebendigen Gott nennen, sprechen wir ihm Zeitlichkeit zu und damit eine Beziehung zu den verschiedenen Ausprägungen der Zeit.«[4] Dieser Aussage schließt sich Karl Barth mit den Worten an: »Ohne eine vollständige Zeitlichkeit Gottes ist der Inhalt der christlichen Botschaft gestaltlos.«[5]

Aus der physikalischen Sicht der Zeit ergeben sich auch aufschlußreiche Folgerungen für den Glauben, Gott sei allwissend. Einem zeitlosen Gott kann man kein Denken zusprechen, denn das ist eine der Zeit zugeordnete Tätigkeit. Vermag ein zeitloses Wesen etwas zu wissen? Wissenserwerb schließt ganz offenkundig die Vorstellung der Zeit ein, nicht aber das Wissen als solches – vorausgesetzt, das Gewußte ändert sich im Lauf der Zeit nicht. Wenn beispielsweise Gott die Lage eines jeden Atoms heute kennt, wird dieses Wissen bis morgen anders aussehen. Um zeitlos zu wissen, muß er in seinem Wissen alle Ereignisse durch die ganze Zeit besitzen.

Mithin liegt eine tiefgreifende und bedeutende Schwierigkeit darin, alle gewöhnlich Gott zugesprochenen Attribute miteinander zu vereinbaren. Mit ihrer Entdeckung der veränderlichen Zeit treibt die moderne Physik einen Keil zwischen Gottes Allmacht und die Existenz seiner Persönlichkeit. Nur schwer läßt sich behaupten, Gott besitze beide Eigenschaften.

10. Freier Wille und Determinismus

> »Nichts wäre ungewiß, und die Zukunft wie die
> Vergangenheit läge vor [unseren] Augen.«
>
> Pierre de Laplace

Als Newton seine Gesetze der Mechanik formulierte, meinten viele
Menschen, damit sei das Ende der Vorstellung vom freien Willen
gekommen. Newtons Theorie zufolge funktioniert das Universum wie
ein riesiges Uhrwerk, das auf einem unveränderlichen, vorgegebenen
Weg hin zu einem nicht beeinflußbaren Endzustand abläuft. Sie nimmt
an, daß der Lebenslauf eines jeden Atoms im voraus bestimmt ist und
schon bei Anbeginn der Zeit festgelegt wurde. Menschen wurden lediglich als komplizierte Maschinen angesehen, die diesem ungeheuren
kosmischen Mechanismus nicht entfliehen könnten. Dann kam die neue
Physik mit ihrer Relativität von Zeit und Raum und ihrer auf der
Quantentheorie gründenden Ungewißheit. Die ganze Frage der Entscheidungsfreiheit und der Vorbestimmtheit mußte erneut durchdacht
werden.

Es scheint einen grundlegenden Widerstreit zwischen den beiden
Theorien zu geben, die die Grundlagen der neuen Physik ausmachen.
Auf der einen Seite spricht die Quantentheorie dem Beobachter eine
bedeutende Rolle für die jeweilige Art physikalischer Wirklichkeit zu;
wie wir gesehen haben, behaupten zahlreiche Physiker, es gebe konkrete
experimentelle Belege, die gegen die Vorstellung einer ›objektiven Wirklichkeit‹ sprechen. Damit scheint den Menschen eine einzigartige Möglichkeit in die Hand gegeben zu sein, die Struktur des physikalischen
Universums in einer Weise zu beherrschen, vor der man sich zu Newtons
Zeiten nichts träumen ließ. Auf der anderen Seite beschwört die Relativitätstheorie, die mit der Vorstellung einer universellen Zeit sowie der
einer absoluten Vergangenheit, Gegenwart und Zukunft aufräumt, das
Bild einer Zukunft herauf, die in gewisser Hinsicht bereits existiert und

uns damit den mit Hilfe des Quantenbegriffs errungenen Sieg sogleich wieder entwindet. Wenn die Zukunft bereits *da* ist, bedeutet das nicht, daß wir ihr gegenüber machtlos sind, sie nicht verändern können?

In der alten Newtonschen Theorie folgt jedes Atom einer Bahn, die ausschließlich durch von außen auf das Atom einwirkende Kräfte bestimmt wird. Diese Kräfte wiederum werden durch andere Atome bestimmt, und so weiter. Die Newtonsche Mechanik gestattet im Prinzip die genaue Vorhersage all dessen, was je geschehen wird, auf der Grundlage dessen, was in einem bestimmten Augenblick gewußt werden kann. Es besteht eine starre Beziehung zwischen Ursache und Wirkung, und jede Erscheinung – von der winzigsten Bewegung eines Moleküls bis zur Explosion einer Galaxie – ist bis in alle Einzelheiten lange voraus genau festgelegt. Diese Vorstellung der Mechanik veranlaßte Pierre de Laplace (1749-1827) zu erklären, wenn ein Wesen in einem Augenblick die Lage und Bewegung jeden Teilchens im Universum kenne, verfüge es über alle notwendigen Angaben zur Berechnung der vollständigen vergangenen und zukünftigen Geschichte des Universums. [1]

Das Argument des ›Laplaceschen Berechners‹ ist jedoch keineswegs so unanfechtbar, wie es aussieht. Da wäre erstens die Frage, ob ein Gehirn dem Grundsatz nach seinen eigenen künftigen Zustand überhaupt berechnen kann. MacKay hat gesagt, jedem Individuum sei vollständige *Selbst*-Vorhersagbarkeit unmöglich, auch in einem mechanistischem Universum von Newtons Art. [2] Nehmen wir an, ein Superwissenschaftler könne Ihnen ins Hirn sehen und genau berechnen, was Sie zu einem späteren Zeitpunkt tun werden. Das steht keineswegs in völligem logischen Widerspruch zur Existenz eines freien Willens. Dieser Wissenschaftler darf Ihnen, auch wenn er mit seiner Voraussage möglicherweise recht hat, vor dem Ereignis nichts darüber sagen, will er seine Berechnung nicht durcheinanderbringen. Sagt er Ihnen beispielsweise: »Ja, Sie werden in die Hände klatschen«, verändert sich Ihr Gehirnzustand eben durch diese Mitteilung unvermeidlich gegenüber dem Zustand vorher. Sie hätten keinen Grund, die Vorhersage zu glauben, da sie auf einen jetzt nicht mehr bestehenden Gehirnzustand gegründet war. Mithin läßt sich keine Vorhersage über Ihr zukünftiges Verhalten machen, *die sie zu recht glauben würden*. MacKay sagt daher: Wie vorhersagbar und unvermeidlich Ihr Verhalten einem angenommenen Superwissenschaftler gegenüber auch immer sein mag, der Ihnen seine Voraussage nicht mitteilt, es bleibt für Sie logischerweise unvorhersehbar, und damit bleibt für Sie zumindest ein Element dessen bewahrt, was man gewöhnlich unter freiem Willen versteht.

Als nächstes wäre die Frage zu untersuchen, ob sich das Verhalten des Universums nach dem mechanischen Ansatz Newtons überhaupt vorhersagen läßt. Neuere Fortschritte bei der mathematischen Beschreibung mechanischer Systeme haben gezeigt, daß einige Arten von Kräften für eine so ausgeprägte Instabilität in der Entwicklung bestimmter Systeme verantwortlich sind, daß der Begriff Vorhersagbarkeit ganz und gar sinnlos ist. Obgleich in einem ›normalen‹ mechanischen System eine leichte Veränderung der Ausgangsbedingungen nur zu einem wenig geänderten Verhalten führt, entwickeln sich bestimmte überaus empfindliche Systeme aufgrund unterschiedlicher Voraussetzungen, auch wenn sie voneinander nur in ganz geringem Maß abweichen, in jeweils völlig verschiedenartiger Weise. Darüber hinaus zeigen die Entdeckungen der modernen Kosmologie, daß unser Universum über einen sich ausdehnenden Raumhorizont verfügen muß und daß jeden Tag neue Störungen und Einflüsse aus den Bereichen jenseits dieses Horizonts in unser Universum eindringen. Da diese Bereiche von Anfang der Zeit an nie in einer kausalen Beziehung mit unserem Teil des Universums gestanden haben, ist es uns nicht einmal dem Grundsatz nach möglich zu wissen, wie diese darin eindringenden Einflüsse aussehen könnten.

Jedoch das wichtigste Argument gegen eine vollständige Vorhersagbarkeit sind die Quanteneffekte. Den Grundprinzipien der Quantentheorie zufolge ist die Natur ihrem Wesen nach unvorhersagbar. Heisenbergs berühmte Unschärferelation versichert uns, daß es im Verhalten subatomarer Systeme stets eine nicht mehr unterscheidbare Unbestimmtheit gibt. In der Mikrowelt kommt es zu Ereignissen, die keine genau festgelegte Ursache haben.

Steht nicht der Zusammenbruch des Determinismus im Widerstreit zur Relativitätstheorie? In ihr gibt es keine universell gültige Gegenwart, und die gesamte Vergangenheit und Zukunft des Universums wird als etwas angesehen, das in Form eines unteilbaren Ganzen existiert. Die Welt hat vier Dimensionen, drei im Raum und eine in der Zeit, und alle Ereignisse sind einfach *da*: Die Zukunft ›geschieht‹ nicht, und sie ›enthüllt sich‹ nicht.

In Wirklichkeit gibt es keinen solchen Widerstreit, denn beim Determinismus geht es um die Frage, ob jedes Ereignis durch eine zeitlich davorliegende Ursache vollständig vorherbestimmt wird. Es wird nichts darüber gesagt, ob dieses Ereignis *da* ist. Letztlich wird die Zukunft so und nicht anders sein, unabhängig davon, ob sie durch vorherige Ereignisse bestimmt wird oder nicht. Die vierdimensionale Perspektive der Relativität gestattet es uns einfach nicht, das Raum-Zeit-Kontinuum auf irgendeine absolute Weise in universelle Augenblicke zu zerschneiden. Die Vorstellung, daß zwei Ereignisse an verschiedenen Orten ›gleichzeitig‹ stattfinden, hängt vom Bewegungszustand des Beobachters ab. Der eine mag sie als im gleichen Augenblick stattfindend sehen, ein anderer aber als nacheinander ablaufend. Wir müssen daher dem Universum eine Ausdehnung sowohl in der Zeit wie auch im Raum zugestehen. Doch sagt uns die Theorie nichts darüber, ob zur zeitlichen Ausdehnung auch eine starre Verbindung von Ursache und Wirkung zwischen den dort ablaufenden Ereignissen gehört. So verbietet die Relativitätstheorie es niemandem, spätere Ereignisse durch vorhergehendes Tun zu bestimmen, obwohl Vergangenheit, Gegenwart und Zukunft keine objektive Bedeutung zu haben scheinen. Man bedenke, daß die Ordnungsbeziehung ›früher-später‹ eine objektive Eigenschaft der Zeit *ist*, auch wenn es *die* Vergangenheit und *die* Zukunft nicht sind.

Doch ist keinesfalls klar, daß wir unbedingt ein nicht-deterministisches Universum brauchen, um die Theorie vom freien Willen zu formulieren. Ein Anhänger des Determinismus würde sogar sagen, freier Wille existiere ausschließlich in einem *deterministischen* Universum. Schließlich sei, wer frei zu handeln vermag, jemand, der in der physikalischen Welt gewisse Handlungen ausführen kann. In einem nicht-deterministischen Universum kommt es zu nicht-verursachten Ereignissen. Wir können aber nur dann für unser Handeln verantwortlich sein, wenn sie verursacht sind – von *uns*? Vertreter der Lehre des freien Willens behaupten, das Tun eines Menschen werde beispielsweise durch seinen Charakter, seine Neigungen und seine Persönlichkeit *bestimmt*.

Nehmen wir an, ein friedlicher und ruhiger Mensch beginge plötzlich eine Gewalttat. Wer die Welt für nicht deterministisch hält, könnte sagen: »Es war eine spontane Handlung, der keine Ursache zugrunde lag. Man kann ihm keine Vorwürfe machen«. Der Determinist hingegen würde den Mann als verantwortlich bezeichnen, sich aber mit dem Gedanken trösten, daß man ihn durch Erziehung, Überredung, Psychotherapie, Arzneimittel und dergleichen wieder in die Gesellschaft eingliedern könne, so daß er zukünftig anders handle. Tatsächlich enthalten die meisten religiösen Denksysteme die zentrale Botschaft, daß wir imstande sind, unseren Charakter zu verbessern. Das aber ist nur innerhalb der Grenzen möglich, die unserem zukünftigen Charakter durch unsere früheren Entscheidungen und unser früheres Tun gesetzt sind. Es ist wichtig, sich darüber klar zu werden, daß der Determinismus nicht annimmt, etwas geschehe unserem Handeln *zum Trotz*. Einiges geschieht, weil *wir* es bestimmen.

Man darf aber den Determinismus keinesfalls mit der Lehre des Fatalismus verwechseln, die behauptet, künftige Ereignisse seien unserem Einfluß ganz und gar entzogen. »Alles steht in den Sternen«, erklärt der Fatalist, »was geschehen soll, geschieht.« Der Soldat, der ungerührt durch den Geschoßhagel über das Schlachtfeld stapft und denkt: »Wenn es mich treffen soll, nützt noch so viel Vorsicht nichts«, ist Fatalist. In einigen östlichen Religionen finden sich fatalistische Anklänge, und viele Menschen nehmen von Zeit zu Zeit eine fatalistische Grundhaltung ein, vor allem gegenüber den bedeutenden Ereignissen der Welt. »Was soll's, darauf hab ich sowieso keinen Einfluß.« Zweifellos ist das richtig. Der kleine Mann kann weder einen Weltkrieg abwenden, noch kann er verhindern, daß der Einschlag eines großen Meteors eine Stadt zerstört. Doch beeinflussen wir im Alltagsleben die Ereignisse beständig in mancherlei Weise. Niemand würde allen Ernstes sagen: »Warum soll ich auf Autos achten, wenn ich über die Straße gehe – mein Schicksal ist doch längst entschieden.«

Gerade wegen ihrer Bedenken hinsichtlich des Determinismus sind zahlreiche Menschen deswegen erleichtert, weil der Quantenbegriff dieser Vorstellung den Garaus zu machen scheint. Gewiß verlangt unser Freiheitsverständnis, daß das, was wir entscheiden, auch tatsächlich von uns verursacht wird. In einem vollständig deterministischen Universum allerdings ist die Entscheidung *selbst* bereits vorausbestimmt. Auch wenn wir uns möglicherweise so verhalten, wie es uns gefällt – *was* uns gefällt, unterläge in einem solchen Universum nicht unserem Einfluß. Das Argument sieht so aus: Wenn jemand beschließt, Tee statt Kaffee zu trinken, geht seine Entscheidung auf Umwelteinflüsse – der Tee kann billiger sein –, physiologische Faktoren – Kaffee kann stärker anregend wirken –, kulturelle Vorgaben – Tee ist zum Beispiel in England üblicher als Kaffee – oder ähnliches zurück. Im Determinismus heißt es nun, jede Entscheidung – jede Laune – sei im voraus bestimmt. In dem Fall wäre die Wahl, ob man Kaffee oder Tee möchte, unabhängig davon, wie frei man sich fühlt, in Wirklichkeit vom Augenblick der Geburt an vorherbestimmt – und sogar schon davor. In einem vollständig deterministischen Universum ist vom Augenblick der Schöpfung an *alles* vorherbestimmt. Nimmt uns das etwas von unserer Freiheit?

Die Schwierigkeit liegt darin, daß sich nur sehr schwer genau entscheiden läßt, welche Art Freiheit wir wünschen. Eine Annahme sagt, die *wirkliche* Freiheit, Tee oder Kaffee zu wählen, bedeute, daß wir mit einer gewissen Wahrscheinlichkeit ein zweites Mal anders wählen würden, auch wenn die Umstände, die zur Wahl geführt haben, wiederholt würden und alles im Universum genauso wäre wie beim ersten Mal – einschließlich unseres Gehirnzustands, weil ja unser Gehirn Teil des Universums ist. Ein solches Ergebnis wäre mit dem Determinismus ganz und gar unvereinbar. Wie aber ließe sich diese Ausprägung von Freiheit je überprüfen? Wie könnte das Universum jemals in identischer Form wiederhergestellt werden? Wenn der Begriff Freiheit das bedeutet, kann es sich bei der Freiheit lediglich um eine Sache des Glaubens handeln.

Vielleicht bedeutet Freiheit etwas anderes: Unvorhersagbarkeit im Sinne MacKays? Was man tun wird, *ist* durch Elemente bestimmt, auf die wir keinen Einfluß haben, aber wir können nie wissen, nicht einmal dem Grundsatz nach, *was* wir tun werden. Genügt das zur Befriedigung des Wunsches nach freiem Willen?

Eine andere Sichtweise der Freiheit besteht darin, daß einige oder auch alle Ereignisse zwar eine Ursache haben, die von uns verursachten Ereignisse aber keine die aus dem Inneren des natürlichen Universums kommt. Insbesondere besagt dieser Gedanke, daß unser *Geist* außerhalb der physikalischen Welt liegt (was der dualistischen Sichtweise entspricht), aber irgendwie in sie hineinreichen und das, was geschieht, beeinflussen kann. So können, was die physikalische Welt allein betrifft, nicht alle Ereignisse bestimmt sein, denn der Geist ist kein Teil der physikalischen Welt. Man kann weiter fragen, was den Geist dazu bringt, so und nicht anders zu entscheiden. Falls diese Ursachen in der physikalischen Welt entstehen, und einige tun das offensichtlich, sind wir wieder beim Determinismus angekommen, und die Einführung eines nicht-physikalischen Geists ist ein nichtssagender Schnörkel. Sofern aber einige dieser Ursachen nicht-physikalischer Art sind, sind wir dann freier? Wenn wir nicht-physikalische Ursachen nicht steuern können, geht es uns keinen Deut besser als bei den nicht-steuerbaren physikalischen Ursachen. Können wir aber die Ursachen unserer eigenen Entscheidungen steuern – wer oder was entscheidet dann darüber, wie wir diese Möglichkeit nutzen: wieder externe Einflüsse, ob nun physikalischer oder nicht-physikalischer Art, oder *wir*? »Ich tue das, weil ich mich selbst bestimme, weil ich mich selbst bestimme, weil ich mich selbst bestimme...« Wo endet die Kette? Müssen wir in eine unendliche

Regression verfallen? Können wir sagen, daß das erste Glied der Kette durch *sich selbst* verursacht ist und keiner Ursache außerhalb seiner selbst bedarf? Hat diese Vorstellung der Selbst-Verursachung – Ursachen ohne Ursachen – irgendeinen Sinn?

Bisher haben wir die Nicht-Determiniertheit außer acht gelassen. Die meisten Physiker würden sagen, daß der Konflikt zwischen Determinismus und freiem Willen unerheblich ist, weil wir wissen, daß der Quantenbegriff den Determinismus ohnehin widerlegt. Aber hier müssen wir achtgeben. Quanteneffekte sind vermutlich zu klein, als daß sie auf der Neuronenstufe großen Einfluß auf die Gehirntätigkeit haben könnten. Wäre das aber doch der Fall, hieße das Ergebnis mit Sicherheit nicht freier Wille, sondern Zusammenbruch. Eine Quantenfluktuation, die ein Neuron dazu zwänge, in Tätigkeit zu treten, wenn es das normalerweise nicht wollte – oder umgekehrt –, muß unbedingt als Störung der normalen Gehirnfunktion angesehen werden. Implantierte man Elektroden in ein Gehirn und erregte sie willkürlich von außen, würde diese Art des Eingriffs als eine *Verminderung* der Freiheit des Betroffenen gelten: Ein anderer ›übernimmt‹ oder behindert zumindest das Funktionieren des Gehirns. Was kann ein willkürlich ablaufender Quanteneffekt im Kopf eines Menschen etwas anderes als ›Lärm‹, als eine Störung bedeuten? Sie beschließen, den Arm zu heben, die Neuronen werden in der richtigen Reihenfolge tätig, da aber ein Quanteneffekt das Signal stört, bewegt sich statt dessen Ihr Bein. Ist das Freiheit? Hier liegt das Grundproblem des Nicht-Determinismus: Unser Tun unterliegt möglicherweise deshalb nicht unserem Einfluß, weil es nicht *bestimmt* wird, weder von uns noch von sonst etwas.

Dennoch kann man nur schwer dem Eindruck widerstehen, der Quantenbegriff biete eine gewisse Hoffnung auf Freiheit. Sicher wünschen wir nicht, daß die Reihe der tätigen Neuronen unterbrochen wird, sobald der Ablauf begonnen hat, aber man könnte sagen, Quanteneffekte seien lediglich im ersten Stadium von Bedeutung – bei der Einleitung des Prozesses. Man stelle sich vor, ein Neuron ist bereit, in Tätigkeit zu treten und braucht dazu nur die geringste Störung auf der atomaren Ebene. Der Quantentheorie zufolge besteht eine genau bestimmte Wahrscheinlichkeit dafür, daß das Neuron tätig oder nicht tätig wird.

Das tatsächliche Ergebnis ist unbestimmt. Hier kommt der Geist – oder die Seele – ins Spiel. Er oder sie sagt – unbewußt –: »Elektron, geh nach rechts!« oder dergleichen, und dann wird das Neuron tätig. Bei dieser Art der Herrschaft des Geists über die Materie werden keine physikalischen Gesetze verletzt, denn es bestand ja durchaus die Aussicht, daß das Neuron ohnehin tätig geworden wäre. Der Geist hat einfach das Zünglein an der Waage gespielt, damit es das auch wirklich tat.

Unglücklicherweise jedoch, einmal ganz vom Mangel an Beweisen dafür abgesehen, daß es im Gehirn tatsächlich einen so empfindlichen Zustand des Gleichgewichts gibt (und wäre das der Fall, könnten äußere elektrische und magnetische Störungen das vom Geist ausgehende Signal auslöschen), lösen wir auch auf diese Weise die bereits oben angesprochene Schwierigkeit nicht – die Frage, was den Geist dazu veranlaßt, dem Elektron den Befehl zu geben, daß es sich nach rechts verlagert. Wir müssen auch mit starken Einwänden derer rechnen, die die dualistische Lösung der Geist-Körper-Frage zurückweisen, weil sie behaupten würden, der Geist sei ohnehin keine Substanz, die auf das Gehirn *einzuwirken* vermöge. Betrachtet man den Geist als Software, die die elektrochemische Struktur des Gehirns darstellt, beginge man mit der Aussage, er könne *auf* das Gehirn einwirken, erneut den Fehler einer Vermischung der Ebenen. Das wäre so sinnlos, als wollte man die Veröffentlichung eines Romans einer der darin vorkommenden Person zuschreiben oder sagen, ein Schaltkreis in einem Computer würde tätig, weil das Programm ihn dazu zwingt.

Nichts von dem oben Gesagten löst die zentrale Paradoxie der Quantentheorie, nämlich die einzigartige Rolle, die der Geist bei der Bestimmung der Wirklichkeit spielt. Wie wir gesehen haben, führt der Akt des Beobachtens dazu, daß sich die geisterbildähnliche Überlagerung potentieller Wirklichkeiten zu einer einzigen konkreten Wirklichkeit zusammenfügt. Sich selbst überlassen, kann ein Atom nicht wählen. Wir müssen es beobachten, damit sich ein bestimmtes Ergebnis einstellt. Daß man entscheiden kann, ob man ein Atom an einem bestimmten Ort oder eines mit einer Geschwindigkeit haben will, bestätigt, daß unser Geist, wie auch immer er beschaffen ist, in gewisser Hinsicht in die physikalische Welt hineinreicht. Aber jetzt können wir wieder einmal fragen, *warum* wir beschlossen haben, beispielsweise die Lage des Atoms zu messen und nicht seine Geschwindigkeit. Ist diese Freiheit, die Wirklichkeit zu schaffen, stärker als die bereits bestehende Freiheit, die Außenwelt dadurch zu beeinflussen, daß man Objekte beispielsweise in Bewegung versetzt, indem man sie berührt?

Zahlreiche Physiker neigen gegenwärtig der sogenannten Everett-Deutung der Quantentheorie zu, die die Existenz zahlreicher Universen ansetzt. Aus dieser im 8. Kapitel bereits kurz angesprochenen Sichtweise ergeben sich eigentümliche Folgerungen für die Frage des freien Willens. Everett zufolge wird jede mögliche Welt tatsächlich realisiert, wobei alle Alternativwelten parallel dazu koexistieren. Diese Vervielfachung von Welten steht in Beziehung zu den Wahlmöglichkeiten des Menschen. Nehmen wir an, jemand soll zwischen Kaffee und Tee wählen. Bei Everetts Deutung teilt sich das Universum sogleich, der Betreffende bekommt im einen Kaffee und im anderen Tee. Auf diese Weise gehen alle Wünsche in Erfüllung!

Die Theorie von der Vielzahl der Universen scheint das noch fehlende Kriterium für die oben besprochene Wahlfreiheit zu liefern. In dem Augenblick, da es zur Verzweigung kommt, sind alle zu den jeweiligen Ergebnissen führenden Umstände in jeder Hinsicht vollständig identisch – sie bilden in Wirklichkeit *dasselbe* Universum –, dennoch werden zwei verschiedene Entscheidungen getroffen. (Wie schon vorher angemerkt, kann niemand diese Theorie unmittelbar verifizieren, denn jede dieser Entscheidungen muß auf einen Zweig des sich teilenden Universums beschränkt bleiben.) Trotz allem scheint es sich aber um einen Pyrrhussieg zu handeln, denn ist wirklich frei, wer nicht umhin kann, *alle* möglichen Entscheidungen zu treffen? Die Freiheit scheint übertrieben und von ihrem eigenen Erfolg entwertet. Man möchte Tee *oder* Kaffee haben und nicht Tee *und* Kaffee.

Jetzt aber sagen die Vertreter der Lehre von der Vielzahl der Universen: »Aha! Was aber heißt hier *man*?« Das ›man‹, das den Tee bekommt, ist nicht dasselbe wie das ›man‹, das den Kaffee bekommt. Sie leben in verschiedenen Universen. Wenn schon in nichts anderem, werden die beiden Individuen, die wir so leichthin jeweils als ›man‹ bezeichnet haben, in der Erfahrung ihrer Wahrnehmungen voneinander abweichen, was zum Beispiel den Geschmack des Getränks betrifft. Sie können nicht *dieselbe* Person sein. Hat also jemand die Wahl, bekommt er letztlich nicht Kaffee und Tee. Von welchem der beiden ›man‹ man auch immer redet, *das* betreffende hat seine Wahl getroffen. Dieser Ansicht nach bedeutet also die Aussage, man habe Tee statt Kaffee getrunken, nicht mehr als eine Definition des ›man‹. Wer sagt: »Ich wähle Tee«, meint damit einfach: »Ich bin der Teetrinker«. Wenn sich also auch ein einzelner ›man‹ der Wahl gegenüber sah, ging es beim Ergebnis um zwei Individuen, und nicht um ein einzelnes. In Everetts Theorie wird das Selbst fortwährend in zahllose, nahezu identische Kopien multipliziert. Es wäre interessant zu erforschen, was das für die herkömmliche Vorstellung einer einem bestimmten Menschen angehörigen Seele zu bedeuten hat.

Man hat viel über die Beziehungen zwischen freiem Willen und der Frage der Schuld und Verantwortung für Verbrechen geschrieben. Falls der freie Wille nur in unserer Vorstellung existiert, warum dann jemanden für sein Tun zur Rechenschaft ziehen? Und sofern alles vorherbestimmt ist, wäre jeder von uns in einen Handlungsablauf einbezogen, der schon vor unserer Existenz festgelegt war. Könnte nicht in einem Multiuniversum nach Everett der Verbrecher erklären, zumindest eine der zahlreichen Ausformungen seines ›Selbst‹ werde durch die Gesetze der Quantentheorie dazu getrieben, daß es Verbrechen begeht? Wir müssen uns jedoch von diesem gefährlichen Gebiet abwenden und nach der Stellung Gottes in einem deterministischen Universum fragen. Sobald wir Gott mit ins Bild bringen, sehen wir uns einer wahren Flut von Rätseln gegenüber.

Kann Gott einem freien Willen folgen und Entscheidungen treffen?

Sofern man dem Menschen einen freien Willen zusprechen kann, dann doch gewiß auch Gott? Das bedeutet, daß sich zahlreiche der vorhin besprochenen, mit dem Freiheitsbegriff zusammenhängenden Probleme gleichfalls auf Gott beziehen. Hinzu kommen all die üblichen Komplikationen im Zusammenhang mit einer unendlichen und allmächtigen Gottheit. Falls Gott über einen *Plan* für das Universum verfügt, der als Teil seines Willens ausgeführt wird, warum schafft er dann nicht einfach ein deterministisches Universum, in dem ein Erreichen des von diesem Plan gesetzten Ziels unvermeidlich ist? Oder besser noch: Warum schafft er nicht ein Universum, in dem der Plan bereits verwirklicht ist? Ist es jedoch nicht-deterministisch, bedeutet das dann nicht, daß Gottes Macht wegen seiner Unfähigkeit, das Ergebnis vorherzusagen oder zu bestimmen, begrenzt ist?

Man könnte vielleicht sagen, daß es Gott freigestellt ist, einen Teil seiner Macht aufzugeben, wenn er das wünscht. Er kann *uns* den freien Willen verleihen, gegen seinen Plan zu handeln, wenn wir das wünschen, und er kann Atome Quanteneffekten unterwerfen, um seine Schöpfung in ein kosmisches Glücksspiel zu verwandeln. Auf jeden Fall bleibt das logische Problem, ob ein zum wahrhaft allmächtigen Handeln befähigtes Wesen einen Teil seiner Machtfülle aufgeben kann.

Die mit dem Begriff der Allmacht verknüpfte Vorstellung von Freiheit unterscheidet sich deutlich von der Art Freiheit, die dem Menschen gegeben ist. Es mag uns freigestellt sein, zwischen Kaffee und Tee zu wählen, aber nur so lange, wie es welchen gibt. Es steht uns nicht frei, *alles* zu tun, was wir tun möchten – beispielsweise den Atlantik zu durchschwimmen oder den Mond in Blut zu verwandeln. Die Macht des Menschen ist begrenzt, und so lassen sich Wünsche nur in einem begrenzten – kleinen – Rahmen erfüllen. Die Macht eines allmächtigen Gottes hingegen ist grenzenlos, und einem solchen Wesen steht zu Gebote, was immer es will.

Der Begriff der Allmacht führt zu einigen schwierigen theologischen Fragen. Ist es Gott gegeben, das Böse zu verhindern? Wenn er allmächtig ist, müßte das so sein. Warum tut er es dann nicht? Das nachstehende, wahrhaft vernichtende Argument hat David Hume entwickelt: Sofern das Böse in der Welt zu Gottes Plan gehört, ist er nicht gut, läuft es aber seinem Plan zuwider, ist er nicht allmächtig. Er kann nicht (wie die meisten Religionen behaupten) zugleich allmächtig und gut sein.[3]

Eine Antwort auf dieses Argument heißt, das Böse gehe ausschließlich auf das Tun des Menschen zurück; weil Gott uns Freiheit verliehen hat, dürfen wir Böses tun und damit Gottes Plan zuwiderhandeln. Wenn es aber gleichfalls in Gottes Macht steht, uns davor zu bewahren, daß wir Böses tun, muß dann nicht auf ihn ein Teil der Verantwortung fallen, sofern er das unterläßt? Normalerweise würden wir doch einem Vater oder einer Mutter, die einem ›bösen‹ Kind nicht in den Arm fallen, wenn es Nachbarn angreift und Schäden verursacht, einen Teil der Schuld geben. Müssen wir nicht mithin daraus schließen, das Böse gehöre – vielleicht in begrenztem Umfang – zu Gottes Plan? Oder liegt es gar nicht in Gottes Macht, uns daran zu hindern, daß wir gegen ihn handeln?

Weitere Rätsel ergeben sich, wenn man sich an die christliche Lehre hält, derzufolge Gott die Zeit transzendiert, denn der Begriff der Wahlfreiheit ist wesensgemäß zeitgebunden. Welche Bedeutung hätte es, wenn jemand nicht in einem bestimmten Augenblick eine Entscheidung träfe, sondern diese zeitlos wäre? Und wenn Gott die Zukunft bereits kennt, welche Bedeutung können wir dann einem Plan für den Kosmos und unserer eigenen Beteiligung daran beimessen? Ein unendlicher Gott weiß, was überall geschieht. Da es aber, wie wir gesehen haben, keinen universell gültigen, gegenwärtigen Augenblick gibt, *muß* Gottes Wissen auch in der Zeit eine Ausdehnung haben, wenn es sie im Raum hat. Wir schließen also, daß die Vorstellung der Wahlfreiheit im Zusammenhang mit dem ewigen Gott des Christentums sinnlos ist. Doch vermögen wir zu glauben, daß der Mensch eine seinem Schöpfer nicht zu Gebote stehende Fähigkeit besitzt? Wir scheinen tatsächlich zu der paradoxen

Schlußfolgerung gezwungen zu sein, daß Wahlfreiheit in Wirklichkeit eine *Einschränkung* bedeutet, unter der wir leiden – nämlich unsere Unfähigkeit, die Zukunft zu kennen. Der nicht ins Gefängnis der Gegenwart eingesperrte Gott braucht keinen freien Willen.

Die Schwierigkeiten scheinen unüberwindbar. Ohne Zweifel lenkt die moderne Physik die alte Frage nach dem freien Willen und nach der Vorbestimmung in eine neue Richtung, aber sie löst sie dadurch nicht. Wohl unterminiert die Quantentheorie den Determinismus, aber hinsichtlich der Freiheit entstehen eine Reihe anderer Schwierigkeiten. Die Möglichkeit, daß vielfache Wirklichkeiten bestehen, ist dabei nicht die geringste. Die Relativitätstheorie zeigt uns ein sich in der Zeit wie auch im Raum ausdehnendes Universum, läßt aber noch Spielraum für eine gewisse Handlungsfreiheit. Zweifellos werden spätere Entwicklungen in unserem Verständnis der Zeit ein neues Licht auf diese Grundprobleme unserer Existenz werfen.

11. Die Grundstruktur der Materie

»Durch immer kleinere Einheiten gelangen wir nicht
zu grundlegenden oder unteilbaren Einheiten, wohl
aber an eine Stelle, an der Teilung keinen Sinn mehr
hat.«

Werner Heisenberg

»Die zur Zeit unternommenen Versuche, eine einheitliche Feldtheorie zu formulieren, sind wahrhaft
simpel.«

I. M. Singer

Naturwissenschaft ist nur möglich, weil wir in einem geordneten
Universum leben, das einfach mathematischen Gesetzen gehorcht. Aufgabe des Naturwissenschaftlers ist es, die Ordnung in der Natur zu
untersuchen, zu katalogisieren und darüber zu berichten, nicht aber
ihren Ursprung in Frage zu stellen. Doch haben die Theologen lange
behauptet, die Ordnung in der physikalischen Welt sei ein Beweis für die
Existenz Gottes. Wenn das der Fall ist, gewinnen Naturwissenschaft und
Religion einen gemeinsamen Zweck darin, daß sie Gottes Werk enthüllen. Man hat sogar schon gesagt, die christlich-jüdische Überlieferung
habe, indem sie das Schwergewicht auf Gottes planvolle Ordnung des
Kosmos legte – eine Ordnung, die sich lediglich durch den Gebrauch
rationaler wissenschaftlicher Untersuchungen erkennen ließ, das Auftreten der naturwissenschaftlichen Kultur des Westens eigentlich erst
angeregt. Diese Ansicht scheint sich auch in den folgenden Zeilen von
Stephen Hales (1677-1761) zu finden:
     »Da wir gewiß sind, daß der allweise Schöpfer bei der Erschaffung
     aller Dinge die genauesten Verhältnisse von Zahl, Gewicht und
     Maß beachtet hat, geht daher der wahrscheinlichste Weg, einen

Einblick in die Natur der Bestandteile der Schöpfung zu gewinnen, über die Zahl, das Gewicht und das Maß.«[1]

Daß das Universum geordnet ist, scheint selbstverständlich. Wohin auch immer wir sehen, von den weit entfernten Galaxien bis in die tiefsten Winkel des Atoms, überall begegnen wir einer Regelmäßigkeit und einer verwickelten Organisation. Wir beobachten an keiner Stelle Materie oder Energie, die in ungeordneter Weise verteilt ist. Statt dessen finden sie sich in einer Strukturenhierarchie: Atome und Moleküle, Kristalle, Lebewesen, Planetensysteme, Sternhaufen und so weiter. Darüber hinaus ist das Verhalten physikalischer Systeme nicht willkürlich, sondern gesetzmäßig und systematisch. Naturwissenschaftler erfaßt häufig Ehrfurcht und Staunen angesichts der vollendeten Schönheit und Eleganz der Natur.

Es ist nützlich, einen Unterschied zwischen den verschiedenen Arten der Ordnung zu machen. Zuerst haben wir die Ordnung der Einfachheit, die sich beispielsweise in den Regelmäßigkeiten des Sonnensystems oder dem periodischen Hin und Her eines Pendels erkennen läßt. Dann haben wir die Ordnung der Komplexität – wie beispielsweise die Anordnung von Gasen in der wirbelnden Atmosphäre des Jupiter oder die komplexe Struktur von Lebewesen. Ein weiteres Beispiel für den Widerstreit zwischen Reduktionsmodell und Ganzheitsmodell ist die Unterscheidungsweise. Das Reduktionsmodell versucht, einfache Elemente innerhalb komplexer Strukturen freizulegen, während das Ganzheitsmodell die Aufmerksamkeit auf die Komplexität insgesamt lenkt. In der Ordnung der Komplexität sehen viele ein Element der Zielgerichtetheit, bei der alle Bestandteile eines Systems harmonisch zusammenwirken, um ein bestimmtes Ziel zu erreichen. In diesem Kapitel werden wir uns mit der Ordnung der Einfachheit beschäftigen und sehen, wie neueste Entdeckungen auf dem Gebiet der Grundlagenphysik bestätigen, daß die Lebensprozesse der Natur von mathematischer Regelmäßigkeit gesteuert werden. Im nächsten Kapitel werden wir uns damit beschäftigen, die Ordnung der Komplexität zu erforschen.

Kant hat erklärt, der Geist des Menschen unterlege der Welt zwangsläufig eine Ordnung, um sie zu verstehen, aber ich glaube nicht, daß sich viele Naturwissenschaftler von diesem Argument beeindrucken lassen, denn Kant wußte beispielsweise nichts von Atom- oder Kernstrukturen. Bei der Untersuchung des Atoms zeigte sich dieselbe Art mathematischer Regelmäßigkeit, die wir auch in der Organisation des Sonnensystems finden. Das ist gewiß überraschend und hat nichts mit der Art zu tun, wie wir die Welt wahrnehmen. Darüber hinaus werden wir sehen, daß subatomare Materie einigen einfachen und machtvollen Symmetrieprinzipien gehorcht. Es fällt schwer anzunehmen, daß beispielsweise die Links- und Rechtssymmetrie im Wirken einiger fundamentaler Kräfte keine Bedeutung haben soll, außer daß sie dem Ordnungstrieb des menschlichen Geistes Tribut zollt.

Die Ordnung der Einfachheit in der Natur wurde gewöhnlich durch folgendes wissenschaftliches Reduktionsmodell gezeigt: Man zerlegte komplexe Systeme in ihre einfacheren Bestandteile und untersucht diese isoliert. Die Vorstellung, daß alle Materie aus einer kleinen Zahl von Bausteinen – den ursprünglichen ›Atomen‹ – besteht, geht auf das Griechenland der Antike zurück, doch erst in diesem Jahrhundert ist die Technik so weit fortgeschritten, daß sich atomare Prozesse im einzelnen untersuchen und verstehen lassen. Eine der frühesten Entdeckungen, die in erster Linie auf die von Lord Rutherford unmittelbar nach der Jahrhundertwende geleistete Arbeit zurückgeht, bestand darin, daß Atome keineswegs Elementarteilchen, sondern ihrerseits aus kleineren Teilchen zusammengesetzte Strukturen sind. Der größte Teil der Masse des Atoms ist im winzigen Atomkern konzentriert, dessen Durchmesser lediglich zehn Milliardstel Millimeter beträgt. Ihn umgibt eine Wolke aus leichteren Teilchen – Elektronen –, die bis zu einem Zehnmillionstel Millimeter von ihm entfernt sind. Also besteht das Atom vorwiegend aus leerem Raum. Nimmt man hinzu, daß die Quanteneffekte genaue Umlaufbahnen für die Elektronen ausschließen, wirkt das Atom als ziemlich substanzloses und nebelhaftes Wesen.

Die Elektronen sind durch elektrische Kräfte an den Atomkern gebunden. Dieser ist positiv geladen und von einem elektrischen Feld umgeben, das die negativ geladenen Elektronen einfängt. Vor langer Zeit stellte sich bereits heraus, daß auch der Atomkern selbst zusammengesetzt ist, und zwar aus zweierlei Teilchen: positiv geladenen Protonen und elektrischen neutralen Neutronen. Protonen und Neutronen sind jeweils etwa 1800mal schwerer als Elektronen.

Nachdem dieser Grundaufbau erst einmal erkannt war, vermochten Physiker die Quantentheorie auf das Atom anzuwenden und damit eine bemerkenswerte Art der Harmonie aufzuzeigen. Die (im wesentlichen) Wellennatur der Elektronen zeigt sich in der Existenz gewisser festgelegter ›stationärer Zustände‹ oder ›Energieniveaus‹, in oder auf denen sich die Elektronen befinden. Zwischen diesen Niveaus kann es zu Übergängen kommen, wenn Energie in Gestalt von Photonen (Bündeln von

Lichtenergie) aufgenommen oder abgegeben wird. Die Existenz dieser Niveaus wird über die Energie des Lichts erkennbar, die aus der Schwingungsfrequenz der Lichtwellen, also deren ›Farbe‹, abgeleitet wird. Eine Analyse des vom Atom ausgesendeten oder absorbierten Lichts zeigt ein Farbspektrum in Gestalt einer Reihe genau bestimmter Frequenzen oder Spektrallinien. Das einfachste Atom ist das des Wasserstoffs, das nur aus einem einzigen Proton – dem Atomkern – und einem einzigen Elektron besteht. Seine Energiestufen werden mit der einfachen Formel beschrieben:

$$\frac{1}{n^2} - \frac{1}{m^2}$$

multipliziert mit einer bestimmten Energiemenge, wobei n und m ganze Zahlen sind: 1, 2, 3 ... Solche kompakten arithmetischen Ausdrücke erinnern an Töne in der Musik – beispielsweise die Obertöne einer Gitarrensaite oder einer Orgelpfeife –, die ebenfalls durch einfache Zahlenbeziehungen beschrieben werden. Das ist kein Zufall. Die Anordnung der Energiestufen in einem Atom ist eine Reaktion auf die Schwingungen der Quantenwelle, so wie die Frequenz bei einem Musikinstrument eine Reaktion auf Schallschwingungen ist.

Allerdings könnte die atomare Harmonie nicht so elegant sein, wäre nicht auch die Kraft, die im Wasserstoffatom Elektron und Proton bindet, gleichfalls mathematisch einfach. Die Existenz des Atoms hängt geradezu davon ab. Diese elektrische Anziehungskraft ist umgekehrt proportional zum Quadrat des Abstandes der beiden Teilchen: eine berühmte Gesetzmäßigkeit in der Physik. Das bedeutet, daß die Kraft auf ein Viertel ihres Werts zurückgeht, wenn der Abstand zwischen Proton und Elektron verdoppelt wird; wird er verdreifacht, beträgt die Kraft nur noch ein Neuntel und so weiter. Diese saubere mathematische Regelmäßigkeit findet sich auch bei der Schwerkraft: beispielsweise bei der Anziehung zwischen den Planeten und der Sonne. In diesem Fall führt das Gesetz von der umgekehrten Proportionalität des Abstandsquadrats zur Anziehungskraft zu den bekannten Regelmäßigkeiten im Sonnensystem, die sich in den Berechnungsformeln niederschlagen, mit deren Hilfe man Verfinsterungen und andere Himmelserscheinungen voraussagt. Im Fall des Atoms liegen die Regelmäßigkeiten auf der Quantenebene: in der Anordnung der Energieniveaus und im Frequenzspektrum des ausgesendeten Lichts. Beide lassen sich aus diesem einfachen Gesetz herleiten.

Sobald der Aufbau des Atomkerns klar war, begannen sich die Physiker zu fragen, welche inneren Kernkräfte seine Bestandteile zusammen-halten. Da die Schwerkraft dafür zu schwach ist und gleiche elektrische Ladungen einander abstoßen, muß man fragen, warum die jeweils positiv geladenen Protonen einander nicht wegschleudern. Ganz offensichtlich muß es eine starke Anziehungskraft geben, die dieser elektrischen Abstoßung entgegen wirkt. Experimente haben gezeigt, daß die Kern-kräfte weit stärker sind als die elektrischen Kräfte und sich jenseits einer bestimmten Entfernung vom Proton geradezu schlagartig vermindern. Diese Reichweite ist sehr klein – kleiner als die Größe des Atomkerns –, so daß nur die einander nächsten Teilchen des Atomkerns diesen Kern-kräften unterliegen. Sowohl Neutronen als auch Protonen werden von diesen Kräften beeinflußt. Eben weil sie so stark sind, ist für die Spaltung der meisten Atomkerne zwar ein großer Energieaufwand erforderlich, die Spaltung ist aber möglich. Schwere Atomkerne sind weniger stabil und lassen sich leicht spalten, wobei Energie freigesetzt wird.

Die Teilchen, aus denen der Atomkern besteht, befinden sich auch auf einem diskreten (quantisierten) Energieniveau, doch hier fehlt die Ein-fachheit der atomaren Harmonie. Der Atomkern ist von kompliziertem Aufbau, nicht nur wegen der Vielfalt an Teilchen, sondern auch, weil die Kernkräfte nicht einem so einfachen Gesetz folgen, wie es das von der umgekehrten Proportionalität des Abstandsquadrats zur Anziehungs-kraft darstellt.

Als Physiker in den 30er Jahren die Kernkräfte in Zusammenhang mit der Quantentheorie brachten, wurde deutlich, daß die Art der Kräfte nicht getrennt vom Aufbau der Teilchen betrachtet werden kann. Gewöhnlich sehen wir Materie und Kraft als deutlich unterschiedene Begriffe an. Zwar können Kräfte zwischen materiellen Körpern mittels Gravitation oder Elektromagnetismus wirken, aber auch unmittelbar durch Berührung, doch wird Materie lediglich als *Quelle* der Kraft angesehen, nicht aber als Medium ihrer Übertragung. So übt die Sonne durch den leeren Raum eine Schwerkraftwirkung auf die Erde aus, und das läßt sich mit dem Begriff des Feldes beschreiben: Das unsichtbare und immaterielle Schwerkraftfeld der Sonne tritt in Wechselwirkung mit dem der Erde und übt eine Kraft aus, wie auch umgekehrt.

Im Bereich der subatomaren Teilchen, wo Quanteneffekte wichtig sind, ändert sich die Ausdrucksweise und Beschreibung grundlegend. Es ist ein Hauptmerkmal der Quantentheorie, daß Energie in einzelne Stückchen oder eben Quanten, die der Theorie ihren Namen gegeben haben, weitergeleitet wird. So sind beispielsweise Photonen die Quanten des elektromagnetischen Felds. Nähern sich zwei elektrisch geladene Teilchen einander, geraten sie unter den Einfluß des jeweils anderen elektromagnetischen Felds, und Kräfte treten zwischen ihnen auf. Sie veranlassen die Teilchen dazu, von ihrer ursprünglichen Bewegungsrichtung abzuweichen. Allerdings muß die Störung, die das eine Teilchen durch das Feld auf das andere bewirkt, in Form von Photonen übertragen werden. Daher betrachtet man die Wechselwirkung zwischen geladenen Teilchen besser nicht als ununterbrochenen Ablauf, sondern eher als plötzlichen Stoß, der auf die Übertragung eines oder mehrerer Photonen zurückgeht.

Solche Vorgänge lassen sich leichter vorstellen, wenn man sich der von Richard Feynman erdachten Darstellungen bedient.[2] In Abb. 23 ist dargestellt, wie ein einzelnes Photon zwischen zwei Elektronen übertragen wird, die infolgedessen auseinanderstreben. Man hat diesen Mechanismus der Wechselwirkung mit zwei Tennisspielern verglichen, deren Verhalten durch den Ballwechsel gekoppelt ist. Photonen verhalten sich eher wie Boten, die zwischen geladenen Teilchen hin- und herspringen, ihnen mitteilen, daß das andere geladene Teilchen da ist, und dadurch eine Reaktion der Teilchen bewirken. Mit Hilfe dieser Vorstellungen können Physiker die Auswirkungen zahlreicher elektromagnetischer Vorgänge auf der atomaren Ebene berechnen. In allen Fällen stimmen die im Experiment gewonnenen Versuche verblüffend genau mit den Vorausberechnungen überein.

Die Quantentheorie des elektromagnetischen Felds, die Quantenfeldtheorie, hatte einen so ungeheuren Erfolg, daß es Physikern in den 30er Jahren nur natürlich erschien, sie auch auf das Kernfeld anzuwenden. Das geschah durch den japanischen Physiker Hideki Jukawa, der entdeckte, daß die zwischen Protonen und Neutronen wirkende Kraft tatsächlich durch den Austausch von ›Botenquanten‹ modellhaft dargestellt werden konnte, allerdings waren es Quanten, die ganz anders waren als die vertrauten Photonen.[3] Um die Auswirkungen einer über nur sehr kurze Entfernungen wirksamen Kraft nachzuahmen, mußten Jukawas Quanten Masse besitzen oder ›tragen‹.

Das ist ein heikler, aber wichtiger Punkt. Die Masse eines Teilchens ist ein Maß für seine Trägheit oder seinen Widerstand, den es einer Bewegungsveränderung entgegenbringt. Ein leichtes Teilchen läßt sich von einer vorgegebenen Kraft eher bewegen als ein schwereres. Wird ein Teilchen extrem leicht, können es auch sehr kleine, herumvagabundierende Kräfte auf eine hohe Geschwindigkeit beschleunigen. Im äußer-

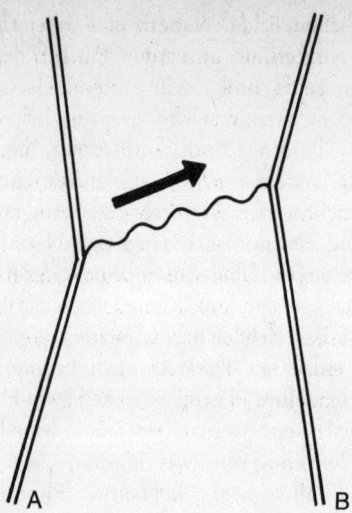

A   B

23 Auf der Ebene der Quanten sieht man die elektromagnetischen Kräfte
zwischen den geladenen Teilchen A und B als Austausch oder Übertragung von Photonen. Der Weg des Teilchens A zeigt eine Auslenkung an
der Stelle, an der das Photon abgestrahlt wird. Nach dessen Absorption
wird B von seiner ursprünglichen Richtung abgelenkt. Auf diese Weise
werden zwischen Teilchen Kräfte durch andere Teilchen (in diesem Fall
Photonen) übertragen. In Wirklichkeit verhält sich das nicht ganz so
einfach wie hier gezeigt. Bei der Übertragung geht es um ein komplexes
Netz aus kurzlebigen (oder ›virtuellen‹) Teilchen, die sich in beide Richtungen bewegen und auch jeweils A und B einzeln umschwirren. Eine
ähnliche Beschreibung kann man auch für andere Grundkräfte der Natur
liefern. Die abgebildeten Feynman-Graphen stellen abstrakte mathematische Begriffe in symbolhafter Form dar, mit deren Hilfe man auf subatomarer Ebene ablaufende Prozesse mit hoher Genauigkeit berechnen kann.

sten Extremfall, bei dem die Masse gleich Null ist, pflanzt sich das
Teilchen stets mit der höchstmöglichen Geschwindigkeit fort, eben der
des Lichts. Das ist der Fall bei Photonen, die man als masselose Teilchen
ansehen kann. Jukawas Quanten hingegen besitzen eine Masse und
pflanzen sich langsamer fort als das Licht. Jukawa nannte sie Mesonen,
inzwischen werden sie als Pionen bezeichnet.

Im Atomkern schwirren die Pionen zwischen den Neutronen und
Protonen hin und her und halten sie mittels der Kernkräfte zusammen,

Normalerweise sind sie unsichtbar, denn kaum sind sie entstanden, werden sie bereits von einem anderen Elementarteilchen absorbiert. Wird aber Energie in das System hineingebracht, läßt sich ein Pion herauslösen, so daß man es untersuchen kann. Zu dieser Abtrennung kommt es, wenn zwei Protonen mit hoher Geschwindigkeit zusammenstoßen (ein im 3. Kapitel kurz behandelter Vorgang). Als man auf diese Weise bald nach dem Zweiten Weltkrieg die Pionen entdeckte, lieferte das einen glänzenden Nachweis für Jukawas Theorie und wurde als Triumph der theoretischen Physik sowie vor allem der Quantenfeldtheorie gefeiert. Ein anderes besonderes Kennzeichen der Pionen ist ihre hohe Instabilität, sie zerfallen nahezu sofort in leichtere Teilchen. Eines der Zerfallsprodukte, das Myon genannt wird, ist in jeder Hinsicht mit Ausnahme der Masse mit dem Elektron identisch. Es ist erheblich schwerer als ein Elektron und zerfällt gleichfalls sehr rasch.

Als die Physiker erst einmal erkannt hatten, daß man gänzlich neue Materiesplitter erzeugen konnte, indem man Elementarteilchen mit hoher Geschwindigkeit zusammenstoßen ließ, bauten sie für diesen Zweck riesige Beschleunigungsanlagen, sogenannte Teilchenbeschleuniger. Sie sind in der Lage, Elementarteilchen bis in die Nähe der Lichtgeschwindigkeit zu beschleunigen. Unter dem Einfluß der beim Aufprall solcher Teilchen auftretenden Kräfte entsteht eine ganz neue Welt subatomarer Ereignisse. Kaum besaß man diese Teilchenbeschleuniger, tauchten in so großer Zahl Dutzende neuer und bis dahin nicht vermuteter Elementarteilchen auf, daß den Physikern für sie bald keine Namen mehr einfielen. Eine Zeitlang ähnelten die vielen verschiedenen Teilchen einem durcheinandergeratenen Zoo. In dem Maße, in dem die Physiker in diesem subnuklearen Durcheinander eine gewisse Ordnung zu entdecken begannen, legte sich ihre Verwirrung. Muster wurden erkennbar.

Seit den 30er Jahren weiß man, daß es im Atomkern nicht nur eine einzige Kernkraft gibt, sondern zwei. Die starke Kernkraft bindet die Elementarteilchen, aber es gibt auch eine sehr viel schwächere. Diese ist verantwortlich für den Zerfall einiger der instabilen Elementarteilchen: Beispielsweise zerfallen unter ihrem Einfluß Pionen und Myonen. Auf einige Teilchen wirkt sowohl die starke als auch die schwache Kernkraft, während auf andere die starke keinen Einfluß hat. Das sind im Normalfall die leichteren Teilchen, und zu ihnen zählen Myonen, Elektronen und Neutrinos. Von letzteren gibt es zumindest zwei Arten, und sie sind die am schwersten greifbaren Objekte, die die Naturwissenschaft kennt.

Ihre Wechselwirkung mit anderer Materie ist so gering, daß sie eine mehrere Lichtjahre dicke Bleiwand durchdringen könnten!

Diese leichten Teilchen, die nur einer schwachen Wechselwirkung unterliegen, heißen mit einem Sammelbegriff Leptonen. Geladene Leptonen wie beispielsweise Elektronen unterliegen sowohl dem Einfluß der schwachen Kernkraft als auch der elektromagnetischen Kraft, während die ungeladenen Neutrinos die elektromagnetische Kraft gar nicht spüren. Die schwereren, starker Wechselwirkung unterliegenden Teilchen heißen Hadronen und lassen sich in zwei Familien einteilen. Zur einen gehören die Protonen und Neutronen zusammen mit zahlreichen schweren Elementarteilchen, die in diese zerfallen. Sie werden Baryonen genannt. Die übrigen Teilchen heißen Mesonen, und zu ihnen gehören auch die Pionen.

Innerhalb dieser groben Unterteilung nach Familien lassen sich zahlreiche Untergruppen ausmachen. Die zu bestimmten Untergruppen gehörenden Teilchen verfügen neben Masse und elektrischer Ladung noch über weitere Merkmale, die von einem Teilchen zum anderen in systematisch erkennbarer Weise voneinander abweichen. In den 60er Jahren entdeckten die Theoretiker, daß sich diese Schritt für Schritt überprüfbaren systematischen Merkmale auf sehr elegante Weise darstellen lassen. Dazu bedient man sich einer als Gruppentheorie bekannten Unterabteilung der Mathematik. Das ihr zugrundeliegende Prinzip ist der Begriff der Symmetrie, und man darf sicherlich wohl sagen, daß sich die Physiker mit doppeltem Eifer an die Arbeit machten, als ihnen der Symmetriebegriff auf subatomarer Ebene vorstellbar geworden war.

Man ist stets davon ausgegangen, daß Symmetrie im Aufbau der natürlichen Welt eine entscheidende Rolle spielt. Beispiele wie die Kugelgestalt der Sonne oder die Regelmäßigkeit einer Schneeflocke oder eines Kristalls sind uns allen vertraut. Nicht alle Symmetrien sind jedoch von geometrischer Art. Auch die Symmetrien männlich/weiblich oder positive/negative elektrische Ladung sind nützlich, auch wenn es sich dabei um abstrakte Hilfskonstruktionen handelt. Unter den zahlreichen Baryonen und Mesonen wurden gleichfalls abstrakte Symmetrien entdeckt, die den Gedanken nahelegten, daß die bestimmten Gruppen zugehörigen Teilchen durch eine einfache mathematische Beziehung eng miteinander verbunden sind. Eine Vorstellung davon läßt sich durch einen Vergleich mit vertrauten geometrischen Symmetrien vermitteln. Jeder weiß, daß ein Spiegel eine linke Hand als rechte zeigt. Linke und rechte Hand bilden ein aus zwei Komponenten bestehendes symmetrisches System: Zwei aufeinanderfolgende Spiegelungen stellen den ursprünglichen Zustand wieder her. In gewissem Sinne darf man ein Proton und ein Neutron als einer linken und einer rechten Hand ähnlich betrachten. Unter dem Einfluß einer ›Spiegelung‹ wird aus einem Neutron ein Proton oder umgekehrt. Natürlich geht es dabei nicht um eine gewöhnliche Spiegelung im wirklichen Raum, sondern um eine Art abstrakter Spiegelung in einem imaginären Raum – von den Fachwissenschaftlern als ›Isospinraum‹ bezeichnet. Trotz ihrer Abstraktheit ist die mathematische Beschreibung dieser Symmetrie einer geometrischen Symmetrie identisch, und sie zeigt sich auch durchaus real. Wir finden sie in den Eigenschaften der Protonen und Neutronen, wie sie bei der Streuung solcher Teilchen bei entsprechenden Experimenten auftreten, und der Art, wie sie andere Teilchen dazu veranlassen, auf sie zu reagieren.

Komplexere Symmetriegruppen ermöglichen eine einheitliche Beschreibung größerer Teilchenfamilien, als sie die Protonen und die Neutronen bilden. Zu einigen dieser Familien gehören acht, zehn oder mehr Teilchen. Gelegentlich werden gewisse Symmetrien nicht auf den ersten Blick erkennbar, weil andere komplexe physikalische Effekte diese verdecken, aber die gemeinsamen Bemühungen mathematischer Analyse und sorgfältiger Versuchsarbeit vermögen sie aufzudecken.

Nur wenige Physiker können sich dem Bann der raffinierten Eleganz entziehen, die diesen abstrakten Symmetrien über das innere Wirken der Materie zu eigen ist. Die gesamte subnukleare Forschung gründet auf dem unbeirrbaren Glauben, daß aller natürlichen Komplexität irgendwo eine Einfachheit zugrunde liegt. Yuval Ne'eman und Murray Gell-Mann, die als erste in einer Gruppe von acht Mesonen eine verborgene Symmetrie erkannten, tauften ihr neues Prinzip den ›achtfachen Weg‹, entsprechend Buddhas ›heiligem achtfachen Pfad‹, der zur Aufhebung des Leidens führt: rechtes Schauen, rechtes Wissen, rechte Gesinnung, rechte Rede, rechtes Handeln, rechtes Wandeln, rechtes Mühen, rechte Einsicht.[4]

Je mehr Symmetrien enthüllt wurden, desto tiefer zeigten sich Elementarteilchenphysiker von diesen zarten Regelmäßigkeiten beeindruckt – Regelmäßigkeiten, die seit undenklichen Zeiten in den Tiefen des Atoms verborgen geruht hatten. Jetzt wurden erstmals Menschen zu Zeugen dieser Eigenschaften, denen sie mit hochentwickelten Meßeinrichtungen der modernen Technik auf die Spur gekommen waren.

Es dauerte nicht lange, bis sich die Physiker nach dem Sinn fragten, der hinter diesen Symmetrien steckt: »Es war, als versuchte die Natur uns etwas zu sagen«, erklärte ein führender Theoretiker. An dieser Stelle kam die Macht mathematischer Analyse wieder ins Spiel. Die Gruppentheorie bot einen natürlichen Ursprung für all die Familiensymmetrien in Gestalt einer ihnen allen zugrundeliegenden, einzigen übergeordneten Symmetrie an. Es erwies sich, daß alle höheren Symmetrieformen aus Kombinationen einer sehr einfachen Anordnung ableitbar waren. In die Sprache der Elementarteilchen übersetzt hieß das: Die Mathematiker sahen in den Hadronen keineswegs Grundbausteine, sie waren im Gegenteil der Ansicht, diese wiederum seien aus weit kleineren Teilchen zusammengesetzt.

Welch verwickeltes Ineinandergreifen des Räderwerks! Atome bestehen aus Kernen und Elektronen, Atomkerne aus Protonen und Neutronen, Protonen und Neutronen aus . . . ? Die neuen Bausteine, drei Etagen unterhalb des Atoms, brauchten einen Namen. Gell-Mann nannte sie ›Quarks‹, und diese Bezeichnung setzte sich durch. Hadronen bestehen aus Quarks oder Quark-Teilchen. Das große Prinzip der griechischen Denker der Antike zu folgen, nach dem alle Materie aus einer kleinen Zahl wahrhaft elementarer Teilchen – von ihnen ›Atome‹ genannt – aufgebaut ist, hatte sich als der dornenreiche Weg erwiesen, dem es zu folgen galt. Stehen wir jetzt am Ende dieses Wegs, oder sind auch Quarks noch aus etwas anderem zusammengesetzt? Mit dieser Frage werden wir uns bald beschäftigen.

Quarks treten in zwei Bindungszuständen auf: in Form von Dubletts und Tripletts. Ein Quark ergibt zusammen mit seinem Antiquark ein Meson, drei Quarks ergeben ein Baryon. Auch Quarks halten sich in quantisierten Energieniveaus auf und lassen sich durch Aufnahme von Energie zu höheren Niveaus anregen. Angeregte Hadronen sehen aus wie andere Hadronen, und von vielen Formen, die man früher als Sonderformen von Teilchen angesehen hatte, weiß man inzwischen, daß sie nichts als angeregte Zustände einer einzigen Quark-Kombination sind.

Um alle bekannten Hadronen erklären zu können, muß man von der Existenz mehr als einer Art von Quarks ausgehen. In den frühen 70er Jahren genügten dazu drei Unterscheidungsmerkmale – von der Fachwissenschaft als ›flavours‹ bezeichnet –, die man scherzhaft ›up‹, ›down‹ und ›strange‹ benannte. Dann tauchten weitere Hadronen auf, und ein viertes Quark kam hinzu, dessen Merkmal nannte man ›charmed‹, also behext.

In neuerer Zeit erschienen weitere Teilchen auf der Bildfläche, und so hält man zwei weitere Quarks für erforderlich: ›top‹ (›oben‹) und ›bottom‹ (›unten‹).

Immerhin liefert das Quark-Modell der Elementarteilchen die Deutung für eine Vielzahl von Teilchenprozessen, die sich jetzt mit Hilfe detaillierter Berechnungen in systematischer Weise verstehen lassen. Die der Quarktheorie zugrundeliegende Annahme ist, daß die Quarks selbst strukturlose, wirkliche Elementarteilchen sind – punktförmige Objekte, die in ihrem Inneren nichts mehr enthalten. In dieser Hinsicht sind sie wie Leptonen, die nicht aus Quarks bestehen, sondern selbst echte Elementarteilchen zu sein scheinen. Tatsächlich besteht Punkt für Punkt eine genaue Entsprechung zwischen Quarks und Leptonen, die einen eigentümlichen Einblick in das Wirken der Natur gestattet. Die Beziehung wird schematisch in Tabelle 1 dargestellt. In der rechten Spalte finden sich die jeweiligen Quarks und in der linken alle bekannten Leptonen. Es sei daran erinnert, daß Leptonen der schwachen Wechselwirkungskraft unterliegen, Quarks hingegen der starken. Ein weiterer Unterschied besteht darin, daß Leptonen entweder keine elektrische Ladung oder eine ganzzahlige Ladung tragen, während Quarks entweder ein Drittel oder zwei Drittel einer solchen Ladung zugeschrieben wird.

Trotz dieser Unterschiede bestehen tiefergehende mathematische Symmetrien, die Ebene für Ebene Quarks und Leptonen in der Tabelle miteinander verbinden. Die erste Stufe enthält lediglich vier Teilchen: die ›up‹- und ›down‹-Quarks, das Elektron und sein Neutrino. Eigentümlicherweise besteht alle gewöhnliche Materie lediglich aus diesen vier Teilchen. Protonen und Neutronen setzen sich aus ›up‹- und ›down‹-Quarks in Form von Tripletts zusammen, während das einzige weitere erforderliche subatomare Teilchen aus Elektronen besteht. Neutrinos verschwinden einfach im Universum und spielen in der Gesamtstruktur der Materie keine Rolle. Soweit wir das sagen können, würde das Universum kaum anders aussehen, wenn es plötzlich alle anderen Teilchen nicht mehr gäbe.

Die nächste Stufe von Teilchen scheint einfach eine Wiederholung der ersten zu sein, außer daß die Teilchen etwas schwerer sind. Doch sind alle mit Ausnahme des Neutrinos äußerst instabil, und die verschiedenen Teilchen, aus denen sie bestehen, zerfallen rasch in Teilchen der Ebene I. Auf der dritten Ebene findet sich einfach eine Wiederholung des vorigen.

Zwangläufig erhebt sich da die Frage nach dem Sinn dieser Ebenen.

Tabelle 1

LEPTONEN		QUARKS	
Bezeichnung	Ladung	Bezeichnung	Ladung
I Elektron (e)	-1	up (u)	$+ \frac{2}{3}$
Elektron- Neutrino (ve)	0	down (d)	$- \frac{1}{3}$
II Myon (μ)	-1	strange (s)	$- \frac{1}{3}$
Myon- Neutrino ($\nu\mu$)	0	charmed (c)	$+ \frac{2}{3}$
III Tau (τ)	-1	top (t)	$+ \frac{2}{3}$
Tau-Neutrino (ν)	0	bottom (b)	$- \frac{2}{3}$
?	?	?	?

Subnukleare Teilchen lassen sich in zwei Hauptklassen unterteilen: Leptonen und Quarks. Quarks treten nicht einzeln auf, sondern in Gruppen von zwei oder drei; sie verfügen über eine elektrische Ladung, die Bruchteile einer ganzen Ladung ausmacht. Alle gewöhnliche Materie besteht aus Teilchen der Ebene I. Die Ebene II und III scheinen einfache Wiederholungen der Ebene I zu sein, auf denen die Teilchen äußerst unstabil sind. Es ist denkbar, daß es noch weitere, bisher unentdeckte Ebenen gibt.

In dieser schematischen Darstellung nicht enthalten sind die Austauschteilchen: Photonen, Gravitonen, Gluonen sowie die als W und Z bekannten Vermittler der schwachen Wechselwirkungskraft.

Wozu braucht die Natur sie? Welche Rolle spielen sie bei der Gestaltung des Universums? Handelt es sich bei ihnen lediglich um eine Art Übergepäck, oder passen sie in ein geheimnisvolles und bisher nur unvollkommen verstandenes Puzzlespiel? Beunruhigender noch ist die Frage: Gibt es nur diese drei Ebenen oder müssen wir in Zukunft, wenn wir erst über noch leistungsfähigere Teilchenbeschleuniger verfügen, mit weiteren Ebenen rechnen – möglicherweise einer unendlichen Reihe?

Unsere Verwirrung steigert sich durch eine weitere Komplikation. Damit wir nicht in Widerstreit mit einem grundlegenden Prinzip der Quantenphysik geraten, müssen wir annehmen, daß jedes Quarkmerkmal selbst wiederum in drei deutlich unterschiedlichen Zuständen erscheint, die als ›Farbe‹ bezeichnet werden. Jedes Quark muß man sich bildlich gesprochen als eine Art mehrfarbiger Überlagerung vorstellen, die – wiederum bildlich ausgedrückt – fortwährend von ›rot‹ nach ›grün‹ und ›blau‹ springt. Wieder hat alles verdächtige Ähnlichkeit mit einem Zoo. Aber Hilfe naht. Erneut ist die Symmetrie der Retter aus der Not, allerdings in einer noch tieferen und schwerer faßbaren Form. Sie wird, wie sich das gehört, *Super*symmetrie genannt.

Um die Supersymmetrie zu verstehen, müssen wir den anderen Faden dieser Analyse aufnehmen: die Kräfte. Wie auch immer die Vielschichtigkeit des Teilchenzoos aussehen mag, es scheint nur vier Grundkräfte zu geben: Schwerkraft und Elektromagnetismus, beide aus dem Alltagsleben gekannt, sowie die schwache und die starke Wechselwirkungskraft zwischen Neutronen und Protonen. Letztere kann selbstverständlich nicht grundlegend sein, da diese Teilchen selbst nicht wirklich elementar, sondern zusammengesetzt sind. Wenn sich zwei Protonen anziehen, sehen wir tatsächlich die kombinierte Auswirkung von sechs in Wechselwirkung stehenden Quarks. Die Grundkraft ist die zwischen den Quarks wirkende. Man kann sie nach der Art des elektromagnetischen Felds beschreiben, wobei der ›Farbe‹ die Rolle der elektrischen Ladung zukommt. Das Gegenstück des Photons ist das sogenannte Gluon, das die Quarks dadurch ›zusammenklebt‹, daß es in der Art der bereits beschriebenen Austauschteilchen fortwährend zwischen ihnen hin- und hereilt. Analog zur Elektrodynamik nennen Physiker diese Theorie des durch ›Farbe‹ erzeugten Kraftfeldes (Quanten-)Chromodynamik, kurz QCD. Chromatische Prozesse sind aus zwei Gründen komplizierter als elektromagnetische. Erstens stehen einer einzigen Art elektrischer Ladung drei Farben gegenüber. Das führt zu insgesamt acht verschiedenen Arten von Gluonen im Vergleich mit einer einzigen Photonengattung. Zweitens ›tragen‹ Gluonen ›Farbe‹ und stehen daher in starker Wechselwirkung zueinander, wohingegen Photonen nicht geladen und damit durch andere Photonen nicht beeinflußt sind.

Vor zwanzig Jahren kamen einige weitblickende Theoretiker auf den Gedanken, vier Grundkräfte der Natur seien zu viel, und möglicherweise seien sie gar nicht wirklich unabhängig voneinander. Immerhin hatte in den 60er Jahren des vorigen Jahrhunderts Maxwell eine mathematische Beschreibung geliefert, in der die Wirkungen von Elektrizität und Magnetismus zu einer einzigen Theorie des elektromagnetischen Feldes zusammengefaßt wurden. Vielleicht war eine weitere Synthese möglich. Einen zusätzlichen Anstoß in dieser Richtung lieferte eine Anzahl mathematischer Schwierigkeiten, die sich einer Lösung beharrlich widersetzten. Jedesmal, wenn die Quantenfeldtheorie auf andere Prozesse als die allereinfachsten angewendet wurde, wurde die Lösung ›unendlich‹ und war damit sinnlos. Für das elektromagnetische Feld machte es ein mathematischer Taschenspielertrick möglich, die jeweilige Lösung ›unendlich‹ zu vermeiden, und die Theorie lieferte eine gültige Voraussage für alle elektromagnetischen Prozesse. Doch bei den anderen drei Kräften half dieser Trick nicht weiter. Man hoffte, durch eine, wie auch immer geartete, Zusammenfassung der elektromagnetischen Kraft mit den drei anderen Kräften zu einem einzigen Beschreibungsschema zu gelangen, das sich mathematisch eher faßbare Verhalten der elektromagnetischen Kraft auch für die anderen Kräfte nutzbar zu machen und damit eine sinnvolle Formel zu erreichen.

Den ersten Schritt in Richtung auf dieses ehrgeizige Ziel taten Steven Weinberg und Abdus Salam 1967.[5] Es gelang ihnen, die mathematische Beschreibung der elektromagnetischen und der schwachen der Wechselwirkungskräfte so zu formulieren, daß eine integrierte mathematische Beschreibung beider möglich war. Ihrer Theorie zufolge sind die äußerst geringen Energien, die üblicherweise bei Experimenten eingesetzt werden, der Grund dafür, daß wir die elektromagnetische Kraft und die schwache Wechselwirkung gewöhnlich als getrennte und als in ihren Merkmalen deutlich verschiedene Kräfte wahrnehmen. Natürlich ist ›gering‹ hier ein relativer Begriff: Ließe man die von heutigen Beschleunigern für einen Zusammenprall erzeugte Wucht statt auf ein Proton auf eine Billardkugel einwirken, würde sie so viel Energie freisetzen, daß man damit ein normales Wohnhaus Millionen Jahre lang mit Strom versorgen könnte! Trotzdem geht die Weinberg-Salam-Theorie von einer auf die wechselwirkenden Elementarteilchen zu übertragenden Energiemenge aus, deren Erzeugung erst durch die gegenwärtige Technik möglich wird, und im Vergleich damit wurde die Bezeichnung ›gering‹ verwendet.

In den 70er Jahren unterstützten immer mehr Versuchsergebnisse die Theorie Weinbergs und Salams, die 1980 den Nobelpreis erhielten. 1971 wurde nachgewiesen, daß die vereinigte Theorie, wie erhofft, die ärgerlichen unendlichen Lösungen beiseite fegte, und Physiker sprachen nun statt von vier nur noch von drei Grundkräften der Natur.

Dieser Erfolg geht zum großen Teil darauf zurück, daß sich in der vereinigten Theorie weitere abstrakte Symmetriegruppen zeigten. Man war schon lange der Überzeugung, daß Maxwells bestechende elektromagnetische Feldtheorie vor allem wegen der in ihrer mathematischen Beschreibung zutage tretenden Ausgewogenheit und Symmetrie so einleuchtend und elegant wirkte. Auch diese Symmetrie, die als *einheitliche* (oder Gauge-)Symmetrie bezeichnet wird, ist abstrakter Art, doch auch sie läßt sich mit Alltagserfahrungen verständlicher machen.

Beim Ersteigen einer steilen Klippe verbraucht man Energie. Aber wann ist der Energieeinsatz günstiger? Wenn man in der Fallinie klettert oder dem langen, dafür weniger steilen Pfad nach oben folgt? Die Lösung heißt: Auf beiden Wegen wird die gleiche Energiemenge verbraucht, wenn wir von unerheblichen, komplizierenden Umständen wie Reibung absehen. Es läßt sich leicht nachweisen, daß die für den

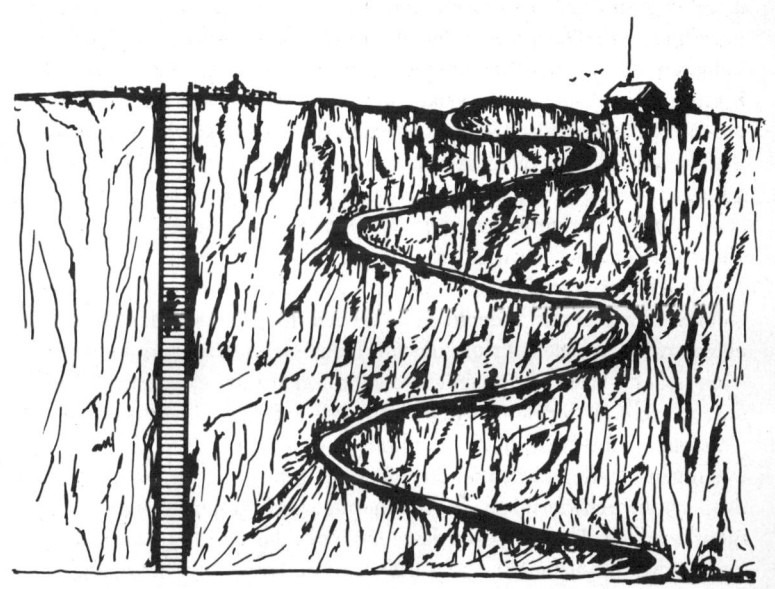

24 Ein Aufstieg auf eine steile Klippe erhellt den abstrakten Begriff einer ›einheitlichen Symmetrie‹. Die zum Erreichen des oberen Randes aufgewendete Energie ist immer gleich, unabhängig davon, ob man die schwer zu ersteigende senkrechte Route oder den langen und leichten Zick-Zack-Weg wählt. Darin zeigt sich eine tiefe und machtvolle Symmetrie des Gravitationsfeldes. Ähnliche, aber komplexere Symmetrien der anderen Kraftfelder der Natur wurden mit Hilfe mathematischer Formeln der Vereinigten Feldtheorien ermittelt.

Aufstieg benötigte Energiemenge vom gewählten Weg völlig unabhängig ist. Hier liegt eine solche einheitliche Symmetrie vor.

Dieses Beispiel bezieht sich auf eine einheitliche Symmetrie des Gravitationsfeldes, denn wir müssen die Schwerkraft überwinden, wenn wir den Rand der Klippe erreichen wollen. Eine ebensolche Symmetrie gilt für elektrische Felder und eine ähnliche, allerdings kompliziertere, für Magnetfelder.

Es zeigt sich, daß die einheitliche Symmetrie des elektromagnetischen Feldes, die eng mit dem masselosen Wesen des Photons verbunden ist, entscheidend dazu beiträgt, daß bei Anwendung dieser Theorie die störenden unendlichen Lösungen entfallen. Indem Weinberg und Salam eine umfassendere einheitliche Symmetrie in ihre übergeordnete Theorie einbauten, waren sie imstande, die schwache Wechselwirkung zu bändigen und dem Elektromagnetismus beizugesellen.

Durch den Erfolg der übergeordneten Eich- oder Gauge-Theorie ermutigt, wendeten die Physiker ihre Aufmerksamkeit einer weiteren Wechselwirkung zu – der zwischen den Quarks wirkenden chromodynamischen Kraft. Es dauerte nicht lange, bis eine Eichtheorie der ›Farbe‹ gefunden war, ihr folgten Versuche zur Zusammenfassung der schwachen Wechselwirkungskraft mit der vom Farbfeld verursachten Kraft zwischen den Quarks zu einer ›Vereinheitlichten Theorie‹ GUT (Grand Unified Theory), wobei mit Hilfe einer noch umfassenderen einheitlichen Symmetrie alle anderen Symmetrien integriert wurden. Noch ist es zu früh, nach dem Erfolg der GUT zu fragen, aber zumindest eine Voraussage – daß die Instabilität der Protonen nur sehr gering ist und sie nach sehr langer Zeit spontan zerfallen – wird gerade überprüft.

Damit bleibt noch die Schwerkraft. Bei ihr treten die unendlichen Lösungen verstärkt auf, und die Meinung geht mehr und mehr dahin, daß sich die Schwierigkeit nur in einer auf noch höherer Ebene zusammenfassenden Theorie lösen lassen dürfte, die eine Supersymmetrie einbezieht. Versuche, eine solche Theorie zu entwickeln, halten gegenwärtig eine ganze Armee von Mathematikern und Physikern in Atem. Man träumt dabei von einer zusammenfassenden Feldtheorie – einem einzigen Kraftfeld, das in sich alle Naturkräfte vereinigt: Schwerkraft, Elektromagnetismus und die beiden Wechselwirkungskräfte. Das aber ist erst die eine Seite der Medaille. Die grundlegende Beziehung zwischen den Quantenteilchen und den zwischen ihnen wirksamen Kräften bedeutet, daß jede Kräftetheorie zugleich eine Teilchentheorie ist. Daraus ergibt sich, daß eine auf höherer Ebene zusammengefaßte Theorie auch eine vollständige Beschreibung aller Quarks und Leptonen liefern und erklären müßte, warum es in der Tabelle 1 drei Ebenen gibt.

Bisweilen heißt es, ein Erreichen dieses verlockenden Zieles würde den Höhepunkt in der Erforschung der Grundlagen der Physik darstellen, denn mit Hilfe einer solchen Theorie könne man das Verhalten und den Aufbau aller Materie erklären – natürlich auf reduktionistische Weise. Sie würde uns in den Stand setzen, alle Geheimnisse der Natur in einer einzigen Gleichung zusammenzufassen, einer Art Generalformel für das Universum. Eine solche Leistung würde die von vielen gehegte Annahme bestätigen, daß sich das Universum nach einem einzigen, einfachen und atemberaubend eleganten mathematischen Grundsatz verhält. Den Drang, der die Menschen diesem letzten Ziel entgegentreibt, hat John Wheeler mit folgenden Worten ausgedrückt: »Gewiß wird sich eines Tages eine Tür öffnen und den blitzenden Zentralmechanismus der Welt in all seiner Schönheit und Einfachheit zeigen.«[6]

Wie nah sind wir daran, dieses Nirwana des Geistes zu erreichen? Theoretiker setzen zur Zeit ihre Hoffnungen auf eine Ansammlung von Theorien, die unter dem Sammelbegriff ›Supergravity‹, bisweilen auch ›Hyperschwerkraft‹ genannt, zusammengefaßt sind. Dreh- und Angelpunkt dabei ist eine eigentümliche Art von Supersymmetrie, die als die Quadratwurzel des Raum-Zeit-Kontinuums bezeichnet wurde. Dieser geheimnisvolle Begriff besagt, daß man bei der Multiplikation zweier Supersymmetrie-Operationen eine gewöhnliche geometrische Symmetrie-Operation erhält, wie beispielsweise eine seitliche Verlagerung im Raum.

Auf den ersten Blick mag diese Abstraktion nicht sehr vielversprechend aussehen, aber bei näherer Untersuchung zeigt sich, daß die Supersymmetrie eng mit einem der grundlegendsten Attribute verknüpft ist, die ein Teilchen besitzen kann: dem Eigendrehimpuls oder Drall, den die Wissenschaft als ›Spin‹ bezeichnet. Es zeigt sich, daß alle Quarks und Leptonen einen ziemlich rätselhaften Spin aufweisen, um den wir uns hier nicht im einzelnen zu kümmern brauchen. Wichtig ist aber, daß die ›Boten‹-Teilchen – also die Gluonen, Photonen und die ›Partner‹ der Schwerkraft und der schwachen Wechselwirkungskraft – entweder über keinen Spin verfügen oder aber über einen eher normalen und nicht rätselhaften Spin. Die Bedeutung der Supersymmetrie liegt darin, daß sie eine Beziehung zwischen den sich rätselhaft verhaltenden Teilchen und den anderen herstellt, so wie das bei der Beziehung zwischen Protonen und Neutronen durch die Isospinsymmetrie geschah.

Mithin kann eine Supersymmetrie-Operation aus einem Teilchen mit Spin eines ohne machen. Selbstverständlich finden diese ›Operationen‹ auf mathematischer Ebene statt, denn ebensowenig wie aus einer linken Hand eine rechte Hand, kann man aus einem Teilchen mit Spin eines ohne machen.

Dadurch, daß eine Schwerkrafttheorie in einen Rahmen der Supersymmetrie einbezogen wird, gesellen sich den als Gravitonen bezeichneten Feldquanten des Gravitationsfeldes, die als Schwerkraft-Austauschteilchen wirken, ›Gravitinos‹ genannte Gefährten, die über diesen eigentümlichen Spin verfügen, sowie weitere zugehörige Teilchen zu. Die Art, wie diese Vielzahl von Teilchen ihren Platz in der Theorie findet, liefert einen deutlichen Hinweis darauf, daß die gefürchteten unendlichen Ergebnisse überwunden sind, denn bisher haben alle mit Hilfe der Theorie angestellten konkreten Berechnungen zu endlichen Ergebnissen geführt.

Die aussichtsreichste Fassung der Theorie kennt nicht weniger als siebzig Teilchen. Viele davon lassen sich mit Hilfe in der wirklichen Welt bekannter Teilchen identifizieren, andere entsprechen solchen, die möglicherweise existieren, aber noch nicht entdeckt sind. Noch ist die Meinung darüber geteilt, ob es tatsächlich noch mehr Elementarteilchen gibt als die, die man bisher dafür hält, die also in den Rahmen dieser Theorie passen. Einige Theoretiker erklären, es gebe einfach zu viele Quarks, und es sei an der Zeit, der Sache tiefer auf den Grund zu gehen und zu ermitteln, ob diese Teilchen ihrerseits aus noch kleineren Einheiten bestehen. Ein Argument gegen die Existenz einer niedrigeren Strukturebene besteht darin, daß die Quarks bereits in einer Welt existieren, die um rund fünfzehn Zehnerpotenzen kleiner ist als der Atomkern, und das liegt bereits nahe an der Grenze, wo der Begriff des Raums seinen Sinn verliert. Die Theorie geht davon aus, daß Quanteneffekte der Schwerkraft bei einem Längenmaß, das etwa um zwanzig Zehnerpotenzen unter der Größe des Atomkerns liegt, die Raum-Zeit eine topologische Schaumstruktur gewinnen lassen, und an dieser Stelle wird es sinnlos davon zu reden, daß sich Dinge ›innerhalb‹ anderer Dinge befinden. Die Arbeit geht also weiter.

Es bleibt zu hoffen, daß die skizzierte Darstellung der anstrengenden und aufwendigen Arbeit, die gegenwärtig unternommen wird, um die Struktur der Materie endgültig zu enthüllen, zumindest einen Eindruck davon vermittelt, wie die Forschung auf dem Gebiet der modernen Physik vorgeht. Der Physiker nähert sich seinem Gegenstand geradezu mit Ehrfurcht, im festen Glauben an die mathematische Schönheit und Einfachheit der Natur und davon überzeugt, daß er durch tieferes Eindringen in die Materie eine Einheitlichkeit zutage fördern kann. Alle bisherige Erfahrung hat gezeigt, daß die entdeckten Grundsätze um so allgemeingültiger waren, je kleinere Einheiten man untersucht hat. Demzufolge geht die Komplexität dessen, was bei nicht allzu gründlicher Untersuchung herauskommt, zum großen Teil einfach darauf zurück, daß wir physikalische Systeme mit vergleichsweise geringem Energieeinsatz untersuchen. Der Grund, daß so viel Geld und Mühe auf den Bau von Teilchenbeschleunigern zur Erzeugung äußerst energiereicher Elementarteilchen verwendet wird, liegt darin, daß man vermutet, daß Einheit und Einfachheit in dem Maße deutlicher zutage treten werden, in dem man den Energieeinsatz bei den Experimenten steigert. Wir wollen uns einen Weg in dieses Reich der Einfachheit bahnen.

Es gab jedoch eine Zeit, da dieser spezielle Bereich auf ›natürliche‹ Weise erforscht wurde: im ersten Sekundenbruchteil des Urknalls, beim Entstehen des Universums. Damals herrschten Temperaturen im Bereich von 10^{26} Grad, also Milliarden von Millarden von Millarden. Das entspricht der ungeheuren Energie, die erforderlich ist, ins Reich der Einfachheit einzudringen. Diese ersten winzigen Sekundenbruchteile des Urknalls sehen Physiker als Zeit der Vereinheitlichten Theorie GUT an, denn in ihr wurde die Physik durch die Vorgänge beherrscht, die sich in der Vereinheitlichten Theorie der Grundkräfte finden. Dann kam es zu dem entscheidenden, im 3. Kapitel erwähnten, Ungleichgewicht, das dafür sorgte, daß eine geringfügige Menge mehr Materie als Antimaterie entstand. Beim Abkühlen des Universums zerfiel die vereinigte Kraft in die drei deutlich unterschiedenen Kräfte – die elektromagnetische Kraft sowie die schwache und die starke Wechselwirkungskraft –, die wir jetzt in unserem vergleichsweise kalten Universum wahrnehmen.

Die Vorstellung, die heutige komplexe Physik habe sich aus der einfachen Physik des Urfeuers heraus ›abgekühlt‹, ist von verführerischer Eleganz. Das letzte Prinzip der Natur – der von Wheeler erdachte »blitzende Zentralmechanismus« bleibt uns aus Mangel an Energie verborgen. Wenn man diese Gedanken auf die Zeitalter überträgt, die der Epoche der Vereinheitlichten Theorie verangingen, auf noch frühere Mikro-Unterteilungen der Zeit und noch höhere Temperaturen, erreichen wir das Reich der ›Supergravity‹, der ›Hyperschwerkraft‹. Hier liegt die eigentliche Schwelle der Existenz, wo Raum und Zeit mit den Grundkräften selbst vermischt werden. Die meisten Physiker glauben, die Vorstellung von einem Raum-Zeit-Kontinuum lasse sich nicht in die Zeit der ›Supergravity‹ zurück fortsetzen. Es gibt sogar einen Hinweis darauf, daß man Raum und Zeit als Felder betrachten muß, die sich einfach aus einem Urbrei vorgeometrischer Elemente heraus ›gebildet‹ haben. Innerhalb dieser alles andere beherrschenden Epoche also wären dann alle vier Naturkräfte ununterscheidbar gewesen, und die Raum-Zeit wäre noch nicht zu einer zusammenhängenden Gestalt, zu einem Kontinuum, ›geronnen‹. Das Universum wäre dann einfach eine Ansammlung ultraeinfacher Bestandteile gewesen – das Rohmaterial, aus dem Gott alles gemacht hat: Raum, Zeit und Materie.

Die in diesem Kapitel beschriebenen neueren Entwicklungen auf dem Gebiet der Physik der Grundkräfte hat zu einer völlig neuen Sichtweise der Natur geführt, die unter Physikern und Astronomen rasch an Boden gewinnt. Man sieht inzwischen das Universum als eine aus der Einfachheit heraus ›abgekühlte‹ Komplexität, sehr ähnlich der Art, wie aus der merkmalslosen Einfachheit des Ozeans ein verschlungener Eisstrom wird. Unter den Naturwissenschaftlern herrscht der Eindruck, daß die Gegenstände der Kosmologie auf der einen Seite und die Grundkräfte innerhalb der Materie auf der anderen zusammenkommen, um eine einheitliche Beschreibung des Kosmos zu liefern. Es handelt sich dabei um eine Beschreibung, in der die ultramikroskopische Natur der Materie eng mit der Globalstruktur des Universums verknüpft ist und beide die Entwicklung des jeweils anderen in komplexer und kaum greifbarer Weise beeinflussen.

Der in diesem Kapitel beschriebene Erfolgskatalog bedeutet zweifellos einen Triumph für die Vorstellungen der modernen Physik, die sich auf reduktionistische Argumente stützen. Indem sie versuchen, die Materie auf ihre letzten Bausteine zurückzuführen – Leptonen, Quarks und Austauschteilchen –, haben Physiker einen Blick auf das Grundgesetz erhascht, das alle Kräfte beherrscht, die die Struktur und das Verhalten der Materie beeinflussen, und das somit für eine Vielzahl der Grundzüge im Universum verantwortlich ist.

Trotzdem kann eine solche Vorgehensweise zum Erreichen einer endgültigen Wahrheit nur einen Teil der gesamten Bemühungen ausmachen. Wir haben in früheren Kapiteln gesehen, daß das Reduktionsmodell keine Erklärung für zahlreiche beobachtete holistische, also ganzheitliche, Erscheinungen zu liefern vermag. Es wäre lächerlich, etwa das Bewußtsein, eine lebende Zelle oder auch einfach unbelebte Systeme wie beispielsweise einen Wirbelsturm mit Hilfe von Quarks verstehen zu wollen.

Vieles von dem in diesem Kapitel Gesagten verbirgt bisher die ziemlich vage Vorstellung, die Physiker von der Struktur der Materie haben. Ein Physiker, der sagt, ein Proton »bestehe aus« Quarks, meint das nicht buchstäblich so. Wenn wir beispielsweise sagen, ein Tier bestehe aus Zellen oder eine Bibliothek aus Büchern, wollen wir damit ausdrücken, daß man dem größeren System eine Zelle, ein Buch oder was auch immer entnehmen und jedes für sich untersuchen kann. Bei Quarks ist das nicht der Fall. Soweit wir wissen, ist es nicht möglich, ein Proton zu zerlegen und die Quarks herauszuholen.

Es gibt aber dennoch beachtliche Beispiele für erfolgreiches Zerlegen. Atome werden buchstäblich und geradezu routinemäßig gespalten; bei Atomkernen ist das zwar schwieriger, doch gelingt es unter der Aufprallwucht von Teilchen hoher Energie. Das könnte uns auf den Gedanken bringen, Protonen oder Neutronen ließen sich durch Beschießen mit ›Projektilen‹ von hoher Geschwindigkeit in die Quarks zerlegen, aus denen sie bestehen. In Wirklichkeit geschieht etwas ganz anderes. Ein mit hoher Geschwindigkeit auftreffendes punktförmiges Elektron fliegt stracks durch das Innere eine Protons hindurch und prallt heftig von einem der darin befindlichen Quarks ab, was uns die Gewißheit verschafft, daß es da drinnen irgendwo tatsächlich welche gibt. Wird aber das Proton statt von einer Geschoßkugel von einem Vorschlaghammer getroffen – das heißt von einem anderen Proton –, sieht man nicht etwa aus den Trümmern lauter Quarks herausquellen, sondern erkennt lediglich weitere Hadronen (Protonen, Mesonen und so weiter). Mit anderen Worten, Quarks kommen nie einzeln hervor. Alles, was die Natur zuzulassen scheint, sind Ansammlungen von Quarks, jeweils zwei und drei, die stets miteinander verbunden sind.

Wenn also der Physiker sagt, ein Proton bestehe aus Quarks, meint er damit nicht, daß diese rätselhaften Bestandteile sich einzeln vorführen lassen. Er bezieht sich lediglich auf eine *Beschreibungsebene*, die irgendwie grundlegender ist als die des Protons. Die mathematischen Gesetze, die die Quarks beherrschen, sind einfacher und grundlegender als die für die Protonen. Es *macht* einen Sinn, das Proton nicht als elementar, sondern als zusammengesetzt anzusehen, allerdings nicht in dem Sinn, in dem wir eine Bibliothek als aus Büchern zusammengesetzt betrachten.

Noch größere Schwierigkeiten zeigen sich bei Einbeziehung des Quantenbegriffs, denn wie wir im 8. Kapitel gesehen haben, ist keines der subnuklearen Teilchen, ob Quarks oder andere, wirklich ein Teilchen im üblichen Wortsinn. Sie sind möglicherweise nicht einmal ›Dinge‹. Erneut muß man die Beschreibung der Materie mit Hilfe einer so und so gearteten Ansammlung von Teilchen eigentlich als von der Mathematik gestützte verschiedene Beschreibungsebenen ansehen. Die genaue Beschreibung der Struktur der Materie durch den Physiker erfolgt stets mit Hilfe abstrakter höherer Mathematik, und nur in jenem Zusammenhang kann man den Sinn der reduktionistischen Aussage ›bestehen aus‹ genau festlegen.

Die Schwierigkeiten, die der Quantenbegriff der Frage des ›Was besteht woraus?‹ verleiht, lassen sich gut mit Hilfe eines Aspekts der Heisenbergschen Unschärferelation erläutern. Diesmal geht es nicht um Welle und Teilchen oder Lage und Bewegung, sondern um Energie und Zeit. Diese beiden Begriffe gehören in jenem geheimnisvoll entgegengesetzten Sinn zusammen: Wer das eine weiß, weiß das andere nicht. Wird ein System über eine kurze Dauer hinweg untersucht, strömt seine Energie daher wahrscheinlich wild hin und her. In der Alltagswelt ist Energie stets unveränderlich fixiert, und das Gesetz von ihrer Erhaltung ist einer der Grundpfeiler der klassischen Physik. In der Mikrowelt der Quanten hingegen kann Energie spontan und unvorhersagbar aus dem Nichts auftauchen und einfach wieder verschwinden.

Quantenenergiestöße werden in komplexe Strukturen umgesetzt, wenn man Einsteins berühmte Formel $E = mc^2$ berücksichtigt. Sie besagt, daß Energie und Masse gleichwertig sind oder daß Energie Materie erzeugen kann – davon war bereits in früheren Kapiteln die Rede. Dort lieferten äußere Quellen die Energie, jetzt wollen wir uns mit Materieteilchen beschäftigen, die ohne Eingabe von außen aus den Schwankungen der Quantenenergie entstehen. Das Heisenbergsche Prinzip funktioniert ähnlich wie eine Energie-Bank. Man kann kurzfristig Energie ausleihen, vorausgesetzt, man zahlt sie sogleich wieder zurück. Je kürzer die Dauer, desto höher das Darlehen.

In der Mikrowelt kann eine plötzliche Zunahme der Energie das flüchtige Auftreten beispielsweise eines Elektron-Positron-Paars verursachen. ›Finanziert‹ wird seine kurzlebige Existenz über das Heisenbergsche Darlehen. Diese Existenz dauert nie länger als 10^{-21} Sekunden, also ein Tausendstel eines Trillionstel einer Sekunde, doch verleiht die Geschwindigkeit zahlloser solcher ›Geister‹-Teilchen dem leeren Raum eine Art sich ständig wandelndes, wenn auch nebelhaftes und substanzloses Muster. In diesem Meer unaufhörlicher Tätigkeit müssen subnukleare Teilchen schwimmen. Alle nur denkbaren Teilchen – Elektronen und Positronen, Protonen und Antiprotonen, Neutronen und Antineutronen, Mesonen und Antimesonen – sind an diesem Durcheinander beteiligt.

Vom Standpunkt der Quantenphysik aus gesehen, ist ein Elektron nicht einfach ein Elektron. Sich verlagernde Energiemuster werden um es herum sichtbar, sie ›finanzieren‹ das nicht vorhersagbare Auftreten von Photonen, Protonen, Mesonen und sogar anderen Elektronen. Kurz gesagt, alles Zubehör der subnuklearen Welt legt sich wie ein ungreifbarer, flüchtiger Mantel um ein Elektron, eine Hülle aus geisterhaften Bienen, die den in der Mitte stehenden Stock umschwärmen. Wenn sich zwei Elektronen einander nähern, verwickeln sich ihre ›Umhänge‹ ineinander, und es kommt zur Wechselwirkung. Diese ›Umhänge‹ sind einfach ein quantenphysikalischer Ausdruck für das, was man früher als Kraftfelder bezeichnete.

Die Elektronen lassen sich nie von ihrem Anhang aus Geisterteilchen lösen. Wenn wir fragen »Was ist ein Elektron?«, bekommen wir als Antwort nicht nur das eigentliche Teilchen geliefert. Wir müssen das Ganze nehmen, einschließlich der zugehörigen Geisterteilchen, die die Kräfte hervorbringen. Bei Hadronen gar, die über eine Innenstruktur verfügen, verwischt sich die Identität der Teilchen noch stärker. Ein Proton enthält auf irgendeine Weise Quarks, die wiederum durch Gluonen miteinander verbunden sind. Auch hier gibt es eine Art merkwürdig geschlossenen Kreislauf: Kräfte werden von Teilchen erzeugt, die ihrerseits wieder Kräfte erzeugen . . .

Bei Teilchen, wie beispielsweise Photonen, bedeutet diese Kreisförmigkeit, daß ein Photon zahlreiche verschiedene Gesichter zeigen kann. Durch die Aufnahme geliehener Energie kann es sich kurzzeitig in ein Elektron-Positron-Paar verwandeln oder in ein Proton-Antiproton-Paar. Man hat experimentell versucht, die Teilchen während dieses Verwandlungsvorgangs zu überraschen, aber auch hier läßt sich aus dem komplexen Verwandlungsprozeß niemals ein ›reines‹ Photon herauslösen.

Für die überwiegende Mehrheit der Teilchen, die instabil sind und ohnehin nur einen winzigen Sekundenbruchteil lang existieren, verwischt sich die Unterscheidung zwischen ›wirklich‹ und ›geisterhaft‹. Wer will beispielsweise sagen, ein sogenanntes Psi-Teilchen, das im tausendsten Teil des Trillionstel einer Sekunde zerfällt, sei wirklich, ein Elektron-Positron-Paar hingegen, für dessen ebenfalls nur flüchtiges

Auftreten ein Darlehen aus der Heisenbergschen Energie-Bank aufgenommen wurde, lediglich ein Phantom?

Vor einigen Jahren hat der amerikanische Physiker Geoffrey Chew diesen rastlosen Tanz schattenhafter Umwandlungen mit einer Demokratie verglichen. Wir können unmöglich ein einzelnes Teilchen herausgreifen und sagen, es handele sich dabei um das oder um das. Statt dessen müssen wir jedes Teilchen als etwas ansehen, das in einem endlosen, auf merkwürdige Art geschlossenen Kreislauf aus jedem anderen besteht. Kein Teilchen ist elementarer als ein anderes. (Hier haben wir die Vorstellung des Sich-am-eigenen-Schopf-aus-dem-Sumpf-Ziehens, die im 4. Kapitel kurz angesprochen wurde.)

Es ist wohl klar, daß den Quantenaspekten der Natur der Materie ein starker holistischer Beigeschmack anhaftet: ineinandergreifende Beschreibungsebenen, auf denen alles irgendwie aus allem anderen besteht und die dennoch eine Hierarchie der Strukturen aufweisen. Innerhalb dieser allumfassenden Gesamtheit versuchen Physiker, den letzten Bestandteilen der Materie und der letzten übergeordneten Kraft auf die Spur zu kommen.

12. Zufall oder Plan?

»... woher kommt all die Ordnung und Schönheit,
die wir in der Welt sehen?«

Isaac Newton

»... der Mensch weiß endlich, daß er in der teil-
nahmslosen Unermeßlichkeit des Universums allein
ist... Nicht nur sein Los, auch seine Pflicht steht
nirgendwo geschrieben.«

Jacques Monod in Chance and Necessity

In seinem Werk *Natural Theology* hat William Paley (1743-1805) eines
der machtvollsten Argumente für die Existenz Gottes formuliert:
> »Wenn ich über eine Heidefläche gehe und, sagen wir, mit dem
> Fuß an einen *Stein* stoße, könnte ich auf die Frage, wie der Stein
> dorthin kam, möglicherweise sagen, daß, da mir nichts Gegenteili-
> ges bekannt sei, er wohl schon immer dort gelegen habe; auch
> wäre der Nachweis dessen, wie absurd diese Antwort ist, mögli-
> cherweise nicht sehr einfach. Doch fände ich eine *Uhr* auf dem
> Boden, und man fragte mich, wie sie dorthin gekommen sei,
> würde ich kaum dieselbe Antwort wie zuvor geben – daß sie, da
> mir nichts Gegenteiliges bekannt sei, wohl schon immer dort
> gelegen haben müsse. Warum aber sollte diese Antwort nicht für
> die Uhr wie den Stein gelten?«[1]

Der verwickelte und kunstvolle Aufbau einer Uhr mit ihren genau
ineinandergreifenden Teilen ist ein überwältigender Nachweis für einen
Plan. Jemand, der noch nie zuvor eine Uhr gesehen hat, würde zu dem
Schluß kommen, diesen Mechanismus habe ein intelligenter Mensch auf
einen bestimmten Zweck hin entworfen.

Paley argumentierte weiter, daß das Universum in seinem Aufbau und seiner Komplexität einer Uhr ähnelt – wenn auch in weit größerem Maßstab. Daher, meint er, müsse es sicherlich einen kosmischen Planer geben, der die Welt auf diese Weise zu einem Zweck angeordnet hat: »Die Erfindungen der Natur übertreffen die der menschlichen Kunstfertigkeit darin, daß ihr Mechanismus weit komplexer, feiner und wunderbarer ist.«[2]

Das Argument der Planung wurde mit der Vorstellung der *Teleologie* zusammengebracht: dem Gedanken, das Universum sei so programmiert, daß es sich auf ein letztes Ziel hin entwickeln müsse. In seiner weitest gefaßten Form enthielt das teleologische Argument sowohl die Stufe der Einfachheit als auch die der Komplexität. Diese Vorstellung ist schon alt. Thomas von Aquin hat geschrieben, daß »ein Geordnetsein von Handlungen zu einem Ziel hin in allen Körpern beobachtet wird, die Naturgesetzen gehorchen, auch wenn ihnen Bewußtsein fehlt ..., das zeigt, daß sie wahrhaft zu einem Ziel hinstreben und es nicht nur zufällig treffen.«[3] Obwohl Thomas von Aquin nichts von der mathematischen Einfachheit der grundlegenden Gesetze der Physik wußte, fiel ihm auf, in wie verblüffender Weise materielle Körper geordneten Gesetzen entsprechen, und er benutzte diese Entsprechung als Nachweis für die Existenz eines planenden Gottes.

Das teleologische Argument wurde so heftig angegriffen, daß Theologen es heute nur noch sehr behutsam einsetzen. Dennoch hat es einige moderne Verfechter. »Die Existenz einer Ordnung im Universum«, schreibt Swinburne, »steigert die Wahrscheinlichkeit dafür, daß es einen Gott gibt, beträchtlich.«[4] Aber Swinburne gründet sein Argument eher auf die Stufe der Einfachheit als auf die der Komplexität. Der Gedanke, man könne komplexe natürliche Strukturen als Nachweis für die Existenz eines kosmischen Planers ansehen, scheint in Mißkredit geraten zu sein.

Der Haupteinwand gegen ein die Komplexitätsstufe betreffendes Planungsargument liegt darin, daß sich zahlreiche Systeme von komplexer Ordnung und Struktur tatsächlich als Endergebnis ganz und gar gewöhnlicher natürlicher Abläufe erklären lassen. Das beweist selbstverständlich nicht, daß *alle* geordneten Systeme auf natürliche Weise entstanden sind, aber es mahnt uns zur Vorsicht gegenüber der Annahme, es gebe einen Planenden einfach wegen der recht oberflächlichen Vermutung, daß irgend etwas zu kompliziert aussieht, als daß es zufällig hätte entstehen sein können. Man muß auch ein gewisses

Verständnis für die Abläufe aufbringen, durch die es zur Entstehung einer komplexen Ordnung kommen kann.

Den klassischen Widerstreit zwischen diesen gegensätzliche Positionen vertretenden Schulen kam es mit der Veröffentlichung von Charles Darwins Buch *On the Origin of Species* [5]. Wenn auch die wunderbare Organisation lebender Geschöpfe den besten möglichen Nachweis für die Existenz eines übernatürlichen Planers zu liefern scheint, bieten die Ergebnisse biologischer und geologischer Forschung gleichfalls eine hinreichende Erklärung für die außergewöhnlichen Eigenschaften und Merkmale biologischer Organismen. Inzwischen akzeptieren Naturwissenschaftler und Theologen die Evolution der biologischen Ordnung durch Mutation und natürliche Zuchtwahl nahezu einstimmig. Obwohl Darwins ursprüngliche Theorie keineswegs vollständig übernommen wurde, zweifelt man nicht mehr ernstlich an den Grundprinzipien und Mechanismen der Evolution.

Das wesentliche Merkmal der Darwinschen Evolution ist der in ihr vorherrschende Zufall. Mutationen entstehen aus ›heiterem Himmel‹, und als Ergebnis dieser willkürlich auftretenden Veränderung bei Merkmalen der Organismen steht der Natur eine Vielzahl von Möglichkeiten zu Gebote, aus denen sie auf der Grundlage von Eignung und Nutzen wählen kann. So können komplexe organisierte Strukturen aus der Häufung zahlreicher für sich jeweils wenig bedeutsamer Zufälle entstehen. Die damit einhergehende Zunahme an Ordnung, die Abnahme an Entropie, wird durch die weit größere Zahl von durch die natürliche Zuchtwahl ausgemerzten schädigenden Mutationen mehr als ausgeglichen. Mithin kommt es nicht zum Konflikt mit dem zweiten Hauptsatz der Thermodynamik. Die heutigen, wunderschön gestalteten Geschöpfe sitzen oben auf einem Stammbaum, dessen untere Äste mit ganzen Girlanden genetischer Katastrophen durchwunden sind.

Auch wer nicht bereit ist anzunehmen, der Darwinsche Evolutionsmechanismus liefere die vollständige Erklärung, kann nicht leugnen, daß Mutation und natürliche Zuchtwahl wichtige Beiträge zur Entwicklung der biologischen Ordnung geleistet haben müssen. Das wesentliche Prinzip, nach dem physikalische Systeme spontan selbst eine verwickelte Komplexität annehmen können, ist empirisch gesichert. Wir haben im 5. Kapitel gesehen, wie in neuerer Zeit Physiker und Chemiker zahlreiche einfachere Beispiele der Selbstorganisation im Labor untersucht haben. Tatsächlich haben diese Untersuchungen eine so große Bedeutung gewonnen, daß zu ihrer Beschreibung ein neues Wort – ›Synergetik‹

– geprägt wurde. Daraus ist zu folgern, daß das Vorhandensein von Ordnung in einem System, wie bemerkenswert und komplex auch immer es sein mag, für sich genommen noch keine Garantie dafür liefert, daß jemand es entworfen haben muß. Ordnung kann spontan auftreten und tut das auch.

Bei diesen Beobachtungen bleibt jedoch eine wichtige Frage ausgespart. Obwohl das spontane Auftreten von Ordnung nicht in Widerstreit zum zweiten Hauptsatz der Thermodynamik steht, solange andernorts eine ausgleichende Unordnung entsteht, ist doch klar, daß Ordnung überhaupt nicht existieren könnte, hätte nicht das Universum als Ganzes mit einem beachtlichen Vorrat an negativer Entropie begonnen. Wenn die Gesamtheit der Unordnung entsprechend dem zweiten Hauptsatz der Thermodynamik stets zunimmt, muß das Universum allem Anschein nach im Zustand der Ordnung geschaffen worden sein. Liegt darin nicht ein starker Hinweis auf die Existenz eines planenden und entwerfenden Schöpfers? Immerhin ist auch dann, wenn natürliche Prozesse ohne Eingriffe von außen hie und da Ordnung erzeugen können, ein Vorrat an negativer Entropie erforderlich, um diese Prozesse erst einmal in Gang zu setzen. Natürlich könnte das lediglich der Nachweis für einen stellvertretenden Planer sein, einen Schöpfer, der die Maschinerie aufzieht und sie alle Strukturen hervorbringen läßt, die sie hervorzubringen wünscht, aber selbst dabei wäre ein erstaunliches Maß übernatürlicher Geschicklichkeit nötig, und zwar aus folgendem Grund:

Entropie oder Unordnung ist eng verwandt mit der Vorstellung von Wahrscheinlichkeit und Anordnung. Ein System von hoher Entropie, also ein im Zustand der Unordnung befindliches, läßt sich in mancherlei Weise erreichen. So kann man sich beispielsweise einen mit Gas gefüllten Behälter vorstellen, dessen Inhalt sich bei einheitlicher Temperatur und Dichte im Gleichgewicht befindet. Das ist der Zustand höchstmöglicher Entropie für das Gas. Unter diesen Umständen ließen sich die Gasmoleküle in einer riesigen Vielzahl von Arten neu anordnen (beispielsweise, indem man sie an andere Stellen brächte oder ihre Geschwindigkeiten änderte), ohne daß im großen und ganzen die Eigenschaften des Gases davon betroffen wären. Betrachtet man auf der anderen Seite einen Zustand sehr geringer Entropie, bei dem sich alle Moleküle auf parallelen Bahnen bewegen, oder einen anderen, bei dem jedes Molekül in eine Ecke des Behälters gedrängt ist, zeigt sich, daß diese geordneten Situationen äußerst empfindlich gegenüber jeder noch so geringen Neuanordnung der Moleküle sind und sich nur durch einen sehr begrenzten Bruchteil der verfügbaren Gesamtzahl an Molekülanordnungen erreichen lassen. Daraus ergibt sich, daß geordnete Zustände (Zustände von geringer Entropie) sehr unwahrscheinlich und instabil sind. Sie erfordern ein exaktes Zusammenarbeiten einer Vielzahl von Einzelmolekülen. Bei ungeordneten Zuständen, also solchen hoher Entropie, können sich alle Moleküle willkürlich und ohne Rücksicht auf die anderen frei bewegen.

Bäte man nun jemanden, eine beliebige Molekülanordnung auszuwählen, wäre die Wahrscheinlichkeit ungeheuer groß, daß dabei eine herauskäme, die der größten Entropie entspricht, einfach weil es ungeheuer viel mehr mögliche unordentliche Anordnungen als ordentliche gibt. Dabei passiert ähnliches wie bei einem Affen, der einfach auf einem Klavier herumklimpert. Die Wahrscheinlichkeit, daß er statt einer völlig zusammenhanglosen Folge von Tönen eine wohlbekannte Melodie spielt, ist äußerst gering. Eine mathematische Berechnung zeigt, daß Ordnung gegenüber einer Umgruppierung exponentiell empfindlich ist. Das heißt, die Wahrscheinlichkeit, daß wir bei einem wahllosen Herausgreifen einen geordneten Zustand erwischen, nimmt mit dem Grad negativer Entropie exponentiell ab. Eine exponentielle Beziehung ist durch ihre rasche Zunahme – oder Abnahme – gekennzeichnet. Beispielsweise verdoppelt eine Bevölkerung, die exponentiell anwächst, ihre Größe in einem bestimmten Zeitraum um folgende Faktoren: 1, 2, 4, 8, 16, 32 . . .

Der exponentielle Faktor bedeutet, daß die Wahrscheinlichkeit für eine ›einfach so‹ entstandene Ordnung astronomisch gering ist. Beispielsweise liegt die Wahrscheinlichkeit dafür, daß sich ein Liter Luft spontan an einem Ende des Behälters ansammelt, in der Größenordnung von $10^{10^{20}}$ zu 1, wobei die Zahl $10^{10^{20}}$ eine Eins mit 100 000 000 000 000 000 000 Nullen bedeutet! Solche Werte zeigen, mit wie großer Sorgfalt Zustände niedriger Entropie aus der ungeheuren Zahl möglicher Zustände gewählt werden müssen.

Stellt man diese Ergebnisse in einen kosmologischen Zusammenhang, sieht die Basis für die Rätselfrage wie folgt aus: Sofern das Universum durch bloßen Zufall entstanden ist, sind die Aussichten, daß es darin irgendeine erkennbare Ordnung gibt, geradezu lächerlich gering. Bei einem als willkürlichem Ereignis aufgetretenen Urknall wäre die Wahrscheinlichkeit dafür, daß sich das dabei entstehende kosmische Material bei höchster Entropie und im Ordnungszustand Null im thermodynamischen Gleichgewicht befindet, *ungeheuer* groß, und das ist noch sehr vorsichtig formuliert. Da es aber offensichtlich nicht auf diese Weise zum Urknall gekommen ist, kann man sich wohl nur schwer der Schlußfolgerung entziehen, daß der Zustand, in dem sich das Universum befindet, irgendwie aus der riesigen Anzahl verfügbarer Zustände ›gewählt‹ oder herausgegriffen wurde, die sämtlich bis auf einen äußerst winzigen Bruchteil vollständig ungeordnet sind. Wäre aber tatsächlich ein solch außergewöhnlich unwahrscheinlicher Anfangszustand herausgegriffen worden, muß es dann nicht einen *Auswählenden* oder *Planenden* gegeben haben, der diese ›Wahl‹ getroffen hat?

Ein hilfreicher Vergleich besteht darin, sich den Schöpfer mit einer Stecknadel vorzustellen. Vor ihm liegt eine riesige ›Einkaufsliste‹ von Universen, von denen ein jedes durch seinen Anfangszustand gekennzeichnet ist. Wählt nun der Schöpfer ein Universum aus, indem er einfach mit der Nadel irgendwo hinsticht, ist die Wahrscheinlichkeit, daß seine Wahl auf einen stark ungeordneten Kosmos ohne erkennbare Struktur oder Organisation fällt, überwältigend groß. Um ein geordnetes Universum zu finden, müßte der Schöpfer ›Modelle‹ in so großer Zahl durchgehen, daß man sie nicht einmal auf ein Blatt von der Größe des gesamten beobachtbaren Universums schreiben könnte. Das Geheimnis, wie das Universum in seinen Zustand geringer Entropie geraten ist, hat die Vorstellungskraft mehrerer Generationen von Physikern und Kosmologen beschäftigt, von denen viele nur zögernd bereit waren, auf die Möglichkeit einer Auswahl durch eine Gottheit zurückzugreifen. So berief sich der Wegbereiter der statistischen Thermodynamik, Ludwig Boltzmann, lieber auf den blinden Zufall. Er erklärte, die kosmische Ordnung sei spontan als Ergebnis des Zusammenwirkens unglaublich seltener Gleichgewichtsschwankungen entstanden.[6] Sein Argument beruht darauf, daß auch im Zustand des Gleichgewichts Gasmoleküle nicht unbeweglich bleiben, sondern in völlig ungeordneter Weise ständig in Bewegung sind. Von Zeit zu Zeit kommt es durch bloßen Zufall zu einem völlig ungeplanten Zusammenwirken einiger Moleküle, und so entsteht für eine kurze Weile eine winzige Ordnungsenklave in einem Ozean des Chaos. Wenn wir jetzt den Zeitmaßstab exponentiell behandeln, könnten wir uns davon überzeugen lassen, daß schließlich noch größere Bereiche der Zusammenarbeit durch Zufall auftreten werden. Sofern dem Universum dafür genug Zeit zur Verfügung steht, könnte man annehmen, daß früher oder später ganze Sterne, ganze Galaxien einfach entstehen – durch bloßen Zufall. Daß die Zeit für das Auftreten eines solchen geradezu widersinnig unwahrscheinlichen Zufalls unvorstellbar lang ist (mindestens $10^{10^{80}}$ Jahre), bedeutet dem Grundsatz nach keine Schwierigkeit, wenn man bereit ist anzunehmen, daß das Universum unendlich alt ist.

Dieser Sichtweise zufolge verbringt das Universum den weitaus größten Teil seiner Zeit in vollständigem Chaos ohne jede Spur von Organisation. Doch gelegentlich treten nach Zeiträumen, die so lang sind, daß einem von der bloßen Vorstellung der Kopf schwirrt, einige Milliarden Jahre zufälliger Ordnung ein. Der Grund dafür, daß wir – die Menschheit – einem solchen Auftreten von verblüffender Unwahrscheinlichkeit beiwohnen dürfen, liegt einfach darin, daß unser Leben ohne ein solches ›Wunder‹ gar nicht möglich wäre. Da das Leben auf negative Entropie angewiesen ist (siehe 5. Kapitel), können bewußte Beobachter lediglich in den Zeiträumen der ›wunderbaren‹ Schwankungen existieren.

Als aufschlußreiches Nebenprodukt sichert uns Boltzmanns Argumentation eine Art Unsterblichkeit zu, denn folgende eigentümliche Besonderheit der beständigen Neuanordnung der Moleküle, die dafür verantwortlich ist, daß sich das Universum ›selbst aufzieht‹, läßt sich mathematisch nachweisen: Während die Moleküle umherschwirren, durchläuft das Universum einen Zustand nach dem anderen. Schließlich hat es jeden möglichen Zustand durchlaufen, den es je geben kann: Alles, was überhaupt geschehen kann, wird früher oder später eintreten. Danach geht die Neuanordnung weiter, und das Universum durchläuft erneut Zustände, die schon einmal eingetreten waren, bis schließlich alle Zustände noch einmal durchlaufen sind – und so geht es weiter. Dieses Phänomen unbegrenzter Wiederholung und Vervielfältigung heißt nach dem Mathematiker und Physiker Henri Poincaré, der den beschriebenen Ablauf – zumindest für ein idealisiertes Modell – bewiesen hat, ›Poincaré-Zyklus‹. Auf den ersten Blick bedeutet der Satz Poincarés, daß der Planet Erde, nachdem er längst verschwunden war, zusammen mit all seinen Bewohnern schließlich wieder vollständig in Erscheinung treten wird, noch dazu unendlich oft! Doch wird es für jeden Fall mehr oder weniger genauer Wiederholung zahllose Abweichungen von der gegenwärtigen Anordnung geben. Je genauer die Übereinstimmung, desto geringer ist die Wahrscheinlichkeit eines erneuten Auftretens und desto länger muß man darauf warten.

Nur wenige Physiker würden Boltzmanns Erklärung der kosmischen Ordnung ernst nehmen. Die Poincarés wiederkehrenden Abläufen zugrundeliegende Mechanik wird nicht angezweifelt, doch ist inzwischen bekannt, daß das Universum nicht einfach da ist und vor sich hinwartet, sondern sich beständig ausdehnt. Man nimmt allgemein an, es müsse wegen dieser Ausdehnung ein endliches Alter haben. Seine Lebensdauer von vielen Milliarden Jahren ist nur ein unbedeutendes Tröpfchen im Ozean der Zeit, der nötig ist, um eine noch so geringe Verminderung an Entropie zu bewirken.

Doch zeigt sich in Boltzmanns Argument ein wesentliches Merkmal von dauerhaftem Wert. Das von uns wahrgenommene Universum ist notwendigerweise durch *uns* ausgewählt, einfach wegen der elementaren Anforderung, daß Leben und damit Bewußtsein sich nur unter den entsprechenden äußeren Umständen entwickeln können. Definitionsgemäß läßt sich ein unbewohnbarer Kosmos nicht beobachten. Diese einfache Tatsache diente, wie wir bald sehen werden, einigen als Argument für die Behauptung, das von uns wahrgenommene, unvorstellbar unwahrscheinliche Universum von geringer Entropie sei tatsächlich aus einer ungeheuren Vielzahl möglicher Universen, von denen fast alle ungeordnet sind, ausgewählt worden, aber *wir* hätten die Wahl getroffen, nicht Gott.

Wenn wir also den Weltenursprung im Urknall annehmen wollen, müssen wir allem Anschein nach davon ausgehen, daß das Universum in bemerkenswert geordneter Weise entstanden ist, auch wenn eine zufällige Schöpfung, selbst mit einer Wahrscheinlichkeit, die an Sicherheit grenzt, ein völlig ungeordnetes Universum hervorgebracht hätte. Diese fundamentale Paradoxie der Kosmologie hat zu verschiedenen Reaktionen geführt:

1. *Na und?*
Zahlreiche Naturwissenschaftler neigen der Ansicht zu, es sei sinnlos, die Begriffe Wahrscheinlichkeit und wahllose Willkür nachträglich aus der Erfahrung heraus zu behandeln. Wer wahllos einen Stein am Strand aufhebt und seine Größe und Gestalt sorgfältig mißt, könnte zu dem richtigen Ergebnis kommen, daß es äußerst unwahrscheinlich gewesen sei, gerade einen Stein von diesen Abmessungen herauszugreifen. Doch wäre es nicht gerechtfertigt, deshalb zu behaupten, es müsse ein Wunder gewesen sein, daß man gerade diesen Stein genommen habe, oder irgendeine natürliche oder okkulte Kraft sei für die Lenkung der Auswahl zuständig gewesen. *Im Nachhinein* derartig zu argumentieren wirkt nicht überzeugend. Verblüffung wäre natürlich dann am Platze, wenn man die Abmessungen des Steins vorher festgelegt hätte. Ebenso könnte man argumentieren, daß, da unser Universum nun einmal existiert,

seine Struktur uns nicht zu überraschen brauche: Es ist eben einfach so, wie es ist.

Im Zusammenhang damit steht die Schwierigkeit, daß, zumindest einer Vorstellung nach, die Wahrscheinlichkeit ausschließlich in Beziehung zu der Zahl der Versuche steht. Wer beispielsweise sagen will, ein Würfel werde mit einer Wahrscheinlichkeit von 1:6 beim Werfen zwei Augen zeigen, müßte genauer sagen, daß nach einer großen Anzahl von Würfen etwa bei einem Sechstel von ihnen zwei Augen das Ergebnis wären. Je größer die Zahl der Versuche ist, desto näher kommt das Verhältnis einem Sechstel. Zumindest aber muß der Gegenstand, um den es in unserer Wahrscheinlichkeitsdiskussion geht, einer Ansammlung oder Anzahl ähnlicher Dinge angehören. Eine Würfelfläche hat fünf Nachbarn; der Stein am Strand hat Millionen. Wenn es also nur ein Universum gibt, welche Bedeutung kann man dann der Frage nach der Wahrscheinlichkeit seines Entstehens beimessen?

Allerdings überzeugt dieses Argument nicht vollständig. Wäre beispielsweise der Stein von genauer Kugelgestalt, gälte das mit Recht selbst dann als überraschend, wenn man vorher nicht von seiner Kugelgestalt gesprochen hätte. Eine Kugel ist ein besonderer Körper von hoher mathematischer Regelmäßigkeit. Selbst nachträglich würde man das willkürliche Herausgreifen eines Steins von genauer Kugelgestalt als bemerkenswerten, einer Erklärung würdigen Umstand werten. In ähnlicher Weise kommt in unseren Augen einem für Menschen bewohnbaren Universum eine besondere Bedeutung zu, die der überwältigenden Mehrheit anderer möglicher Universen mangelt: den unbewohnbaren.

Hier würden die Vertreter der ›Na und?‹-Theorie erwidern, daß es uns gar nicht gäbe und wir mithin nicht über das Universum staunen könnten, wäre es nicht so angeordnet, wie es nun einmal ist. Tatsächlich ist definitionsgemäß jedes Universum, in dem intelligente Lebewesen philosophische und mathematische Fragen zu formulieren vermögen, eins der von uns beobachteten Art, wie bemerkenswert es auch sonst vor seinem Entstehen, *a priori*, gewesen wäre. Anders gesagt, heißt es bei ihnen weiter, hat ein hochgradig geordnetes Universum, das wir wahrnehmen, letzten Endes nichts besonders Außergewöhnliches oder Geheimnisvolles an sich, denn sonst könnten wir es – offenkundig – nicht wahrnehmen.

Diese Art von Argumentation findet eine gewisse Unterstützung in der Lehre des logischen Positivismus, die es, grob gesagt, für sinnlos hält, über etwas zu reden, was sich niemals beobachten läßt, also auch über ein

Universum, in dem keine bewußten Beobachter existieren. Da sich ein solches Universum unter keinen Umständen durch Beobachtung verifizieren oder widerlegen ließe, wäre seine Existenz für bewußte Individuen sinn- und bedeutungslos.

Ein ähnliches Argument führt das sogenannte starke anthropische Prinzip an, das erstmals vom Astrophysiker Brandon Carter in Einzelheiten formuliert wurde und das Physiker und Astronomen in neuer Zeit heftig diskutieren. Diesem Prinzip zufolge »*muß* das Universum so beschaffen sein, daß es irgendwann bewußte Wesen in sich einläßt«[7] (Hervorhebung durch den Autor). Das besagt soviel wie, daß die Entstehung des Universums – weit davon entfernt, unwahrscheinlich zu sein – mit dem für das Auftreten von Leben erforderlichen Ausmaß an Ordnung *zwangsläufig* war.

Beide Positionen – die des logischen Positivismus und des starken anthropischen Prinzips – gründen auf der Vorrangstellung menschlicher – oder außerirdischer – intelligenter Beobachter. Doch könnte der Theologe dagegensetzen, daß es sich bei Gott um einen Beobachter handelt, dessen Existenz keiner besonderen physischen Bedingungen bedarf. Mithin wären Universen auch dann sinnvoll, wenn lediglich Gott als Beobachter existierte.

2. *Die Theorie der zahlreichen Universen*

Diesem Standpunkt zufolge *gibt* es ein Ensemble von Universen, und das von uns wahrgenommene ist nur eines aus einer möglicherweise unendlichen Vielzahl, von denen sich jeweils das eine auf gewisse Weise von allen anderen unterscheidet. Irgendwo unter ihnen gibt es ein Beispiel für jede mögliche Anordnung von Materie und Energie. Obwohl weitaus die meisten von ihnen für ein Leben nicht geeignet sind und sich sehr nahe am gänzlich ungeordneten Zustand höchster Entropie, dem thermodynamischen Gleichgewicht, befinden, gibt es dennoch einen winzigen Bruchteil, bei dem sich die Bedingungen zufällig gerade richtig ergeben haben, so daß Leben entstehen konnte. Selbstverständlich werden lediglich diese Universen von lebenden Organismen wahrgenommen, die dann Bücher darüber schreiben, wie unglaublich unwahrscheinlich die Existenz ihrer Welt ist.

Boltzmanns oben angeführte Hypothese ist logisch gesehen der Theorie der zahlreichen Universen identisch. Seine Universen treten in einer Abfolge auf, doch liegen zwischen den organisierten Phasen so ungeheure Zeitklüfte, daß sie alle physikalisch unabhängig sind. Eine moderne Variante dieser Vorstellung von Abfolge ist die Theorie des pulsierenden Universums. Wie wir im 15. Kapitel sehen werden, besteht die Möglichkeit, daß die gegenwärtig stattfindende Ausdehnung des Universums nicht endlos weitergeht. Das Universum würde schließlich anfangen, sich zusammenzuziehen und in einem unvorstellbaren Zusammenbruch, den man analog zum ›Urknall‹ als ›Schlußkrach‹ bezeichnen könnte, in sich zusammenstürzen. Einige Physiker meinen, der hochverdichtete Kosmos werde sich schlagartig zum Zustand ungeheurer Dichte zusammenziehen, statt an der Stelle einer Raum-Zeit-Singularität zu implodieren, um dann einen neuen Zyklus des Ausdehnens und schließlichen Zusammenziehens zu beginnen. Das Universum würde sich also in zyklischer Form unendlich fortsetzen und zwischen den Zuständen von ›Krach‹ oder ›Knall‹ und entspannten Zuständen geringer Dichte hin und her schwanken, pulsieren, so, als blase man abwechselnd einen Luftballon auf und ließe dann die Luft schlagartig aus ihm entweichen. Dieses pulsierende Universum krankt an denselben, bereits im 2. Kapitel kurz angesprochenen physikalischen Problemen wie alle anderen unendlich alten Universen. Doch lassen die Ungewißheiten im Zusammenhang mit der Physik des Zustands extremen Zusammenbruchs der Spekulation weiten Raum, und ein auf Wheeler zurückgehender Gedanke ist der, daß bei den ›Schlußkrach‹-Vorgängen der Kosmos neu ›verarbeitet‹ wird. Das bedeutet, daß jeder neue Zyklus des Ausdehnens und Zusammenziehens eine Art neuer Chancenverteilung ist, bei der die physikalischen Bedingungen willkürlich umgekrempelt werden. Es wird kein Versuch unternommen zu erklären, wie das vor sich gehen soll, doch wäre das möglich, würde es offensichtlich das Universum in den Stand setzen, alle ihm gegebenen Möglichkeiten nach einer hinreichenden Anzahl von Abläufen auszuprobieren – das natürlich würde astronomisch lange dauern. Wiederum würden nur in solchen Zyklen, in denen der kosmische ›Kartenmischer‹ zufällig alles richtig gemacht hat, Kosmologen auftreten, die darüber spekulieren können.

Eine andere Möglichkeit, als eine Vielzahl von Universen in der Zeit anzunehmen, besteht darin, daß man die Existenz eines einzigen, in seiner räumlichen Ausdehnung unendlichen Universums ansetzt. Dann wäre nahezu der gesamte Kosmos dem Gleichgewichtszustand nahe und würde weder über Struktur noch Organisation verfügen, doch entstünden hie und da durch zufällige Schwankungen aus der Unordnung Oasen des Geordnetseins. Natürlich wären die Abstände zwischen diesen Oasen unvorstellbar groß, doch könnten Leben und bewußte Beobachter ausschließlich in einer solchen Oase entstehen, so daß alle Beobachter dieses Universums zwangsläufig den Zustand der Ordnung wahrnehmen müßten.

Die möglicherweise populärste Fassung der Vorstellung von den zahlreichen Universen entstammt allerdings Everetts bereits beschriebener Deutung der Quantentheorie.[8] Da in dieser Theorie *alle möglichen* Quantenwelten tatsächlich verwirklicht sind und parallel zueinander existieren, treten jedesmal, wenn sich ein Elektron der Notwendigkeit zu wählen gegenübersieht, *beide* Möglichkeiten auf, und das ganze Universum zweiteilt sich. Beide besitzen Bewohner, deren Gehirn und wohl auch Geist sich gleichfalls aufgespalten haben, und jede dieser beiden Menschengruppen glaubt, das Elektron habe sich schlagartig für eine der Möglichkeiten entschieden. Die beiden Universen sind insofern voneinander getrennt, als es nicht möglich ist, durch den gewöhnlichen Raum oder die gewöhnliche Zeit von einem zum anderen zu gelangen. Sie existieren in einem abstrakten Sinn ›nebeneinander‹ oder ›parallel‹ zueinander. Da es ebensoviele Universen wie Wahlmöglichkeiten der Quanten gibt, tritt jede mögliche Anordnung von Materie und Energie irgendwo in der unendlichen Vielfalt paralleler Welten auf.

Dieses Argumentationsmuster, daß Beobachter aus einer riesigen Zahl von Möglichkeiten ein äußerst atypisches Universum auswählen, ist als das schwache anthropische Prinzip bekannt. Man hat diese Vorstellung aus einer Vielzahl philosophischer und physikalischer Gründe angegriffen. Erstens ist sie gewissermaßen zu erfolgreich. Damit, daß man sagt, die Natur könne alle Möglichkeiten verwirklichen, läßt sich alles Beliebige ›erklären‹, und wir kämen dann möglicherweise ganz ohne Naturwissenschaft aus. Man brauchte lediglich zu behaupten, dieses oder jenes Merkmal sei für die menschliche Existenz unerläßlich, und schon wäre es ›erklärt‹.

Eine weitere Schwäche des anthropischen Arguments liegt darin, daß es das genaue Gegenstück zu Occam zu sein scheint, demzufolge die plausibelste aus einer Zahl möglicher Erklärungen diejenige mit den einfachsten Gedanken und der geringsten Zahl an Annahmen ist. Wer nur deshalb von einer Unendlichkeit anderer Universen spricht, um eines zu erklären, schleppt sicherlich ›Übergepäck‹ bis ins kosmische Extrem, ganz davon zu schweigen, daß all diese Universen, bis auf ganz wenige, von niemandem wahrgenommen werden, außer vielleicht von Gott. »Ach was«, setzen die Verfechter des Anthropismus dagegen,

»Everetts Deutung der Quantentheorie mag vielleicht viele Universen kosten, dafür braucht sie aber nur wenig Wissenschaftstheorie. Man sehe sich doch nur einmal die gewundenen und kaum plausiblen Annahmen an, die in den jeweils verschiedenen Erläuterungen des Quantenmeßproblems gemacht werden. In der Theorie der zahlreichen Universen verläßt die Deutung einfach den Rahmen des Formalismus, ohne daß zusätzliche metaphysische Hypothesen formuliert werden.«

Dennoch räumen die Vertreter der Theorie von den zahlreichen Universen ein, daß die ›anderen Welten‹ nie, auch nicht grundsätzlich, besichtigt werden können. Eine Reise zwischen Quanten-›Ästen‹ ist unzulässig. Darüber hinaus sind die geordneten Regionen beim unendlichen Universum oder dem vom hin- und herschwankenden Typus durch so unendlich weite Entfernungen in Raum oder Zeit getrennt, daß kein Beobachter jemals empirisch die Existenz der zahlreichen Universen zu verifizieren oder zu widerlegen vermöchte. Es läßt sich schwer erkennen, wie eine solche rein theoretische Konstruktion je im naturwissenschaftlichen Sinn als *Erklärung* eines Merkmals der Natur dienen könnte. Natürlich mag es einfacher erscheinen, eine unendliche Vielzahl von Universen als eine unendliche Gottheit vorauszusetzen, doch beruht dergleichen eher auf Glauben als auf Beobachtung.

Die naturwissenschaftliche Grundlage sowohl für das schwache als auch das starke anthropische Prinzip ist gleichfalls in Frage gestellt worden. Man hat dazu den Hinweis auf die Vorstellung der Wahrscheinlichkeit, auf der das ganze anthropische Argument beruht, zum Herausstellen von Gegenargumenten benutzt. Dabei geht es darum, daß geringe Schwankungen relativ eher eintreten können als bedeutende. Denken wir einfach wieder an den Affen, der planlos auf dem Klavier herumklimpert. Wir können mit einer gewissen Wahrscheinlichkeit damit rechnen, daß nach sehr langem Warten eine aus drei oder vier Tönen bestehende Folge aus einer vertrauten Melodie erklingt. Das Warten auf eine Folge aus sechs Noten würde erheblich länger dauern. Die Unwahrscheinlichkeit steigt mit dem Grad der Ordnung stark an. Ein weiteres Beispiel: Nachdem ein Kartenspiel gemischt ist, kann durchaus jeder von vier Spielern ein As bekommen. Weniger wahrscheinlich ist es, daß auf jeden ein As, eine Zwei und eine Drei derselben Farbe entfallen. Die Aussichten, daß jeder Spieler sämtliche Karten einer bestimmten Farbe bekommt, sind verschwindend gering. Unbedeutende Zufälle sind vergleichsweise weit wahrscheinlicher als große.

In der Kosmologie nun ist ein zufällig eintretendes Ereignis, das beispielsweise einen Stern entstehen läßt, weit weniger unwahrscheinlich als eines, bei dem ein ganzes Milchstraßensystem entsteht. Die Aussichten, daß sich auf diese Weise Milliarden von Galaxien herausbilden, wäre unendlich gering im Vergleich zu denen für das Auftreten einer einzigen. Aber, so heißt es dann, bestimmt würde doch eine Galaxie – vielleicht sogar ein einziger Stern – genügen, damit Leben und mit ihm Beobachter entstehen? Warum sonst sehen wir ein ganzes Universum, das mit geordneten Strukturen angefüllt ist? Beispielsweise kämen in der Theorie von den zahlreichen Universen auf jedes, das zwei Galaxien enthält, ungezählte Milliarden solcher mit nur einer. Wenn es um noch mehr Galaxien geht, steigt die Unwahrscheinlichkeit überproportional an. Sofern es in all diesen Universen Beobachter gibt, wird daher die überwältigende Mehrheit von ihnen in einem Kosmos mit einer Galaxie und nicht in einem solchen mit mehreren Galaxien leben. Wie erklären wir dann, daß es in *unserem* Universum so viele davon gibt?

Die einzige denkbare Antwort auf diese Kritik heißt, daß das Entstehen einer Galaxie aus bisher unbekannten Gründen auf die eine oder andere Weise mit der großmaßstäblichen Struktur des Universums zusammenhängt. Vielleicht können sich Galaxien nur herausbilden, wenn ein bestimmter Gesamtzustand erreicht ist. Sobald dieser aber eingetreten ist, entstehen sie überall. Anders gesagt, haben Universen entweder überall Milchstraßensysteme oder keines. Verknüpfungsprinzipien dieser Art sind in der Physik bekannt, aber der Mechanismus, nach dem Galaxien entstehen, liegt noch zu sehr im dunkeln, als daß eine realistische Möglichkeit bestünde, diese Prinzipien hier anzuwenden.

3. *Ordnung aus dem Chaos*

Die dritte Antwort auf das Geheimnis des Ursprungs kosmischer Ordnung ist ein Versuch zu zeigen, daß sie als Ergebnis natürlicher physikalischer Prozesse – und nicht bloß unvorstellbar seltener Schwankungen – irgendwie aus einem ursprünglich chaotischen Zustand hervorgegangen ist. Diese Vorstellung wurde bereits im 4. Kapitel in Einzelheiten behandelt; daher wird hier nur eine kurze Zusammenfassung gegeben. Auf den ersten Blick könnte man meinen, daß eine solche Betrachtungsweise zum Scheitern verurteilt sei. Heißt es nicht im zweiten Hauptsatz der Thermodynamik, daß, von Schwankungen abgesehen, Ordnung zwar zu Unordnung werden kann, aber nicht umgekehrt?

So heißt es tatsächlich, aber man muß auch das ›Kleingedruckte‹ lesen. Genaugenommen gilt dieser Satz nur für vollständig isolierte Systeme. Offensichtlich ist kein Teil des Universums, und sei er noch so groß, isoliert, denn er stößt ja an die ihn umgebenden Teile. Wichtiger noch, das gesamte Universum unterliegt der bekannten Ausdehnung, und diese von außen eingreifende Störung bleibt nicht ohne Auswirkungen.

Eine gute Analogie finden wir hier im Kolben und Zylinder eines gewöhnlichen Verbrennungsmotors. Denken sie sich ein Gas im Zylinder unterhalb des Kolbens. Im Ruhezustand des Kolbens befindet sich das Gas bei gleichem Druck und gleicher Temperatur im ausgewogenen Zustand – im Zustand höchster Entropie. Keine weitere Veränderung läßt sich erwarten: Es gibt keine geordnete Struktur und keine organisierte Aktivität des Gases. Nehmen Sie jetzt an, der Kolben werde von einem Augenblick auf den anderen gehoben, wodurch sich das Gas ausdehnen kann. Plötzlich ist nichts mehr einheitlich. Die Dichte ist in der Nähe des zurückweichenden Kolbens, wo sich immer mehr Raum öffnet, geringer. Während das Gas in diesem Raum einströmt, entstehen Turbulenzen. Falls der Kolben jetzt in seinen ursprünglichen Zustand zurückkehrte, würde sich das Gas schließlich wieder in einen Zustand thermodynamischen Gleichgewichts einpendeln. Als Ergebnis dieser Störung aber wird die Entropie höher sein als zuvor. Kurzfristig hatte das Gas, während sich der Kolben bewegte, eine Struktur und Organisation.

Haben wir eine Lücke im zweiten Hauptsatz der Thermodynamik entdeckt? Nein. Die Entropie des Gases steigt nach einem vollständigen Bewegungszyklus noch mehr an, es ist wärmer. Der ursprüngliche ausgeglichene Zustand *war* der Zustand der höchsten Entropie entsprechend den dem System vorgegebenen äußeren Bedingungen. Als sich der Kolben bewegte, änderten sich diese Bedingungen jedoch, und daher konnte das Gas einen Zustand noch höherer Entropie erreichen. Kurz gesagt, der anfängliche Zustand der Ausgeglichenheit bedeutete lediglich ein relatives, nicht aber ein absolutes Maximum.

Im Fall der Kosmologie spielt die Ausdehnung des Universums als eine Änderungen herbeiführende äußerliche Bedingung eine ähnliche Rolle wie der Kolben. Kosmologen weisen darauf hin, daß das Ur-Universum, weit davon entfernt, sich in einem geordneten Zustand zu befinden, dem thermodynamischen Gleichgewicht nahe war. Keine der uns vertrauten Strukturen, die wir jetzt beobachten – Galaxien, Sterne,

Atome – existierten beim Urknall. Etwa eine Minute nach dem Anfang war es sogar zu heiß, als daß Atomkerne hätten existieren können. Irgendwie ist die gegenwärtige geordnete Struktur aus dem anfänglichen Chaos entstanden. Aber wie?

Den größten Teil der komplexen Organisation, die wir auf der Erde kennen, wie beispielsweise Biosysteme und Wetterabläufe, ruft das Sonnenlicht hervor, das die unerläßliche Quelle negativer Entropie ist, von der wir alle leben. Der Vorrat der Sonne an negativer Entropie besteht in ihrem Kernbrennstoff, vor allem Wasserstoff. Die entspannteste Form atomarer Materie von hoher Entropie findet sich in Elementen mittlerer Masse wie beispielsweise Eisen. Die Erzeugung von Sonnenlicht ist die beim Vorgehen der Sonne, durch eine Reihe von Kernreaktionen aus Wasserstoff Eisen zu machen, entstandene Entropie. Das Geheimnis der auf der Sonne und den meisten anderen Sternen herrschenden Ordnung (negative Entropie) liegt in der Erklärung ihres Wasserstoffgehalts. Etwa drei Viertel der Masse des Universums besteht aus Wasserstoff und nahezu der vollständige Rest aus dem nächstleichtesten Element, Helium. Warum ist nicht alles aus Eisen?

Die Antwort auf diese Frage findet sich bereits im 4. Kapitel. Das Ur-Universum war so heiß, daß Eisen gar nicht existieren konnte, und die nachfolgende Abkühlung geschah zu rasch, als daß es zu bemerkenswerten Umwandlungen auf atomarer Ebene hätte kommen können. So behielt das Urmaterial seine ursprüngliche Gestalt, eben Wasserstoff von geringer Entropie, und konnte seinen Zielzustand, Eisen hoher Entropie, erst erreichen, als die Sterne auftraten.

Für eine Erklärung dieser Art ist es offenkundig unnötig anzunehmen, das Universum sei in einem bemerkenswert geordneten Zustand geschaffen worden. Das Urmaterial befand sich in Wirklichkeit im Zustand völliger Unordnung, also höchster Entropie. Ein solcher Zustand läßt sich auf mancherlei Arten erreichen, und der Schöpfer brauchte nur an einer beliebigen Stelle mit der Stecknadel in seine ›Einkaufsliste‹ zu stechen. Die Rätselfrage, woher die Ordnung im Kosmos kommt, wäre also gelöst.

Oder doch nicht?

Gewiß ist der atomare Zustand des kosmischen Materials bei der Erzeugung der beobachtbaren Struktur und Organisation von entscheidender Bedeutung, aber das ist noch nicht die ganze Wahrheit. Die größeren Strukturen – Sterne und Galaxien – werden durch die

Schwerkraft gestaltet, die darüber hinaus die äußerst wichtige Ausdehnung des Kosmos steuert. Was läßt sich über die Schwerkraftorganisation des Kosmos sagen? Leben wir vom Gravitationsstandpunkt aus gesehen in einem Universum hoher oder sehr geringer Ordnung? Mit diesen Fragen beschäftigt sich das nächste Kapitel.

13. Schwarze Löcher und kosmische Unordnung

»Das Chaos ist allgegenwärtig.«

John Barrow

Wurde unser Universum in einem ganz besonderen Zustand geschaffen und sorgfältig so herausgebildet, daß zu gegebener Zeit das Leben und schließlich auch der Geist aufblühen konnte, um darüber staunen zu können? Oder leben wir inmitten eines ungeheuren und sinnlosen Zufalls, einer kosmischen Eruption aus dem Nichts, zu der es ›einfach so‹ gekommen ist? Gewiß kann es für die heutigen Kosmologen keine dringendere Aufgabe geben, als sich mit dieser zentralen Frage der Existenz zu beschäftigen.

Im vorigen Kapitel wurden Argumente angeführt, die zeigen, daß ein großer Teil der Ordnung im Kosmos trotz der gebieterischen Forderungen des zweiten Hauptsatzes der Thermodynamik auf natürliche und unspektakuläre Weise aus einem vollständig ungeordneten Ur-Universum entstehen konnte – in Übereinstimmung mit einem zufälligen, willkürlichen Ursprung der physikalischen Welt. Wird allerdings die Schwerkraft miteinbezogen, ändert sich das Bild gründlich.

Die Schwerkraft ist die schwächste aller natürlichen Kräfte, aber dennoch herrscht sie im großen Maßstab vor, weil sich ihre Auswirkungen kumulieren. Wir ziehen sie heran, wenn wir den Aufbau von Sternhaufen und Milchstraßensystemen wie auch die Gesamtbewegung des sich ausdehnenden Kosmos erklären wollen. Obwohl die Schwerkraft im Rahmen von Einsteins allgemeiner Relativitätstheorie mit ihren Zeit- und Raumkrümmungen durchaus verstanden ist, gerät die Physik auf schwankenden Boden, wenn es darum geht, den Begriff der Schwerkraft*ordnung* zu erfassen. Es gibt, was die Thermodynamik von Schwerkraftsystemen angeht, nach wie vor weder eine Übereinstimmung noch ein Verständnis, und Begriffe wie die Entropie eines Gravitationsfelds sind bisher äußerst ungenau formuliert.

Wie im 4. Kapitel erläutert, liegt ein paradoxer Aspekt der Gravitations-Entropie darin, daß etwas, das uns als strukturierterer Zustand erscheint, in Wirklichkeit eine höhere Entropie hat als ein weniger strukturierter Zustand. Beispielsweise wird aus einer anfänglich gleichförmigen Verteilung von Sternen ein komplizierteres Muster, wobei in der Nähe des Schwerkraftzentrums eine hohe Dichte sich rasch bewegender Sterne, umgeben von Bereichen mit zum Rand dieses Feldes hin geringer werdender Dichte langsamerer Sterne, gegeben ist (siehe Abb. 7, S. 79). Diese Neigung von Gravitationssystemen, spontan eine Struktur anzunehmen, ist ein gutes Beispiel für Selbstorganisation. Dem wäre das Verhalten eines Gases entgegenzusetzen, bei dem Gravitationskräfte vernachlässigbar gering sind. Das Gas neigt zu einem Zustand der Einheitlichkeit mit durchgehend homogener Temperatur und Dichte. Gravitationssysteme jedoch werden inhomogen und neigen zur Bildung von Klumpen.

Ohne ein Einwirken anderer Kräfte würden alle Gravitationssysteme vollständig zusammenbrechen. Beispielsweise wird die Erde lediglich durch die Steifigkeit des Materials, aus dem sie besteht, gegen ihr eigenes Gewicht gehalten. Ähnlich implodiert die Sonne nur deswegen nicht, weil durch den Verschmelzungsprozeß in ihrem Inneren ein riesiger, von der Mitte nach außen wirkender Druck erzeugt wird. Beseitigte man diese inneren Kräfte, würden beide Körper in Minutenschnelle immer rascher zusammenschrumpfen. Dabei würde ihre Schwerkraft zunehmen und der Schrumpfungsprozeß sich beschleunigen. Bald würden sie von einer immer stärker werdenden Zeitkrümmung aufgesogen und verwandelten sich in Schwarze Löcher. Von außen gesehen, würde die Zeit stillzustehen scheinen, und eine weitere Veränderung ließe sich nicht erkennen. Ein Schwarzes Loch ist der Gleichgewichtsendzustand eines Gravitationssystems und entspricht damit der höchsten Entropie.

Obwohl die Entropie eines allgemeinen Gravitationssystems nicht bekannt ist, hat die Arbeit von Jacob Bekenstein und Stephen Hawking,[1] in der die Quantentheorie auf Schwarze Löcher angewendet wird, eine Formel für die Entropie dieser Objekte geliefert. Wie erwartet, ist sie weit höher als beispielsweise bei einem Stern derselben Masse. Angenommen, die Beziehung zwischen Entropie und Wahrscheinlichkeit gelte auch für den Fall der Schwerkraft, ließe sich dieses Ergebnis auf interessante Weise ausdrücken. Bei einer willkürlichen Verteilung von – der Schwerkraft unterliegender – Materie ist die Wahrscheinlichkeit, daß aus ihr ein Schwarzes Loch wird, unvergleichlich viel höher, als daß aus ihr ein Stern oder eine Gaswolke wird. Diese Überlegungen lassen mithin die Frage in neuem Licht erscheinen, ob das Universum in geordnetem oder ungeordnetem Zustand erschaffen wurde. Sofern der Urzustand willkürlich herausgegriffen wurde, dürften höchstwahrscheinlich beim Urknall eher Schwarze Löcher heraufbefördert worden sein als verteiltes Gas. Die gegenwärtige Anordnung von Materie und Energie, bei der die Materie in vergleichsweise geringer Dichte weithin in Gestalt von Sternen und Gaswolken verteilt ist, ergibt sich offenbar lediglich aus einer ganz besonderen Konstellation der Anfangsbedingungen. Roger Penrose hat berechnet, wie hoch die Wahrscheinlichkeit für ein zufälliges Entstehen des von uns beobachteten Universums wäre, wenn wir davon ausgehen, daß ein aus Schwarzen Löchern bestehender Kosmos *a priori* weit wahrscheinlicher ist. Er schätzt die Unwahrscheinlichkeit auf $10^{10^{30}}$ zu 1.[2]

Daß es keine Schwarzen Löcher gibt oder ihre Anzahl zumindest nicht überwiegt, ist nicht der einzige Punkt. Gleichermaßen bemerkenswert ist die großmaßstäbliche Strukturierung und Bewegung des Universums. Seine gesamte Schwerkraft wirkt der Ausdehnung entgegen und sorgt dafür, daß diese sich im Lauf der Zeit verlangsamt. Da sie in der Urphase weit schneller vor sich ging als heute, ist das Universum Ergebnis eines Wettstreits zwischen der Explosivkraft des Urknalls und der Schwerkraft, die versucht, die Teile wieder zusammenzuziehen. In neuerer Zeit ist Astrophysikern klar geworden, wie fein ausgewogen dieser Wettstreit der Kräfte ist. Wäre der Urknall schwächer ausgefallen, wäre der Kosmos schon bald wieder in einem großen Zerfall in sich zusammengesunken. Wäre er andererseits stärker gewesen, hätte sich das kosmische Material so rasch ausgebreitet, daß keine Galaxien entstanden wären. So oder so scheint die beobachtete Struktur des Universums empfindlich davon abzuhängen, daß die Heftigkeit der Explosion genau der Gravitationskraft entspricht.

Wie hoch die Empfindlichkeit ist, läßt sich durch Berechnung zeigen. Zur sogenannten Planck-Zeit – 10^{-43} Sekunden, der früheste Augenblick, zu dem der Begriff von Raum und Zeit eine Bedeutung hat – entsprach die Anpassung dem sinnenverwirrenden Wert von $1:10^{60}$. Das heißt, wäre die Kraft der Explosion zu Beginn auch nur um ein 10^{60}stel vom tatsächlichen Wert abgewichen, würde das Universum, das wir jetzt wahrnehmen, nicht existieren. Um diese Zahlen mit Bedeutung zu füllen, stellen Sie sich einmal vor, Sie wollten eine Kugel auf einen Zielkreis mit einem Durchmesser von rund zwei Zentimetern abfeuern, der sich auf der entgegengesetzten Seite des beobachtbaren Universums befindet, also zwanzig Milliarden Lichtjahre entfernt. Dafür müßte Ihre Zielgenauigkeit eben diesen Wert von $1:10^{60}$ haben.

Einmal von der Genauigkeit dieser Gesamtanpassung abgesehen, ist noch zu erklären, wie es zu dieser ungewöhnlichen Gleichförmigkeit des Universums kommt, sowohl was die Verteilung der Materie betrifft wie auch die Ausdehnungsgeschwindigkeit. Bei den meisten Explosionen geht es chaotisch zu, und man sollte erwarten, daß es bei der Heftigkeit des Urknalls hier und da Abweichungen gegeben hätte. Das aber war nicht der Fall. Die Ausdehnungsgeschwindigkeit des Universums in unserer eigenen kosmischen Umgebung ist dieselbe wie auf der anderen Seite des Universums.

Dieses sich über den ganzen Kosmos erstreckende zusammenhängende Verhalten scheint um so bemerkenswerter, wenn man die sogenannten Lichthorizonte einbezieht. Wenn sich Licht über das Universum ausbreitet, muß es hinter den in das sich ausdehnende Universum hineinrasenden und auseinanderrückenden Galaxien hereilen. Die Rückzugsgeschwindigkeit einer Galaxie hängt davon ab, wie weit diese vom Beobachter entfernt ist. Ferne Galaxien weichen rascher zurück. Stellen Sie sich einen Blitz vor, der im Augenblick der Schöpfung an einer bestimmten Stelle aufgetreten ist. Seither ist sein Licht etwa zwanzig Milliarden Lichtjahre durch den Raum gereist, und Bezirke des Universums, die weiter entfernt liegen, haben es noch nicht empfangen. Dortige Beobachter wären nicht imstande, die Lichtquelle zu sehen. Umgekehrt könnten Beobachter in der Nähe der Lichtquelle diese Bezirke nicht sehen. Daraus ergibt sich, daß kein Beobachter im Universum gegenwärtig weiter zu sehen vermag als zwanzig Milliarden Lichtjahre. Es gibt eine Art Horizont im Raum, der alles Dahinterliegende verbirgt, und weil sich nichts schneller fortpflanzen kann als das Licht, ist es unmöglich, daß zwischen Bezirken des Universums, die hinter dem jeweiligen Horizont liegen, physikalische Verbindungen bestehen.

Richtet man Teleskope auf die äußersten Grenzen des beobachtbaren Universums, sondieren sie Bezirke, die offensichtlich nie in kausaler Berührung miteinander gestanden haben. Das ist damit zu erklären, daß sie sich wegen der ungeheuren Entfernung von in entgegengesetzten Himmelsrichtungen, von der Erde aus gesehen, liegenden fernen Bezirken jenseits ihres jeweiligen Horizonts befinden. Mit ihm verhält es sich ähnlich wie mit dem Horizont hier auf der Erde. Ein Ausguck kann von einem auf See befindlichen Schiff beispielsweise gerade noch zwei andere Schiffe in der Nähe seines Horizonts ausmachen, eins voraus und eins achtern. Diese aber sind, weil weiter voneinander entfernt, füreinander unsichtbar. So liegen auch die fernen Galaxien, die sich in entgegengesetzten Himmelsrichtungen befinden, jenseits ihres jeweiligen Lichthorizonts. Da die Lichtgeschwindigkeit jede physikalische Kommunikation und jeden physikalischen Einfluß begrenzt, können diese Galaxien ihr Verhalten unmöglich aufeinander abgestimmt haben.

Das Geheimnis liegt in der Frage, wieso sich jene Bezirke des Universums, zwischen denen keine kausale Beziehung besteht, ihrem Aufbau und Verhalten nach so ähnlich sind. Wie kommt es, daß auch sie Galaxien von derselben durchschnittlichen Größe und Gestalt enthalten, die mit derselben Geschwindigkeit voneinander zurückweichen? Das Geheimnis wird noch schwerer ergründbar, wenn wir uns klarmachen, daß dieses Verhalten aus einer sehr weit zurückliegenden Zeit stammt, als die Galaxien entstanden. Aber damals hatte sich das Licht seit der Schöpfung noch weniger weit fortgepflanzt, so daß die Horizonte einander näher lagen. Nach einer Million Jahre hatten sie eine Entfernung von einer Million Lichtjahren voneinander, nach hundert Jahren eine solche von hundert Lichtjahren, und so weiter. Kommen wir noch einmal auf die Planck-Zeit zurück. Damals hatten die Lichthorizonte eine Größe von lediglich 10^{-33} cm. Auch wenn wir die Ausdehnung des Universums einbeziehen, könnten so winzige Bezirke – in Übereinstimmung mit der Standardtheorie – bis jetzt keine sichtbare Größe erreicht haben. Das gesamte wahrnehmbare Universum scheint damals in mindestens 10^{80} kausal unverbundene Bezirke unterteilt gewesen zu sein. Wie läßt sich diese Abstimmung aufeinander ohne Kommunikation erklären?

Eine damit verwandte Frage ist das ungeheuer große Ausmaß kosmischer Isotropie: die Richtungsunabhängigkeit des physikalischen Raumes. Ganz gleich, in welcher Richtung wir von der Erde aus hinausschauen, das Universum zeigt uns im großen Maßstab stets dasselbe Gesicht. Sorgfältige Messungen der aus kosmischer Frühzeit stammenden thermischen Hintergrundstrahlung ergeben, daß die von allen Seiten hereinkommende Strahlung eine Übereinstimmung von mehr als 1:1000 besitzt. Bei einem Urknall, der als willkürliches Ereignis stattgefunden hätte, wäre eine solche ungewöhnliche Gleichförmigkeit als nahezu unmöglich auszuschließen.

Das Ergebnis dieser Erwägung heißt, daß die Schwerkraftanordnung des Universums verblüffend regelmäßig und gleichförmig ist. Es scheint keinen erkennbaren Grund dafür zu geben, warum das Universum nicht Amok gelaufen ist, sich nicht in völlig ungeordneter und chaotischer

Weise ausgedehnt und nicht lauter riesige Schwarze Löcher hervorgebracht hat. Daß die Kraft der Explosion zu einem so regelmäßigen und
wohlorganisierten Muster gebändigt wurde, muß geradezu als Wunder
gelten. Ist es eins? Wir wollen uns verschiedene Antworten auf diese
Frage ansehen.

1. *Das verborgene Prinzip*

Wenn sich zeigt, daß eine Menge einen Wert sehr nahe Null hat, neigen
Physiker zu der Vermutung, er betrage aus irgendeinem tieferen Grund
genau null und suchen nach einem diesem Phänomen zugrundeliegenden Prinzip, aus dem hervorgeht, daß die Menge genau null ist. So
schließt man beispielsweise daraus, daß zwischen den elektrischen
Ladungen verschiedener Elektronen kein wahrnehmbarer Unterschied
besteht, auf eine vollständige Gleichheit der Ladungen, d. h. man
nimmt an, daß die zwischen ihnen bestehenden Unterschiede genau
null sind – eine Folgerung, die sich aus dem Grundprinzip der Ununter-
scheidbarkeit von Elektronen ergibt. Ein weiteres Beispiel zeigt, daß
alles, was man gemeinsam fallen läßt, bei Abwesenheit von Luftwider-
stand gemeinsam auf den Boden trifft. Der Unterschied in der
Ankunftszeit wird genau mit null angesetzt, eine Folge des Äquivalenz-
prinzips. Dabei handelt es sich um ein Grundprinzip der Schwerkraft,
das die Schwerkraftreaktion eines Körpers als von dessen Art unabhängig ansieht.

Man könnte sich beispielsweise ein Prinzip – oder eine Anzahl von
Prinzipien – denken, das fordert, daß die Explosivkraft des Urknalls an
allen Stellen *genau* gleich seiner Schwerkraftwirkung ist, so daß sich die
zurückweichenden Galaxien mit knapper Not dem Einfluß ihrer eigenen
Schwerkraft entziehen konnten. Das würde bedeuten, daß sich das
Universum bei seiner Ausdehnung genau auf der Trennlinie zwischen
vollständiger Zerstreuung des kosmischen Materials und einem schließlichen Ende der Ausdehnung bewegt, auf das der Zusammenbruch
folgt. Ein solches Prinzip würde auch dafür sorgen, daß das Universum
mit gleichförmig verteiltem Material anstelle von Schwarzen Löchern
aus dem Urknall hervorging. Ebenso könnte ein solches Prinzip sicher-
stellen, daß die Ausdehnung in alle Richtungen genau gleichförmig
erfolgte. Obwohl wir keine Vorstellung davon haben, wie solche Prinzipien aussehen könnten, ist es, davon ausgehend, daß die Unterschiede
zwischen den Ausdehnungsgeschwindigkeiten in verschiedenen Bezirken und Richtungen sehr nahe null liegen, verlockend, ein natürliches

Prinzip anzunehmen, das diese Unterschiede dazu veranlaßt, genau null zu sein.

Unglücklicherweise geht es so einfach nicht. Wäre das Universum *genau* gleichförmig, hätten sich ohnehin keine Milchstraßensysteme gebildet. Nach unserem gegenwärtigen Verständnis hat es den Anschein, daß die Entstehung von Galaxien aus den Urgasen nur in der seit der Schöpfung verfügbaren Zeit möglich war, vorausgesetzt, die rudimentären Formen von Galaxien waren von Anfang an vorhanden. Die Ansammlung von Material durch Anlagerung aus dem umgebenden Universum geschieht sehr langsam, wenn es dabei gegen die kosmologische Ausdehnung ankämpfen muß. Nur wenn die Galaxien einen Vorsprung hatten, dürfte es ihnen möglich gewesen sein, die Auflösungstendenz der Ausdehnung zu überwinden. Sofern es ein Grundprinzip gibt, scheint es, daß es gerade genug Abweichen von der Einheitlichkeit zulassen muß, um das Wachsen von Galaxien zu ermöglichen, aber nicht so viel, daß dabei Schwarze Löcher entstehen können. In der Tat ein schwieriger und komplizierter Balanceakt!

2. *Dissipation**

Eine mögliche Erklärung für die Gleichförmigkeit der kosmischen Expansion besteht in der Annahme, das Universum habe mit einer äußerst ungleichförmigen Bewegung begonnen, doch sei die Turbulenz irgendwie durch Dissipation aufgelöst worden. Tatsächlich legen theoretische Untersuchungen den Schluß nahe, daß ein Universum, das sich in einer Richtung weit rascher ausdehnt als in anderen, einer auf verschiedene Mechanismen zurückgehenden Bremswirkung unterliegt. Beispielsweise würde die Schaffung der Materie aus der Ausdehnungsenergie (siehe 3. Kapitel) den Geschwindigkeitsimpuls in Richtung ›rasch‹ hemmen und ihn mit den Impulsen der anderen Richtungen in Übereinstimmung zu bringen trachten. Darüber hinaus sind weitere Bremsprozesse bekannt.

Gegen diese Vorstellung wurden zwei Einwände erhoben: Erstens sei es, wie wirksam auch immer die Dissipation der Urturbulenz gewesen sein mag, stets möglich, Urzustände zu finden, die so stark verzerrt sind, daß trotz der Dämpfwirkung Spuren davon bleiben. Günstigstenfalls könne lediglich der Nachweis gelingen, daß das Universum einer Klasse bemerkenswerter Urzustände angehört haben muß.

Der zweite Einwand beruht darauf, daß alle Dissipation Entropie

---

* Umwandlung irgendeiner Art Energie in Wärmeenergie (Anm. d. Übers.)

erzeugt. Der Impuls der Urturbulenz wäre in ungeheure Wärmemengen umgewandelt worden, die weit größer wären als die beobachtete Menge der Urwärmestrahlung. Dieser Einwand hat jedoch eine schwache Stelle. Die Menge der Wärme als solche ist im Universum ein sinnloser Begriff; man muß sie im Vergleich zu einer Norm oder einem Standard messen. Der einzige verfügbare Vergleichsmaßstab ist die Materie, und daher sprechen Kosmologen von Wärme pro Atom oder genauer von Wärme pro Proton. Das heißt, sie berechnen die Gesamtwärme in einem großen Raumvolumen, schätzen die darin enthaltene Masse an Materie und berechnen die zugehörige Anzahl von Protonen. Die Menge an Wärme pro Proton erweist sich als recht gering. Man würde nahezu hunderttausend Billionen solche Wärmeeinheiten brauchen, um die Wärmeentwicklung eines entzündeten Streichholzes zu erreichen. Dieser bescheidene Wert, heißt es in dem Einwand, geht auf die bewegungslose Beschaffenheit des Ur-Universums zurück. Hätte es darin Turbulenzen gegeben, wäre der Raum jetzt mit sengend heißer Wärmestrahlung erfüllt. Bei dieser Schwachstelle geht es aber um den Gebrauch von Protonen zum Messen des Wärmewerts. Möglicherweise sind Protonen gar nicht die unzerstörbaren Teilchen, die erforderlich wären, um einen festen Vergleichsmaßstab zu bekommen. Der sogenannten Vereinheitlichten Theorie der Grundkräfte zufolge können Protonen zerfallen. Sie können aber auch – in einem umgekehrten Prozeß – entstehen. Im 3. Kapitel haben wir gesehen, wie Protonen aus der Urenergie entstanden sind, und wir haben gleichfalls gesehen, daß die Vereinheitlichte Theorie die Wärme pro Proton entsprechend ihren Meßgrößen – richtig – voraussagt. Da diese Theorie die Menge der Protonen automatisch an die verfügbare Wärme anpaßt, ist letzten Endes die Wärme pro Proton stets dieselbe, unabhängig davon, wieviel ursprüngliche Wärme durch die Dissipation der Turbulenz abgeschieden wird. Daher hängt die Frage, ob das Universum in einem stillen und stark einheitlichen Zustand begann oder in einem extremer Turbulenz und Unregelmäßigkeit, von einer noch ausstehenden Verifizierung oder Falsifizierung der Vereinheitlichten Theorie ab, die vielleicht durch die Bestätigung des Protonenzerfalls geliefert wird.

3. *Das anthropische Prinzip*

Weil ein Universum voller Schwarzer Löcher oder eines, in dem es im großen Maßstab turbulente Bewegungen gibt, kaum Leben hervorbringen dürfte, ist gewiß Raum für eine anthropische Erläuterung der

Gleichförmigkeit des Universums. Wird das schwache anthropische Prinzip angesetzt, kann man sich eine Ansammlung von Universen vorstellen, in denen es jede mögliche Variante anfänglicher Ausdehnungsbewegung und Materieverteilung gegeben hat. Nur in jenem winzigen Bruchteil, der dem beobachteten Universum nahekommt, würden sich dann Leben und Beobachter herausbilden. Anisotrope oder hochgradig inhomogene Universen wären nicht erfahrbar.

Um sich durchzusetzen, müßte diese Erläuterung zeigen, daß selbst eine geringe Zunahme an Unregelmäßigkeit schon lebensfeindlich wäre. Möglicherweise sind die gegenwärtig im Universum vorherrschenden physikalischen Bedingungen gegenüber geringen Veränderungen des Urzustandes äußerst empfindlich. Zerfallen beispielsweise Protonen nicht, könnte ein winziges Ausmaß von Ur-Anisotropie so viel Wärme erzeugen, daß Leben unmöglich wäre. Auch eine hundertfache Erhöhung der kosmischen Hintergrundtemperatur hätte für das Leben, wie wir es kennen, katastrophale Folgen. Bisher jedoch hat man noch keine in Einzelheiten gehende Berechnungen angestellt, und das anthropische Argument sieht sich hier derselben Kritik gegenüber wie die anderen, im vorigen Kapitel aufgeführten Argumente.

4. Aufblähung

In neuester Zeit wurde eine völlig neue Betrachtungsweise der Frage der kosmischen Gleichförmigkeit vorgeschlagen. Sie verdankt ihre Entstehung der Vereinheitlichten Theorie und hängt unablösbar von einigen Annahmen über Materie von ultrahoher Energie ab, die auf jeden Fall schwer zu verifizieren sind. Dennoch zeigt das lebhaft, wie ein Fortschritt auf dem Gebiet der Grundlagen der Physik unsere ganze Sichtweise vom Ursprung der Ordnung im Universum ändern kann.

Man wird sich erinnern, daß die drei Kräfte der Natur – die elektromagnetische Kraft sowie die schwache und die starke Wechselwirkungskraft – aus einer anfänglich undifferenzierten Phase zu ihrer gegenwärtigen festumrissenen Gestalt ›erstarrten‹, während sich das Universum abkühlte. Dieser Phasenübergang ähnelt dem von Dampf zu Wasser oder von Wasser zu Eis. Nicht nur unterscheiden sich die beiden Phasen nach der Art der in ihnen wirkenden Kräfte, sondern auch nach ihrer Schwerkraftwirkung. Derselbe Mechanismus, der die vereinigte Kraft in eine getrennte elektromagnetische und nukleare Komponente zerfallen läßt, ist auch für die Erzeugung einer ungeheuer starken, abstoßenden Gravitationskraft verantwortlich.

Auf die Möglichkeit, daß es eine Art kosmischer Repulsivkraft, das heißt eine abstoßende Kraft, geben könnte, verfiel Einstein 1917, auch wenn ihm diese Vorstellung eigentlich nicht recht gefiel. Bis heute gibt es keinen astronomischen Nachweis für ihre Existenz. Dennoch sagt die Vereinheitlichte Theorie, daß im heißen Urzustand unbedingt eine kosmische Abstoßung bestanden haben muß, vor Ablauf von etwa 10^{-35} Sekunden, als das Universum die unvorstellbar hohe Temperatur von 10^{28} K (Grade absoluter Temperatur) hatte. Alan Guth vom MIT, dem Massachusetts Institute of Technology, hat darauf hingewiesen, daß eine solche Kraft, sofern es sie gegeben hat, tiefgreifend und in aufsehenerregender Weise auf die Struktur des Ur-Universums eingewirkt haben muß.[3]

Es klingt wahrscheinlich, daß die Repulsivkraft in dem Maße, in dem sich das Universum ausdehnte und abkühlte, die Auswirkungen der gewöhnlichen anziehenden Schwerkraft überwand und das Universum dazu veranlaßte, in eine Phase heftiger und rasch vor sich gehender Aufblähung einzutreten. Dann dürfte im winzigsten Bruchteil einer Sekunde ein submikroskopisch kleiner Bezirk des Raums exponentiell auf kosmische Ausmaße angeschwollen sein und seine Größe dabei etwa alle 10^{-35} Sekunden verdoppelt haben. Das wäre bis zum Eintritt des Universums in seine andere ›erstarrte‹ Phase so weitergegangen, in der sich die Kräfte trennen und die Repulsion verschwindet. Ohne ihre Wirkung wäre dann das exponentielle Wachstum, von einer ungeheuren Hitzewelle begleitet, schlagartig zum Stillstand gekommen, und das Universum hätte sich wieder seinen üblicheren Abläufen zugewendet, nämlich einer allmählich langsamer werdenden Ausdehnung, deren Überreste bis heute zu beobachten sind.

Die Theorie vom sich aufblähenden Universum löst mehrere wichtige kosmologische Fragen mit einem Schlag. Beispielsweise erklärt sie, warum das Universum so einheitlich ist. Die ungeheure Aufblähung hätte alle am Anfang etwa existierenden Unregelmäßigkeiten drastisch ›verdünnt‹. Eine Raumblase, nicht größer als ein Proton, ließe sich möglicherweise auf eine Größe vom Mehrfachen des gegenwärtig beobachtbaren Volumens des Universums bringen. Damit würden im Universum auftretende Unregelmäßigkeiten in der Größenordnung von Protonen und darüber innerhalb unseres beobachtbaren Universums zur Bedeutungslosigkeit vermindert.

Die Aufblähung würde auch das ansonsten wunderbare Gleichgewicht zwischen der explosiven Kraft des Urknalls und der Gravitationswirkung des kosmischen Materials erklären. Guth zufolge verschwindet jedes Übermaß und jedes Defizit bei der Ausdehnungsgeschwindigkeit, wenn die exponentiell stattfindende Aufblähung eintritt, zu deren Wirkungen es außerdem gehört, das Entstehen riesiger Schwarzer Löcher in der Urphase zu verhindern. Bis die exponentielle Aufblähung im Universum beendet ist, wird die Abweichung von der Übereinstimmung auf einen Wert sehr nahe Null zurückgegangen sein. Allerdings nicht genau auf Null, denn nach wie vor können Milchstraßensysteme entstehen.

Schließlich löst die Aufblähung auch das Problem des Horizonts. Bezirke des Raums in einander gegenüberliegenden Himmelsrichtungen, die man gewöhnlich als ursächlich unverbunden ansieht, standen vor der Aufblähungsphase in Wirklichkeit in kurzfristiger Verbindung miteinander. Alles, was wir beobachten können (und weit mehr), war zu Beginn der Aufblähung in einem mikroskopisch kleinen Bezirk des Raums zusammengedrängt. Der Horizont existierte nicht, jedenfalls nicht da, wo wir ihn suchen würden. Seine Voraussage war auf die Annahme gegründet, die Ausdehnung des Universums habe sich seit seiner Erschaffung allmählich verzögert, ohne die Zeit des exponentiellen Wachstums in Betracht zu ziehen.

Obwohl die Theorie von der Aufblähung verschiedene der alten ungelösten Fragen der Kosmologie zu erklären vermag, ist auch sie nicht ganz ohne Schwierigkeiten. Den größten Haken bei der Sache bildet das Problem des ›anmutigen Abgangs‹. Damit die Aufblähung ihren Zauber wirken lassen kann, muß der Zeitraum des exponentiellen Wachstums so lange dauern, daß das Universum um mehrere Zehnerpotenzen anwachsen kann. Die schlagartige ungeheure Ausdehnung läßt die Temperatur mehr oder weniger sogleich in die Nähe des absoluten Nullpunkts fallen. Es scheint nichts zu geben, das dieses ›Gefrieren‹ daran hindern kann, sofort stattzufinden, und damit würde es die Aufblähung zum Stillstand bringen, bevor sie richtig begonnen hat.

In einer frühen Fassung seiner Theorie erklärte Guth, das Universum habe vielleicht eine Zeit sogenannter ›Super-Abkühlung‹ durchlaufen. Das ist ein den Physikern in banaleren Zusammenhängen bekanntes Phänomen. Reines Wasser läßt sich beispielsweise bei entsprechender Sorgfalt auf Temperaturen unterhalb des Gefrierpunktes abkühlen, ohne fest zu werden. Eine geringe Störung jedoch bewirkt, daß der Übergang in den Zustand des Eises schlagartig geschieht. Im Fall des Kosmos könnte die Super-Abkühlung das Universum in den Stand gesetzt haben, so lange in der Phase der hohen Temperatur, also der vereinigten Kraft, zu verharren, daß die Aufblähung erfolgen konnte. Die Schwierigkeit tritt ein, wenn es zum Gefrieren kommt. Es scheint, daß ›Blasen‹ der neuen – erstarrten – Phase willkürlich auftreten und mit Lichtgeschwindigkeit zu wachsen beginnen. In ihnen findet keine Aufblähung statt, da die Energie des Blasenwachstums auf die Blasenhülle übertragen wird. Schließlich werden die Blasen so groß, daß sie sich überschneiden. Die Zusammenstöße zwischen den mit hoher Energie geladenen Blasenhüllen hätten dann ein hohes Maß an Turbulenz und Unregelmäßigkeit bewirkt, und gerade für diese Merkmale sollte die Theorie günstigere Voraussetzungen schaffen.

Man arbeitet noch an Lösungen, die diesem Durcheinander, das den gesamten Nutzen der Aufblähung in Frage stellt, ein Ende bereiten könnten. Ein Ansatz geht von einem so ungeheuren Wachstum der Blasen aus, daß sie das gesamte Universum und noch viel mehr in sich fassen können, so daß unser beobachteter Kosmos eine vergleichsweise gleichförmige und ruhige Oase in einem weithin unregelmäßigen und aufgewühlten Universum ist. Ein anderer Vorschlag regt an, das Gefrieren nicht als Super-Abkühlen anzusehen, dem Blasen folgen, sondern als äußerst langsam ablaufenden Prozeß, bei dem es zu einer vergleichsweise langen Aufblähungsphase kommt, bevor der Phasenübergang spürbar wird. Zahlreiche dieser Einzelheiten hängen stark vom gewählten Modell ab, und es ist zu früh zu sagen, ob die Frage des anmutigen Abgangs zufriedenstellend gelöst wird.

Da die Aufblähungstheorie trotz dieser technischen Schwierigkeiten im großen und ganzen erfolgreich war, neigen ihr zahlreiche Physiker und Kosmologen zu. Ihr zufolge braucht das Universum – immer vorausgesetzt, sie stimmt – nicht in einem ganz besonderen, geordneten Zustand geschaffen worden zu sein. Anfängliche Unregelmäßigkeiten der Schwerkraft hat die Aufblähung ausgeglichen, während es die nachfolgende Ausdehnung dem anfangs unstrukturierten kosmischen Material ermöglichte, einen komplexen Aufbau und eine komplexe Organisation zu entwickeln. Mithin ließe sich der Ursprung aller komplexen kosmischen Ordnung als Ergebnis gänzlich natürlicher Abläufe erklären.

5. Gott

Falls sich die Vereinheitlichte Theorie als Fehlschlag erweist und das anthropische Argument widerlegt wird, könnte man die überaus gleichförmige Art des Universums im großen Rahmen als Nachweis für einen schöpferischen Planer anführen. Allerdings gäbe es da lediglich Nachweise *ex negativo*. Niemand dürfte sicher sein, daß künftige Fortschritte bei unserem Verständnis der Physik des frühen Universums nicht eine gänzlich zufriedenstellende Erklärung für einen geordneten Kosmos liefern. So wie man einst das Entstehen komplexer geordneter Strukturen wie der des Sonnensystems einer Gottheit zuschrieb, sie dann aber im Rahmen der herkömmlichen Astrophysik erklärbar wurden, mögen vielleicht die Geheimnisse, die gegenwärtig der Frage nach der großen kosmischen Ordnung noch anhaften, eines Tages in gänzlich natürlichen statt übernatürlichen Begriffen verstehbar werden.

Unsere Schlußfolgerung muß heißen, daß es keinen positiven wissenschaftlichen Beweis für einen Planer und Erschaffer der kosmischen Ordnung im Sinne von negativer Entropie gibt. Statt dessen besteht eine starke Erwartungshaltung dahingehend, daß die gegenwärtigen physikalischen Theorien eine ganz und gar zufriedenstellende Erklärung dieser Merkmale werden liefern können.

Allerdings geht es in der Natur um mehr als ihre mathematischen Gesetze und ihre komplexe Ordnung. Auch ein dritter Punkt muß erläutert werden: die sogenannten ›Grundkonstanten‹ der Natur. In diesem Bereich finden wir die überraschendsten Hinweise auf einen großen Plan.

Mit Grundkonstanten meinen Physiker gewisse Größen, die in der Physik eine grundlegende Rolle spielen und denen überall im Universum zu allen Zeiten derselbe Zahlenwert zugeordnet ist. Einige wenige Beispiele werden zur Erläuterung dessen genügen. Ein Wasserstoffatom auf einem fernen Stern ist in jeder Hinsicht so wie auf der Erde – Abmessungen, Masse und innere elektrische Ladungen stimmen überein. Doch liegen die diesen Größen zugeordneten Werte für uns im dunkeln. Warum ist im Wasserstoffatom das Proton 1836mal schwerer als das Elektron? Warum ist es gerade dieser Wert? Warum sind seine elektrischen Ladungen gerade von der und der Stärke und keiner anderen?

Alle Naturkräfte enthalten Zahlenwerte wie diese, die ihre Stärke und Reichweite bestimmen. Es mag sein, daß wir eines Tages über eine Theorie verfügen, die diese Zahlen mit Bezug auf eine grundlegendere Vorstellung erklärt. Wie auch immer das aussieht, die tatsächlichen Werte dieser Größen sind von grundlegender Bedeutung für den Aufbau der physikalischen Welt.

Nehmen wir ein einfaches, auf Freeman Dyson zurückgehendes Beispiel.[4] Atomkerne werden durch die starke Kernkraft zusammengehalten, deren Ursprung bei den im 11. Kapitel beschriebenen Quarks und Gluonen liegt. Wäre diese Kraft schwächer, als sie ist, würden Atomkerne instabil und zerfielen. Der einfachste zusammengesetzte Kern ist der des Deuteriums (schwerer Wasserstoff): Er besteht aus einem Proton und einem Neutron. Dieses Paar wird von der starken Kernkraft zusammengehalten, aber nur so eben. Wäre die Kernkraft nur um weniges schwächer, würde der Zusammenhalt durch eine Quantenstörung unterbrochen. Das Ergebnis wäre spektakulär: Da das Deuterium der Sonne und der anderen Sterne in einer atomaren Kettenreaktion, die dafür sorgt, daß sie ihr Licht abstrahlen können, als Bindeglied dient, würden die Sterne ohne diesen Stoff erlöschen oder einen anderen atomaren Weg zur Erzeugung ihres Lichts finden müssen. Auf jeden Fall müßten sie ihre Struktur tiefgreifend ändern.

Zu ähnlich schlimmen Folgen käme es, wäre die Kernkraft um ein geringes stärker, denn dann könnten zwei Protonen ihre gegenseitige elektrische Abstoßung überwinden und sich miteinander verbinden. Beim Urknall gab es weit mehr Protonen als Neutronen. Als sich die Urmaterie abkühlte, suchten die Neutronen Protonen, mit denen sie sich verbinden konnten. Das sich daraus ergebende Deuterium erfuhr bald eine weitere Synthese, aus der das Element Helium entstand. Doch der Rest von ›alleinlebenden‹ Protonen blieb unangetastet und bildete das Ausgangsmaterial für die Sterne. Könnten sich diese Protonen paarweise miteinander verbinden, zerfiele eines der beiden jeweils zu einem Neutron, das zusammen mit einem Proton zu Deuterium würde und sich schließlich in Helium umwandelte. So bliebe in einer Welt, in der die Kernkraft um wenige Prozent stärker wäre, vom Urknall praktisch kein Wasserstoff übrig. Dann könnten weder beständige Sterne wie die Sonne existieren, noch Wasser in flüssiger Form. Auch wenn wir nicht wissen, warum die Kernkraft genau von der Stärke ist, die sie besitzt, so wissen wir doch, daß im anderen Fall das Universum gänzlich anders aussähe – und ob dann Leben möglich wäre, ist zweifelhaft.

Zahlreiche Naturwissenschaftler beeindruckt weniger, daß geänderte Werte der Grundkonstanten die Struktur der physikalischen Welt verändern würden, eher schon, daß die beobachtete Struktur für solche Veränderungen bemerkenswert empfänglich ist. Bereits eine winzige Veränderung in der Größenordnung dieser Kräfte würde zu einer grundlegenden Änderung der Struktur führen.

Als weiteres Beispiel sehe man sich die relative Stärke der elektromagnetischen Kraft und der Gravitation in der Materie an. Beide Kräfte spielen bei der Herausbildung der Struktur von Sternen eine bedeutende Rolle. Sterne werden durch Schwerkraft zusammengehalten, und die Stärke der Gravitationskraft trägt dazu bei, Werte wie den Druck innerhalb des Sterns festzulegen. Auf der anderen Seite entströmt dem Stern durch elektromagnetische Strahlung Energie. Das Wechselspiel dieser beiden Kräfte ist zwar kompliziert, wird aber recht gut verstanden. Schwere Sterne sind heller und heißer und können ohne Schwierigkeit die in ihrem Kern erzeugte Energie in Form von Licht und Wärmestrahlung an die Oberfläche transportieren. Leichte Sterne hingegen sind kühler und ihr Inneres kann sich der Energie nicht schnell genug allein mit Hilfe der Strahlung entledigen: hier muß die Konvektion helfend eingreifen; sie sorgt dafür, daß die der Oberfläche nahen Schichten kochen.

Diese beiden Arten von Sternen – heiße strahlende und kühle konvektive – kennt man als Weiße Riesen und Rote Zwerge. Sie stecken einen sehr schmalen Bereich stellarer Massen ab. Zufällig ist das Gleichgewicht der Kräfte innerhalb von Sternen so, daß nahezu alle Sterne in diesem sehr schmalen Bereich zwischen den Weißen Riesen und den Roten Zwergen liegen. Allerdings hat Brandon Carter darauf hingewiesen, daß dieser glückliche Umstand ausschließlich das Ergebnis einer bemerkenswerten, zufälligen numerischen Übereinstimmung zwischen den Grundkonstanten der Natur ist.[5] Beispielsweise würde eine Änderung der Größenordnung der Gravitationskraft um lediglich $1 : 10^{40}$ genügen, diese zufällige numerische Übereinstimmung aus dem Gleichgewicht zu bringen. In einer solchen Welt wären dann alle Sterne entweder Weiße Riesen oder Rote Zwerge. Sterne wie die Sonne gäbe es nicht und, könnte man daraus folgern, auch kein Leben von der Art, das auf solche Sterne wie unsere Sonne angewiesen ist.

Die Liste der allem Anschein nach für die Struktur der beobachteten Welt erforderlichen numerischen ›Zufälle‹ ist so lang, daß man sie hier nicht im einzelnen durchgehen kann.[6] Physiker sind hinsichtlich der Bedeutung dieser Zufälle geteilter Meinung. Wie bei den offensichtlich arrangierten Bedingungen für den Anfang des Universums könnte man erneut antropische Erwägungen und Hypothesen über die Existenz zahlreicher Universen zu Hilfe nehmen, in denen die Grundkonstanten, aus welchen Gründen auch immer, andere Werte annehmen. Nur in jenen Universen, in denen die Zahlen genau stimmen, würden Leben und Beobachter entstehen.

Andererseits könnte man die zufälligen numerischen Übereinstimmungen als Hinweis auf eine Absicht deuten. Die feine Abstimmung bei den Werten der Konstanten, die erforderlich sind, damit die verschiedenen Zweige der Physik in so glücklicher Weise zueinander passen, wäre auf Gott zurückführbar. Man kann sich nur schwer dem Eindruck verschließen, daß die gegenwärtige, wie es scheint, einer auch nur geringfügigen Veränderung der Zahlenwerte gegenüber so empfindliche Struktur des Universums das Ergebnis ziemlich aufwendigen Nachdenkens ist. Da eine solche Schlußfolgerung allerdings nur subjektiv sein kann, läuft das Ganze letztlich auf eine Glaubensfrage hinaus. Ist es leichter, an einen kosmischen Planer zu glauben als an die Vielzahl von Universen, die nötig ist, damit das schwache anthropische Prinzip zu wirken vermag? Es läßt sich nur schwer erkennen, wie sich die eine oder die andere dieser Hypothesen je im strengen naturwissenschaftlichen Sinn überprüfen ließe. Wie schon im vorigen Kapitel angemerkt, muß die mögliche Existenz der anderen Universen, wenn wir sie nicht aufzusuchen oder unmittelbar zu erfahren vermögen, ebensosehr eine Glaubensfrage bleiben wie die Annahme eines Gottes. Vielleicht führen künftige Entwicklungen in der Naturwissenschaft zu unmittelbareren Nachweisen für die Existenz anderer Universen, doch bis es soweit ist, muß das allem Anschein nach wunderbare Zusammentreffen numerischer Werte, die die Natur ihren Grundkonstanten beigeordnet hat, der zwingendste Nachweis dafür bleiben, daß Planung in den Aufbau des Kosmos hineinspielt.

14. Wunder

»Gott hat nie Wunder getan, um Atheisten zu überzeugen – dazu genügt sein gewöhnliches Wirken.«

Francis Bacon

»In der ganzen Geschichte findet sich kein einziges
Wunder, das von einer hinreichend großen Anzahl
von Menschen so fragloser Vernunft, Bildung und
Gelehrsamkeit bezeugt wurde, daß wir uns vor
Selbsttäuschungen dieser Menschen sicher fühlen
könnten.«

David Hume

Wie überzeugend auf der Kosmologie gründende Gottesbeweise oder
Hinweise auf das Bestehen eines Plans in der natürlichen Welt auch
immer aussehen mögen, sie sind günstigstenfalls mittelbarer Art. Dennoch behaupten einige Menschen, Gottes Tun manifestiere sich in der
physikalischen Welt ohne Umwege in Form von Wundern. Berichte über
Wunder finden sich in allen großen Religionen der Welt. Die Bibel
enthält eine ganze Anzahl von ihnen, und selbst in unserer Zeit hört man
immer wieder von Wundern.

Will man die Bedeutung solcher Belege bewerten, besteht das erste
Problem in der genauen Definition dessen, was ein Wunder ist, und da
gibt es durchaus unterschiedliche Ansichten. Die Aussage ›Ein Wunder
der modernen Wissenschaft‹ läßt an Ungewöhnliches und Aufsehenerre-
gendes denken, doch käme niemand auf den Gedanken, ›Wunder‹ werde
hier im ursprünglichen Wortsinn gebraucht. Bei Thomas von Aquin ist
ein Wunder etwas, »das durch göttliche Kraft bewirkt wird, abweichend
von der Ordnung, in der Dinge gewöhnlich geschehen«.[1] In unserem
Sprachgebrauch bedeutet ›Wunder‹ einen Verstoß gegen die von Gott

stammenden Naturgesetze. Mit anderen Worten greift Gott unmittelbar in den Ablauf dieser Welt ein und ändert etwas, indem er ›regelwidrig handelt‹. Ließen sich solche Vorfälle einwandfrei verifizieren, wären sie in der Tat machtvolle Beweise sowohl für Gottes Existenz als auch dafür, daß er sich um die Welt kümmert.

Manchmal jedoch meint man mit ›Wunder‹ etwas Geringeres. Manch ein ›wunderbares Entkommen‹ hat Menschen, die einfach Glück hatten, von Gottes Wohlwollen ihnen gegenüber überzeugt. Dem einzigen Überlebenden eines Flugzeugabsturzes mag seine Errettung als Wunder erscheinen, obwohl eben dieses Ereignis seine Mitpassagiere das Leben gekostet hat.

Diese ›Schutzengeltheorie‹ zur Erklärung außergewöhnlicher Ereignisse gehört in eine ganz andere Kategorie als echte Verstöße gegen die Naturgesetze. Niemand behauptet, daß die Gesetze der Physik aufgehoben werden müssen, damit jemand einen Flugzeugabsturz überleben kann. Solche Ereignisse sind nichts als bemerkenswerte Zufälle im normalen Ablauf physikalischer Vorgänge. Der sprichwörtliche Fallschirmspringer, dessen Schirm sich nicht richtig öffnet und der in einem Heuhaufen landet, hat einfach mit seinem Landeplatz Glück gehabt. Ein unmittelbares göttliches Eingreifen scheint hier nicht vorzuliegen.

Wer unwahrscheinliche Zufälle und Fälle glücklicher Errettung lieber göttlichem Eingreifen zuschreibt, unterlegt an sich leicht erklärbaren, wenn auch ungewöhnlichen natürlichen Ereignissen eine theistische Deutung. Doch wie überzeugt ein Mensch, der eben Glück hatte, auch selbst sein mag, daß ihm die Götter gewogen sind, es ist schwer, anhand von Ereignissen dieser Art einen objektiven Nachweis für die Existenz Gottes zu liefern. Wer einen hohen Gewinn im Fußballtoto erzielt, kann sich darüber Gedanken machen, daß irgend jemand gewinnen wird, einfach weil die Regeln des Glücksspiels eben so angelegt sind, und Soldaten, die, Gottes Hilfe erflehend, in der Schlacht ihre Gegner niedermetzeln, könnten sich fragen, wo Gott war, als ihn die feindlichen Soldaten brauchten.

Glaubender: Ich meine, Wunder sind der beste Beweis dafür, daß es Gott gibt.

Zweifler: Ich weiß nicht einmal genau, was ein Wunder überhaupt ist.

Glaubender: Nun, etwas Ungewöhnliches und Unvorhersagbares.

Zweifler: Der Einschlag eines großen Meteoriten oder ein Vulkanausbruch ist sowohl ungewöhnlich wie auch unvorhersagbar. Wollen Sie etwa sagen, daß es sich dabei um ein Wunder handelt?

Glaubender: Selbstverständlich nicht. Das sind Naturereignisse. Wunder sind *übernatürlich*.

Zweifler: Was meinen Sie mit übernatürlich? Ist das nicht einfach ein anderes Wort für ›wie durch ein Wunder‹? (Blättert in einem Nachschlagewerk.) Hier steht: ›Übernatürlich. Über die Gesetze der Natur hinausgehend und mit dem Verstand nicht zu erklären.‹ Hmm. Es kommt also darauf an, was man unter ›mit dem Verstand nicht zu erklären‹ versteht.

Glaubender: Ich würde sagen, alles, was nicht vertraut oder alltäglich ist.

Zweifler: Unsere Vorfahren hätten einen Dynamo oder ein Radio als Wunder angesehen, weil sie mit dem Elektromagnetismus nicht vertraut waren.

Glaubender: Vermutlich. Das aber hätte auf einem Irrtum beruht, denn wir wissen, daß beide in Übereinstimmung mit den Naturgesetzen funktionieren. Wahrhaft übernatürlich sind Ereignisse, deren Ursachen sich weder in *bekannten* noch in *unbekannten* Naturgesetzen finden lassen.

Zweifler: Das dürfte eine sinnlose Definition sein, denn wie wollen Sie wissen, welche Gesetze unbekannt sind? Möglicherweise gibt es ganz und gar aberwitzig wirkende und unerwartete Gesetze, die wir einfach noch nicht entdeckt haben. Stellen Sie sich vor, Sie sähen einen Felsen in der Luft schweben – würden sie das als Wunder bezeichnen?

Glaubender: Kommt darauf an ... Ich müßte sicher sein, daß keine Täuschung und kein Trick dahintersteckte.

Zweifler: Aber wenn es nun natürliche Prozesse gibt, die ungeheure Täuschungen hervorrufen, auf die keiner verfallen wäre?

Glaubender: Oder vielleicht ist alle unsere Erfahrung eine Täuschung, und wir könnten ebensogut aufhören, über irgend etwas zu reden.

Zweifler: Na schön, lassen wir das auf sich beruhen. Aber dennoch können Sie nicht sicher sein, ob nicht irgendeine eigentümliche magnetische oder Schwerkraftwirkung den Felsen in die Luft hebt.

Glaubender: Es ist aber einfacher, an Gott zu glauben als an ungewöhnliche magnetische Erscheinungen. Es hängt alles von der Glaubwürdigkeit ab.

Zweifler: Aha! Sie meinen also mit einem Wunder in Wirklichkeit etwas ›von Gott Bewirktes‹?

Glaubender: Aber ja! Auch wenn er sich dazu manchmal menschlicher Mittler bedienen mag.

Zweifler: Dann können Sie Wunder aber nicht als Nachweis für Gott benutzen, sonst würde sich Ihr Argument im Kreise drehen. ›Wunder beweisen die Existenz einer Kraft, die Wunder bewirkt.‹ In Wirklichkeit kommt es, das haben Sie auch selbst schon gesagt, auf den Glauben an. Man muß bereits an Gott glauben, damit der Begriff des Wunders einen Sinn hat. Offenkundig wunderbare Ereignisse können, für sich genommen, die Existenz Gottes nicht beweisen. Es handelt sich bei ihnen möglicherweise einfach um Anomalien von Naturereignissen.

Glaubender: Ich räume ein, daß das In-der-Luft-Schweben von Felsen vom Standpunkt des Wunders aus gesehen zweifelhaft wirkt, aber denken Sie an einige der berühmten Wunder: Beispielsweise die Speisung der fünftausend durch Jesus. Sie können mir nicht erzählen, daß irgendein Naturgesetz imstande ist, Brote und Fische zu vervielfachen.

Zweifler: Aus welchem Grund wollen Sie eine vor vielen hundert Jahren von abergläubischen Eiferern verfaßte Geschichte glauben, denen daran lag, ihre eigene Religion ins beste Licht zu rücken?

Glaubender: Sie sind bemerkenswert zynisch. Für sich genommen, hat die Geschichte mit den Broten und Fischen nichts zu bedeuten. Man muß sie im Zusammenhang der ganzen Bibel sehen. Es handelt sich nicht um das einzige darin berichtete Wunder.

Zweifler: Erinnern Sie mich an ein weiteres.

Glaubender: Wie Jesus auf dem Wasser wandelte.

Zweifler: Aufhebung der Schwerkraft, wie beim schwebenden Felsen! Ich dachte, Sie hätten diese Art von Wunder als ›zweifelhaft‹ zurückgewiesen.

Glaubender: Bei einem Felsen ja, bei Jesus nein.

Zweifler: Wieso das?

Glaubender: Weil Jesus der Sohn Gottes war und mithin übernatürliche Kräfte besaß.

Zweifler: Jetzt kommen Sie schon wieder auf die alte Geschichte zurück. Ich glaube einfach nicht, daß Jesus übernatürliche Kräfte hatte. Wenn er tatsächlich auf der Wasseroberfläche ging, würde ich eher annehmen, daß es sich dabei um die Anomalie eines Naturereignisses handelte. Aber ich glaube sowieso kein Wort von der ganzen Geschichte.

Glaubender: Die Bibel hat Millionen von Menschen Trost und Kraft gegeben. Das sollten Sie nicht so leichthin abtun.

Zweifler: Dasselbe läßt sich auch über die Werke von Karl Marx sagen. Und auch ihm würde ich es nicht abnehmen, wenn er von Wundern berichtete.

Glaubender: Nun, wenn Sie schon das Wort der Bibel zurückweisen, können Sie doch die Aussagen Hunderter von Menschen nicht einfach beiseiteschieben, die auch in jüngster Zeit Wunder erlebt haben.

Zweifler: Was die Leute nicht alles erzählen! Der eine will mit Außerirdischen zusammengetroffen sein, der andere hat das zweite Gesicht, und ein dritter wiederum kann sich entgegen allen physikalischen Gesetzen von einer Sekunde zur nächsten frei durch den Raum bewegen. Einen solchen Unsinn würde sich nur ein Dummkopf oder ein Verrückter anhören.

Glaubender: Ich gebe zu, daß oft Unglaubwürdiges behauptet wird, aber die Nachweise für Heilungen durch die Kraft des Glaubens sind zwingend. Denken Sie an Lourdes.

Zweifler: Autosuggestion! Die psychosomatische Wechselwirkung von Körper und Seele. Ich zitiere Sie: ›Es hängt alles von der Glaubwürdigkeit ab.‹ Der Ansicht bin ich auch. Sicherlich ist es einfacher, an einige anomale medizinische Ereignisse zu glauben, als eine Gottheit ins Spiel zu bringen?

Glaubender: Man kann nicht alle Wunder als psychosomatisch abtun. Was bedeutet das Wort überhaupt? Es ist doch ein bloßer Euphemismus für etwas, das die Schulmedizin nicht erklären kann. Warum sollten so viele Menschen von Wundern so sehr überzeugt sein, wenn es sich dabei nur um Anomalien natürlicher Vorgänge handelte?

Zweifler: Archaisches Verhalten, Überbleibsel aus dunklen Epochen. Vor dem Siegeszug der Naturwissenschaft oder der großen Weltreligionen glaubten die Naturvölker, nahezu alles, was geschieht, gehe auf Zauber zurück – auf das Wirken eines Dämons oder einer Naturgottheit. Je mehr Erklärungen die Naturwissenschaft lieferte und je mehr sich die Religion allmählich auf einen Gott festlegte, desto mehr verlor der auf Magie gründende Glauben an Boden. Reste davon aber existieren immer noch.

Glaubender: Sie wollen doch nicht behaupten, daß die Lourdes-Pilger Dämonen verehren!

Zweifler: Nicht eingestandenermaßen. Aber ihr Glaube an Wunderheilungen unterscheidet sich, wenn überhaupt, nur sehr wenig von dem an Zauberdoktoren bei primitiven Völkern oder dem, der meint, man könne mit Abgeschiedenen in Verbindung treten. Warum sollten nicht die großen Religionen atavistische abergläubische Vorstellungen aus der Zeit des Glaubens an magische Kräfte einfach institutionalisiert haben? Wer von Wundern spricht, meint damit nichts anderes, als mit dem Mäntelchen der Moderne behängten Zauberglauben.

Glaubender: Es gibt Kräfte des Guten und des Bösen. Sie zeigen sich auf mancherlei Weise.

Zweifler: Und böse übernatürliche Ereignisse gelten Ihnen auch als Nachweis für die Existenz Gottes? Tut er auch Böses?

Glaubender: Die Beziehung zwischen Gut und Böse ist eine schwierige theologische Frage. Es gibt recht unterschiedliche Meinungen zu diesem Punkt. Die Sündhaftigkeit des Menschen kann dem Bösen den Weg bahnen, wo immer es auch ursprünglich herkommt.

Zweifler: Sie würden also nicht ohne weiteres Gott für die sogenannten okkulten Kräfte verantwortlich machen, vorausgesetzt, es gibt sie?

Glaubender: Nicht unbedingt.

Zweifler: Es gibt also mindestens zwei Arten übernatürlicher Ereignisse. Solche, die ihren Ursprung in Gott haben – Sie nennen so etwas ›Wunder‹ –, und die bösen – sagen wir die ›Schwarze Kunst‹ –, deren Ursprung umstritten ist. Vermutlich gibt es dann auch neutrale, wie Psychokinese und das Voraussagen und -wissen von Ereignissen? Das erscheint mir alles ziemlich kompliziert. Ich vermute eher, daß es sich dabei einfach um primitive Phantasien handelt, Überbleibsel aus dem Zeitalter des Zauberglaubens, Reste einer Vielgötterei. Ihr Glaube an Wunder ist nichts anderes als die achtbare Seite eines Spektrums von neurotischem Ur-Aberglauben, er ist eines machtvollen und majestätischen Gottes, wie Sie ihn beschreiben, gänzlich unwürdig.

Glaubender: Mir scheint die Annahme der Existenz übernatürlicher Kräfte, die sich in mancherlei Weise, sei es zum Guten, sei es zum Bösen, einsetzen lassen, keineswegs unvernünftig. Wunderheilungen wären deren gute Seite.

Zweifler: Und würden die Existenz Gottes beweisen?

Glaubender: Das glaube ich.

Zweifelnder: Und was ist mit den Fehlschlägen, den unglücklichen

Menschen, bei denen es nicht funktioniert? Sind die Gott gleichgültig? Oder läßt seine Macht gelegentlich nach?

Glaubender: Gott geht geheimnisvolle Wege, aber seine Macht ist grenzenlos.

Zweifler: Das heißt, Sie wissen es nicht. Wenn seine Macht grenzenlos ist – wozu braucht er dann überhaupt Wunder?

Glaubender: Ich verstehe Ihre Frage nicht.

Zweifler: Ein allmächtiger Gott, der das gesamte Universum beherrscht und der geschehen lassen kann, was er will, ist nicht auf Wunder angewiesen. Sofern er möchte, daß jemand nicht an Krebs stirbt, könnte er dafür sorgen, daß der Betreffende die Krankheit erst gar nicht bekommt. Ich würde ein Wunder als Nachweis dafür ansehen, daß ein Gott, ganz gleich welcher, die Herrschaft über die Welt verloren hat und an dieser und jener Stelle den ungeschickten Versuch unternimmt, Schäden zu beheben. Welchen Sinn sollte es haben, daß er all diese Wunder tut?

Glaubender: Durch Wunder beweist Gott seine göttliche Macht.

Zweifler: Warum ist er dann so zurückhaltend damit? Er könnte doch eine offene Kundgebung an den Himmel schreiben, den Mond mit Schottenkaros bemalen oder sonst etwas ganz und gar Unwiderlegbares tun. Noch besser wäre es, wenn er einfach ein paar Naturkatastrophen abwendete oder die Ausbreitung verheerender Epidemien verhinderte. Ganz gleich, wie wunderbar einige wenige Heilungen in Lourdes sein mögen, das gesamte Elend der Menschheit bleibt doch ungeheuer. Ich wiederhole, was Sie Wunder nennen, scheint eines allmächtigen Gottes unwürdig. Freies Schweben in der Luft, Vervielfachung von Fischen – das schmeckt alles nach kosmischem Zaubertrick. Es dürfte sich dabei um nichts anderes als um Erzeugnisse unreifer menschlicher Phantasie handeln.

Glaubender: Womöglich wendet Gott ja *tatsächlich* eine Katastrophe nach der anderen ab.

Zweifler: Das ist keine Antwort! Jeder könnte das behaupten. Nehmen wir an, ich erkläre, daß ich den nächsten Weltkrieg verhindere, indem ich allmorgendlich eine Beschwörungsformel murmele. Als Beweis führe ich an, daß kein Krieg ausgebrochen ist. Im übrigen gibt es eine Gruppe von UFO-Gläubigen, die gerade das behaupten, was ich eben gesagt habe.

Glaubender: Christen glauben, daß Gott die Welt beständig erhält. Mithin ist alles, was geschieht, ein Wunder, und all das Gerede von einer Unterscheidung zwischen Natürlichem und Unnatürlichem lenkt uns nur von der Wahrheit ab.

Zweifler: Jetzt sagen Sie aber etwas ganz anderes, denn das könnte heißen, Gott *ist* die Natur.

Glaubender: Ich sage, Gott ist die Ursache von allem in der natürlichen Welt, wenn auch nicht unbedingt so, wie wir es verstehen. Er setzt nicht einfach die Welt in Gang und legt dann die Hände in den Schoß. Gott ist außerhalb der Welt, er steht *über* den Naturgesetzen und erhält alles Dasein.

Zweifler: Mir scheint, daß es sich hier um ein semantisches Problem handelt. In der Natur gibt es ein paar hübsche Gesetze, und das Universum bewegt sich auf einer von diesen Gesetzen vorgeschriebenen Entwicklungsbahn. Sie sagen genau dasselbe auf Ihren Gott bezogen, wenn Sie von ›erhalten‹ sprechen. Gewiß ist dieser Gott nur eine Ausdrucksweise? Was bedeutet es denn, wenn man sagt, Gott erhalte das Universum? Worin liegt der Unterschied zu der Aussage ›das Universum existiert weiter‹?

Glaubender: Man kann sich nicht damit zufriedengeben, daß das Universum existiert. Immerhin muß es eine *Erklärung* dafür geben. Für mich ist Gott diese Erklärung, und er nutzt seine Macht in jedem Augenblick dazu, das Wunder der Existenz aufrechtzuerhalten. In den meisten Fällen geschieht das in geordneter Weise – was Sie physikalische Gesetze nennen –, doch von Zeit zu Zeit weicht Gottes Wirken von dieser Ordnung ab und führt zu aufsehenerregenden Ereignissen, die den Menschen als Warnung oder Zeichen dienen oder denen helfen sollen, die an ihn glauben – wie beispielsweise damals, als er für die Kinder Israels die Wasser des Roten Meeres teilte.

Zweifler: Mir fällt es schwer zu verstehen, warum Sie glauben, dieser übernatürliche Bewirker von Wundern sei *derselbe* wie das Wesen, das das Universum geschaffen hat, Gebete erhört, die Gesetze der Physik erfunden hat, am Jüngsten Tag über die Menschen zu Gericht sitzen wird, und so weiter. Warum können das denn nicht verschiedene übernatürliche Wesen sein? Ich dächte, wenn es so viele Wunder gibt, die allem Anschein nach viele verschiedene und miteinander im Widerstreit stehende Religionen stützen, müßte ein wundergläubiger Mensch doch auch die Existenz einer ganzen Schar von übernatürlichen Wesen zugeben, die miteinander wetteifern.

Glaubender: Ein einziger Gott ist einfacher als viele.

Zweifler: Ich begreife trotzdem nicht, wie sich sogenannte Wunder, und seien sie noch so bemerkenswert, als Beweis für Gottes Existenz ansehen lassen. Ich habe den Eindruck, daß Sie sich hier einfach den menschlichen Glauben an die gute Fee zunutze machen, die Dame Fortuna in ein wirkliches Lebewesen verwandeln und es Gott nennen. Wie können Sie solche ›Wunder‹ nur ernst nehmen?

Glaubender: Mir erscheint es nicht unglaubwürdig, daß Gott, der alles geschaffen hat, auch materielle Objekte handhaben kann. Was wäre denn im Vergleich zum Wunder seines Universums so bemerkenswert daran, daß er die Wasser des Roten Meeres geteilt hat?

Zweifler: Aber Sie gründen Ihr Argument noch immer auf die Annahme von Gottes Existenz. Ich gebe zu, wenn ein Gott der von Ihnen beschriebenen Art – unendlich, allmächtig, wohlwollend, allwissend und so weiter – tatsächlich existierte, wäre die Sache mit dem Roten Meer eine Kleinigkeit für ihn. Aber woher wollen wir wissen, daß es ihn gibt.

Glaubender: Das ist eine Frage des Glaubens.

Zweifler: Eben!

Ich hoffe, daß diese ergebnislos verlaufene Unterhaltung das Wesen des Konflikts verdeutlicht, zu dem es zwischen Naturwissenschaft und Religion kommt, sobald es um Übernatürliches geht. Ein religiöser Mensch, der im Glauben an Gott ruht und täglich Gottes Wirken um sich herum erkennt, nimmt Wunder einfach als weiteres Zeichen für Gottes Wirken in der Welt hin. Einem Naturwissenschaftler hingegen, der die Welt als etwas sieht, das nach den Naturgesetzen abläuft, würde ein Wunder als ›Fehlverhalten‹ erscheinen, als ›krankhaftes‹ Ereignis, das die Eleganz und Schönheit der Natur beeinträchtigt. Die meisten Naturwissenschaftler kommen lieber ohne Wunder aus.

Die Frage nach den Beweisen für Wunder ist natürlich sehr umstritten. Nähme man Wunder ausschließlich aufgrund von Zeugenaussagen hin, gäbe es bei einer ganzen Anzahl anderer Behauptungen keinen rechten Anlaß zur Skepsis, beispielsweise was die Existenz von UFOs oder Gespenstern betrifft, die Möglichkeit, Gedanken zu lesen oder durch Willenskraft Löffel zu verbiegen, wofür gleichfalls eine große Anzahl von Belegen zu existieren scheint. Doch selbst, wenn sich ein Naturwissenschaftler bereit erklärte, die Existenz von Wundern zu akzeptieren, kann es keine wirkliche Trennlinie zwischen dem Wunderbaren und dem geben, was gegenwärtig als paranormal oder parapsychisch bezeichnet wird.

An solchen Erscheinungen besteht ein riesiges und immer noch wachsendes Interesse, ob es um das Verbiegen von Metall durch Willenskraft geht oder um außersinnliche Wahrnehmungen. Nur sehr wenige Vertreter dieser Lehre schmücken ihren Gegenstand mit theologischen Schnörkeln aus. Die Erscheinungen gelten auch, wenn es um Heilungen geht, als ›Wunder ohne Gott‹. Die Glaubenshaltungen und die Hysterie, die zahlreiche Ausflüge in diese Bezirke kennzeichnen, setzen die Religion herab. In der Farbbeilage einer bekannten britischen Sonntagszeitung wurde Jesus Christus einmal mit Uri Geller* verglichen. Unglücklicherweise schmecken zahlreiche Wunderberichte nach Varietétricks. Beispielsweise heißt es vom Heiligen Josef von Kopertino, er habe seine Mitbrüder während des Betens so sehr mit seinem beständigen Schweben in der Luft irritiert, daß man ihn während der Messe in seine Zelle einsperrte!

Es ist interessant, daß zahlreiche der Zeichen für angeblich übernatürliche Ereignisse im Zusammenhang mit neuzeitlichen UFO-Kulten wieder auftauchen. Nehmen Sie beispielsweise Zeugenberichte, in denen es heißt, man sei nach dem Zusammentreffen mit einer UFO-Besatzung schlagartig von einer langwierigen Krankheit geheilt worden – gelegentlich auch bereits, wenn jemand eine fliegende Untertasse nur gesehen hatte.

Auch das freie Schweben spielt eine bedeutende Rolle. Die lautlos und gelassen am Himmel dahintreibenden und sich dem Zugriff der Menschen entziehenden fliegenden Untertassen verdanken ihren Antrieb nicht, wie man uns sagt, der schieren Kraft von Motoren oder dem Schub von Raketen, sie neutralisieren einfach die Schwerkraft der Erde. Gelegentlich schweben die Ufonauten selbst im Körperflug schwerelos unmittelbar über dem Erdboden.

Offensichtlich wurzeln Vorstellungen wie das freie Schweben und die Existenz wundersamer Heilkräfte tief in der menschlichen Psyche. Sie traten in Epochen des Zauberkults offen zutage und verfeinerten sich mit der Entwicklung organisierter Religionen, sanken wohl auch in die Tiefe, doch entfernte sich der starke Urtrieb, derlei zu glauben, nie allzu weit

---

* U.G. machte vor einigen Jahren dadurch von sich reden, daß er in öffentlichen Auftritten Löffel durch bloße Willenskraft verbiegen zu können vorgab (Anm. d. Übers.).

von der Oberfläche und tauchte mit dem Rückgang der organisierten Religionen in technischem Gewande wieder auf. Man bedient sich der Sprache von Raumfahrt und Pseudowissenschaft, spricht von geheimnisvollen Kraftfeldern und dem Einfluß des Geistes auf die Materie – eine wortreiche Synthese aus primitivem Aberglauben und Physik des Raumfahrtzeitalters.

Wunder waren stets der effekthascherische Teil der Religion und nahmen einen etwas zweifelhaften Platz neben den anderen angeblich paranormalen Erscheinungen ein, von denen manche, wie beispielsweise der Teufelskult, äußerst widerwärtig wirken. Wer daran glaubt, hat die doppelt schwierige Aufgabe, den Zweifler zuerst vom Auftreten dieser Erscheinungen zu überzeugen, was angesichts der Anzweifelbarkeit der meisten Zeugenaussagen äußerst schwierig sein dürfte, dann aber auch noch davon, daß Wunder unmittelbar auf Gott zurückgehen. Das bedeutet, man nimmt entweder alle übernatürlichen Ereignisse, auch die unangenehmen, als Auswirkungen von Gottes Tun hin oder zieht irgendwie einen scharfen Trennstrich zwischen den auf Gott zurückgehenden und anderen Wundern. In einem Zeitalter, in dem den Menschen ESP* ebenso vertraut ist wie das ABC, würde die Mehrzahl derer, die von Wundern überzeugt sind, ihr Geld eher auf die Kraft des Geistes als auf die Gottes setzen.

* ESP = *extrasensory perception.* d. h. außersinnliche Wahrnehmung (Anm. d. Übers.).

15. Das Ende des Universums

Sic transit gloria mundi

Sofern Gott das Universum geplant hat, muß es einen Zweck haben. Falls dieser Zweck nie erfüllt wird, hat Gott versagt. Wird er aber erfüllt, ist die Fortführung des Universums unnötig. Das Universum wird aufhören, jedenfalls in der Form, in der wir es kennen.

Die Religionen weichen in ihrer Vorstellung vom Zeitpunkt und der Art des kosmischen Endes stark voneinander ab. Einige sprechen von der unmittelbar bevorstehenden Katastrophe, von einer Welt, die apokalyptischer Zerstörung anheimfällt, wenn strenges Gericht über die Sünder gehalten wird, andere von einem bevorstehenden Königreich des Himmels, das an die Stelle der Welt voller Mühsal und Ungewißheit tritt, die wir jetzt kennen. Einige östliche Religionen neigen einem zyklischen System zu, bei dem das Ende dieser die Geburt einer anderen, ähnlichen Welt bedeutet.

Was hat die moderne Naturwissenschaft zu dieser Frage zu sagen?

Im 2. Kapitel wurde erklärt, wie die Auswirkungen des zweiten Hauptsatzes der Thermodynamik die im Universum herrschende Ordnung unerbittlich in den Zustand der Unordnung zu überführen trachten. Wohin wir auch den Blick richten – überall im Kosmos nimmt die Entropie unumkehrbar zu, und der ungeheure Vorrat an kosmischer Ordnung geht langsam aber sicher zur Neige. Es scheint dem Universum vorbestimmt, immer weiter hin zu einem Zustand des thermodynamischen Gleichgewichts und größter Unordnung zu zerfallen, wonach nichts Interessantes mehr geschehen wird. Physiker bezeichnen diese bedrückende Aussicht, von der man seit mehr als einem Jahrhundert spricht, als ›den Wärmetod‹ des Universums.

Der zweite Hauptsatz der Thermodynamik ist für die gesamte Physik so grundlegend, daß nur wenige Physiker seine Gültigkeit in Zweifel ziehen. Wie wir im 9. Kapitel gesehen haben, ist der Welt unter seinem Einfluß eine zeitliche Asymmetrie auferlegt, die eine Unterscheidung zwischen Vergangenheit und Zukunft bewirkt. Ein Verstoß gegen diesen Satz wäre gleichbedeutend mit einer Umkehrung der Zeitrichtung.

Allerdings sagt er uns nichts über die Art der kosmischen Katastrophen, die das Universum in den Zustand der höchsten Unordnung treiben werden. In den letzten dreißig Jahren hat es die rasche Weiterentwicklung der modernen Astronomie ermöglicht, daß wir uns einige der Einzelheiten der Ereignisse vorstellen können, die die komplexe Organisation und verwickelte Tätigkeit der Welt um·uns herum zerstören werden, ohne daß wir etwas dagegen unternehmen können.

Was unseren Teil des Universums angeht, ist das Schicksal der Erde unauflöslich mit dem der Sonne verknüpft. Alles irdische Leben ist auf das Sonnenlicht angewiesen, und jede größere Störung im gegenwärtig ruhigen Verhalten der Sonne käme einer Katastrophe gleich. Es mangelt nicht an möglichen ›Zuckungen‹ der Sonne, die die Erde unbewohnbar machen könnten. Jede Änderung der gleichbleibenden Wärmeproduktion der Sonne könnte das empfindliche Gleichgewicht des Erdklimas stören und uns in die Katastrophe einer Eiszeit stürzen. Veränderungen der Anordnung der Magnetfelder im Sonnensystem könnten gemeinsam mit dem sogenannten Sonnenwind – einer beständigen Strömung von Teilchen von der Sonnenoberfläche weg – ähnlich tiefgreifende Veränderungen bewirken. Die Explosion eines nahen Sterns könnte uns in tödliche Strahlung einhüllen, und der Durchgang eines Schwarzen Lochs durch das Sonnensystem wäre imstande, die Planeten in ihren Umlaufbahnen zu erschüttern.

Doch selbst angenommen, die Erde entginge all diesen unangenehmen Aussichten, so leuchtet ein, daß die Dinge nicht ›in alle Ewigkeit‹ so weitergehen können wie bisher. Die reichliche Energieausstrahlung der Sonne muß mit Kernbrennstoff bezahlt werden, und Brennstoffreserven werden irgendwann erschöpft sein. Astrophysiker schätzen, daß es bis dahin sicherlich weitere vier bis fünf Milliarden Jahre dauern wird. Diese Zeit mag uns lang erscheinen, doch wenn wir das Alter des Universums von achtzehn Milliarden Jahren mit dem der Sonne vergleichen, die viereinhalb Milliarden Jahre alt ist, sehen wir, daß die Sonne damit ihre Lebensmitte bereits erreicht hat.

In dem Maße, in dem sich die Brennstoffmenge verringert, schwillt die Sonne an und wird zu der Art Stern, die Astronomen als Roter Riese bezeichnen. Ihr Kern, der sich verzweifelt bemüht, die Energieproduktion aufrechtzuerhalten, schrumpft so lange, bis Quantenwirkungen ihn stabilisieren. Zu diesem Zeitpunkt kann sich die Sonne schon so weit ausgedehnt haben, daß die näheren Planeten bereits von ihr verschlungen worden sind, die Erde ihrer Atmosphäre beraubt ist und Felsen auf unserem Planeten geschmolzen oder sogar verdampft sind. Danach wird die Sonne ein neues und unberechenbares ›Leben‹ beginnen, bei dem an die Stelle der atomaren Verbrennung des heute in so reichem Maße zur Verfügung stehenden Wasserstoffs die im 13. Kapitel beschriebene weniger ergiebige Verbrennung von Helium und dann immer schwererer Elemente treten wird.

Wenn schließlich aller Brennstoff verbraucht ist, wird die Sonne aus mäßig schweren Elementen wie beispielsweise Eisen bestehen. Eine weitere Kernverschmelzung würde zu keiner Freisetzung von Energie mehr führen. Im Eisen findet sich die stabilste Form von Atomkernen, und dem zweiten Hauptsatz der Thermodynamik zufolge streben alle Systeme nach ihrem stabilsten Zustand. Bis zu diesem Zeitpunkt hat die Temperatur in der Sonnenmitte stetig zugenommen, und sie hat in dieser Phase etwa eine Milliarde Grad erreicht. Da nun der gesamte Brennstoff verbraucht ist, läßt der Innendruck nach, und die Schwerkraft nimmt ihre Rechte wahr. Die arme Sonne beginnt sich unter ihrem eigenen Gewicht zusammenzuziehen und drückt dabei das in ihr befindliche Material so heftig zusammen, daß dessen Dichte auf eine Tonne pro Kubikzentimeter ansteigt. Die ausgebrannte Sonne wird auf die Größe der Erde schrumpfen und zahllose Milliarden Jahre hindurch langsam immer dunkler und kälter werden, bis sie schließlich ihr Dasein als Stern vom Typus Schwarzer Zwerg beendet. Dieselbe Abfolge von Instabilität, Ausdehnung, Brennstoffmangel und Zusammenbruch wird sich in unserer ganzen Milchstraße und in allen anderen Galaxien wiederholen. Die Sterne werden sich einer nach dem anderen durch die Stadien des nuklearen Zyklus hindurchbrennen, bis sie ihr eigenes Gewicht nicht mehr gegen die unerbittliche Kraft der Gravitation zu halten vermögen.

Einige Sterne werden in spektakulärer Weise untergehen, nämlich als Supernovas. Das heißt, während ihr Inneres im Ablauf einer stellaren Katastrophe implodiert und ungeheure Energiemengen freisetzt, zerbirst das Ganze in zahllose Stücke. Die Reste der leichteren dieser ›Kamikaze‹-Sterne werden aus diffusen Trümmern um ein Stück ultra-zerborstener Materie bestehen, das in einem Kugelvolumen von nur wenigen Kilometern Durchmesser eine verdichtete Masse entsprechend der der Sonne enthält. So ungeheuer ist die Dichte eines solchen Objekts, daß ein Teelöffel von dieser Materie mehr wiegt als alle Kontinente der Erde zusammen. Einem solchen Zugriff können sich nicht einmal die Atome entziehen, auch sie werden nach innen zusammengepreßt, bis sie aus einer Ansammlung reiner Neutronen bestehen. Astronomen kennen solche Neutronensterne; sie finden sich im Gefolge früherer Supernova-Explosionen.

Schwerere erloschene Sterne dürften sich angesichts der sie zusammendrückenden Gravitation kaum aus eigener Kraft wieder stabilisieren können, nicht einmal dann, wenn sie sich in eine Neutronenkugel verwandeln. Solche Sterne schrumpfen immer rascher, bis sie eines Tages als Schwarze Löcher enden.

Der Kosmologe Edward Harrison beschreibt den langsamen Zerfall des Universums in folgenden eindrucksvollen Worten:

>Die Sterne beginnen wie flackernde Kerzen zu verblassen und erlöschen einer nach dem anderen. In den Tiefen des Raumes sterben die großen himmlischen Städte allmählich dahin, die Galaxien, die Denkwürdigkeiten vieler Zeitalter enthielten. Dutzende von Jahrmilliarden vergehen in zunehmender Dunkelheit, gelegentlich durchdringt ein Lichtschimmer die sinkende kosmische Nacht und an einzelnen Stellen auftretende Aktivität verzögert noch einmal den Untergang eines Universums, das zu einer Existenz als galaktischer Friedhof verurteilt ist.« [1]

Auf ihrer Suche nach dem Zustand höchster Entropie erkunden physikalische Systeme bisweilen merkwürdige Wege. Die Organisation unserer Milchstraße wird sich aufzulösen beginnen, während die Sterne ausbrennen. Bei solchen wie der Sonne dauert dieser Vorgang mehrere Milliarden Jahre, während derer sich aus den interstellaren Gasen immer wieder neue Sterne bilden; der Untergang kleinerer Sterne kann um Jahrtausende langsamer vor sich gehen. Schließlich jedoch hat sich die in den Sternen enthaltene geordnete Energie auf ungeordnete Weise in Gestalt von Strahlung durch das Universum verbreitet, und das Milchstraßensystem verblaßt und kühlt sich ab. Ein ähnliches Schicksal ist auch anderen Galaxien bestimmt.

Zwar läuft auf den toten Sternen noch eine ganze Menge an Aktivitäten ab, doch ist der Zeitrahmen dafür stark erweitert. Während die ausgebrannten Reste durch die Milchstraße treiben, kommt es gelegentlich zu Zusammenstößen. Schwarze Löcher schlucken alle Sterne oder was ihnen sonst in den Weg kommt, und falls es in der Mitte unserer Milchstraße, wie einige Astronomen annehmen, ein riesiges Schwarzes Loch gibt, wird es allmählich immer größer werden. Die Umlaufbahnen der Sterne werden unter dem Einfluß der Schwerkraftstrahlung –

wellenähnliche Raumformationen, die die Umlaufenergie aller massiven Objekte in sich aufsaugen – allmählich zerfallen. Über eine unvorstellbar lange Zeit hin werden die Sternenreste näher und näher an das Zentrum der Milchstraße herantreiben und sich schließlich dem unersättlichen Riesenloch zum Opfer bringen. Einigen toten Sternen wird dieses Schicksal als Ergebnis glücklicher Begegnungen mit anderen Sternen erspart bleiben, die sie ganz aus der Milchstraße herausbrechen, worauf sie in der Weite des intergalaktischen Raums ganz allein für sich dahintreiben werden.

Für die Sterne, denen ein Entkommen nicht vergönnt ist, sowie für Gas und Staub, die dem Tod im Schwarzen Loch entrinnen, gibt es nur einen vorläufigen Aufschub. Wenn die Vereinheitlichte Theorie recht hat, ist das Kernmaterial dieses kosmischen Treibguts unstabil und wird nach etwa 10^{32} Jahren verdampfen. Neutronen und Protonen zerfallen zu Positronen und Elektronen, die dann sich selbst und alle weiteren Elektronen vernichten werden. Jegliche feste Materie zerfällt auf diese Weise. Das Ergebnis dieses Gemetzels hängt von der Geschwindigkeit ab, mit der sich das Universum tatsächlich ausdehnt. Wenn die Schätzungen stimmen, die von einer relativ hohen Geschwindigkeit ausgehen, werden Elektronen und Positronen rascher beiseitegefegt, als sie aufeinandertreffen können, so daß es nicht zu einer vollständigen Vernichtung kommt. Einige Teilchen werden immer übrigbleiben. Die sich gegenseitig vernichtenden Teilchen erzeugen Gammastrahlung, die ihrerseits mit der kosmischen Ausdehnung allmählich schwächer wird. Zusätzlich gibt es vom Urknall übriggebliebene Wärmestrahlung und Neutrinos. All diese Bestandteile werden sich allmählich, wenn auch unterschiedlich rasch, bis zum absoluten Nullpunkt abkühlen. Da Materie, Elektronen und Positronen, rascher abkühlt als die Strahlung, wird es, obwohl sich der Temperaturunterschied zwischen beiden wegen der Annäherung an den absoluten Nullpunkt vermindert, eine bestimmte Temperaturdifferenz geben, die grundsätzlich als Quelle freier Energie, negativer Entropie, dienen kann. Also erreicht die Entropie dieses stark heruntergekommenen Universums den Höchstwert nie ganz, auch wenn sie ihm nahekommt, so daß in diesem eingegrenzten Sinn ein richtiger Hitzetod nicht eintreten wird.

Wenn sich das Universum eher etwas langsam ausdehnt, wird es zu einer stärkeren Vernichtung von Elektronen und Positronen kommen. Doch geschieht die gegenseitige Zerstörung nicht als Ergebnis zufälliger Zusammenstöße. Elektrische Kräfte binden Elektronen an Positronen, was es diesen ermöglicht, als Positronium bezeichnete ›Atome‹ zu bilden. Berechnungen zeigen, daß in einem sich langsam ausdehnenden Universum die meisten der Teilchen nach 10^{71} Jahren Positronium gebildet haben werden. Dabei handelt es sich wirklich um eigentümliche ›Atome‹, da sie Tausende von Milliarden Lichtjahre groß sind! Die Teilchen umkreisen einander so langsam, daß es eine Million Jahre dauert, bis sie sich einen einzigen Zentimeter vom Fleck bewegt haben. Das Positronium ist unstabil, und ganz allmählich zerfallen diese riesigen Gebilde durch die Ausstrahlung von Photonen sehr geringer Energie. Nach 10^{116} Jahren wird das meiste Positronium zerfallen und die Teilchen, aus denen es besteht, miteinander in Berührung gekommen sein, worauf die sofortige Vernichtung erfolgt. Während des Zerfalls hat jedes Positronium-›Atom‹ immerhin 10^{22} Photonen ausgesendet – eine ungeheure Zunahme an Entropie.

Die Schwarzen Löcher schließlich bleiben auch nicht untätig. Die im 13. Kapitel kurz angesprochenen Quanteneffekte besagen, daß die Löcher nicht wirklich schwarz sind, sondern aufgrund ihrer Wärmestrahlung ganz dunkel glimmen. Bei einem Schwarzen Loch von der Masse der Sonne beträgt die Temperatur ein jämmerliches Zehnmilliardstel eines Grades über dem absoluten Nullpunkt, während die von Superlöchern noch darunter liegt. Solange die Hintergrundtemperatur des Universums sie übersteigt, wachsen die Löcher durch Wärmeabsorption sehr langsam weiter. Es kommt noch zu einer gewissen Aktivität, wenn Löcher mit anderen Objekten oder anderen Löchern zusammenstoßen, und die Drehbewegung rotierender Löcher wird sich nach und nach in dem Maße verlangsamen, wie sich ihr Drall verringert. Zur tiefgreifendsten Veränderung aber wird es kommen, wenn die Temperatur des Weltraums schließlich unter die der Löcher sinkt.

Ein Schwarzes Loch, das wärmer ist als seine Umgebung, büßt Wärme, und damit Energie, ein, woraufhin es schrumpft. Das wiederum läßt die Temperatur ansteigen, womit sich die Wärmeabstrahlung beschleunigt. Damit begibt sich das Loch auf den steil abfallenden Pfad der immer schneller werdenden Verdampfung. Im Lauf der Zeit nimmt die Schrumpfungsgeschwindigkeit zu, bis nach vielleicht 10^{108} Jahren selbst solche Schwarzen Löcher zu nichts dahingeschwunden sind, die ursprünglich das Gewicht mehrerer galaktischer Massen hatten.

Niemand weiß, wie ein Schwarzes Loch schließlich ›stirbt‹, aber es scheint, als schnurre es zu mikroskopischen Abmessungen zusammen und erhitze sich dabei so sehr, daß es Materie zu erzeugen beginnt. In diesem Stadium hat es nur noch eine Lebenserwartung von wenigen Milliarden Jahren. Zum Schluß explodiert es wahrscheinlich in einem Schauer von Gammastrahlen und hinterläßt keine Spuren seiner früheren Existenz.

Diese Untersuchungen sagen dem uns heute bekannten Universum voller Glanz und Aktivität ein schreckliches Ende voraus. Auch wenn die unvorstellbar langen Zeiträume, um die es hier geht, jenseits menschlicher Vorstellungskraft liegen – man denke daran, daß 10^{100} eine Eins mit hundert Nullen ist –, scheint es nur wenig Zweifel daran zu geben, daß es allen gegenwärtig beobachteten Strukturen bestimmt ist, schließlich zu verschwinden und nichts zu hinterlassen als kalten, dunklen, sich ausdehnenden und nahezu leeren Raum, den bei immer geringerer Dichte einige einzelne Neutrinos und Photonen beleben, und sonst kaum etwas. Eine solche Aussicht erscheint zahlreichen Naturwissenschaftlern zutiefst deprimierend.

Doch gibt es eine andere Möglichkeit. Den oben gemachten Schlußfolgerungen liegt die Annahme zugrunde, das Universum werde sich ständig weiter ausdehnen. Dazu muß es keineswegs kommen. Es ist bekannt, daß die Ausdehnungsgeschwindigkeit in dem Maße stetig abnimmt, in dem die Schwerkraft das Auseinanderstreben der Galaxien hemmt. Einige Astronomen vermuten, daß das Sich-Ausdehnen eines Tages aufhören wird. Ob es dazu kommt, hängt von der Schwerkraftwirkung des Universums ab, und diese wiedcrum von der Dichte des Materials. Da zu dieser Dichte auch unsichtbares Material, wie Neutrinos und Schwarze Löcher, gehört sowie unsichtbare Energie wie beispielsweise Schwerkraftwellen, ist es nahezu unmöglich, eine Aussage darüber zu machen, wie diese Gesamtdichte aussieht.

Sofern die Ausdehnung zum Stillstand kommt, bleibt das Universum nicht statisch, sondern wird sich in einem Bewegungsablauf zusammenziehen, der das zeitliche Spiegelbild der Ausdehnungsphase ist. Zuerst wird die Zusammenziehung langsam erfolgen, dann aber im Lauf von Jahrmillionen immer rascher werden. Galaxien, die gegenwärtig voreinander zurückweichen, werden sich statt dessen einander annähern und dabei immer schneller werden. Jetzt ist alles für eine ungeheure Katastrophe bereit.

Wenn das Universum auf ein Hundertstel seiner gegenwärtigen Größe zusammengeschrumpft ist, wird der Kompressionseffekt die Temperatur bis auf den Siedepunkt von Wasser gesteigert haben, und die Erde (wenn sie den Tod der Sonne überlebt hat) wird unbewohnbar. Ein Beobachter wäre nicht mehr imstande, einzelne Galaxien auszumachen, da diese jetzt dabei wären, miteinander zu verschmelzen, während die intergalaktischen Räume immer kleiner werden. Ein weiteres Schrumpfen steigert die Temperatur so weit, daß der Himmel sich erhitzt wie ein Hochofen und die in diesem weißglühenden Raum befindlichen Sterne erst kochen und schließlich explodieren werden.

Jetzt beschleunigt sich der Ablauf der Ereignisse immer mehr. Alle Strukturen sind verdampft und ihre Atome weithin verstreut. In – höchstens – wenigen hunderttausend Jahren werden die Atomkerne selbst durch die immer mehr ansteigenden Temperaturen zerschmettert. Der Zeitrahmen der Ereignisse wird jetzt immer enger. Das Universum schrumpft zusehends binnen Minuten, dann Sekunden, schließlich Mikrosekunden, während die sich ansammelnde Schwerkraft aus der kosmischen Zusammenziehung eine unbeherrschte Implosion macht. Dieser Endzerfall wäre also der ›Schlußkrach‹.

Diese eindrucksvollen Ereignisse haben den Lyriker Norman Nicholson zu nachstehenden Versen inspiriert: [2]

Und wenn sich das All umkehrte,
Die Farbe seiner Währung zeigte,
Wenn Licht, jetzt sichtbar,
Nach innen strömte,
Und die Himmel einen Sturm
Von Galaxien schneiten,
Würde das Brennglas der Nacht
Sengender leuchten als eingefangene
Sonnenstrahlen und der Mensch sich
Geblendet abwenden, weißglühendes Dunkel im Aug'.

Nur noch Mikrosekunden trennen jetzt das Universum von seinem Tod. Der Endzerfall spielt sich umgekehrt ab wie der Urknall. Allerlei subatomare Teilchen entstehen für einen winzigen Augenblick, doch im Nu schrumpft das gesamte Universum, so daß es weniger Platz einnimmt als ein Atom, woraufhin sich die Raum-Zeit selbst auflöst.

Zahlreiche Physiker sind der Ansicht, der Kollaps bedeute das Ende des physikalischen Universums. Ebenso wie sie annehmen, das Universum – Raum, Zeit und Materie – sei durch einen Urknall entstanden, so vermuten sie, daß es in einem Endzerfall aus dem Dasein scheiden werde – die totale Vernichtung. Nichts bleibe verschont: weder Orte, noch Augenblicke noch Dinge. In einer letzten ›Singularität‹ oder Zeitschwelle gebe alles, was existiert, der unendlichen Zerstörungsmacht der Schwerkraft nach, danach sei nichts mehr. Die Gravitation, die Hebamme des Kosmos, sei zugleich sein Totengräber.

Nicht alle Naturwissenschaftler sind bereit, dieses spektakuläre Abtreten des Universums hinzunehmen. Einige erklären, unbekannte physikalische Kräfte würden den Kollaps im Zustand einer phantastisch hohen Dichte aufhören und das Universum in einen erneuten Zyklus von Ausdehnung und darauffolgender Zusammenziehung zurück-›schnellen‹ lassen, auf den dann wieder ein solcher Zyklus folgen werde, und so weiter, *ad infinitum*. Das ist die bereits im 12. Kapitel beschriebene Vorstellung vom pulsierenden Universum. Lösen lassen wird sich die Frage wohl nur durch weitere Arbeiten auf dem Gebiet der Hochenergiephysik.

Obwohl die Naturwissenschaft für das Geschick des Universums eine Vielzahl von Möglichkeiten bereithält, setzen diese alles voraus, daß damit das Universum, wie wir es heute kennen, zu Ende geht. Darin decken sie sich mit Endzeitmythen der meisten Religionen, nur geht es dabei um so ungeheure und unvorstellbare Zeiträume, daß man den Tod des Kosmos unmöglich mit menschlichem Tun in Beziehung setzen kann. Sofern bewußte Geschöpfe in einer Zeit existieren, die so weit in der Zukunft liegt, daß von ihr aus gesehen unsere Gegenwart vom Zeitpunkt der Schöpfung ununterscheidbar wirkt, werden es keine Menschen sein. Dafür werden bis dahin Tausende von Billionen Jahren der Evolution und technischer Entwicklung gesorgt haben.

Erstens kann die Entwicklung ›künstlicher‹ Intelligenz durchaus bedeuten, daß der Mensch seine intellektuelle Überlegenheit zugunsten denkender Maschinen aufgibt. In einem gewissen begrenzten Sinn geschieht das bereits heute. Angesichts der für weitere Neuerungen verfügbaren Ozeane an Zeit scheint es keinen Grund dafür zu geben, warum nicht Maschinen alles erreichen und sogar übertreffen können, wessen der menschliche Geist fähig ist. Weil es für solche Maschinen keine Größenbeschränkung gibt, lassen sich leicht riesige künstliche Übergehirne vorstellen, deren Denkfähigkeit bei weitem alles übertrifft, was wir jetzt zu begreifen vermögen. Darüber hinaus eröffnet die Fähigkeit elektronischer Einrichtungen, Informationen einander unmittelbar zu überspielen, den Weg zu einer Zusammenfassung von Maschinengehirnen. Man kann sich ein ausgeklügeltes Netz der Funkkommunikation durch das ganze Universum vorstellen, das zahlreiche ortsfeste Supergehirne zu einem einzigen Hyper-Supergehirn zusammenfaßt.

Fortschritte bei der Genmanipulation könnten die Vorstellung von der

Denkmaschine in eine neue Richtung lenken. Bisher unterlag die Entwicklung der biologischen Intelligenz den Zwängen und Kräften der natürlichen Evolution, aber in dem Maße, in dem wir die Herrschaft über die Molekularstrukturen gewinnen, die unsere körperlichen und geistigen Merkmale bestimmen, wird es möglich sein, bestehende Organismen zu verändern oder sogar neue zu erfinden. In beschränktem Maße geschieht das bereits durch Kreuzung und gezielte Anreize zur Mutation. Es scheint keinen wirklichen Grund zu geben, warum nicht ein Tag kommen sollte, an dem man mit Hilfe der Gentechnik Gehirne ›nach Maß züchten‹ kann. Die Unterscheidung zwischen natürlicher und künstlicher Intelligenz wäre dann aufgehoben. Diese überlegenen, vom Menschen geschaffenen Gehirne ließen sich entweder als genetisch manipulierte biologische Organismen ansehen oder als fortgeschrittene Computer, die statt mit den üblichen Halbleitern mit organischer ›Hardware‹ arbeiten. Sogar eine Symbiose zwischen beiden ist vorstellbar, wobei sich die organischen Gehirne in Halbleiterschaltkreise ›einschalten‹ könnten oder Gehirnen in Zukunft verfügbare Superchips als eine Art ›Verstärker‹ eingepflanzt würden. Außerdem könnte man vielleicht bei herkömmlicheren Denkmaschinen statt einiger Halbleiterkristalle organische Bauteile verwenden. Selbstverständlich sagt niemand, daß eine dieser Möglichkeiten in vorhersehbarer Zukunft auch nur ansatzweise durchführbar wäre, aber können wir allen Ernstes glauben, daß das nicht nach beispielsweise einer Million Jahre wissenschaftlicher Forschung der Fall sein wird? Oder einer Milliarde? Einer Billion? Vergessen wir nicht, daß die Naturwissenschaft erst ein paar hundert Jahre alt ist.

Was die ferne Zukunft des Universums und seiner Bewohner angeht, steht die interessante Frage zu ihr in Beziehung, ob es eine Grenze für das Ausmaß an Herrschaft gibt, die intelligente Geschöpfe über die natürliche Welt auszuüben vermögen. Das Universum, das wir sehen, haben die großen kosmischen Kräfte gestaltet, angefangen bei den machtvollen atomaren Wechselwirkungen bis hin zu den langfristigen Auswirkungen der Schwerkraft. Aber wir sehen auch die Reste künstlicher Umgebungen: umgeleitete und aufgestaute Flüsse, angelegte und abgeholzte Wälder, besiegte Wüsten und abgetragene Berge. Nur an wenigen Stellen der Erdoberfläche finden sich keine Zeugnisse für das Tun des Menschen. So wie Technik und wissenschaftliches Verständnis voranschreiten, können wir erwarten, daß unsere Nachkommen die Herrschaft über immer größere und komplexere physikalische Systeme erlangen. Freeman Dyson hat sich fortgeschrittene technische Gemeinschaften vorgestellt, die die Struktur des planetarischen Systems tiefgreifend verändern, um ihren Stern herum eine Kugelschale aus fester Materie legen, um einen möglichst großen Teil der Energieleistung einzufangen und zu nutzen.[3] Der technische Stand, der erforderlich ist, um Planeten zu zerlegen, scheint für immer dem Reich der Phantasie anzugehören, andererseits braucht man für ein solches Unternehmen in erster Linie Zeit, Geld und Rohstoffe – besondere Fertigkeiten hingegen nicht.

Wir sehen uns mithin einer beunruhigenden Perspektive gegenüber. Können wir in einem Universum, dem praktisch unbegrenzte Zeit für technische Unternehmungen zur Verfügung steht, zuversichtlich *irgend etwas* ausschließen, das den Gesetzen der Physik entspricht? In den letzten Jahrtausenden hat der Mensch auf dem Gebiet der Technik Entwicklungen eingeleitet, die ihn von einfachen Werkzeugen, die nur wenige Zentimeter maßen, zu bedeutenden und viele Kilometer messenden technischen Großanlagen geführt haben – Brücken, Tunnel, Staudämme, Städte. Extrapolieren wir das, wird auch bei stark verringertem Entwicklungstempo die Zeit kommen, da erst die gesamte Erde, dann das Sonnensystem und schließlich die Sterne ›technologisiert‹ sein werden. Die Milchstraße selbst ließe sich durch menschliches Eingreifen umgestalten, Sterne könnten aus ihrer Umlaufbahn gebracht, aus Gaswolken erzeugt oder durch künstlich hervorgerufene Instabilitäten zerstört werden. Schwarze Löcher ließen sich nach Bedarf als Energiequellen und/oder als Deponien zur Beseitigung des Abfalls der kosmischen Gesellschaft nutzen.

Wenn aber Galaxien – warum dann nicht das Universum?

Man mag solche Extrapolationen als sinnlose Gedankenspielereien von der Hand weisen, doch kommt man mit ihnen zu einer wichtigen philosophischen Frage. Was, sofern es überhaupt einen gibt, ist der Unterschied zwischen natürlich und künstlich, zwischen blind wirkenden und intelligent eingesetzten Kräften? Das ist ein neuer Gesichtswinkel für die Behandlung der alten Frage nach dem freien Willen und der Vorherbestimmung.

Ein intelligenter Herrschaft unterworfenes System gehorcht nach wie vor den Gesetzen der Physik. Es gibt – außer möglicherweise auf der Ebene der Wechselwirkung zwischen Geist und Körper – keinen Hinweis dafür, daß eine größere künstliche Anlage gegen irgendwelche physikalische Grundsätze verstößt. Zwar kann beispielsweise ein Eisenbahnnetz oder ein Atomkraftwerk nicht spontan entstehen, aber ihre Errichtung liegt im Rahmen der Naturgesetze. Der dabei auftretenden Ordnung steht die im Bauverfahren erzeugte und auf jeden Fall größere Entropie gegenüber.

Wie im 6. Kapitel dargelegt, kann man das Tun des Gehirns entsprechend den physikalischen Gesetzen auf der Ebene der Hardware und ebenfalls schlüssig auf der Ebene der Software, also in Abhängigkeit von Gedanken, Empfindungen, Vorstellungen, Entscheidungen und so weiter beschreiben. Ähnlich streitet nicht die Herrschaft der physikalischen Gesetze ab, wer ein System ›technologisiert‹ nennt – er bedient sich zur Beschreibung von dessen Funktion lediglich der Software-Ausdrucksweise. Mithin gibt es keine Widersprüche in einem Universum, das sich in Übereinstimmung mit genau definierten physikalischen Gesetzen entwickelt, aber dennoch intelligenter Herrschaft unterliegt.

Eine solche Schlußfolgerung fordert zum Nachdenken heraus. Wer den Aufbau des Kosmos mit Rückgriff auf Gott erklärt, denkt gewöhnlich an eine *übernatürliche* Wirkkraft, die außerhalb der Naturgesetze Einfluß auf die Welt nimmt. Dabei kann durchaus ein großer Teil dessen, wenn nicht alles, dem wir im Universum begegnen, das Ergebnis intelligenter Handhabung einer durchaus natürlichen Art sein: Sie liegt innerhalb der Gesetze der Physik. Beispielsweise *könnte* unsere Galaxie ein überlegener Geist geschaffen haben, der die Urgase durch sorgfältig angeordnete Gravitationskörper, gesteuerte Explosionen und alles, was einen Astroingenieur des Raumfahrtzeitalters ausmacht, neu geordnet hat. Aber wäre eine solche Superintelligenz Gott?

Die Frage ist keineswegs unwichtig. Üblicherweise wird Gott als Schöpfer des gesamten Universums, einschließlich von Raum und Zeit, angesehen und nicht als bloßer Architekt der Milchstraße. Offensichtlich kann kein Wesen, das *innerhalb* des physikalischen Universums wirken muß und sich dazu lediglich zuvor bereits existierender Gesetze bedient, als Schöpfer eines Universums gelten. Wie aber, wenn sich die Macht dieses Über-Astroingenieurs auf alle Galaxien erstreckte? Nehmen wir an, er könne Raum und Zeit mit Hilfe der Gravitation krümmen.

Auch dann wäre er nicht Gott, sofern er nicht Raum und Zeit selbst zu schaffen oder zu zerstören vermöchte. Aber die neue Physik nimmt hier eine eigentümliche Wendung. Wenn der Mensch über genug Energie und Rohstoffe verfügte, stünde es in seiner Macht, so viel Gravitationsmaterial anzusammeln, wie für die Herstellung eines Schwarzen Lochs nötig ist. In seiner Mitte, an der sogenannten Singularität, *werden* Zeit und Raum zerstört. Also können auch *wir* die Raum-Zeit zerstören.

Sie zu schaffen ist da schon schwieriger. Aber dürfen wir sicher sein, daß es wirklich *unmöglich* ist – daß die Gesetze der Physik es gänzlich ausschließen? Nein. Beispielsweise wurden im 3. Kapitel einige neuere Theorien über die Schaffung von Raum‹blasen‹ beim Urknall beschrieben. Was wäre außerdem, wenn Raum und Zeit doch ewig sind – was der beliebten Theorie einer Schöpfung durch den Urknall zuwiderliefe? Falls Raum und Zeit nicht schon immer existiert haben, ist es ohnehin sinnlos, davon zu sprechen, das Universum sei in der Zeit geschaffen worden. Damit wäre Gottes Aufgabe im All darauf beschränkt, die Materie zu gestalten und zu organisieren. Das aber wäre möglicherweise ausschließlich mit Hilfe natürlicher Mittel zu vollbringen – wir lassen hier einige thermodynamische Schwierigkeiten beiseite. Einer solchen Sichtweise zufolge könnte Gott ewig, unendlich und das mächtigste Wesen im Universum sein. Er wäre nicht allmächtig, weil er außerhalb der Naturgesetze nicht tätig zu werden vermöchte. Er wäre der Schöpfer all dessen, was wir sehen, da er aus bereits existierender Energie Materie geschaffen, sie in angemessener Weise organisiert und die für die Entstehung des Lebens nötigen Bedingungen hergestellt hätte, und so weiter. Aber er wäre nicht zu einer Schöpfung aus dem Nichts, *ex nihilo*, imstande, wie sie die christliche Lehre postuliert. Ein solches Wesen ließe sich als natürlicher statt als übernatürlicher Gott bezeichnen.

Welche Belege haben wir für die Existenz eines solchen natürlichen Gottes? Sind sie überzeugender als die für einen übernatürlichen Gott oder weniger überzeugend?

Zahlreiche Geheimnisse im Zusammenhang mit der natürlichen Welt ließen sich leicht damit erklären, daß man die Existenz einer natürlichen Gottheit voraussetzt. Beispielsweise gibt es bisher keine zufriedenstellende Erklärung für die Entstehung der Galaxien. Ein weiteres verwirrendes Rätsel ist der Ursprung des Lebens. Aber wir können uns beides als planvoll von einem intelligenten Superwesen geschaffen vorstellen, ohne daß dabei gegen irgendwelche physikalischen Gesetze hätte verstoßen werden müssen. Nur tappen wir mit einer solchen Erklärung in die alte Falle, daß wir Gott alles zuschreiben, was zufällig außerhalb der Reichweite heutigen naturwissenschaftlichen Verstehens liegt. Gott wäre ein ›Lückenbüßer‹. Verfechter der religiösen Position haben schon schmerzlich erfahren, wie gefährlich es ist, auf eine Erscheinung zu weisen und zu sagen: »Das ist ein Beweis für Gottes Wirken« – nur um später mitanzusehen, wie der wissenschaftliche Fortschritt eine völlig zufriedenstellende Erklärung dafür lieferte. Gott als Pauschalerklärung für Unerklärtes heranzuziehen heißt, Gefahr zu laufen, daß man letztlich seine Nicht-Existenz nachweist – ganz davon abgesehen, daß man Gott damit zum Freund der Unwissenheit stempelt. Finden müssen wir ihn, sofern er auffindbar ist, durch das, was wir über die Welt entdecken, und nicht durch das, was zu entdecken wir nicht imstande sind.

Dennoch fährt mit diesem Argument ein natürlicher Gott besser als ein übernatürlicher. Immerhin ist die Hypothese, ein natürlicher Gott habe das Leben im Rahmen der Gesetze der Physik geschaffen, möglich und paßt zu unserem wissenschaftlichen Verständnis der physikalischen Welt, und sei es nur, weil die Erschaffung von Leben durch den Menschen im Labor eine deutlich erkennbare, wenn auch noch in der Ferne liegende, Möglichkeit darstellt.

Wie können wir die Glaubwürdigkeit der beiden Erklärungen für den Ursprung des Lebens oder irgendeines anderen hochorganisierten Systems gegeneinander abwägen: Ist es Ergebnis intelligenten, aber auf natürliche Weise erfolgten Eingreifens eines Überwesens, vielleicht des höchsten Wesens – Gott – oder die Endstufe gedankenlos abgelaufener Selbstorganisationsprozesse, wie es beim Auftreten geordneter Konvektionsmuster in der Atmosphäre des Jupiters der Fall ist? Beiden Erklärungen haften Schwierigkeiten an.

Die Antwort auf diese Frage hängt davon ab, für eine wie wichtige Kraft im Universum wir den Geist halten. Die meisten Menschen sind bereit, Vorstellungen aus Science-Fiction-Büchern von einer fernen Zukunft hinzunehmen, in der die Intelligenz noch größere Bereiche als bisher beherrscht. Man kann sich vorstellen, daß das gesamte jetzt von uns wahrnehmbare Universum in den zahllosen vor uns liegenden Tausenden von Billionen Jahren ›technologisiert‹ wird. Warum fällt dann die Vorstellung so schwer, eine solche Über-Intelligenz könnte schon vor uns existiert haben?

Zu dieser Frage heißt es gewöhnlich, Intelligenz entstehe erst als Endprodukt einer langen Abfolge evolutionärer Veränderungen, die nach und nach das Ausmaß an Organisation der Materie steigern. Ist aber nicht denkbar, daß der Geist die ursprünglichere Wesenheit ist?

Unter Naturwissenschaftlern findet die Ansicht zunehmende Verbreitung, weder der Geist noch das Leben seien zwangsläufig auf die organische Materie beschränkt. In ihrem äußerst spekulativen, aber zum Nachdenken anregenden Buch – *Life Beyond Earth*[4] – untersuchen der Physiker Gerald Feinberg und der Biochemiker Robert Shapiro die Möglichkeiten außerirdischen Lebens. Sie vertreten die Ansicht, Leben könne sich auf Plasma, die Energie elektromagnetischer Felder, magnetische Bezirke in Neutronensternen und eine Vielzahl anderer, uns unwahrscheinlich vorkommender Systeme stützen. Bewußtsein und Intelligenz sind Begriffe der Software-Ebene; sie auszudrücken ist lediglich eine Frage der Anordnung – der Organisation –, nicht des Mediums. Denkt man das konsequent zu Ende, kann man sich durchaus einen seit der Schöpfung existierenden ›Über‹-Geist vorstellen, der alle Grundfelder der Natur umfaßt und dem die Aufgabe obliegt, aus einem völlig ungeordneten Urknall den komplexen und wohlgeordneten Kosmos zu organisieren, den wir jetzt wahrnehmen; und das alles im Rahmen der physikalischen Gesetze. Das wäre kein Gott, der alles durch übernatürliche Mittel schüfe, sondern ein leitender, überwachender, alles umfassender Geist, der den Kosmos durchdringt und die Naturgesetze so handhabt, daß dabei ein bestimmter Zweck erfüllt wird. Wir könnten diesen Stand der Dinge so beschreiben, daß wir sagen, die Natur sei ein Ergebnis ihrer eigenen Technik, und das Universum *sei* ein Geist: ein sich selbst beobachtendes wie auch sich selbst organisierendes System. Unser eigener Geist ließe sich dann als jeweils eng umrissene ›Insel‹ des Bewußtseins in einem Meer aus Geist auffassen, eine Vorstellung, die an solche in einigen Systemen der asiatischen Mystik denken läßt, die Gott als das vereinigende Bewußtsein aller Dinge ansehen, in die der menschliche Geist eingeht und, wenn er eine hinreichend hohe Stufe seelischer Vervollkommnung erreicht hat, seine Identität verliert.

Man kann aber noch weiter gehen. Zumindest einigen Physikern zufolge nimmt ja der Geist hinsichtlich des Quantenbegriffs eine besondere Stellung ein. Sofern ein alles umfassender Geist imstande wäre, ›die Qantenkarten zu zinken‹, könnte er grundsätzlich alles, was geschieht, dadurch steuern, daß er das Verhalten eines jeden Elektrons, Protons, Photons und so weiter beeinflußt. Bei der Beobachtung mikroskopisch kleiner Materie könnte eine solche organisierende Kraft unserer Aufmerksamkeit entgehen, weil das Verhalten einzelner Teilchen nach wie vor ganz und gar willkürlich schiene. Erst wenn im Gesamtverhalten einer ungeheuren Anzahl von Atomen eine Organisation erkennbar würde, könnten wir erklären, das System scheine sich auf geheimnisvolle Weise selbst zu organisieren. Es ist denkbar, daß ein solches Bild von Gott durchaus die meisten Gläubigen zufriedenstellen würde.

Zahlreiche frühe Religionen besaßen eine Vielzahl von Göttern, deren Machtfülle jeweils ihren Rang bestimmte. Diese Vorstellung findet ihre Entsprechung in heutigen Spekulationen über außerirdische Intelligenz. Einige Autoren haben eine Hierarchie intellektueller und technischer

Macht erdacht, auf deren unterster Stufe der Mensch steht. Man kann sich Geschöpfe mit so bedeutenden Fähigkeiten ausmalen, daß wir nicht imstande wären, ihr Tun vom Wirken der Natur zu unterscheiden. In einer solchen Hierarchie gäbe es ein oberstes Wesen, das über die höchste Kraft und Intelligenz verfügt, und es würde vielen der an Gott gestellten Forderungen genügen.

Wären wir von der Existenz eines solchen Geistes überzeugt (allerdings liefert keine noch so große Zahl naturwissenschaftlich *möglicher* Vorstellungen einen Hinweis darauf, daß es ihn gibt), vermöchte dann dieses Wesen das Ende des Universums zu verhindern?

Sofern es darauf festgelegt ist, innerhalb der physikalischen Gesetze zu handeln, wenn auch den relativ flexiblen, die die Quantentheorie zuläßt, muß die Antwort ›nein‹ heißen. Der zweite Hauptsatz der Thermodynamik untersagt es jedem, wie reichhaltig sein technisches Arsenal auch sein mag und wie tief sein Verständnis auch immer reicht, die unaufhaltsame Zunahme an Entropie umzukehren.

Man könnte nun annehmen, ein Wesen, das die Materie auf der atomaren Ebene zu handhaben vermag, sei in der Lage, das Uhrwerk des Universums durch ein Wiederherstellen der geschwächten Ordnung neu ›aufzuziehen‹. Diesen durchaus nicht neuen Gedanken hat im vorigen Jahrhundert Maxwell erforscht. Man bezeichnet gewöhnlich die dahinterstehende Vorstellung als ›Maxwellschen Dämon‹: Einen versiegelten Behälter unterteilt eine mit einem Verschluß versehene Membran in zwei Kammern. Zu beiden Seiten der Membran ist der Behälter mit Gas von gleicher Temperatur und gleichem Druck angefüllt. Da sich das System im Zustand des thermodynamischen Gleichgewichts, also höchster Entropie, befindet, verfügt es über keine Reserven an nutzbarer Energie. Nichts Interessantes geschieht, außer daß die Gasmoleküle planlos hin und her sausen.

Nehmen wir aber an, im Behälter sitze ein winziger Dämon, der den Verschluß zu betätigen vermag. Er merkt, daß die planlosen Bewegungen der Moleküle einen ganzen Bereich von Geschwindigkeiten und Richtungen umfassen. Einige Moleküle bewegen sich rasch, andere langsam. Die *Durchschnitts*geschwindigkeit ist der Faktor, der die Temperatur des Gases bestimmt. Sie ändert sich nicht, aber einzelne Moleküle verändern ihre Geschwindigkeit und Richtung immer dann, wenn sie an die Wände des Behälters oder mit ihren Nachbarn zusammenstoßen. Nun geht der Dämon wie folgt vor: Immer, wenn sich aus der rechten Hälfte ein rasches Molekül nähert, öffnet er den Verschluß und läßt es in die linke Kammer eintreten. Umgekehrt dürfen langsame Moleküle, die aus der anderen Richtung kommen, in die rechte Kammer überwechseln. Da nach einer Weile die linke Kammer mit sich, im Durchschnitt gesehen, recht rasch bewegenden Molekülen und die rechte mit langsameren angefüllt sein wird, herrscht dann in der linken Kammer eine höhere Temperatur als in der rechten: Der Dämon hat durch geschickte und rasche Manipulation einzelner Moleküle zwischen den beiden Kammern ein Temperaturgefälle hergestellt. Das Gleichgewicht besteht nicht mehr, und die Entropie ist vermindert. Es wäre jetzt möglich, den Temperaturunterschied zur Durchführung nützlicher Arbeit, zum Beispiel zum Antrieb einer Wärmekraftmaschine, zu verwenden, bis diese Energie erneut abgegeben und das Gleichgewicht wieder hergestellt ist. Dann könnte der Dämon sein Tun wiederholen, und wir hätten die Grundlage für ein *Perpetuum mobile*. Mit dieser Art des Auswählens auf kosmischer Stufe könnte ein allgegenwärtiger Dämon den Untergang des Universums im Wärmetod verhindern.

Leider zeigt sich bei näherer Betrachtung, daß Maxwells ›Dämon‹ nicht funktionieren kann. In den 20er Jahren unseres Jahrhunderts hat sich Leo Szilard näher mit dem Tun des ›Dämons‹ beschäftigt[5] und erkannt, daß er, um mit Erfolg tätig zu werden, genaue Angaben über die Geschwindigkeit der herankommenden Moleküle haben müßte. Diese Information hat ihren Preis, und entrichtet werden muß er in der thermodynamischen Währung der Entropie. Beispielsweise könnte man ein herannahendes Molekül hell anstrahlen und seine Geschwindigkeit mit Hilfe des Dopplereffekts so messen, wie die Polizei es bei Radarfallen mit Autofahrern tut. Allerdings würde die dadurch verbrauchte nutzbare Energie die Entropie des Gases um einen höheren Betrag steigern, als sie durch die Auswirkungen der Umordnung verlöre. Offensichtlich läßt sich der zweite Hauptsatz der Thermodynamik nicht einmal durch intelligentes Manipulieren auf der Molekularebene überlisten.

Wenn diese thermodynamischen Vorstellungen stimmen, kann kein natürliches Eingreifen, ob intelligent oder nicht, das Ende des Universums für immer hinauszögern. Wie wir gesehen haben, ist es möglich, daß das Universum nie das genaue thermodynamische Gleichgewicht erreicht, wenn es sich weiterhin ausdehnt. Doch die von uns jetzt wahrgenommene Organisation muß unvermeidlich auf eine Stufe absinken, auf der der Kosmos keine Ähnlichkeit mehr mit seiner gegenwärtigen, lebendigen Phase hat. Nur ein übernatürlicher Gott könnte ihn wirklich ›neu aufziehen‹.

16. Kommt das Universum aus dem Nichts?

»Nichts kann aus dem Nichts entstehen.«

Lukrez

Wir können jetzt alle Fäden unserer Untersuchung zusammenfassen und ein Bild vom Kosmos entwerfen, das zeigt, in wie erstaunlichem Maße die neue Physik die physikalische Welt zu erklären vermag. Ich will nicht sagen, daß wir dies Bild allzu ernst nehmen sollten, auch wenn Physiker es ernsthaft diskutieren. Es zeigt aber deutlich, welche Vorstellungen die moderne Physik hervorgebracht hat – Vorstellungen, die wir bei unserer Suche nach Gott nicht außer acht lassen dürfen.

Im Vorwort habe ich vier Fragen formuliert, die ich als die vier großen Existenzfragen bezeichnet habe: »Warum sehen die Naturgesetze so aus, wie wir sie kennen? Warum besteht das Universum gerade aus dem ›Rohmaterial‹, aus dem es besteht? Auf welche Weise ist dieses ›Rohmaterial‹ entstanden? Auf welche Weise erhielt das All seine Ordnung?«

Die neue Physik hat sich viel Mühe gegeben, Antworten auf diese Fragen zu finden. Gehen wir sie von hinten nach vorn durch: Wir wissen jetzt, wie ein ursprünglich ungeordneter Zustand, einen Vorrat an negativer Entropie vorausgesetzt, in einen geordneteren übergehen kann. Wir haben darüber hinaus erkannt, daß sich negative Entropie durch die Ausdehnung des Universums erzeugen läßt, so daß man nicht mehr – wie Naturwissenschaftler früherer Generationen das taten – anzunehmen braucht, das Universum sei irgendwie in einem hochorganisierten und speziell angeordneten Zustand erschaffen worden. Das gegenwärtige Ausmaß an Organisation läßt sich mit einem Universum vereinbaren, das zufällig in einem beliebigen Zustand begonnen hat.

Die Frage nach dem Ursprung der physikalischen Dinge wurde in den frühen Kapiteln in Einzelheiten behandelt. Von Objekten wie Sternen und Planeten wissen wir, daß sie sich aus den Urgasen gebildet haben, während das kosmische Material selbst offenkundig im Urknall entstand.

Neuere Erkenntnisse der Teilchenphysik haben zur Vorstellung von Mechanismen geführt, die durch das kosmische Gravitationsfeld Materie im leeren Raum entstehen lassen können, so daß nur noch der Ursprung des Raum-Zeit-Kontinuums selbst ein Geheimnis bleibt. Doch auch hier gibt es Hinweise darauf, daß Raum und Zeit ohne Verletzung der physikalischen Gesetze spontan entstanden sein können. Der Grund für diese eigentümlich wirkende Möglichkeit hat mit der Quantentheorie zu tun.

Wir haben gesehen, wie der Quantenbegriff dazu führt, daß in der subatomaren Welt Ereignisse ohne Ursache einzutreten vermögen. Beispielsweise können Teilchen ohne genau umrissene Verursachung aus dem Nichts erscheinen. Dehnt man die Quantentheorie auf die Schwerkraft aus, deckt sie auch das Verhalten der Raum-Zeit ab. Obwohl es bisher noch keine zufriedenstellende Quantentheorie der Gravitation gibt, besitzen Physiker im großen und ganzen bereits eine recht brauchbare Vorstellung von den Merkmalen einer solchen Theorie. So käme zum Beispiel im Zusammenhang mit ihr Raum und Zeit eine ähnlich unscharfe Unvorhersagbarkeit zu, wie sie für die Quantenmaterie kennzeichnend ist. Insbesondere würde sie die Möglichkeit eröffnen, daß Raum-Zeit spontan und ohne spezifische Ursache geschaffen und zerstört wird, so wie auch Teilchen spontan und ohne spezifische Ursache geschaffen und zerstört werden. Zur Theorie würde eine gewisse mathematisch bestimmte Wahrscheinlichkeit gehören, derzufolge beispielsweise eine Raumblase dort aufträte, wo zuvor keine existierte. Mithin könnte die Raum-Zeit als Ergebnis eines ursachlosen Quantenübergangs aus dem Nichts entstehen.

Aus allgemeinen Gründen ließe sich das durch einen Quantenmechanismus ausgelöste schlagartige Auftreten der Raum-Zeit ausschließlich in einer ultramikroskopischen Größenordnung erwarten, da Quantenprozesse gewöhnlich nur bei mikroskopischen Erscheinungen auftreten. Der spontan entstandene Raum hätte üblicherweise lediglich eine Größe von 10^{-33} cm. Dieser endliche Raumklecks braucht dennoch keine Kanten zu haben: Er könnte, wie im 2. Kapitel beschrieben, in eine Hypersphäre eingeschlossen sein. Wahrscheinlich würde ein solches Kleinstuniversum rasch wieder durch eine erneute, in umgekehrter Richtung wirkende Quantenfluktuation verschwinden. Dennoch besteht eine Aussicht dafür, daß der neugeschaffene Raumklecks nicht einfach dahinschwindet, sondern sich auf einmal aufzublähen beginnt wie ein Luftballon.

Der Ursprung dieses Verhaltens läge in anderen Quantenprozessen, die nichts mit der Schwerkraft, sondern mit den übrigen Naturkräften zu tun haben. Im 13. Kapitel wurde kurz das sogenannte ›Bild vom aufgeblähten Universum‹ beschrieben, bei dem die ›vereinigte Kraft‹ das entstehende Universum dazu veranlaßt, unstabil zu werden und in eine Phase rasch ablaufender exponentieller Ausdehnung einzutreten. Auf diese Weise könnte die durch Quantenwirkung erzeugte Kleinstwelt im winzigen Bruchteil einer Sekunde auf kosmische Maße anschwellen. Die in diesem Urknall gesammelte Energie würde sich nach dem abrupten Ende der Aufblähungsphase in Materie und Strahlung verwandeln, und das Universum würde sich so weiterentwickeln, wie wir es von unserem kennen.

Bei diesem bemerkenswerten Szenarium entsteht der gesamte Kosmos vollständig in Übereinstimmung mit den Gesetzen der Quantenphysik ›einfach aus dem Nichts‹ und erzeugt dabei alle Materie und Energie, die nötig ist, um das Universum zu errichten, das wir jetzt vor uns sehen. Dazu gehört die Schaffung aller physikalischen Dinge einschließlich Raum und Zeit. Statt davon auszugehen, daß eine unerfahrene Singularität das Universum in Gang setzt – wie im 2. Kapitel diskutiert –, versucht das Quanten-Raum-Zeit-Modell alles ausschließlich im Zusammenhang der physikalischen Gesetze zu erklären. Dabei handelt es sich um einen wahrhaft eindrucksvollen Anspruch. Wir sind an die Vorstellung gewöhnt, daß man ›etwas hergibt und etwas anderes dafür herausbekommt‹, aber die Vorstellung etwas für nichts oder aus nichts zu erhalten, ist uns fremd. Doch erzeugt die Welt der Quantenphysik durchweg etwas aus nichts. Die Quantentheorie der Gravitation läßt sogar die Annahme zu, daß wir alles für nichts bekommen. In einer Arbeit über dieses Szenarium merkte der Physiker Alan Guth an: »Es heißt oft, es gebe nichts umsonst. Das Universum aber ist umsonst.«[1]

Braucht man bei einem solchen Universum einen Gott? Im 3. Kapitel haben wir gesehen, wie ein herkömmlicher kosmologischer Gottesbeweis von der Annahme ausging, alles müsse eine Ursache haben. Die Quantenphysik hat diese Behauptung erschüttert. Was aber ist mit den beiden übrigen Fragen? Warum gibt es im Universum die Dinge und die Gesetze, die wir haben? Kann die Naturwissenschaft das beantworten?

Im 11. Kapitel wurde erklärt, daß es Ziel der Theorie der sogenannten Supergravitation ist, eine mathematische Beschreibung für alle Naturkräfte und alle Grundteilchen der Materie zu liefern. Sofern diese Theorie stimmt, kann sie die beiden verbleibenden Fragen auf eine vermindern. Die ›Dinge‹, aus denen diese Welt besteht – Protonen, Neutronen, Mesonen, Elektronen und so weiter – fänden im Rahmen der Theorie der Supergravitation ihre Erklärung. Gegenwärtig steht es etwas anders um die physikalischen Gesetze. Wir wissen im allgemeinen, wie sich ein Elektron oder Proton verhält, sobald wir es haben, aber wir wissen nicht wirklich, warum es Elektronen oder Protonen *gibt*, nicht aber gänzlich anders geartete Teilchen. Wenn die Vorstellung von der Supergravitation stimmt, erfahren wir daraus nicht nur, warum es die bestehenden Teilchen gibt, sondern auch, warum sie über eben die Masse, Ladung und andere Merkmale verfügen, die sie besitzen.

All das geht aus einer glänzenden mathematischen Theorie hervor, die die Gesamtheit der Physik – im reduktionistischen Sinn – in einem alle anderen Gesetze umfassenden Gesetz enthält. Trotzdem bleibt uns nach wie vor die Frage zu beantworten: Warum ist dieses Gesetz erforderlich?

Jetzt stehen wir vor der letzten Frage, nämlich der nach der Existenz. Möglich, daß die Physik eine Erklärung für Inhalt, Ursprung und Ordnung des physikalischen Universum liefern kann – sie hat aber keine für die Gesetze, oder das alles umfassende Gesetz der Physik. Üblicherweise sagt man, Gott habe die Naturgesetze formuliert und die Dinge erschaffen, unter anderem das Raum-Zeit-Kontinuum, die Atome und die Menschen, auf die diese Gesetze einwirken. In der Vorstellung vom Universum, das umsonst ist, liegt die Behauptung, man brauche lediglich die Gesetze – das Universum könne sich um sich selbst kümmern, einschließlich seiner eigenen Entstehung.

Aber was ist mit den Gesetzen? Sie müssen erst einmal ›da‹ sein, damit das Universum entstehen kann. Die Quantenphysik muß – in gewissem Sinne – existieren, damit ein Quantenübergang den Kosmos erschaffen kann. Zahlreiche Naturwissenschaftler vertreten die Ansicht, die Frage nach dem Grund für die Existenz der physikalischen Gesetze sei sinnlos oder lasse sich zumindest nicht in wissenschaftlicher Weise beantworten. Andere haben ›anthropisch‹ argumentiert und erklärt, die Gesetze seien erforderlich, damit Beobachter existieren könnten. Es gibt aber noch eine weitere Möglichkeit. Vielleicht erweisen sich die Gesetze – oder das Gesetz, das alle anderen einschließt – als das einzig *logisch* mögliche physikalische Prinzip. Mit diesem Gedanken werden wir uns im Schluß-kapitel beschäftigen.

17. Wie Physiker die Natur sehen

>»Die Natur ist einfach und daher von großer
Schönheit.«

Richard Feynman

>»Wer schlichte Schönheit und sonst nichts hat, be-
sitzt wohl das Beste, das Gott geben kann.«

Robert Browning

In den vorangegangenen Kapiteln haben wir untersucht, welche Rolle
neuere Fortschritte auf dem Gebiet der Naturwissenschaft für die Religion spielen, vor allem Fortschritte auf dem Gebiet, das als ›moderne
Physik‹ bezeichnet wird. Trotz des aufsehenerregenden Erfolgs der
modernen Naturwissenschaft wäre die Annahme töricht, die Grundfragen nach der Existenz Gottes, dem Zweck des Universums oder der Rolle
des Menschen im natürlichen und übernatürlichen Weltenplan seien
durch diese Fortschritte beanwortet worden. Tatsächlich engagieren sich
auch Naturwissenschaftler selbst in weiten Bereichen religiösen Glaubens.

Es wird oft behauptet, Naturwissenschaft und Religion könnten friedlich nebeneinander bestehen, weil sie sich mit unterschiedlichen Fragen
beschäftigen. Gewiß sind die Fragen religiöser Lehre wie die nach der
Moral oder der Dreieinigkeit Gottes ihrem Wesen nach anders als die
Fragen der Naturwissenschaft, wie beispielsweise die nach der besten
mathematischen Beschreibung der Schwerkraft. Dennoch läßt sich nicht
leugnen, daß die Naturwissenschaft in religiösen Fragen auch ein Wort
mitzureden hat. Bei Themen wie zum Beispiel der Beschaffenheit der
Zeit, dem Ursprung von Materie und Leben oder der Kausalität und dem
Determinismus läßt sich schon der Begriffsrahmen, in dem die religiösen
Fragen gestellt werden, durch wissenschaftliche Fortschritte verändern.

Was in früheren Jahrhunderten zu den wichtigen theologischen Fragen gehörte (wie beispielsweise ›Wo befinden sich Himmel und Hölle?‹), ist zum Teil durch die moderne Kosmologie und unser besseres Verständnis dessen, worum es bei Raum und Zeit geht, gegenstandslos geworden.

Viele Menschen neigen dazu, den Widerstreit zwischen Naturwissenschaft und Religion auf der Ebene von ›richtig‹ und ›falsch‹ abzuhandeln. Natürlich ist es verlockend anzunehmen, es gebe eine letzte Wahrheit, eine objektive Realität, auf deren Suche sich sowohl Naturwissenschaft wie auch Religion vorantasten. Von dieser überaus vernünftigen Position ausgehend, lassen sich Fragen wie ›Gibt es Gott‹, ›Gibt es übernatürliche Wunder?‹, ›Hat es eine Schöpfung gegeben?‹, ›Verfolgt das Universum einen Zweck?‹, ›Ist das Leben zufällig entstanden?‹ ausnahmslos auch dann mit ›ja‹ oder ›nein‹ beantworten, wenn wir die Antworten auf sie möglicherweise nicht kennen.

Häufig begegnet man der Ansicht, naturwissenschaftliche Theorien seien Annäherungen an eine tatsächliche Wirklichkeit, und in dem Maße, wie unser Verstehen fortschreitet, passen Theorie und Wirklichkeit besser zueinander. Dieser Haltung zufolge liegen ›die wahren‹ Naturgesetze in den Daten von Beobachtung und Experiment verborgen und müssen durch beharrliche und vom rechten Geist erleuchtete Forschung ermittelt werden. Eines Tages, so etwa geht die Ansicht weiter, dürfen wir erwarten, die *richtigen* Gesetze zutage zu fördern und sie an die Stelle der zwar recht achtbaren, aber doch eben falschen Formulierungen zu setzen, die sich gegenwärtig in den Lehrbüchern finden. Dieses Ziel haben die Verfechter der Theorie der Supergravitation auf ihre Fahnen geschrieben; sie sind überzeugt, daß sie Gleichungen endekken werden, die die Gesamtheit der ›wahren‹ Gesetze umfassen.

Doch nicht allen Physikern scheint es sinnvoll, von ›Wahrheit‹ zu sprechen. Ihrer Ansicht nach geht es in der Physik nicht um Wahrheit, sondern um Modelle. Solche Modelle helfen uns, eine Beobachtung systematisch in Beziehung zu einer anderen zu setzen. Niels Bohr hat dieser sogenannten positivistischen Ansicht mit der Erklärung Ausdruck verliehen, die Physik sage uns, was wir über das Universum *wissen* können, nicht aber, wie es *sei*.[1] Wie im 8. Kapitel erläutert, hat die Quantentheorie zahlreiche Physiker zu der Erklärung veranlaßt, es gebe überhaupt keine ›objektive‹ Wirklichkeit, da die einzige Wirklichkeit die durch unsere Beobachtungen enthüllte sei. Wer sich dieser Meinung anschließt, kann keine bestimmte Theorie als ›richtig‹ oder ›falsch‹ bezeichnen, sondern lediglich sagen, daß sie mehr oder weniger nützlich ist. Eine nützliche Theorie in diesem Sinn ist eine, die einen großen Bereich von Erscheinungen sehr genau in einem einzigen Beschreibungsrahmen miteinander verbindet. Eine solche Sichtweise steht diametral der Religion gegenüber, deren Anhänger an eine letzte Wahrheit glauben. Eine Aussage der Religion wird gewöhnlich als entweder richtig oder falsch angesehen, nicht aber als eine Art Modell für unsere Erfahrungen.

Den Unterschied in der Vorgehensweise kennzeichnet die Bereitschaft von Physikern, eine Lieblingstheorie aufzugeben, wenn sich zeigt, daß eine andere besser ist. Wie Robert Merton einmal schrieb: »Die meisten Institutionen verlangen unbedingten Glauben, die der Wissenschaft hingegen erhebt den Zweifel zur Tugend.«[2] Als mit Einsteins Relativitätstheorie klar wurde, daß Newtons Theorie von Raum, Zeit und Mechanik ungeeignet für die Beschreibung des Verhaltens von Körpern war, die sich nahezu mit Lichtgeschwindigkeit bewegten, wurde sie aufgegeben. Dabei ist Newtons Theorie nicht einmal wirklich falsch, sondern in genau abgrenzbarer Weise gültig. Da die spezielle Relativitätstheorie für eine genauere Beschreibung von Hochgeschwindigkeitssystemen brauchbar ist, begrenzt sie den Gebrauch von Newtons Theorie auf Fälle, bei denen es um geringere Geschwindigkeiten geht. Doch die spezielle Relativitätstheorie wurde ihrerseits durch die sogenannte allgemeine Relativitätstheorie überholt, und nur wenige Physiker zweifeln daran, daß auch sie letztlich verbessert werden wird. Die Vorstellung einer nicht verbesserbaren, ›endgültigen‹ vollkommenen Theorie halten einige Physiker für ebenso sinnlos wie die eines vollkommenen Bildes oder einer vollkommenen Symphonie.

Die Fähigkeit des naturwissenschaftlichen Vorgehens, aufgrund neuer Endeckungen eingetretenen Veränderungen Rechnung zu tragen, wirft ein bezeichnendes Licht auf eine der großen Stärken der Naturwissenschaft. Damit, daß sie sich auf die Nützlichkeit statt auf die Wahrheit stützt, unterscheidet sie sich deutlich von der Religion, die ihren Anspruch, eine unveränderliche Wahrheit zu verkünden, auf das Dogma und auf überlieferte Weisheit gründet. Wenn auch Randfragen, die einzelne Dogmen betreffen, im Laufe der Zeit eine Veränderung erfahren, ist undenkbar, daß das der Religion zugrundeliegende Dogma zugunsten eines genaueren ›Modells‹ der Wirklichkeit aufgegeben wird. Verkündete die Kirche, man müsse aufgrund neuen Materials annehmen, daß Christus gar nicht auferstanden sei, könnte das Christentum wohl kaum in erkennbarer Form weiterexistieren. Einige Kritiker haben erklärt, dogmatische Starrheit bedeute, alle neuen Entdeckungen und neuartigen Vorstellungen bedrohten die Religion, für die Wissenschaft hingegen seien neue Tatsachen und Vorstellungen geradezu das Lebenselexier schlechthin. So kommt es, daß im Lauf der Jahre naturwissenschaftliche Entdeckungen einen Widerstreit zwischen Naturwissenschaft und Religion entfacht haben.

Obwohl die Religion auf enthüllte Wahrheit zurückblickt, während die Naturwissenschaft den Blick auf neue Aufgaben und Entdeckungen nach vorn gerichtet hält, erfüllt die Anhänger beider ein Gefühl ehrfürchtigen Staunens und eine seltsame Mischung aus Demut und Überheblichkeit. Alle großen Naturwissenschaftler sind von der Schönheit und dem verwickelten Ineinandergreifen der natürlichen Welt beeindruckt, die sie zu verstehen trachten. Jedes neue subatomare Teilchen, jedes unerwartete astronomische Objekt ruft Entzücken und Staunen hervor. Bei der Abfassung ihrer Theorien lassen sich Physiker häufig in der Annahme, das Universum sei seinem Wesen nach schön, von obskuren Eleganzvorstellungen leiten. Immer wieder hat sich dieser künstlerische Geschmack als fruchtbares Leitprinzip erwiesen und unmittelbar zu neuen Entdeckungen geführt, auch wenn es auf den ersten Blick den beobachteten Tatsachen zu widersprechen scheint.

Paul Dirac hat dazu geschrieben:

>Es ist wichtiger, daß die Gleichungen schön sind, als daß sie zu den Experimenten passen . . ., weil der Widerspruch auf unbedeutendere Merkmale zurückgehen mag, die man nicht richtig gewürdigt hat und die mit weiterer Entwicklung der Theorie klarer werden . . . Es hat den Anschein, daß man sich auf dem Weg zum sicheren Fortschritt befindet, wenn man danach trachtet, schöne Gleichungen zu bekommen, und tatsächlich ein tiefgehendes Verständnis gewonnen hat.«[3]

Dieser Vorstellung schließt sich in knappen Worten auch Bohm an: »Physik ist eine Art Erkenntnis und als solche eine Kunstform.«[4]

Während Einstein sein Mißtrauen gegenüber der Vorstellung eines persönlichen Gottes äußerte, erklärte er zugleich, wie sehr sie ihn beeindrucke: »die Schönheit . . . logischer Einfachheit von Ordnung und Harmonie . . ., die wir nur unvollkommen und voller Demut wahrzunehmen vermögen.«[5]

Im Zentrum dessen, was der Physiker als schön ansieht, stehen *Harmonie*, *Einfachheit* und *Symmetrie*. Noch einmal Einstein:

>All diese Bemühungen gründen auf dem Glauben, alles Beste-

hende müsse eine vollständig harmonische Struktur aufweisen. Heute haben wir weniger Grund denn je, uns von diesem wunderbaren Glauben abbringen zu lassen. Gleichungen von solcher Komplexität wie die des Schwerkraftfeldes lassen sich ausschließlich durch die Entdeckung einer logisch einfachen mathematischen Bedingung finden.«[6]

Dieser Ansicht hat sich in neuerer Zeit Wheeler angeschlossen:

»Die in den physikalischen Gesetzen zu findende Schönheit ist ihre phantastische Einfachheit... Welche letzte mathematische Maschinerie steht hinter all dem? Gewiß muß sie die schönste von allen sein.«[7]

Heute liefert dieses Leitprinzip den Antrieb für die Suche nach der Überkraft. Bei einem Bericht über Fortschritte in der Mathematik der Supergravitation bemerkten kürzlich zwei führende Vertreter des Fachs: »In der Ableitung aller Kräfte aus der allgemeinen Forderung nach örtlicher Symmetrie läßt sich eine zutiefst zufriedenstellende Ordnung erblicken.«[8]

Wenn Physiker von Schönheit und Symmetrie reden, drücken sie das in der Sprache der Mathematik aus. Man kann nicht deutlich genug hervorheben, wie wichtig die Mathematik für die Naturwissenschaft allgemein und die Physik insbesondere ist. Leonardo da Vinci schrieb einst: »Kein menschliches Forschen darf wirklich wissenschaftlich genannt werden, wenn man es nicht mathematisch demonstrieren kann.«[9] Das gilt heute wahrscheinlich noch mehr als am Ende des 15. Jahrhunderts.

Die von den meisten Menschen empfundene neurotische Furcht vor der Mathematik trägt die Hauptverantwortung dafür, daß sie auch mit der Physik nichts im Sinn haben. Diese Schranke verwehrt ihnen jedes wirkliche Verständnis für naturwissenschaftliche Entdeckungen und hindert sie daran, weite Bereiche der Natur wahrzunehmen, die durch mühsame Forschungsarbeit erkennbar geworden sind. Wie schon Roger Bacon im 13. Jahrhundert formulierte, ist »Mathematik die Tür und der Schlüssel zur Wissenschaft..., denn die Dinge dieser Welt lassen sich ohne eine Kenntnis der Mathematik nicht erfahrbar machen«.[10]

Zahlreiche Physiker sind so tief von der mathematischen Einfachheit und Eleganz der Naturgesetze beeindruckt, daß sie erklären, darin zeige sich ein Grundmerkmal der Existenz. Sir James Jeans drückte das einst mit seiner Aussage aus: »Gott ist Mathematiker.« Aber warum sollte Gott es für richtig halten, seine Vorstellungen in mathematischer Form zu verwirklichen?

Mathematik ist die dichterische Komponente der Logik. Kein Gesetz kann zwingender oder zufriedenstellender ausgedrückt werden als eines, das sich auf einfache und unangreifbare logische Grundlagen stützt. Mit den Worten von John Wheeler:

>»Daher sollte man sich nur wenig erstaunt zeigen, wenn uns die Beschreibung der Natur schließlich zur Logik führt, dem ätherischen Wunderwesen im Zentrum der Mathematik. Sofern sich, wie es heißt, alle Mathematik auf die Mathematik der Logik und alle Physik auf die Mathematik zurückführen läßt, welche andere Möglichkeit haben wir dann, als alle Physik auf die Mathematik der Logik zurückzuführen? Die Logik ist der einzige Zweig der Mathematik, der >über sich selbst nachdenken< kann.«[11]

Eine der Attraktionen des logischen Ausdrucks der Natur besteht in der Möglichkeit, einen Großteil, wenn schon nicht alles, durch logische Schlüsse statt durch empirische Nachweise herzuleiten. Vor dem Zweiten Weltkrieg haben Arthur Eddington und E. A. Milne – ohne großen Erfolg – versucht, Herleitungstheorien des Universums zu konstruieren.[12] Das eröffnet eine beruhigende Aussicht. Wäre es möglich, daß das Universum so ist, wie es ist, weil es eine *unausweichliche* Folge logischer Notwendigkeit ist? Der große französische Naturwissenschaftler Jean d' Alembert schrieb: »Jemandem, der das Universum von einem alles umfassenden Standpunkt aus zu erfassen vermöchte, würde die gesamte Schöpfung als eine einzige Wahrheit und Notwendigkeit erscheinen.«[13] Diese Vorstellung wirft ein seltsames Licht auf die Frage von Gottes Allmacht. Im 10. Kapitel wurde darauf hingewiesen, daß ein allmächtiger Schöpfer jedes Universum bilden könne, das er wünscht. Christen behaupten, dieses *spezielle* Universum lasse sich als Wahl erklären, die Gott aus einer unendlichen Anzahl von Möglichkeiten und aus uns unbekannten Gründen heraus getroffen habe. Doch selbst ein allmächtiger Gott kann die Regeln der Logik nicht brechen. Er kann nicht drei aus zwei oder aus einem Quadrat einen Kreis machen. Der voreiligen Annahme, Gott könne *jedes beliebige* Universum erschaffen, muß die Einschränkung gegenübergestellt werden, daß es in sich logisch stimmig sein muß. Wenn es also nur *ein* logisch in sich stimmiges Universum gibt, hätte Gott letzten Endes gar keine Wahl. Einstein merkte dazu an: »Was mich wirklich interessiert, ist, ob Gott die Welt anders gemacht haben könnte; das heißt, ob die Notwendigkeit der logischen Einfachheit irgendeinen Freiraum läßt. « [14]

Falls es wirklich nur eine mögliche Art der Schöpfung gibt, warum brauchen wir dann überhaupt einen Schöpfer? Welche Aufgabe könnte er dann haben, außer daß er ›auf den Knopf drückte‹, um die Sache in Gang zu setzen? Eine solche Aufgabe aber bedarf keines *Geistes* – da würde ein Auslösemechanismus genügen, und wie wir im vorigen Kapitel gesehen haben, wäre in der Welt der Quantenphysik nicht einmal der erforderlich. Bestreitet also diese Philosophie einer einzigen physikalischen Lösung für die grundlegende logisch-mathematische Gleichung des Universums Gottes Existenz? Keineswegs! Sie macht die Vorstellung vom Schöpfergott überflüssig, schließt aber keinen allumfassenden Geist aus, der als Teil jenes einzigartigen physikalischen Universums existiert: ein natürlicher Gott statt eines übernatürlichen. Selbstverständlich bedeutet in diesem Zusammenhang ›Teil eines‹ ebensowenig ›irgendwo im Raum befindlich‹ wie sich unser eigener Geist im Raum lokalisieren läßt, und es bedeutet ebensowenig ›aus Atomen bestehend‹ wie unser Geist, im Gegensatz zum Gehirn, aus Atomen besteht. Das Gehirn ist das Medium, durch das sich der menschliche Geist ausdrückt. In ähnlicher Weise wäre das gesamte physikalische Universum das Medium, durch das sich der Geist eines natürlichen Gottes ausdrückt. In diesem Zusammenhang ist Gott der höchste, möglicherweise mehrere Beschreibungsstufen oberhalb der des menschlichen Geistes anzusiedelnde holistische Begriff.

Werden solche Gedanken akzeptiert, kommt die Kenntnis von Ursprung und Schicksal des physikalischen Universums besondere Bedeutung zu. Da der Geist einer Organisation bedarf, wird seine Existenz durch den Zweiten Hauptsatz der Thermodynamik bedroht. Wird Gott, indem das Universum langsam an seiner eigenen Entropie erstickt, gemeinsam mit ihm sterben? Die andere Möglichkeit – Schwerkraftzusammenbruch bis hin zu einer Singularität mit dem Ergebnis einer vollständigen Vernichtung des physikalischen Universums – scheint noch weniger verlockend. Allem Anschein nach würde nur ein zyklisch ablaufendes oder beständiges Universum Raum für die Möglichkeit bieten, daß ein natürlicher Gott sowohl unendlich als auch ewig sein kann.

Bisher hat sich unsere Behandlung dessen, wie sich ein Physiker die Natur vorstellt, auf das Reduktionsmodell bezogen. Der Sinn für Schönheit und Einfachheit, der den Physiker auf seiner Suche nach neuen

Gesetzen und Modellen so sehr beflügelt, bezieht sich weitgehend auf die Grundstrukturen, aus denen die Welt besteht: die subnuklearen Teilchen wie Quarks und Leptonen und die zwischen ihnen wirksamen Grundkräfte. Doch die holistische Sichtweise Gottes erinnert uns erneut daran, daß eine ausschließlich reduktionistisch vorgehende Definition holistische Merkmale nicht erfaßt, wie gründlich auch immer ein Physiker verstehen mag, woraus die Welt besteht und wie sie zusammengesetzt ist. Richard Feynman hat das wie folgt ausgedrückt:

»Es gibt eine Möglichkeit, die Welt auf verschiedenen Ebenen oder in Form verschiedener Hierarchien abzuhandeln. Ich will jetzt nicht besonders genau sein und die Welt in exakt festgelegte Ebenen einteilen, wohl aber zeigen, indem ich einige Vorstellungen beschreibe, was ich mit einer Vorstellungshierarchie meine.

Da haben wir einmal die Grundgesetze der Physik. Dann erfinden wir andere Ausdrücke für Begriffe, die in etwa das sagen, was wir sagen wollen, Begriffe, die ihre letzte Erklärung, wie wir glauben, in den Grundgesetzen finden. Beispielsweise ›Wärme‹. Es heißt, daß Wärme hin und her zittert, und das Wort für etwas Warmes ist einfach das Wort für eine Masse von Atomen, die hin und her zittern. Doch wenn wir über Wärme reden, denken wir eine Zeitlang nicht daran, daß die Atome hin und her zittern – so, wie wir nicht immer an die Eiskristalle und die ursprünglich gefallenen Schneeflocken denken, wenn wir von einem Gletscher sprechen. Ein anderes Beispiel für dieselbe Sache ist ein Salzkristall. Letztlich besteht es aus einer Vielzahl von Protonen, Neutronen und Elektronen; aber unsere Vorstellung ›Salzkristall‹ bezieht bereits ein ganzes Muster von grundlegenden Wechselwirkungen mit ein. Bei einem Begriff wie ›Druck‹ sieht es ebenso aus.

Gehen wir von hier aus weiter nach oben, erkennen wir auf einer höheren Ebene Eigenschaften von Substanzen – wie beispielsweise den Brechungsindex, der anzeigt, wie stark das Licht bei seinem Durchgang durch ein Medium abgelenkt wird; oder das Phänomen der ›Oberflächenspannung‹, das besagt, daß sich Wasser zusammenzieht. Beide Werte drücken wir in Zahlen aus. Ich erinnere daran, daß wir durch verschiedene Gesetze hindurch nach unten gehen müssen, bis wir erkennen, daß die Zugkraft der Atome das bewirkt und so weiter. Trotzdem sagen wir ›Oberflächenspannung‹ und machen uns keineswegs jedesmal, wenn wir über sie reden, Gedanken über die inneren Abläufe.

Jetzt noch weiter nach oben in der Hierarchie. Beim Wasser gibt es Wellen, und es gibt so etwas wie Gewitter, wobei das Wort ›Gewitter‹ eine ungeheure Menge von Erscheinungen in sich faßt, oder ›Sonnenflecke‹ oder ›Sterne‹, die jeweils eine ganze Ansammlung von Dingen bedeuten. Es ist aber nicht in allen Fällen der Mühe wert, sich darüber Gedanken zu machen. Wir können das auch gar nicht, denn je höher wir steigen, desto mehr Stufen liegen dazwischen, und keine ist besonders stark. Wir haben sie noch nicht alle durchdacht.

Je höher wir in dieser Komplexitätshierarchie steigen, desto mehr Dinge wie Muskelzucken oder Nervenimpulse bekommen wir – in der physikalischen Welt ungeheuer komplizierte Abläufe, bei denen es um eine Organisation der Materie in äußerst ausgeklügelter Vielfalt geht. Dann kommen Dinge wie beispielsweise ein ›Frosch‹.

So können wir immer weitermachen und kommen schließlich zu Wörtern und Begriffen wie ›Mensch‹ und ›Geschichte‹ oder ›politische Zweckdienlichkeit‹ und so weiter, eine ganze Reihe von Begriffen, die wir benutzen, um Dinge auf immer höherer Ebene zu verstehen.

Und noch weiter oben gelangen wir zu Dingen wie dem Übel, der Schönheit und der Hoffnung...

Welches dieser Enden ist Gott näher, wenn ich eine religiöse Metapher verwenden darf: Schönheit und Hoffnung oder die physikalischen Grundgesetze? Ich denke, der rechte Weg besteht selbstverständlich darin, daß man sagt: Wir müssen die gesamte strukturbezogene gegenseitige Verknüpfung der Dinge ins Auge fassen, und nicht nur alle Wissenschaften, überhaupt alle geistigen Bemühungen streben danach, die Beziehungen zwischen den Hierarchien zu erkennen, die Schönheit mit der Geschichte zu verknüpfen, die Geschichte mit der Psychologie des Menschen, sie mit dem Funktionieren des Gehirns, das Gehirn mit dem Nervenimpuls, diesen mit der Chemie und so weiter, auf- und abwärts, in beide Richtungen. Wir können nicht einfach einen Trennungsstrich von einem Ende zum anderen ziehen – und es hätte auch keinen Sinn, so zu tun, als könnten wir das –, denn wir haben erst jetzt begonnen zu sehen, daß es diese relative Hierarchie gibt.

Im übrigen glaube ich nicht, daß eines der beiden Enden Gott näher ist.«[15]

Wie in den früheren Kapiteln betont, gibt es unter Naturwissenschaftlern ein wachsendes Bewußtsein von der Bedeutung der Hierarchie der Strukturen in der Natur. Man sieht holistische Begriffe wie Leben, Organisation und Geist als durchaus sinnvoll an und meint nicht, sie als ›nichts als‹ Atome, Quarks, vereinte Kraft, oder was auch immer, hinwegerklären zu sollen. Wie wichtig es auch sein mag, die allen natürlichen Erscheinungen zugrundeliegende letztliche Einfachheit zu verstehen, die gesamte Erklärung kann es nicht sein. Die Komplexität ist von ebenso großer Bedeutung.

Eine der wichtigsten ungelösten Fragen der modernen Physik heißt, ob die ganzheitlichen Merkmale eines physikalischen Systems zusätzlicher, nicht auf die Grundgesetze der Elementarkräfte und -teilchen zurückführbarer, holistischer Gesetze bedürfen. Bisher verfügen wir über keine Hinweise auf wirklich holistische Gesetze der Physik. Die Thermodynamik beispielsweise beschäftigt sich mit holistischen Systemen wie Gasen, die eine ungeheure Vielzahl gemeinsam handelnder Moleküle enthalten. Obwohl auf der Ebene des einzelnen Moleküls Begriffe wie Temperatur und Druck bedeutungslos sind, lassen sich alle für Gase gültigen Gesetze aus denen ableiten, die auf niedriger Ebene die Molekularbewegung beschreiben und die zeigen, welche Auswirkungen diese, statistisch gesehen, auf große Mengen von Molekülen haben. Ein wahrhaft holistisches Gesetz sähe beispielsweise so aus, daß eine neue Kraft oder ein organisierender Einfluß auf der kollektiven Ebene aufträte, die oder der ihren oder seinen Ursprung nicht in den einzelnen Bestandteilen hätte. Einer solchen Annahme liegt die Erklärung des Lebens zugrunde, wie sie der Vitalismus geliefert hat.

Ein verblüffenderes Beispiel für ein holistisches physikalisches Gesetz wäre die Psychokinese oder Telepathie. Vertreter sogenannter paranormaler Erscheinungen behaupten, der menschliche Geist könne Kräfte auf entfernte Materie einwirken lassen. Vermutlich sind solche Kräfte auf der reduktionistischen Ebene unbekannt: Sie sind weder atomarer oder elektromagnetischer Art, noch gehören sie der Schwerkraft an. Die unmittelbarste Illustration solcher psychischer Kräfte findet sich in den aufsehenerregenden Fällen, in denen die Versuchsperson über eine größere Entfernung einen Metallgegenstand allein mit Hilfe der geistigen Kraft und ohne physischen Kontakt zu verbiegen scheint. Der Autor hat eine äußerst streng überwachte Versuchsanordnung zur Überprüfung dieser Erscheinung entwickelt. Dabei werden in hermetisch verschlossenen Glasbehältern befindliche Metallstäbe verwendet. Die Luft in den Behältern wird durch eine geheime Kombination seltener Gase ersetzt, damit keine Manipulationen möglich sind. Bei einer kürzlichen Probe mit sich ihrer Kunst brüstenden Metallbiegern erzielte nicht einer eine meßbare Verformung.

Weiter vorn wurde gesagt, daß sich die Struktur der physikalischen Welt zum Teil oder ganz aus der Handhabung äußerst einfacher und in elementarer mathematischer Form ausgedrückter logischer Grundsätze ergibt. Eine Schwierigkeit für die Annahme dieser Vorstellung liegt in der Frage der Komplexität. Können wir wirklich glauben, Leben und Geist beispielsweise gingen ausschließlich aus logischen Regeln hervor statt aus holistischen Kräften?

Es gibt eine wunderschöne Illustration dafür, daß eine interessante und komplexe Aktivität tatsächlich durch das Wirken der einfachsten vorstellbaren logischen Regeln erzeugbar ist. Der in Cambridge tätige Mathematiker John Conway hat ein als ›Life‹, Leben, bezeichnetes Schema entwickelt, ein einfaches Solitärspiel, das man auf einem in zahlreiche Quadrate, in Zellen unterteilten Brett spielt. Auf einigen dieser Quadrate liegen schwarze Spielmarken, und die sich aus ihrem Wechsel ergebenden Anordnungen bilden sich nach einer Anzahl von Regeln:

1. Jede Spielmarke mit 2 oder 3 benachbarten Spielmarken überlebt bis in die nächste Generation, das heißt bis zum nächsten Zug.

2. Jede Marke mit 0 bis 1 Nachbarn ›stirbt‹ (an Einsamkeit) wie auch jede mit 4 oder mehr Nachbarn (wegen Übervölkerung).

3. Liegen um eine leere Zelle herum genau drei besetzte Zellen, tritt eine neue Spielmarke ins Leben.

Mit Hilfe dieser einfachen Regeln von Geburt, Leben und Tod haben

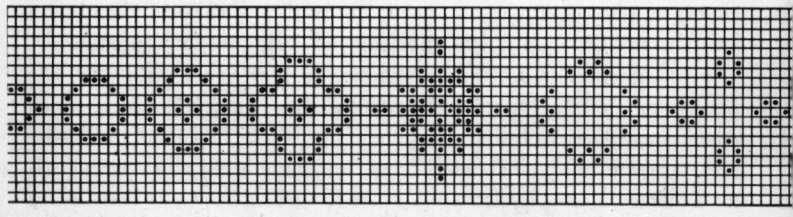

25 Bei John Conways Spiel ›Life‹ entsteht diese Folge von Mustern (einige Zwischenstufen wurden ausgelassen), die zufällig an den Lebenszyklus einer Blume erinnert.

Conway und seine Kollegen in der Entwicklung bestimmter Markenanordnungen eine erstaunliche Fülle und Vielfalt entdeckt.[16] Zwei Merkmale fallen besonders auf. Das erste ist, daß sich einfache Formen zu komplexen Strukturen entwickeln können. Man betrachte beispielsweise das in Abb. 25 gezeigte ›Samenkorn‹, das zu einer Blume wird, die verwelkt, abstirbt und vier kleinere ›Samenkörner‹ zurückläßt.

Noch bemerkenswerter ist die Entdeckung, daß gewisse Formen einen Zusammenhang bewahren und eine Tätigkeit zeigen, die an *Verhalten* denken läßt. Das einfachste Beispiel ist das ›Segelflugzeug‹, das zusammenbleibt und sich über das Spielbrett schiebt (siehe Abb. 26). Größere, als ›Raumschiffe‹ bezeichnete Gruppierungen hinterlassen einen Schweif von ›Funken‹, während sie sich bewegen. Weit größere ›Raumschiffe‹ hingegen bedürfen einer Anzahl kleinerer ›Begleitfahrzeuge‹, die den vom großen ›Raumschiff‹ nach vorn ausgestoßenen Abfall verzehren, der ihm sonst den Weg versperren und ihn zerstören würde.

Conways Spiel kann dazu dienen, mit Computerhilfe Voraussagen über sich selbst reproduzierende Maschinen und andere abstrakte logisch-mathematische Rätsel zu überprüfen. Dazu gehört, daß man Formen bildet, die auf einem Montageband andere Formen erzeugen können. Ein Beispiel dafür ist eine ›Segelflugzeugkanone‹, die nach jeweils dreißig Zügen ein neues Segelflugzeug hervorbringt. Eine solche Vorrichtung läßt sich aus den Trümmern von dreizehn Segelflugzeug-Zusammenstößen herstellen! Bei sorgfältiger Anordnung der Segelflugzeugkanonen entsteht aus den sich überschneidenden Seiten der Segelflugzeuge eine Fabrik, die nach jeweils dreihundert Zügen ein Raumschiff vom Stapel läßt. All dies ›Verhalten‹ ist *automatisch*. Mit der

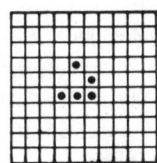 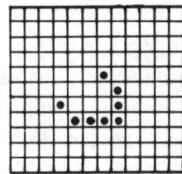

26 Die einfache Anordnung von fünf als ›Segelflugzeug‹ bezeichneten Punkten hat die seltsame Eigenschaft, daß sie sich schräg über das Brett voranschiebt und dabei vollständig bleibt. Die ›Raumschiff‹ genannte größere Anordnung von acht Punkten schiebt sich gleichfalls vollständig weiter, hinterläßt auf ihrem Weg aber ›Funken‹.

gewählten Anfangsordnung erzeugt das Spiel die Strukturen und die Handlungen selbst, ohne menschliche Eingabe, nach ganz wenigen, einfachen logischen Regeln.

Meiner Ansicht nach liefert die Physik ihren Hauptbeitrag durch das Reduktionsmodell. Die holistischen Aspekte gehören eher auf das Gebiet der kognitiven Wissenschaften und zu Gegenständen wie Systemtheorie, Spieltheorie, Soziologie und Politik. Das soll nicht bedeuten, die Physik habe nichts über den Holismus zu sagen, denn das hat sie durchaus. Sowohl bei der Thermodynamik wie auch der Quantentheorie und der Physik sich selbst organisierender Systeme geht es um holistische Begriffe. Dennoch glaube ich nicht, daß sich die Physik beispielsweise mit Fragen der Zweckgerichtetheit oder Moral beschäftigen kann.

Bisweilen werde ich gefragt, ob der Einblick, den Physiker durch die Untersuchung der dem inneren Wirken der Natur zugrundeliegenden Prozesse gewinnen, etwas von Gottes Weltenplan erkennen läßt oder etwas über den Kampf zwischen Gut und Böse aussagt. Das ist nicht der Fall. An der Art, wie Quarks zu Protonen und Neutronen vereinigt werden, gibt es ebensowenig etwas Gutes oder Böses wie an der Absorption und Ausstrahlung von Quanten, der Krümmung des Raum-Zeit-Kontinuums durch Materie, den abstrakten Symmetrien, die die Elementarteilchen vereinigen, und so weiter. Zwar findet sich in der Natur ein starkes Element des Wettstreits, beispielsweise zwischen dem Ausgleich und der Wechselwirkung verschiedener Kräfte. Ein Stern ist ein Schlachtfeld einander entgegengerichteter Kräfte: Die Schwerkraft, die versucht, den Stern zusammenzudrücken kämpft gegen die Kräfte des Wärmedrucks und der elektromagnetischen Strahlung, die danach trachten, ihn explodieren zu lassen – sie wiederum werden durch die Freisetzung von Energie aufgrund nuklearer Wechselwirkungen erzeugt. Durch das ganze Universum setzt sich der Streit fort. Doch wären die einander entgegengesetzten Kräfte nicht mehr oder weniger gleich verteilt, würden alle physikalischen Systeme durch die eine oder die andere von ihnen überwunden, und alle Tätigkeit hörte bald auf. Das Universum ist gerade deshalb komplex und interessant, weil diese Schlachten durch die Zeitalter hindurch weitergehen.

Das große Drama läuft in den Ozeanen der Zeit ab, die dieses kosmische Patt zur Verfügung stellen. Gelöst sind die Fragen im Zusammenhang mit diesen offensichtlich zufällig wirkenden ›Bremskräften‹, wie Freeman Dyson sie nennt, noch nicht:

»Wie bringt es das Universum eigentlich fertig, so langsam zu sterben wie der englische König Charles, da es sich doch auf einem unumkehrbaren Weg hinab zu einem Zustand des schließlichen Todes befindet, bei dem die Energie im höchsten Maß abgebaut sein wird?«[17]

Diese zufällig entstandene Stabilität, mit deren Hilfe das Universum seinen Niedergang in das vollständige Chaos über eine astronomisch lange Zeit hinzieht, ist ein weiterer Aspekt der im 13. Kapitel behandelten ›Übereinstimmungen‹.

Da ist einmal die Bremskraft der Größe, die verhindert, daß das Universum mit einem Mal unter dem Einfluß seiner eigenen Schwerkraft zusammenbricht; die Zeit des freien Falls für die Implosion bis zu einem Kollaps – wenn er stattfindet – beträgt, wegen der ungeheuer weiträumigen Verteilung der kosmischen Materie, viele Milliarden Jahre. Als nächstes gibt es die Bremskraft des Dralls, der Galaxien und planetarische Systeme so stabilisiert, daß sie nicht einfach in sich selbst zusammensinken. Die Zentrifugalkraft hilft, die nach innen wirkende Kraft der Gravitation auszugleichen. Schließlich haben wir noch die atomaren Bremskräfte, die dafür sorgen, daß der Kernbrennstoff der Sterne nur sehr langsam verbraucht wird.

Doch bleiben diese Bremskräfte nicht für alle Zeiten wirksam, und wenn sie ausfallen, kommt es häufig zu sehr heftigen und gewalttätig wirkenden Vorgängen: Sterne explodieren, in gestörten Galaxien und Quasaren finden ungeheure Energieausbrüche statt, riesige Objekte stoßen mit schauderhaften Folgen zusammen, Körper werden durch die Schwerkraft zerfetzt, und Materie verschwindet auf Nimmerwiedersehen in Schwarzen Löchern. Eine eindrucksvolle, erschreckende Heftigkeit, in der der Physiker jedoch nichts von vornherein Böses sieht. Vielleicht legt die Natur im Aufruhr entfesselter Energie die Saat zu künftiger Ruhe. Die schweren Elemente, aus denen unser im Gleichgewicht befindlicher Planet besteht, wurden vor langer Zeit im Feuer und in den Explosionen von Supernovas geschaffen. Das ganze Universum entstand in einem Ausbruch unvergleichlicher und grenzenloser Heftigkeit. Für den Physiker sind solche Erscheinungen lediglich ein besonderer Ausdruck der Naturgesetze, die für sich genommen moralisch neutral sind. Gutes und Böses gelten nur für den Geist, nicht für die Materie.

In den voraufgegangenen Kapiteln haben wir auf unserer Suche nach Gott den ganzen Bereich der modernen Physik durchstreift – die neuen Gedanken über Raum und Zeit, Ordnung und Unordnung, Geist und Materie. Vieles von dem Gesagten wird zweifellos die Meinung einiger bestätigen, die Wissenschaft stehe der Religion unversöhnlich gegenüber und bedrohe weiterhin die Grundlagen noch der religiösesten Lehre. Es wäre töricht zu leugnen, daß zahlreiche der herkömmlichen religiösen Vorstellungen über Gott, den Menschen und die Natur des Universums durch die neue Physik beiseitegefegt worden sind. Doch hat unsere Suche auch manch positives Zeichen erbracht. Die Existenz des Geistes beispielsweise als abstraktes, holistisches Organisationsmuster, das sogar vom Körper abtrennbar ist, widerlegt die reduktionistische Philosophie, derzufolge wir alle nichts sind als sich bewegende Ansammlungen von Atomen.

Es war jedoch nicht meine Absicht, in diesem Buch einfache Antworten auf schon lange bestehende religiöse Fragen zu finden. Ich habe lediglich versucht, den Zusammenhang auszuweiten, in dem die herkömmlichen religiösen Fragen behandelt werden. Die neue Physik hat so viele im Alltag übliche Vorstellungen von Raum, Zeit und Materie über den Haufen geworfen, daß kein ernsthafter religiöser Denker daran vorbeigehen dürfte.

Ich hatte anfangs behauptet, die Naturwissenschaft biete bei der Suche nach Gott einen sichereren Weg als die Religion. Es ist meine tiefe Überzeugung, daß wir nur dadurch, daß wir die Welt unter allen Aspekten verstehen – dem reduktionistischen und dem holistischen, dem mathematischen und dem dichterischen, durch Kräfte, Felder und Teilchen wie auch durch Gut und Böse – und eines Tages uns selbst und den Sinn verstehen, der hinter diesem Universum liegt, in dem wir daheim sind.

Anmerkungen

Kapitel 1: Naturwissenschaft und Religion in einer sich ändernden Welt (S. 17-26)

[1] Evans, Chr., *Cults of Unreason*, George Harrap & Co., London 1973. Dtsch. Ausgabe: *Kulte des Irrationalen*, Rowohlt, Hamburg 1976.

[2] Bondi, H., ›Religion is a Good Thing‹, in: Duncan, R. / Weston-Smith, M. (Hrsg.), *Lying Truths*, Pergamon, Oxford 1979, S. 204-210, dort S. 206.

[3] Ebenda, S. 205 f.

[4] Pedlar, K., *Mind over Matter,* Thames Methuen, London 1981, S. 11.

[5] Morowitz, H., ›Rediscovering the Mind‹, in: Hofstadter, D. R. / Dennett, D. C. (Hrsg.), *The Mind's I*, Harvester/Basic Books, New York 1981, S. 34-42, dort S. 34. Dtsch. Ausgabe: *Einsicht in's Ich*, Klett-Cotta, Stuttgart 1986.

Kapitel 2: Die Entstehung der Welt (S. 27-45)

[1] Hubble, E. P. in *Proc. Nat. Acad. Sci. U. S.*, Vol. 15, S. 169-173.

[2] Kant, I., *Kritik der reinen Vernunft*, Felix Meiner, Hamburg 1976, S. 454.

[3] Im Englischen erschien ein auszugsweiser Nachdruck im *Bulletin of the Atomic Scientists*, Vol. 8, 1952, S. 143-146, 165.

[4] McMullin, E., ›How Should Cosmology Relate to Theology‹, in: Peacocke, A. R., (Hrsg.), *The Sciences and Theology in the Twentieth Century*, University of Notre Dame Press, Notre Dame/Indiana 1981, S. 15-57, dort S. 39.

Kapitel 3: Hat Gott das Universum erschaffen? (S. 46-67)

[1] Vgl. dazu: Dirac, P. A. M. in *Roy. Soc. Proc.*, Vol. 112, 1926, S. 661, Vol. 117, 1928, S. 610, Vol. 118, 1928, S. 35, Vol. 126, 1930, S. 360 oder Vol. 133, 1931, S. 133.

[2] Vgl. dazu: Chao, C. Y. in *Physical Review*, Vol. 36, 1930, S. 1519.

[3] Vgl. dazu: Anderson, C. D. in *Physical Review*, Vol. 43, 1933, S. 491 oder Vol. 44, 1933, S. 406.

[4] Samuel Clarke entwickelte seine Version des Kosmologischen Arguments in seinen Boyle-Vorlesungen 1704, die unter dem Titel *A Demonstration of the Being and Attributes of God – A Discourse Concerning the Unchangeable Obligations of Natural Religion, and the Truth and Certainty of the*

Christian Revelation veröffentlicht wurden. Ein faksimilierter Nachdruck der Londoner Ausgabe von 1705/1706 ist bei Fromman-Holzboog, Stuttgart 1964, erschienen.

[5] Aquin, Thomas von, *Summa Theologiae I*, qu. 2 art. 3.

[6] Clarke, S., a. a. O., S. 12 f der englischen Ausgabe von 1738 (9. Auflage).

[7] Russel, B., *The Existence of God: A Debate Between Bertrand Russel and Father F. C. Coplestone*, Sendung der BBC, 1948, nachgedruckt in: Hick, J. (Hrsg.), *The Existence of God*, Macmillan, New York 1964, S. 175.

[8] Hume, D., *Dialogues Concerning Natural Religion*, Hafner 1969 (1779). Dtsch. Ausgabe: *Dialoge über die natürliche Religion*, Hamburg 1968, S. 42.

[9] St. Augustine of Hippo, ›On the Beginning of Time‹, in: *The City of God*, Hafner 1948. Dtsch. Ausgabe: *Vom Gottesstaat*, Zürich 1955, Bd. 2, Buch 11, Kap. 6, S. 15.

[10] Wheeler, J. A., ›Genesis and Oberservership‹, in: Butts, R. E. / Hintikka, K. J. (Hrsg.), *Foundational Problems in the Special Sciences*, Reidel, Dordrecht 1977, S. 3-33, dort S. 3.

[11] Ebenda.

[12] Wheeler, J. A., ›Beyond the Black Hole‹, in: Woolf, H. (Hrsg.), *Some Strangeness in the Proportion*, Addison-Wesley, New York 1980, S. 341-375. Siehe dazu auch: ders., ›Is Physics Legislated by Cosmology?‹, in: Isham, C. J. / Penrose, R. / Sciama, D. W. (Hrsg.), *Quantum Gravity: An Oxford Symposium*, Clarendon Press, Oxford 1975, sowie: ders., *Frontiers of Time*, North-Holland, Amsterdam 1979.

[13] Eine derartige ›Ballon-Kosmologie‹ wurde beispielsweise von J. R. Gott III vorgeschlagen, in *Nature*, Vol. 295, 1982, S. 304. Ähnliches findet sich bei Katsuhiko, S. u. a., in *Progreß in Theoretical Physics*, Briefe, Vol. 65, 1981, S. 1443.

[14] Swinburne, R., *The Existence of God*, Clarendon Press, Oxford 1979, S. 122.

Kapitel 4: Warum gibt es ein Universum? (S. 68-84)

[1] Boethius, *Trost der Philosophie*, Reclam, Stuttgart 1971, Buch 5, Kap. 6 (Prosa). Zur deutschen Diskussion der theologischen Arbeiten von Boethius siehe auch: Schurr, V., *Die Trinitätslehre des Boethius im Lichte der ›Skytischen Kontroversen‹*, 1935.

[2] Swinburne, R., a. a. O., S. 131 f.

[3] Ebenda.

[4] Barnes, E. W., *Scientific Theory and Religion*, Cambridge University Press, Cambridge 1933, S. 595.

[5] Vgl. dazu auch Davies, P., *The Physics of Time Asymmetry*, Surrey University Press/University of California Press 1974.

[6] Hawking, S. W., ›Breakdown of Predictability in Gravitational Collapse‹, in: *Physical Review*, D 14, 1976, S. 2460.

[7] Penrose, R., ›Singularities and Time-Asymmetry‹, in: Hawking, S. W. /

Israel, W. (Hrsg.), *General Relativity: An Einstein Centenary Survey*, Cambridge University Press, Cambridge 1979.
[8] Hawking, S. W., a. a. O..

Kapitel 5: Was ist Leben? Holismus und Reduktionismus (S. 85-101)
[1] Koestler, A., Nothing but . . . , in: Duncan, R. / Weston-Smith M. (Hrsg.), *Lying Truths*, Pergamon, Oxford 1979, S. 200 ff., dort S. 201. Siehe auch Koestler, A. / Smythies (Hrsg.), *Beyond Reductionism – New Perspectives in the Life Sciences*, Hutchinson, London 1969. Dtsch. Ausgabe: *Das neue Menschenbild*, Molden, Wien/München/Zürich 1970. Weiter: Koestler, A., *Janus: A Summing Up*, Vintage, New York 1979.
[2] MacKay, D., *The Clockwork Image*, Inter-Varsity-Press, Westmont 1974.
[3] Hofstadter, D. R., *Gödel, Escher, Bach*, Basic Books, New York 1979. Dtsch. Ausgabe 1985 bei Klett-Cotta, Stuttgart.
[4] Capra, F., *The Tao of Physics*, Wildwood House, London 1975. Dtsch. Ausgabe: *Das Tao der Physik*, Scherz, Bern/München 1984.
[5] Zukav, G., *The Dancing Wu Li Masters: An Overview of the New Physics*, Rider, London 1979. Dtsch. Ausgabe: *Die tanzenden Wu Li Meister*, Rowohlt, Reinbeck 1985.
[6] Bohm, D., *Wholeness and the Implicate Order*, Routledge & Kegan, London 1980, S. 194. Dtsch. Ausgabe: *Die implizite Ordnung. Grundlagen eines dynamischen Holismus*, Dianus-Trikont, München 1985.
[7] Schrödinger, E., *What is Life?*, Cambridge University Press, Cambridge 1944.
[8] Ebenda S. 76.
[9] Vgl. dazu: Prigogine, I ./ Stengers, I., *Order out of Chaos*, Heinemann, London 1984. Auf deutsch von Prigogine u. a.: *Vom Sein und Werden. Zeit und Komplexität in den Naturwissenschaften*, Piper, München 1985. Zusammen mit Stengers, I.: *Dialog mit der Natur. Neue Wege naturwissenschaftlichen Denkens*, Piper, München 1983. Vgl. dazu auch: Altner, G. (Hrsg.), *Die Welt als offenes System. Eine Kontroverse um das Werk von Ilja Prigogine*, Fischer, Frankfurt 1985.
[10] Vgl. dazu: Eigen, M. / Winkler, R., *Das Spiel. Naturgesetze steuern den Zufall*, Piper, München 1985, oder: Alfuén, Olof G. von / Curien, H. / Eigen, M. u. a., *Evolution in the Universe*, European Southern Observatory, Garching 1982.
[11] Vgl. zu dieser Diskussion u. a. die Bücher von Eigen, M. / Winkler, R., a. a. O. und Alfuén, Olof G. / Curien, H. / Eigen, M. u. a., a. a. O. Die genaue Quelle des Prigogine-Zitats ist leider nicht bekannt.
[12] Crick, F., *Life Itself: Its Origin and Nature*, Macdonald/Simon & Schuster, New York 1982, S. 88. Dtsch. Ausgabe: *Das Leben selbst. Sein Ursprung, seine Natur*, Piper, München 1983.
[13] McMullin, E., a. a. O., S. 47.

Kapitel 6: Geist und Seele (S. 102-120)

[1] Turing A., ›Computing Machinery and Intelligence‹, in: *Mind*, Vol. LIX, Nr. 236, 1950. Abgedruckt in: Anderson, A. R., *Minds and Machines*, Prentice-Hall, Englewood Cliffs 1964.

[2] *New Catholic Encyclopedia*, Vol. 13, McGraw-Hill, New York 1967, S. 460.

[3] Hirst, R. J., *The Problems of Perception*, Allen & Unwin, London 1959, S. 181. Descartes hat sein Dualismus-Paradigma in seinen Hauptwerken entwickelt: *Le Discours de la Methode*, 1637, *Meditationes de Prima Philosophia*, 1644, sowie *Principia Philosophiae*, 1644.

[4] Ryle, G., *The Concept of Mind*, Hutchinson, London 1949. Dtsch. Ausgabe: *Der Begriff des Geistes*, Reclam, Stuttgart 1969, S. 19.

[5] Ebenda, S. 20.

[6] *New Catholic Encyclopedia*, a.a.O., S. 471.

[7] Ryle, G., a.a.O., S. 23.

[8] Dennett, D.C. in: Hofstadter, D.R. / Dennett, D.C. (Hrsg.), *The Mind's I*, Harvester/Basic Books, New York 1981, S. 67.

[9] Hofstadter, D. R., *Gödel, Escher, Bach*, a.a.O., S. 577/S. 615.

[10] MacKay, D. M., *The Clockwork Image*, Inter-Varsity-Press, Westmont 1974, Kap. 9.

[11] Fodor J. A., ›The Mind-Body Problem‹, *Scientific American*, Januar 1981, S. 124-132, dort S. 129.

Kapitel 7: Das Selbst (S. 121-134)

[1] Reid, Th., *Essays on the Intellectual Power of Man*, Essay III, Kap. 4, MIT Press, Cambridge 1969 (1785).

[2] Ryle, G., a.a.O., S. 187.

[3] Hume, D., *A Treatise of Human Nature*, Oxford University Press 1978 (1785), Buch 1, Teil 4, Kap. 6, S. 534, Dtsch. Ausgabe: *Ein Traktat über die menschliche Vernunft*, Buch 1, Teil 4, Kap. 6, Felix Meiner, Hamburg 1978, S. 326.

[4] Locke, J., *Essay Concerning Human Understanding*, Dent, London 1976 (1690). Dtsch. Ausgabe: *John Locke's Versuch über den menschlichen Verstand*, Bd. 1, Heimann, Berlin 1872, S. 354.

[5] Lucas, J. R., ›Minds, Machines and Gödel, in: Anderson, A. R. (Hrsg.), *Minds and Machines*, Prentice-Hall, Englewood Cliffs 1964, S. 57.

[6] Ayer, A. J., *The Central Questions of Philosophy*, Weidenfeld & Nicolson, London 1973 / Penguin, London 1977, S. 119.

[7] Hofstadter, D. R., a.a.O., S. 697/743.

[8] Lucas, J. R., a.a.O.

[9] Ebenda.

[10] Hofstadter, D. R., a.a.O., S. 709/756.

[11] MacKay, D. M., a.a.O., S. 75.

Kapitel 8: Der Quantenbegriff (S. 135-158)

[1] Vgl. dazu u. a.: Bohr, N., *Phys. Rev.*, Vol. 48, 1935, S. 696-702.
  Einstein, A. / Podolsky, B. / Rosen, N., *Phys. Rev.*, Vol. 47, 1935, S. 777-780.
[2] Siehe u. a.: Bohr, N., *Atomphysik und menschliche Erkenntnis*, Vieweg, Braunschweig 1985.
[3] Bell, J. S., *Rev. Mod. Phys.*, Vol. 38, 1966, S. 447-452.
[4] Vgl. dazu auch: Davies, P., *Other Worlds*, Dent, London 1980.
[5] Bohm, D., a. a. O., S. 134.
[6] Ebenda.
[7] Vgl. dazu: Neumann, J. v., *Mathematische Grundlagen der Quantenmechanik*, Springer, Berlin 1932, engl.: *Mathematical Foundations of Quantum Mechanics*, Princeton University Press 1955.
[8] Wigner, E., ›Remarks on the Mind-Body Question‹, in: *Scientific Essays of Eugene P. Wigner*, Indiana University Press, Bloomington/London 1967, S. 171-184, dort S. 178.
[9] DeWitt, B. S., ›The Many-Universes Interpretation of Quantum Mechanics‹, in: d'Espagnat, B. (Hrsg.), *Foundations of Quantum Mechanics, Proceedings of the International School Physics »Enrico Fermi« 49*, Academic Press, New York/London 1971, S. 211-262, dort S. 222 f.

Kapitel 9: Die Zeit (S. 159-177)

[1] Vgl. dazu: Boltzmann, L. in: *Annalen der Physik*, Vol. 60, 1897, S. 392, sowie in: *Nature*, Vol. 51, 1895, S. 413.
[2] Siehe dazu beispielsweise: Mc Taggart, ›Fixity and Coming True‹, in: Healey, R. (Hrsg.), *Time, Reduction and Reality*, Cambridge University Press 1981.
[3] St. Anselm. *Proslogion*, Stuttgart 1962, S. 19. Einer der ersten Vertreter eines zeitlosen Gottes war Boethius (480-524). Siehe dazu: Anderson, W., (Hrsg.), *The Consolation of Philosophy*, Centaur, London 1963.
[4] Tillich, P., *Systematische Theologie*, Stuttgart/Frankfurt 1980, S. 315.
[5] Barth, K., *Kirchliche Dogmatik*, Bd. II, 1, S. 699.

Kapitel 10: Freier Wille und Determinismus (S. 178-189)

[1] Laplace, Pierre de, *Essai philosophique sur les probabilités*, 1819. Engl. Ausgabe: *A Philosophical Essay on Propabilities*, Dover, New York, 1951.
[2] MacKay, D. M., a. a. O., S. 78.
[3] Hume, D., *Essays Concerning Natural Religion*, Hafner 1969, Teil X und XI.

Kapitel 11: Die Grundstruktur der Materie (S. 190-214)

[1] Hales, St., *Vegetable Staticks*, Watson Publishing International, Canton 1969, Einleitung.
[2] Feynman, R. P., *Rev. Mod. Phys.*, Vol. 20, 1948, S. 268.
[3] Yukawa, H., *Proc. Phys. Math. Sci., Japan*, Vol. 17, 1935, S. 48.

⁴ Gell-Mann, M. / Ne'eman, Y., *The Eightfold Way*, Benjamin-Cummings, Menlo-Park 1964.

⁵ Vgl. dazu: Weinberg, S. in: *Phys. Rev. Lett.*, Vol. 19, 1967, S. 1264, sowie: Salam, A. in: Svartholm, N. (Hrsg.), *Elementary Particle Theory*, Almqvist Forlag, Stockholm 1968, S. 367. Weinbergs und Salams Arbeiten gehen zurück auf einen Beitrag von Sheldon S. Glashow in *Nuclear Physics*, Vol. 22, 1961, S. 579.

⁶ Wheeler, J. A., in: Misner, C. W. / Thorne, K. S. / Wheeler, J. A. (Hrsg.), *Gravitation*, Freeman, San Francisco 1973, S. 1197.

Kapitel 12: Zufall oder Plan (S. 215-231)

¹ *The Works of William Paley*, Clarendon Press, Oxford 1938, Vol. IV, S. 1.

² Ebenda.

³ Aquin, Th. v., *Summa Theologiae I*, qu. 2 art 3.

⁴ Swinburne, R., *The Existence of God*, Clarendon Press, Oxford 1979, Kapitel 8.

⁵ Darwin, Ch., *On the Origin of Species*, London 1859. Dtsch. Ausgabe: *Die Entstehung der Arten durch natürliche Zuchtwahl*, Stuttgart 1963.

⁶ Boltzmann, L. in: *Annalen der Physik*, Vol. 60, 1897, S. 392, sowie in: *Nature*, Vol. 51, 1895, S. 413.

⁷ Carter, B., ›Large Number Coincidences and the Anthropic Principle in Cosmology‹, in: Longair, M. S. (Hrsg.), *Confrontation of Cosmological Theories with Observation*, Reidel, Dordrecht/Boston 1974, S. 291-298, dort S. 294. Dieses Papier gründet auf einer früheren, intensiveren Studie mit dem Titel ›The Significance of Numerical Coincidences in Nature‹, die allerdings nie ganz veröffentlicht wurde.

⁸ Everett, H. in: *Rev. Mod. Phys. D.*, Vol. 7, 1973, S. 2333, sowie Vol. 9, 1974, S. 3292.

Kapitel 13: Schwarze Löcher und kosmische Unordnung (S. 232-247)

¹ Vgl. dazu: Bekenstein, J. D. in: *Phys. Rev. D.*, Vol. 7, 1973, S. 2333, sowie Vol. 9, 1974, S. 3292. Hawking, S. W. in: *Commun. Math. Phys.*, Vol. 43, 1975, S. 199.

² Penrose, R., ›Singularities and Time-Asymmetry‹, in: Hawking, S. W. / Israel, W. (Hrsg.), General Relativity: *An Einstein Centenary Survey*, Cambridge University Press 1979, S. 581 ff.

³ Guth, A. in: *Phys. Rev. D*, Vol. 23, 1981, S. 347. Eine aktuellere Version ist zu finden: Gibbons, G. W. / Hawking, S. W. / Siklos, S. T. C. (Hrsg.), *The Very Early Universe*, Cambridge University Press, 1983.

⁴ Dyson, F. J. in: *Scientific American*, September 1971, S. 187.

⁵ Carter, B., a. a. O.

⁶ Eine vollständige Darstellung ist zu finden in: Davies, Paul, *The Accidential Universe*, Cambridge University Press, Cambridge 1982.

Kapitel 14: Wunder (S. 248-258)
[1] Aquin, Th. v., *Summa Theologiae I*, qu. 105, art. 7.

Kapitel 15: Das Ende des Universums (S. 259-275)
[1] Harrison, E. R., *Cosmology*, Cambridge University Press 1981, S. 360, Dtsch. Ausgabe: *Kosmologie*, Darmstädter Blätter 1983.
[2] Nicholson, N., ›The Expanding Universe‹, in: *The Pot Geranium*, Faber & Faber, London 1954.
[3] Vgl. dazu: Dyson, F. J., ›The Search for Extraterrestial Technology‹, in: *Perspectives in Mordern Physics*, Interscience Publishers, New York 1964.
[4] Vgl. dazu: Feinberg, G. / Shapiro, R., *Life Beyond Earth*, William Morrow, New York 1980.
[5] Vgl. dazu: Szilard, L., ›On the Reduction of Entropy of a Thermodynamic System Caused by Intelligent Beings‹, in: *Zeitschrift für Physik*, Vol. 53, 1929, S. 840.

Kapitel 16: Kommt das Universum aus dem Nichts? (S. 276-279)
[1] Guth, A. H., ›Speculations on the Origin of Matter, Energy and Entropy of the Universe‹, in: Guth, A. H. / Huang, K. / Jaffe, R. L. (Hrsg.), *Asymptotic Realms of Physics: A Festschrift in Honor of Francis Low*, MIT-Press, Cambridge 1983, S. 199-222, dort S. 215.

Kapitel 17: Wie Physiker die Natur sehen (S. 280-294)
[1] Bohr, N. in: *Phys. Rev.*, Vol. 48, 1935, S. 697-702.
[2] Merton, R. K., *Social Theory and Social Structure*, Free Press, New York, 1962.
[3] Dirac, P. A. M., ›The Evolution of the Physicist's Picture of Nature‹, in: *Scientific American*, Mai 1963, S. 45-53, dort S. 47.
[4] Bohm, D. in : Buckley, P. / Peat, F. D. (Hrsg.), *A Question of Physics: Conversations in Physics and Biology*, Routlegde & Kegan Paul, Boston 1979, S. 129.
[5] Einstein, A., *Essays in Science*, Philosophical Library, New York 1934, S. 114. In der deutschen Originalausgabe *Mein Weltbild*, Querido Verlag, Amsterdam 1934, ist der zitierte Text, eine Festansprache an der University of California, nicht enthalten.
[6] Ebenda.
[7] Wheeler, J. A. in: Buckley, P. / Peat, F. D. (Hrsg.), *A Question of Physics: Conversations in Physics and Biology*, Routledge & Kegan Paul, Boston 1979, S. 60.
[8] Freedman, D. Z. / Nieuwenhuizen, P. v., ›Supergravity and the Unification of the Laws of Physics‹, in: *Scientific American*, Februar 1978, S. 126-143, dort S. 142.
[9] da Vinci, Leonardo, zitiert nach : MacKay, A. L., *The Harvest of a Quiet Eye*, Institute of Physics, Bristol 1977, S. 94.

[10] Bacon, R., *Opus Magnus*, Bd. I., Minerva, Frankfurt 1964, S. 97 f.

[11] Wheeler, J. A. in: Misner, C. W. / Thorne, K. S. / Wheeler, J. A. (Hrsg.), *Gravitation*, Freeman, Oxford 1973, S. 1212.

[12] Vgl. dazu: Eddington, A. S., *Relativity Theory of Protons and Electrons*, Cambridge University Press 1936, sowie: Milne, E. A., *Relativity, Gravitation and World Structure*, Clarendon Press, Oxford 1935.

[13] d'Alembert, J., zitiert nach: Misner, C. W. / Thorne, K. S. / Wheeler, J. A. (Hrsg.), *Gravitation*, Freeman, Oxford 1973, S. 1218. Siehe dazu auch: Haskins, Th., *Jean d'Alembert: Science and Enlightement*, Clarendon Press, Oxford 1970.

[14] Einstein zu seinem Assistenten Ernst Straus, zitiert nach: French, A. P., *Einstein: A Centenary Volume*, Heinemann, London 1979, S. 128.

[15] Feynman, R. P., *The Character of Physical Law*, B. B. C. Publications 1965, S. 124 f.

[16] Eine Beschreibung von Conways ›Life‹-Spiel wird gegeben in: Berlekamp, E. R. / Conway, J. H. / Guy, R. K., *Winning Games*, Vol. II, Academic Press, London 1982.

[17] Dyson, F. J., ›Energy in the Universe‹, in: *Scientific American*, September 1971, S. 50-59, dort S. 52.

Auswahlbibliographie

Alfuén, Olof G. von / Curien, H. / Eigen, Manfred u. a., Evolution in the Universe, European Southern Observatory, Garching 1982

Atkatz, H. / Pagels, H., Origin of the Universe as a Quantum Tunneling Event, in: Physical Review D, Vol. 25, 1982, S. 2065.

Atkins, Peter W., Schöpfung ohne Schöpfer, Rowohlt, Reinbek 1984

Barrow, J. D., Quiescent Cosmology, in: Nature, Vol. 272, 1978, S. 211

ders. / Matzner, R. A., The Homogeneity and Isotropy of the Universe, in: Monthly Notices of the Royal Astronomic Society, Vol. 181, 1977, S. 719

Barrow, J. D. / Tipler , F. J., Eternity is Unstable, in: Nature Vol. 276, 1978, S. 453

dies., The Anthropic Principle, Oxford University Press, Oxford 1985

Barrow, J. D. / Turner, M. S., A Paper, in: Nature, Vol. 291, 1981, S. 469

dies., The Inflationary Universe – Birth, Death and Transfiguration, in: Nature, Vol. 298, 1982, S. 801

Bastin, T. (Hrsg.), Quantum Theory and Beyond, Cambridge University Press, Cambridge 1971

Bath, G. T. (Hrsg.), The State of the Universe, Clarendon Press, Oxford 1980

Baumann, Kurt / Sexl, Roman U., Die Deutungen der Quantentheorie, Vieweg, Braunschweig 1984

Bergmann, Peter, The Riddle of Gravitation, Scribner, New York 1968

Berlekampf, E. R. / Conway, J. H. / Guy, R. K., Winning Ways, Bd. II, Academic Press, London 1982

Berofsky B. (Hrsg.), Free-Will and Determinism, Harper and Row, New York 1966

Berry, Michael, Principles of Cosmology and Gravitation, Cambridge University Press, Cambridge 1976

Bohm, David, Die implizite Ordnung, Dianus-Trikont, München 1985

Bohr, Niels, The Physical Principles of Quantum Theory, University of Chicago Press, Chicago 1930

ders., Atomic Theory and the Description of Nature, Cambridge University Press, Cambridge 1934

ders., Atomphysik und menschliche Erkenntnis, Vieweg, Braunschweig 1958

ders., Physics and Philosophy, Harper and Row, New York 1958

Born, Max, Natural Philosophy of Cause and Chance, Oxford University Press, Oxford 1949

Boslough, John, Jenseits des Ereignishorizonts, Rowohlt, Reinbek 1985

Bowker, John, Did God Create the Universe, in: Peacocke, A. R. (Hrsg.), The Sciences and Theology in the Twentieth Century, Oriel, Stocksfield 1981

Bracewell, Ronald, The Galactic Club: Intelligent Life in Outer Space, Freeman, Oxford 1974

Breck, Allen D. / Yourgrau, Wolfgang (Hrsg.), Physics, Logic, History, Plenum, New York 1971

Brillouin, Leon, Maxwell's Demon Can Not Operate, in: Journal of Applied Physics, Vol. 22, 1951, S. 334.

Bronowski, Jacob, Science and Human Values, Harper and Row, New York 1965

Brout, R. / Englert, F. / Gunzig, E., The Creation of the Universe as a Quantum Phenomenon, in: Annals of Physics, Vol. 115, 1978, S. 78

Buckley, P. / Peat, F., A Question of Physics: Conversations in Physics and Biology, Routledge and Kegan Paul, Boston 1979

Burrill, D. R., The Cosmological Arguments: a Spectrum of Opinion, Double-day-Anchor, New York 1967

Cairns-Smith, A. G., The Life Puzzle, Oliver & Boyd, Edinburgh 1977

Calder, Nigel, Einsteins Universum, Umschau, Frankfurt o. J.

ders., The Key of the Universe, Viking, New York 1977

Capek, M., Philosophy of Space and Time, Dover, New York 1958

Capek, M. (Hrsg.), The Concepts of Space and Time, Reidel, 1976

Capra, Fritjof, Wendezeit, Scherz, Bern/München 1983

ders., Das Tao der Physik, Scherz, Bern/München 1984

Carr, B. J. / Rees, M. J., The Anthropic Principle and the Structure of the Physical World, in: Nature, Vol. 278, 1979, S. 605

Coulson, C. A., Science and Christian Belief, Oxford University Press, Oxford 1955

Craig, William, The Cosmological Argument from Plato to Leibniz, Macmillan, New York 1980

Crick, Francis, Das Leben selbst, Piper, München 1983

d'Espagnat, Bernard, Conceptual Foundations of Quantum Mechanics, Benjamin, Milwaukee 1971

ders., Quantum Theory and Reality, in: Scientific American, November 1979

ders., Auf der Suche nach dem Wirklichen, Springer, Berlin/Heidelberg/New York 1983

Davies, Brian, An Introduction to the Philosophy of Religion, Oxford University Press, Oxford 1982

Davies, Paul, The Physics of Time Asymmetry, Sturge University Press / University of California Press, Los Angeles 1974/1977 ders., Space, Time and Modern Universe, Cambridge University Press, Cambridge 1977

ders., The Runaway Universe, Dent/Harper and Row, London/New York 1978. Dtsch. Ausgabe: Am Ende ein neuer Anfang, Diederichs, Düsseldorf/Köln 1979

ders., The Forces of Nature, Cambridge University Press, Cambridge 1979

ders., Other Worlds, Dent, London 1980. Dtsch. Ausgabe: Mehrfachwelten, Diederichs, Düsseldorf/Köln 1981

ders., The Edge of Infinity, Dent, London 1981

ders., The Accidental Universe, Cambridge University Press, Cambridge 1982

Dawkins, Richard, The Selfish Gene, Oxford University Press, Oxford 1977

Dennett, D. C., Brainstorms, Bradford Books, 1978

Devlin, Keith, Mathematic Sets about the Infinite, in: New Scientist, Vol. 95, S. 162.

DeWitt, B. S., Quantum Mechanics and Reality, in: Physics Today, September 1970

ders. / Graham N., The Many-Worlds Interpretation of Quantum Mechanics, Princeton University Press, Princeton 1973

Dicke, R. H. / Peebles, P. J. E., The Big Bang Cosmology – Enigmas and Nostrums, in: Hawking, S. W. / Israel, W. (Hrsg.) General Relativity: an Einstein Centenary Survey, Cambridge University Press, Cambridge 1979

Driesch, Hans, Geschichte des Vitalismus, Leipzig 1922

Dyson, Freeman, Energy in the Universe, in: Scientific American, September 1971

ders., Time without End: Physics and Biology in an Open Universe, in: Reviews of Modern Physics, Vol. 51, 1979, S. 447

Eddington, Arthur, Das Weltbild der Physik, Vieweg, Braunschweig 1930

Edwards, P. / Pap, A. (Hrsg.), A Modern Introduction to Philosophy, Free Press, New York 1965 (Zur Debatte Russel/Copleston)

Ehrenberg, W., Maxwell's Demon, in: Scientific American, November 1967

Eigen, Manfred / Winkler, R., Das Spiel. Naturgesetze steuern den Zufall, München, Piper 1985.

Feinberg, Gerald, What is the world made of?, Doubleday, New York 1977

ders. / Shapiro, Robert, Life Beyond Earth, William Morrow, New York 1980

Feynman, Richard, The Character of Physical Law, B. B. C. Publications, 1965

Fraser, J. T., The Genesis and Evolution of Time, University of Massachusetts Press, Amherst 1982

ders. u. a. (Hrsg.), The Study of Time, Bd. I-III, Springer, New York 1972/1975/ 1978

Freemann, E. / Sellars, W. (Hrsg.), Philosophy of Time, Open Court, Chicago 1971

Fritzsch, Harald, Vom Urknall zum Zerfall, Piper, München 1983

Fuller, R. H., Interpreting Miracles, S. C. M. London 1966

Gale, George, The Anthropic Principle, in: Scientific American, Dezember 1981

Georgi, Howard, Unified Theory of Elementary Particles and Forces, in: Scientific American, April 1981

Geroch, Robert, General Relativity from A to B, University of Chicago Press, Chicago 1978

Glashow, S. L., Quarks with Colour and Flavour, in: Scientific American, Oktober 1975

Gold, T. (Hrsg.), The Nature of Time, Cornell University Press, London 1967

Gregory, R. L. (Hrsg.), Oxford Companion to the Mind, Oxford University Press, Oxford 1983

ders., Mind in Science, Weidenfeld & Nicolson, London 1981

Gribbin, John, Timewarps, Dent, London 1979

ders., Genesis, Dent/Delacorte, London 1981

Grishchuck, L. P. / Zeldovich, Ya. B., Complet Cosmological Theories, in: Duff, M. J. / Isham, C. J. (Hrsg.), The Quantum Theory of Space and Time, Cambridge University Press, Cambridge 1982

Grünbaum, A., Philosophical Problems of Space and Time, Knopf, New York 1964

Haken, Hermann, Synergetics, Springer, New York 1977

Harrison, E. R., Kosmologie, Darmstädter Blätter, Darmstadt 1983

Harth, Eric, Windows to the Mind: Reflections on the Physical Basis of Consciousness, Harvester, Brighton 1982

Hawking, S. W. / Israel, W. (Hrsg.), General Relativity: an Einstein Centenary Survey, Cambridge University Press, Cambridge 1979

Healey, R. (Hrsg.), Time, Reduction and Reality, Cambridge University Press, Cambridge 1981

Heisenberg, Werner, Die physikalischen Prinzipien der Quantentheorie, Hirzel, Stuttgart 1958

ders., Das Naturbild der heutigen Physik, Rowohlt, Reinbek 1960

ders., Physik und Philosophie, Hirzel, Stuttgart 1984[4]

Heitler, Walter, Die Natur und das Göttliche, Klett und Balmer, Zug 1977[4]

ders., Naturwissenschaft ist Geisteswissenschaft, Die Waage, Zürich 1972

Hoffmann, Banish, The Strange Theory of the Quantum, Dover, New York 1959

Hofstadter, Douglas R., Gödel, Escher, Bach, Klett-Cotta, Stuttgart 1985

ders. / Dennett, D. C., Einsicht ins Ich, Klett-Cotta, Stuttgart 1986

Hook, S. (Hrsg.), Determinism and Freedom in the Age of Modern Science, New York University Press, New York 1957

Hooykaas, R., Religion and the Rise of Modern Science, Erdmanns, 1972

Hoyle, Fred / Wickramasinghe, N. C., Lifecloud, Dent, London 1978

Hume, David, Dialogues Concerning Natural Religion, hrsg. v. Aiken, H. D., Hafner, New York 1969 (1779). Dtsch. Ausgabe: Dialoge über die natürliche Religion, Hamburg 1968

ders., Enquiry Concerning Human Understanding, hrsg. v. Bigge, L. A. S., Greenwood Press, 1980 (1758), Dtsch. Ausgabe: Untersuchung über den menschlichen Verstand, Felix Meiner, Hamburg 1984

Isham, C. J. / Penrose, R. / Sciama, D. W., Quantum Gravity 2: a Second Oxford Symposium, Clarendon Press, Oxford, 1981

Islam, J. N., The Ultimate Fate of the Universe, in: Sky and Telescope, Januar 1979

Jackson, Philip, Introduction to Artificial Intelligence, Petrocelli Charter, 1975

Jaki, Stanley, Cosmos and Creator, Scottish Academic Press, Edinburgh 1981

Jastrow, Robert, Until the Sun Dies, Norton, London 1977

Kaufmann, William, Black Holes and Warped Spacetime, Freeman, New York 1979

Kolb, Edward / Turner, Michael, The Early Universe, in: Nature, Vol. 294, 1981, S. 521

Layzer, David, The Arrow of Time, in: Scientific American, Dezember 1975

Lehrer, K. (Hrsg.), Freedom and Determinism, Random House, New York 1965

Leslie, John, Anthropic Principle, World Ensemble and Design, in: American Philosophical Quaterly, Vol. 19, 1982, S. 141

Lewis, C. S., Religion and Rocketry, in: The World's Last Night and Other Essays, Harcourt Brace Jovanovich Inc., San Diego, 1952

Lewis, H. D., Philosophy of Religion, The English Universities Press, London 1965, 1975

Lilley, Sam, Discovering Relativity for Yourself, Cambridge University Press, Cambridge 1981

MacKay, Donald, The Clockwork Image, Inter-Varsity-Press, Westmont 1974

MacTaggart, J. McT. E., siehe dazu: The Unreality of Time, in: Mind, Vol. 18, 1908, S. 457

McCorduck, Pamela, Machines Who Think, Freeman, New York 1979

McPherson, Thomas, The Argument from Design, Macmillan, New York 1972

Mehra, J., The Physicist's Conception of Nature, Reidel, 1973 (mit einigen Beiträgen einer Konferenz über Paul Dirac in Triest 1972)

Misner, C. W. / Thorne, K. S. / Wheeler, J. A., Gravitation, Freeman, New York 1974

Monod, Jacques, Zufall und Notwendigkeit, Piper, München 1971

Müller-Markus, Siegfried, Der Gott der Physiker, Birkhäuser, Basel 1986

Nagel, Ernest / Newman James R., Gödel's Proof, New York University Press, New York 1958

Nambu, Y., The Confinement of Quarks, in: Scientific American, November 1976

Neumann, J. von, Mathematische Grundlagen der Quantenmechanik, Springer, Berlin 1932

Nicolis, G. / Prigogine, I., Self-Organisation in Non-equilibrium Systems, Wiley, New York 1977

Nicolson, Ian, Gravitiy, Black Holes and the Universe, David & Charles, Newton Abbot 1981

Nieuwenhuizen, P. von, Supergravity and the Unification of the Laws of Physics, in: Scientific American, Februar 1978

North, J. D., The Measure of the Universe, Clarendon Press, Oxford 1965

Orgel, L. E., The Origin of Life: Molecules and Natural Selection, Wiley, New York 1973

Page, D. N. / McKee M. R., Eternity Matters, in: Nature, Vol. 291, 1981, S. 44

Pagels, Heinz R., Cosmic Code, Ullstein, Berlin 1983

Paley, William / Tennant, F. R., Philosophical Theology, Cambridge University Press, Cambridge 1969 (1928)

Pattee, H. H. (Hrsg.), Hierarchy Theory: The Challenge of Complex Systems, George Braziller, New York 1973

Peacocke, A. R., Science and the Christian Experiment, Oxford University Press, Oxford 1971

ders. (Hrsg.), The Sciences and Theology in the Twentieth Century, University of Notre Dame Press, Notre Dame/Indiana 1981

Penrose, Roger, Singularities and Time-Asymmetry, in: Hawking S. W. / Israel, W. (Hrsg.), General Relativity: An Einstein Centenary Survey, Cambridge University Press, Cambridge 1979

Perry, John (Hrsg.), Personal Identity, University of California Press, Chicago 1975

Peter, Rosza, Playing with Infinity, Bell 1961

Pike, Nelson, God and Timelessness, Routledge and Kegan Paul, Boston 1970

Planck, Max, Das Weltbild der neuen Physik, J. A. Barth, Leipzig 1958 [14]

Polkinghorne, J. C., The Particle Play, Freeman, New York 1980

Ponnamperuma, C. / Cameron, A. G. W. (Hrsg.), Interstellar Communication: Scientific Perspectives, Houghton-Mifflin, Boston 1974

Popper, Karl / Eccles, John, Das Ich und sein Gehirn, Piper, München 1985 [5]

Prigogine,I., Vom Sein zum Werden, Piper, München 1979

Rees, M. J., The Collapse of the Universe: An Eschatological Study, in: Observatory, Vol. 89, 1969, S. 183

Reichenbach, Hans, Die Philosophie der Raum-Zeit-Lehre, Berlin 1928

ders., Philosophische Grundlagen der Quantentheorie, Birkhäuser, Basel 1949

ders., The Direction of Time, University of California Press, Chicago 1956 (zur Diskussion um Poincaré)

Reps, Paul, Zen Flesh, Zen Bones, Penguin, New York 1971

Ringle, M. (Hrsg.), Artificial Intelligence, Humanities Press, 1979

Rorty, A. O. (Hrsg.), The Identities of Persons, University of California Press, Chicago, 1976

Rowe, William, The Cosmological Argument, Princeton University Press, Princeton 1975

Rozental, I. L., Physical Laws and the Numerical Values of the Fundamental Constants, in : Soviet Physics, Vol. 23, 1980, S. 296

Rucker, Ruddy, Infinity and the Mind: The Science and Philosophy of the Infinite, Harvester, Brighton 1982

Russel Hindsmarsh, W., Science and Faith, Epworth, London 1968

Sagan, Carl, The Cosmic Connection, Doubleday, New York 1973

Schubert-Soldern, Rainer, Mechanism and Vitalism, Notre Dame University Press, 1962

Sciama, D. W., Modern Cosmology, Cambridge University Press, Cambridge 1982

Selleri, Franco, Die Debatte um die Quantentheorie, Vieweg, Braunschweig 1983

Shipman, Larry, Black Holes, Quasars and the Universe, Houghton-Mifflin, Boston 1976

Shkovskij, I. S. / Sagan, C., Intelligent Life in the Universe, Holden-Day, Oakland 1966

Shoemaker, Sydney, Self-Knowledge and Self-Identity, Cornell University Press, London 1963

Silk, Joseph, The Big Bang, Freeman, New York 1980

Sklar, L., Space, Time and Spacetime, University of California Press, Chicago 1974

Smart, J. J. C., Space and Time, Macmillan, New York 1964

Stebbing, L. S., Philosophy and the Physicists, Pelican, 1944

Sullivan, Walter, We Are Not Alone, McGraw-Hill, New York 1966

Swinburne, Richard, Space and Time, Macmillan, New York 1968

ders., The Argument from Design, in: Philosophy, Vol. 43, 1968, S. 200

ders., The Concept of Miracle, Macmillan, New York 1970

ders., The Cherence of Theism, Clarendon Press, Oxford 1977

Szilard, L., On the Reduction of Entropy of a Thermodynamic System Caused by Intelligent Beings, in: Zeitschrift für Physik, Vol. 53, 1929, S. 840

Taylor, J. G., Science and the Supernatural, M. T. Smith, 1980

Thitrow, G. J., The Natural Philosophy of Time, Nelson, Chicago 1961

Tolman, R., Relativity, Thermodynamics and Cosmology, Clarendon Press, Oxford 1934

Torrance, Thomas, Theological Sience, Oxford University Press, Oxford 1978

ders., Divine and Contingent Order, Oxford University Press, Oxford 1981

Trefil, J. S., From Atoms to Quarks: An Introduction to the Strange World of Particle Physics, Scribner, New York 1980

Tryon, E. P., Is the Universe a Vacuum Fluctuation, in: Nature, Vol. 246, 1973, S. 396

Vilenkin A., Creation of the Universe from Nothing, in: Physic Letters, Vol. B117, 1982, S. 25

Wald, Robert, Space, Time and Gravity, University of Chicago Press, Chicago 1977

Weinberg, Steven, Unified Theories of Elementary Particle Interactions, in: Scientific American, Juli 1974

ders., Die ersten drei Minuten, Piper, München 1977

ders., The Decay of the Proton, in: Scientific American, Juni 1981

Weizsäcker, Carl Friedrich von, Die Einheit der Natur, Hanser, München 1971

ders., Zum Weltbild der Physik, Hirzel, Stuttgart, 1976[12]

ders., Der Aufbau der Physik, Hanser 1985

Wheeler , John, Beyond the Black Hole, in: Woolf, H. (Hrsg.), Some Strangeness in the Proportion: A Centennial Symposium to Celebrate the Achievements of Albert Einstein, Addison-Wesley, Menlo Park 1980

Williams, Bernard, Problems of the Self, Cambridge University Press, Cambridge 1973

Winston, Patrick, Artificial Intelligence, Addison-Wesley, Menlo Park 1977

Woolf, H., Some Strangeness in the Proportion: A Centennial Symposium to Celebrate the Achievements of Albert Einstein, Addison-Wesley, Menlo Park 1980

Zeldovich, Ya. B., A Paper, in: Soviet Astronomy Letters, Vol. 7, 1981, S. 579, (zur Entstehung des Universums aus dem Nichts)

Zippin, Leo, Uses of Infinity, Random House, New York 1962

Zukav, Gary, Die tanzenden Wu Li Meister, Rowohlt, Reinbek 1981

Register

Autor und Verleger möchten folgenden Verlagen für die Zitiererlaubnis danken: Faber and Faber Ltd. aus ›The Expanding Universe‹ von Norman Nicholson in *The Pot Geranium*; Harvester Press Ltd. aus D. R. Hofstadters *Gödel, Escher, Bach* sowie *The Mind's I* von D. R. Hofstadter und D. C. Dennett; Methuen London Ltd. aus *Summa Theologiae* Band I: *Christian Theology* von St. Thomas Aquinas, hrsg. von Thomas Gilby; Pergamon Press Ltd. aus Sir Herman Bondis ›Religion is a good thing‹ in *Lying Truths*, hrsg. von Ronald Duncan und Miranda Weston-Smith; sowie Herrn Richard P. Feynman für die Erlaubnis, aus seinem Buch *The Character of Physical Law* zu zitieren.

Sachbücher
bei C. Bertelsmann

Erich Lessing
Die Bibel
Das Alte Testament in
Bildern erzählt
von Erich Lessing
400 Seiten, davon
200 Seiten mit Farbfotos
Leinen im Schmuck-
schuber

Robert Shapiro
Schöpfung und Zufall
352 Seiten

Helmut R. Schulze
Richard von Weizsäcker
Ein deutscher Präsident
260 Seiten, davon
140 Seiten
mit Farbfotos

Lothar-Günther Buchheim
Zu Tode gesiegt
Der Untergang der
U-Boote
308 Seiten
mit 220 s/w-Fotos

Erich von Däniken
**Wir sind alle
Kinder der Götter**
Wenn Gräber reden
könnten
320 Seiten

Hans-Christian Kirsch
Worpswede
100 Jahre Künstlerkolonie
Worpswede
400 Seiten mit zahl-
reichen Abbildungen

Niklas Frank
Der Vater
Eine Abrechnung
288 Seiten

Jean Markale
Die Druiden
Gesellschaft und Götter
der Kelten
290 Seiten

Marc de Smedt
Das Lob der Stille
300 Seiten